普通高等教育经管类专业系列教材

ERP原理与应用教程

| 第5版 |

周玉清 ◎ 著

清华大学出版社
北京

内容简介

本书介绍了 ERP 的基本原理、ERP 软件系统的选型、ERP 实施和运行管理方法、国际上广泛使用的 ERP 应用评估方法等，详细讨论了 ERP 计划功能中的重要概念和方法，如资源计划、粗能力计划、计划物料清单、可承诺量、计划时界和需求时界、最终装配计划、两级主生产计划、MRP 重排假设、反查物料清单等，并提供了一个应用 ERP 的综合模拟案例和一个具有典型意义的实施应用案例，将所学知识联系起来，使读者从中体会计划功能的核心作用和实施应用 ERP 的方法。此外，本书新增了关于企业数智化转型的内容，介绍了信息化、数字化、数智化的基础技术，讨论了它们与制造业之间的关系，还讨论了在新形势下 ERP 的地位及企业应当采取的做法。

本书可作为高等院校工商管理专业和计算机应用专业的本科生和研究生的教材或教学参考书；还可作为企业系统学习 ERP 知识的培训教材，供企业领导、各级管理人员、ERP 实施应用人员，以及从事企业资源计划研究与实践的教师、科研和工程技术人员学习参考。

本书封面贴有清华大学出版社防伪标签，无标签者不得销售。
版权所有，侵权必究。举报：010-62782989，beiqinquan@tup.tsinghua.edu.cn。

图书在版编目(CIP)数据

ERP 原理与应用教程 / 周玉清著. -- 5 版. -- 北京：清华大学出版社, 2025.2（2025.7重印）. -- (普通高等教育经管类专业系列教材). -- ISBN 978-7-302-68038-3

Ⅰ. F272.7

中国国家版本馆 CIP 数据核字第 20254G9D09 号

责任编辑：高 屾
封面设计：马筱琨
版式设计：思创景点
责任校对：成凤进
责任印制：刘海龙

出版发行：清华大学出版社
网　　址：https://www.tup.com.cn, https://www.wqxuetang.com
地　　址：北京清华大学学研大厦 A 座　　邮　　编：100084
社　总　机：010-83470000　　邮　　购：010-62786544
投稿与读者服务：010-62776969, c-service@tup.tsinghua.edu.cn
质　量　反　馈：010-62772015, zhiliang@tup.tsinghua.edu.cn

印　装　者：天津安泰印刷有限公司
经　　销：全国新华书店
开　　本：185mm×260mm　　印　张：18　　字　数：473 千字
版　　次：2010 年 6 月第 1 版　　2025 年 3 月第 5 版　　印　次：2025 年 7 月第 2 次印刷
定　　价：69.00 元

产品编号：106460-01

第5版前言

ERP 是 enterprise resources planning 的缩写,中文含义为"企业资源计划"。它代表了当前在全球范围内应用最广泛、最有效的一种企业管理理念和方法。这种理念和方法已经通过计算机软件得到了体现,因此 ERP 也代表一类企业管理软件系统。

在我国,ERP 经过了风风雨雨几十年的历程。如今,信息化已成为中国制造企业的理性追求,ERP 也被普遍接受,成为制造企业最基本的管理工具之一。为了满足社会发展的需要及岗位对人才的需求,已有越来越多的高等院校开设了 ERP 课程。在这种情况下,教材建设是十分重要的。

本书第 4 版推出至今已有三年,为了更好地服务读者,现推出第 5 版。作者认为,任何一个学科领域在其发展过程中,都会积淀一些基本的概念、理论和方法,它们是这个学科领域的根,也支撑了这个学科领域的存在和发展,ERP 领域也是如此。基于这样的考虑,第 5 版仍然强调以理论与实际相结合的方法在知识结构的内在联系上下功夫,把 ERP 的基本概念、理论和方法讲清楚,目的在于提高读者(当前和未来的从业者)的职场境界。随着互联网科技的发展,新技术不断涌现,在这样的形势下,本书与时俱进地介绍了近年来出现的新概念和新技术,指出在新的形势下 ERP 仍然是制造企业不可或缺的管理工具;在 ERP 的基础上,坚持新思维,努力应用新概念、新技术,可以把企业经营得更好。本书的基本内容如下。

第 1~13 章介绍了 ERP 的基本原理、计划功能、效益,以及在财务和成本管理中的应用,详细讨论了销售与运营规划和主生产计划功能及其相关的重要概念和方法,诸如总量和构成、资源计划、粗能力计划、计划物料清单、可承诺量、计划时界和需求时界、最终装配计划及两级主生产计划等;还介绍了一些重要而实用的概念和方法,如预测消耗逻辑、MRP 重排假设、反查物料清单、需求反查,以及设置安全库存的理论依据等。

第 14 章给出一个 ERP 应用的综合模拟案例,通过这个案例可以验证、巩固和提高所学的知识,并将知识联系起来,从中体会计划功能的核心作用。

第 15 章讨论了 ERP 转变企业的经营机制。

第 16 章讨论了软件系统的选型。

第 17 章介绍了 ERP 实施与运行管理的方法,其中融入了作者多年的实践经验。

第 18 章介绍了一个具有典型意义的 ERP 实施应用案例,详细介绍了 ABC 公司实施 ERP 的过程、关键的做法和企业实施人员的实践体会,既为准备实施和正在实施 ERP 的企业提供借鉴,又便于教学。

第 19 章讨论了企业数智化转型的问题,介绍了近年来出现的一系列新概念,如云计算、大数据、"互联网+"、物联网、工业物联网、数字经济、智能制造,以及这些新概念和它们所代表的新技术,对制造企业的外部运营环境及内部经营运作和生产管理的方法产生的巨大影响,还讨论了在新的形势下 ERP 的地位及制造企业应当怎么做。

此外,本书从各种管理思想和方法相互融合的趋势出发,介绍了 ERP 的相关论题,包括 JIT、TQM、SCM、电子商务、CRM 和 BPR 等诸多内容;介绍了 ERP 实施应用评估方法和 Oliver Wight

检测表；依据《APICS 辞典》，给出了常用名词解释，这既有助于读者理解 ERP 的基本概念，也有助于读者阅读英文文献，拓宽视野。限于篇幅，这些内容未放在正文中，读者可扫描附录中的二维码获取。

本书每章章末都设置了思考题。为了满足教学的需要，全书还提供了 200 多道练习题。这些练习题大多以选择题的形式出现，教师可以将它们转化为所需要的习题形式。

本书提供了丰富的教学资源，包括但不限于配套教学课件、教学大纲、教案与习题答案，教师可扫描右侧二维码获取。

由于作者水平所限，书中难免存在不足，殷切希望读者批评指正。

教学资源

作　者
2025 年 1 月 15 日

目 录

第1章 初识 ERP ……………………………… 1
1.1 财富、制造业和竞争 …………………… 1
1.2 制造业悖论——一些难解而又必须解的问题 …………………………………… 1
1.3 制造业基本方程和 MRP ………………… 2
1.4 ERP 能够做什么 ………………………… 3
1.5 ERP 实施的可靠路线 …………………… 4
思考题 …………………………………………… 5
练习题 …………………………………………… 6

第2章 管理需求推动 ERP 的发展 ……… 7
2.1 早期库存管理引发的订货点法 ………… 8
2.2 复杂物料需求带来的时段式 MRP …… 10
    2.2.1 时段式 MRP 和订货点法的区别 …………………………………… 10
    2.2.2 时段式 MRP 系统的前提条件和基本假设 ……………………… 12
    2.2.3 MRP 的数据处理过程 ………… 13
2.3 物料与生产管理集成的闭环 MRP …… 13
2.4 生产与财务管理一体化的 MRP Ⅱ …… 15
    2.4.1 MRP Ⅱ 的形成和特点 ………… 15
    2.4.2 MRP Ⅱ 的重要性和适用性 …… 15
2.5 集成企业内部和外部信息的 ERP …… 16
思考题 ………………………………………… 18
练习题 ………………………………………… 18

第3章 ERP 为企业带来的效益 ………… 20
3.1 ERP 带来的效益 ……………………… 20
    3.1.1 定量的效益 ……………………… 20
    3.1.2 定性的效益 ……………………… 22
3.2 来自用户的信息 ……………………… 24
思考题 ………………………………………… 25
练习题 ………………………………………… 25

第4章 基础数据——企业运营的关键 … 26
4.1 ERP 系统运行基础数据 ……………… 26
    4.1.1 物料主文件 ……………………… 26
    4.1.2 物料清单 ………………………… 27
    4.1.3 工作中心 ………………………… 31
    4.1.4 工艺路线 ………………………… 33
    4.1.5 提前期 …………………………… 34
    4.1.6 库存记录 ………………………… 35
    4.1.7 供应商主文件和客户主文件 …… 35
4.2 初始数据环境的建立 ………………… 35
思考题 ………………………………………… 36
练习题 ………………………………………… 36

第5章 物料管理——企业运营的基础 … 39
5.1 物料管理概述 ………………………… 39
5.2 库存目的和成本 ……………………… 40
    5.2.1 库存目的 ………………………… 41
    5.2.2 库存成本 ………………………… 41
5.3 订货批量 ……………………………… 42
    5.3.1 确定订货批量的方法 …………… 42
    5.3.2 批量调整因子 …………………… 46
5.4 安全库存和安全提前期 ……………… 47
    5.4.1 安全库存 ………………………… 47
    5.4.2 安全提前期 ……………………… 50
5.5 库存准确度 …………………………… 51
    5.5.1 库存准确度的概念 ……………… 51
    5.5.2 如何达到必要的库存准确度 …… 51
5.6 ABC 分析和循环盘点 ………………… 52
    5.6.1 ABC 分析 ………………………… 52
    5.6.2 循环盘点 ………………………… 53
思考题 ………………………………………… 54
练习题 ………………………………………… 54

第6章 需求管理——企业运营的源头 59

- 6.1 需求预测 59
  - 6.1.1 为什么要预测 59
  - 6.1.2 预测的特征 60
  - 6.1.3 收集和准备数据 61
  - 6.1.4 预测技术 61
  - 6.1.5 预测技术的应用 62
- 6.2 客户订单管理 66
  - 6.2.1 客户订单录入 66
  - 6.2.2 客户订单分析 67
  - 6.2.3 预测消耗逻辑 68
  - 6.2.4 独立需求作为MRP系统的输入 70
- 6.3 分销系统 70
  - 6.3.1 分销系统概述 70
  - 6.3.2 分销需求计划 72
  - 6.3.3 分销资源计划 73
- 思考题 74
- 练习题 74

第7章 经营规划和销售与运营规划——企业运营的核心 77

- 7.1 企业愿景、竞争力和ERP计划层次 77
- 7.2 经营规划 78
- 7.3 销售与运营规划 78
  - 7.3.1 供需平衡是企业运营的基本定律 78
  - 7.3.2 销售与运营规划的作用 82
  - 7.3.3 制定销售与运营规划的策略 83
  - 7.3.4 销售与运营规划报告 85
  - 7.3.5 制定销售与运营规划的流程 88
  - 7.3.6 销售与运营规划的评估——资源需求计划 90
- 思考题 92
- 练习题 92

第8章 主生产计划——企业运营的核心 95

- 8.1 主生产计划基本原理 95
  - 8.1.1 什么是主生产计划 95
  - 8.1.2 为什么要制订主生产计划 96
  - 8.1.3 主生产计划的对象 97
  - 8.1.4 主生产计划方式 98
  - 8.1.5 主生产计划的应用 99
  - 8.1.6 主生产计划矩阵 101
  - 8.1.7 主生产计划系统的行为建议信息 105
  - 8.1.8 如何编制主生产计划 106
  - 8.1.9 主生产计划的维护和控制 107
  - 8.1.10 关于主生产计划的综合案例分析 109
  - 8.1.11 主生产计划的度量 111
- 8.2 粗能力计划 111
  - 8.2.1 什么是粗能力计划 111
  - 8.2.2 能力清单 112
  - 8.2.3 粗能力计划的计算 113
- 8.3 计划物料清单 114
  - 8.3.1 什么是计划物料清单 114
  - 8.3.2 物料清单中的虚项 115
  - 8.3.3 产品族物料清单 117
  - 8.3.4 模块化物料清单 117
  - 8.3.5 物料清单的重构 118
- 8.4 主生产计划和最终装配计划 122
- 8.5 两级主生产计划 123
- 8.6 关于主生产计划员的实例 125
- 思考题 127
- 练习题 128

第9章 物料需求计划——企业运营的核心 135

- 9.1 MRP的输入信息 135
- 9.2 MRP的计算过程 135
- 9.3 MRP的运行方式 138
  - 9.3.1 全重排式 139
  - 9.3.2 净改变式 139
- 9.4 MRP的重排假设 140
- 9.5 需求反查 142
- 9.6 MRP的主要输出信息 143
- 思考题 143
- 练习题 144

第 10 章 能力需求计划——企业运营的核心 ·················· 150

- 10.1 能力的概念 ·················· 150
- 10.2 工厂日历 ·················· 151
- 10.3 生产排产方法 ·················· 152
- 10.4 常用的排产方法——向后排产和无限负荷 ·················· 153
- 10.5 编制工作中心负荷报告 ·················· 154
- 10.6 分析结果并反馈调整 ·················· 156
- 10.7 能力需求计划的控制 ·················· 156
- 思考题 ·················· 158
- 练习题 ·················· 158

第 11 章 采购作业管理——增值从这里开始 ·················· 161

- 11.1 采购作业管理的工作内容 ·················· 161
- 11.2 供应商计划 ·················· 162
- 11.3 供应商谈判 ·················· 163
- 11.4 覆盖外部工序的采购订单的控制 ·················· 164
- 思考题 ·················· 164
- 练习题 ·················· 164

第 12 章 生产活动控制——增值在这里实现 ·················· 166

- 12.1 制造业生产类型 ·················· 166
  - 12.1.1 离散型生产 ·················· 166
  - 12.1.2 流程型生产 ·················· 167
- 12.2 车间作业管理 ·················· 168
  - 12.2.1 车间作业管理的工作内容 ·················· 168
  - 12.2.2 工序优先级的确定 ·················· 169
  - 12.2.3 派工单 ·················· 170
- 12.3 重复生产管理 ·················· 171
- 12.4 流程制造业生产管理 ·················· 172
  - 12.4.1 流程制造业生产管理的特性 ·················· 172
  - 12.4.2 流程排产 ·················· 172
  - 12.4.3 流程制造业 ERP 系统功能特性 ·················· 173
- 思考题 ·················· 174
- 练习题 ·················· 174

第 13 章 财务管理和成本管理 ·················· 176

- 13.1 财务管理 ·················· 176
  - 13.1.1 财务管理业务概述 ·················· 176
  - 13.1.2 ERP 系统财务管理功能概述 ·················· 179
  - 13.1.3 ERP 系统中财务管理业务流程 ·················· 179
- 13.2 成本管理 ·················· 181
  - 13.2.1 成本管理的基本概念 ·················· 181
  - 13.2.2 ERP 系统中的成本计算 ·················· 184
  - 13.2.3 成本差异分析 ·················· 185
- 思考题 ·················· 186
- 练习题 ·················· 186

第 14 章 ERP 应用综合模拟案例 ·················· 188

- 14.1 建立基础数据 ·················· 188
- 14.2 建立销售与运营规划 ·················· 191
- 14.3 建立生产预测 ·················· 192
- 14.4 接收客户订单 ·················· 192
- 14.5 制订主生产计划 ·················· 193
- 14.6 MRP 计算、生成采购订单和生产订单 ·················· 193
- 14.7 下达采购订单、接收采购订单入库 ·················· 194
- 14.8 下达生产订单、接收生产订单入库 ·················· 194
- 14.9 向客户发货 ·················· 194
- 14.10 产品成本核算 ·················· 194
- 思考题 ·················· 196

第 15 章 ERP 转变企业的经营机制 ·················· 197

- 15.1 市场销售工作的转变 ·················· 197
- 15.2 生产管理的转变 ·················· 198
- 15.3 采购管理的转变 ·················· 201
- 15.4 财务管理的转变 ·················· 203
- 15.5 工程技术管理的转变 ·················· 205
- 思考题 ·················· 208
- 练习题 ·················· 209

第 16 章 ERP 软件系统选型 ·················· 210

- 16.1 商品软件的选型 ·················· 210
  - 16.1.1 选择商品软件的原则 ·················· 210

16.1.2 选择商品软件的方法……212
16.1.3 签订合同……213
16.2 控制对软件的修改……214
思考题……215
练习题……215

第 17 章 ERP 的实施与运行管理……216
17.1 企业高层领导的作用……216
17.2 ERP 实施的关键因素和时间框架……218
    17.2.1 实施 ERP 系统的关键因素……218
    17.2.2 ERP 实施的时间框架……218
17.3 ERP 实施的可靠路线……219
    17.3.1 ERP 实施的三个阶段……219
    17.3.2 ERP 实施的路线……219
17.4 工作方针和工作规程……231
    17.4.1 工作方针和工作规程的意义……232
    17.4.2 建立工作方针和工作规程的方法……232
17.5 ERP 实施过程中的检测……234
17.6 ERP 的运行管理……237
17.7 实施应用 ERP 的十大忠告……240
思考题……241
练习题……242

第 18 章 ERP 实施应用案例……244
18.1 企业概况……244
18.2 ERP 软件系统的选型……244
18.3 ERP 在 ABC 公司的实施……245
    18.3.1 实施概述……245
    18.3.2 实施组织……246
    18.3.3 实施计划……246
    18.3.4 教育和培训……247
    18.3.5 项目公约……247
    18.3.6 业务流程分析和优化……247
    18.3.7 工作方针和工作规程……248
    18.3.8 原型测试和会议室试点……248
    18.3.9 系统切换……248
    18.3.10 实施体会……249
18.4 ERP 在 ABC 公司的应用和效果……252
    18.4.1 ERP 在 ABC 公司的应用情况……252
    18.4.2 ERP 系统的实施应用为 ABC 公司带来的变化……253
思考题……256

第 19 章 企业信息化、数字化和数智化……258
19.1 什么是信息化、数字化和数智化……258
    19.1.1 信息化……258
    19.1.2 数字化……259
    19.1.3 数智化……259
19.2 信息化、数字化和数智化的基础技术……260
    19.2.1 互联网"家族"……260
    19.2.2 计算和数据处理新技术…263
    19.2.3 数字经济……266
    19.2.4 人工智能和智能制造……267
19.3 企业信息化建设的数智化转型……270
    19.3.1 "互联网+"与制造业……270
    19.3.2 工业互联网与制造业……272
    19.3.3 物联网、工业物联网与制造业……273
    19.3.4 云计算与制造业……274
    19.3.5 大数据与制造业……275
    19.3.6 智能制造与制造业……275
    19.3.7 制造业的数智化转型……276
19.4 新形势下 ERP 的地位及制造企业应当如何做……276
    19.4.1 新形势下 ERP 的地位……276
    19.4.2 制造业应当如何做……278
思考题……278

参考文献……279

附录……280

第 1 章 初识 ERP

ERP 是 enterprise resources planning 的缩写，中文含义是"企业资源计划"。它代表着当前在全球范围内应用最广泛、最有效的一种企业管理方法，这种管理方法的理念已经通过计算机软件得到了体现，因此 ERP 也代表一类企业管理软件系统。

自 1981 年沈阳第一机床厂从德国工程师协会引进第一套 MRP II (manufacturing resource planning，简称 MRP II，中文含义是"制造资源计划")软件以来，MRP II/ERP 在中国的应用与推广已经历了几十年的风雨历程。在这几十年中，ERP 曾被视为灵丹妙药，也曾遭受到猛烈的抨击，如今它已被人们普遍接受，成为制造企业不可或缺的管理工具。

1.1 财富、制造业和竞争

财富从哪里来？财富来自自然资源、生产制造和服务。但是，未经过加工的自然资源是价值低的或者没有用的，服务也必须和生产制造联系起来才能增加财富。而生产制造，才是增加财富的核心手段。

生产制造广泛地被人们用来增加财富，如人们买来原材料和零部件，或把原材料加工成零部件，再把零部件装配成产品，或者是车床，或者是汽车，或者是飞机，或者是各种各样的日用品，总之，比起原材料，这些产品已经实现几倍，甚至更多倍的增值。我们重视制造业，就是因为它是创造财富的主要方式，是国民经济的支柱产业。

由于现代技术，特别是交通和通信技术的发展，人与人之间的联系越来越紧密。一个制造业公司，总部可能在欧洲，原材料要到南美洲去采购，加工在中国，客户却在东南亚、美国和加拿大。这需要协调每一个环节。一些世界级的制造企业可以利用先进的交通和通信技术，以及以计算机为工具的计划与控制系统，把这些事情做得很好。

任何企业要想生存，就必须赢得激烈的竞争。要赢得竞争，就要知己知彼。ERP 正是如今各世界级企业使用的管理工具。

1.2 制造业悖论——一些难解而又必须解的问题

悖论，是逻辑学上的一个名词，它反映逻辑上的一种不可调和的两难境地。人们把这个名词用在制造企业管理中，反映了某些问题如何严重地困扰着制造业的管理者们。让我们来看如下问题：

(1) 如何满足多变的市场需求？
(2) 如何准确及时地做出客户承诺？
(3) 如何处理紧急的客户订单？
(4) 如何保持均衡的生产计划和活动？
(5) 如何准确及时地了解生产情况？
(6) 如何管理供应商？
(7) 如何避免物料短缺？
(8) 如何避免库存积压？
(9) 如何提高产品质量？
(10) 如何降低产品成本？
(11) 如何及时做好财务分析，真正地发挥财务管理的计划、控制和分析作用？
(12) 如何使企业的各个职能部门能够以统一的观点来处理问题？

这些都是在制造业中常见的问题，而这些问题中隐藏着一些制造业悖论。

市场需求是多变的，但人们总是希望生产计划和活动是稳定的。生产计划已经安排好，但是突然接到了紧急订单，对客户订单的承诺也往往难以兑现。那么，能够以相对稳定的生产计划和活动来应对多变的市场需求吗？

在很多企业中，一方面仓库里积压着价值几千万的库存，而另一方面在生产过程中却又时时出现物料短缺。那么，能够做到既没有库存积压又不会发生物料短缺吗？

通常人们认为，低成本和高质量是不可兼得的。要得到高质量的产品，就要付出高成本，反过来，要追求低成本，那么产品的质量就得将就些。能够在实现高质量的同时实现低成本吗？

企业有许多不同的职能部门，这些部门往往有着相互矛盾的目标。例如，为了尽可能地满足客户需求，市场营销部门和销售部门希望保持比较高的产品库存量；为了保证生产过程的顺利进行，生产部门希望保持比较高的原材料库存量；财务部门为了降低成本，则希望库存量尽可能低。能够使企业的各个职能部门以统一的观点来考虑和处理问题吗？

这些悖论可以消除吗？答案是肯定的。要消除悖论，就要消除产生悖论的条件。如何才能消除产生悖论的条件？一个以计算机为工具的有效的计划与控制系统是绝对必要的，ERP 就是这样的计划与控制系统。

1.3 制造业基本方程和 MRP

制造业的基本特点可以通过它的基本方程来体现。一个制造企业，只要生存着，就要循环往复地回答并解决以下 4 个问题：

(1) 要制造什么产品？
(2) 用什么原材料或零部件来制造这些产品？
(3) 手中有什么原材料或零部件？
(4) 还应当再准备什么原材料或零部件？

这 4 个问题构成制造业的基本方程。如果用 A(制造产品数)、B(每件产品所需零件数)、C(库存现有零件数)、D(尚缺零件数)分别表示上述问题，那么，这个方程可以用一个概念公式

表示为

$$A \times B - C = D$$

制造业基本方程就像地心引力，我们只能面对它，而不能改变它。

众所周知，ERP 的核心是 MRP，即物料需求计划(material requirements planning)。MRP 的主要工作是模拟和解制造业基本方程。它的基本逻辑是：根据主生产计划、物料清单(即产品结构文件)和库存记录，对每种物料进行计算，指出何时将会发生物料短缺，并给出建议，以最小库存量满足需求，并避免物料短缺，从而得到合理的物料需求计划。其中，主生产计划、物料清单、库存记录和合理的物料需求计划分别对应上述概念公式中的 A、B、C 和 D。这种基本逻辑充分体现了供需平衡的思想。

ERP 的发展过程就是一个资源计划与控制的集成范围不断扩大的过程，计划与控制的范围从物料到能力，再到企业所有的资源，最后面向供应链的资源，集成的范围不断扩大，但是它的核心仍然是 MRP。而供需平衡的思想也体现在集成的范围不断扩大过程的每个层面上。

制造业基本方程在制造业中是普遍存在的。在制造业中应用计算机技术来提高企业的管理水平，其核心问题就是求解制造业基本方程。那么，计算机技术和制造业基本方程相结合的结果是什么呢？就是 ERP！

1.4 ERP 能够做什么

ERP 能够做什么？这是一个大题目，本书大量的篇幅都在讨论这个问题。本节我们只是就上面谈到的制造业悖论做简单的讨论，以期读者对 ERP 的功能有一个初步的了解，其中所涉及的概念将在后续章节中详细介绍。

1. ERP 能解决既有物料短缺又有库存积压的库存管理难题

在库存管理问题上，企业经常处于两难之中。要多存物料，肯定会占压资金；少存物料，又怕出现物料短缺，影响生产。物料短缺和库存积压总是同时存在，成为库存管理的难题。

面对动态的生产过程，用手工方式来计算物料的采购需求量是非常困难的，只能大概估计，而且一般来说要估计得多一些、买得多一些。因为买多了，不会有人提意见；而买少了，一旦物料短缺，一定会受到生产部门的指责。即使物料买多了，也没有人去查，查也查不清，这就导致，一方面，很多企业的仓库里都存放着许多陈年废料，而且谁也搞不清楚这些废料是怎么产生的；另一方面，所存的往往不是所需要的，物料短缺问题就出现了。因此，既有物料短缺又有库存积压是手工管理条件下的一笔糊涂账。

解决这个问题，实际上是求解制造业基本方程，即供需平衡了，问题自然就解决了。ERP 的核心部分 MRP 恰好就是为了解决这样的问题，从 MRP 的基本逻辑就会发现，MRP 所追求的正是既能满足需求，又没有库存积压。换言之，要在正确的时间以正确的数量得到正确的物料。所以，通过 ERP，既有物料短缺又有库存积压的问题可以得到解决。

2. ERP 能够解决多变的市场与均衡生产之间的矛盾

市场是多变的，而企业希望生产活动是均衡的，这是制造企业面对的一个基本矛盾。但是，面向市场，以客户需求驱动生产，并不意味着让企业的生产活动亦步亦趋地去追踪需求，只要在一个时间段内让生产的产品与市场需求相匹配就可以了。事实上，亦步亦趋地追踪需求来安排生产对于企业是非常不利的，而且也不是总能做得到的。

ERP 系统的计划功能就是使得生产计划量和市场需求量在一段时间内的总量上相匹配，而不追求在每个具体时刻上的匹配。在这段时间内，即使需求发生变化，但只要需求总量不变，就可以保持相对稳定和均衡的生产计划。所以，通过 ERP 可以解决多变的市场与均衡生产之间的矛盾。

3. ERP 使企业对客户的供货承诺做得更好

要提高市场竞争力，就要迅速响应客户需求，并按时交货。但是，在手工管理的情况下，销售人员很难对客户做出准确的供货承诺。究其原因，最主要的是企业缺少一份准确的生产计划，对于正在生产什么及随时发生的变化，很难做出准确、及时的反应。因此，供货承诺只能凭经验做出，以至于按时供货得不到保证。

有了 ERP，在主生产计划的支持下，市场销售和生产制造部门可以有效合作。ERP 系统会根据产销两方面的变化，随时更新对客户的可承诺量数据。只要把客户对某种产品的订货量和需求日期录入 ERP 系统，就可以得到以下信息：

(1) 客户需求可否按时满足？

(2) 如果不能按时满足，那么在客户需求日期，可承诺量是多少？不足的数量何时可以提供？

这样，销售人员在做出供货承诺时，就可以做到心中有数。

4. ERP 可以提高产品质量并降低成本

通过 ERP，企业的所有员工在自己的岗位上按部就班地做自己的工作，但合起来是在执行一份统一的运营计划。执行一份协调统一的运营计划当然要比被一组混乱的计划所驱使要顺利、轻松得多。通过 ERP 系统，员工的工作更有秩序，而不是忙于"救火"。在这种情况下，员工的工作质量提高了，把工作一次性做好。于是，提高生产率、提高产品质量、降低成本、增加利润都是相伴而来的事情。

5. ERP 可以改变企业中的部门本位观

传统的企业观强调分工，因此人们往往更注重本部门的利益。ERP 强调企业的整体和流程，它把生产、财务、销售、工程技术、采购等各个子系统结合成一个一体化的系统，各子系统在统一的数据环境下工作。

把 ERP 作为整个企业的通信平台，使得企业整体合作的意识加强。通过准确和及时的信息传递，把大家的精力集中在同一个方向上，以流程的观点和方式来运营和管理企业，而不是把企业看作一个一个部门的组合。每个部门可以更好地了解企业的整体运营机制，更好地了解本部门及其他部门在企业整体运作中的作用和相互关系，从而改变企业中的部门本位观。

1.5　ERP 实施的可靠路线

ERP 成为制造企业不可或缺的管理工具并不意味着实施和应用 ERP 是一件轻而易举的事情。如何才能实施应用好 ERP？这仍然是一个关键性问题。为了回答这个问题，许多专家考察了实施 ERP 不成功的企业，发现以下问题几乎是其共有的。

(1) 基础数据不准确。例如，库存记录不准确、物料清单不准确、工艺路线不准确等。于是，不能根据这些数据得到有效的计划数据来指导企业的生产经营活动。

(2) 企业的广大员工对 ERP 缺乏主人翁的精神和情感。只有少数人在做 ERP 的实施工作，甚至在一些企业中只是 IT 人员在做这项工作，其他职能部门的人员未介入或以向 IT 人员提供帮助的姿态参与部分工作，整个项目推进十分困难。

(3) 实施过程缺乏积极进取且切实可行的计划，时断时续，拖延太久，以至于员工对项目实施失去热情。

(4) 关键岗位的员工调换工作，新来的员工不了解情况，以致项目受阻。如果这种情况发生在领导岗位，带来的问题则更加严重。

(5) 公司的员工不愿意放弃业已习惯的工作方式去使用 ERP 系统，他们希望修改 ERP 系统来适应原有的工作方式。

(6) 教育和培训不足。广大员工对于如何应用 ERP 系统来解决企业的问题缺乏全面和深入的理解，不了解如何维护系统，也不了解如何度量系统的运行情况。

(7) 企业的高层领导，特别是"一把手"，不重视 ERP 系统的实施，认为那是技术专家的事、是执行人员的事，基本上不亲自过问，更谈不上参与。这也是 ERP 无法在企业成功实施的最重要问题。

(8) ERP 软件的实施顾问只了解软件的一个个界面，而不能从管理的角度向企业提供服务，也是造成企业实施 ERP 系统困难的原因之一。

不难看出，以上这些问题本质上都是人的问题，其背后的原因是对 ERP 的原理、处理逻辑、实施和运行管理的方法缺乏深刻的理解和认识。人们往往认为买一套 ERP 软件系统就可以立即轻而易举地解决所有问题，殊不知 ERP 的实施和应用需要做大量深入细致的工作，要涉及人的思维方式和行为方式的改变，而且是一个没有终点的过程。经验表明，实施应用 ERP 的关键因素有三个：技术、数据和人。其中，人的因素是最重要的，经验告诉我们，ERP 的成功实施与企业内部人员、外部专家，包括 ERP 软件供应商的实施顾问的密切配合是分不开的。

数十年来，国内外成千上万家企业实施应用 MRP、MRPⅡ、ERP 系统已经取得了丰富的经验，搞清了应该做什么，不该做什么，已经形成了一条可靠的路线。实际上，上述的所有现象都可以找到避免的方法，我们将在第 17 章详细地讨论这条可靠的路线。按照这条路线来做，虽然要做的工作很多，却能够避免失败的风险；一些过去走了弯路的企业，按照这条可靠的路线来做，也会得到改善和成功。

只要企业的高层领导和广大员工形成一种共识，坚定不移地把 ERP 的实施和应用按可靠的路线推进下去，一定能使企业的管理水平得到逐步提高。

思考题

1. 市场多变和均衡安排生产是制造企业面临的一个基本矛盾，ERP 如何解决这个矛盾？
2. 库存积压和物料短缺同时存在是一种在制造企业中常见和棘手的问题，ERP 能够解决这个问题吗？
3. ERP 如何解决对客户承诺的有效性问题？
4. 能够在提高产品质量的同时降低成本吗？
5. ERP 对于解决企业运作过程中部门本位观的问题能够提供帮助吗？
6. 什么是制造业基本方程？
7. 为什么有些企业实施应用 ERP 未能获得成功？
8. 如果一个企业现在应用 ERP 的情况不理想，那么应该怎么办？
9. 实施应用 ERP 的可靠路线的基本原则是什么？

练习题

按照如下关于 ABCD 的说明，下面哪个公式正确地表示了制造业基本方程？（　　）
- A 表示要制造什么产品(主生产计划)
- B 表示用什么零部件或原材料来制造这些产品(物料清单)
- C 表示现有什么零部件或原材料(库存记录)
- D 表示还应当再准备什么零部件或原材料(物料需求计划)

A. $A \times C - D = B$　　　　　　B. $B \times C - A = D$
C. $B \times C - D = A$　　　　　　D. $A \times B - C = D$

第 2 章 管理需求推动 ERP 的发展

自 18 世纪产业革命以来，手工业作坊向工厂生产的方向迅速发展，出现了制造业。随之而来，所有企业几乎无一例外地追求着基本相似的运营目标，即在给定资金、设备、人力的前提下，追求尽可能大的有效产出；或在市场容量的限制下，追求尽可能少的人力、物力投入；或寻求最佳的投入/产出比。就其外延而言，为追求利润；就其内涵而言，为追求企业资源合理有效的利用。

这一基本目标的追求使企业的管理者面临一系列的挑战：生产计划的合理性、成本的有效控制、设备的充分利用、作业的均衡安排、库存的合理管理、财务状况的及时分析等。日趋激烈的市场竞争环境使上述挑战对企业具有生死存亡的意义，于是各种理论和实践应运而生。在这些理论和实践中，首先提出而且被人们研究最多的是库存管理的方法和理论。人们首先认识到，诸如原材料不能及时供应、零部件不能准确配套、库存积压、资金周转期长等问题产生的原因，在于对物料需求控制得不好。然而，当时提出的一些库存管理方法往往建立在一些经不起实践考验的前提假设之上，热衷于寻求解决库存优化问题的数学模型，而没有认识到库存管理实质上是一个大量信息的处理问题。事实上，即使在当时认识到这一点，也不具备相应的信息处理手段。

计算机的出现和使用，使得信息处理领域取得了巨大的突破。

在 20 世纪 50 年代中期，计算机的商业化应用开辟了企业管理信息处理的新纪元，对企业管理所采用的方法产生了深远的影响。而在库存控制和生产计划管理方面，这种影响比其他任何方面都更为明显。大约在 1960 年，计算机首次在库存管理中得到了应用，这标志着企业的生产管理迈出了与传统方式决裂的第一步。也正是在这个时候，美国出现了一种新的库存与计划控制方法，即计算机辅助编制的物料需求计划(material requirements planning，MRP)。

MRP 的基本原理和方法与传统的库存管理理论与方法有着显著的区别。可以说，它开辟了企业生产管理的新途径。传统的库存管理理论认为，要想减少库存费用，只有降低服务水平，即降低供货率；或者反过来，要想提高服务水平，就必须增加库存费用。有了 MRP，这种信条就被彻底打破了。许多企业成功地运用了 MRP 系统，它们可以在降低库存量，即降低库存费用的同时，改善库存服务水平，即提高供货率。于是，在企业管理领域发生了一场革命：新的理论和方法逐步建立，而传统的理论和方法被重新评价。

初期的 MRP(物料需求计划)是以库存管理为核心的计算机辅助管理工具。而 20 世纪 80 年代发展起来的 MRP II，已延伸为制造资源计划(manufacturing resource planning)，它进一步从市场预测、生产计划、物料需求、库存控制、车间控制延伸到产品销售的整个生产经营过程，以及与之有关的所有财务活动中,从而为制造业提供了科学的管理思想和处理逻辑,以及有效的信息处理手段。到了 20 世纪 90 年代,又出现了企业资源计划(enterprise resource planning,ERP)的概念,进一步发展了 MRP Ⅱ 的理论和方法。

MRP/MRP Ⅱ/ERP 的发展经历了如下 5 个阶段。

(1) 20 世纪 40 年代的库存控制订货点法。

(2) 20 世纪 60 年代的时段式 MRP。

(3) 20 世纪 70 年代的闭环 MRP。

(4) 20 世纪 80 年代发展起来的 MRP Ⅱ。

(5) 20 世纪 90 年代出现的 ERP。

2.1 早期库存管理引发的订货点法

在计算机出现之前,发出订单和进行催货是一个库存管理系统在当时所能做的一切。库存管理系统发出生产订单和采购订单,但确定对物料的真实需求却要靠缺料表,这种表上所列的是马上要用,但却没有库存的物料。然后,企业派人根据缺料表进行催货。

订货点法是在当时的条件下,为改变这种被动的状况而提出的一种按过去的经验预测未来的物料需求的方法。这种方法的实质是着眼于"库存补充"的原则,"补充"的意思是把库存填满到某个原来的状态。库存补充的原则是保证在任何时候仓库里都有一定数量的存货,以便需要时随时取用。订货点法依据对库存补充周期内的需求量的预测,并保留一定的安全库存储备,来确定订货点。安全库存的设置是为了应对需求的波动,一旦库存储备低于预先规定的数量,即订货点,则立即进行订货来补充库存。订货点的计算公式为

$$订货点 = 单位时区的需求量 \times 订货提前期 + 安全库存量$$

如果某项物料的需求量为每周 100 件,提前期为 6 周,并保持 2 周的安全库存量,那么,该项物料的订货点为 800 (100×6+200)件。

当某项物料的现有库存和已发出的订货之和低于订货点时,则必须进行新的订货,以保持足够的库存来支持新的需求。订货点法的处理逻辑,如图 2.1 所示。

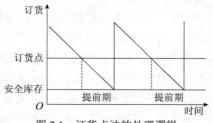

图 2.1 订货点法的处理逻辑

订货点法曾引起人们的广泛关注,按这种方法建立的库存模型曾被称为"科学的库存模型"。然而,在实际应用中该方法却差强人意,原因在于订货点法所基于的假设大多是不成立的。

下面,我们对这些假设进行讨论。

1. 对各种物料的需求是相互独立的

订货点法不考虑物料项目之间的关系,每项物料的订货点分别独立加以确定。因此,订货点法是面向零件的,而不是面向产品的。但是,在制造业中有一个很重要的要求,那就是各项物料的数

量必须配套,以便能装配成产品。由于对各项物料分别独立地进行预测和订货,就会在装配时发生各项物料数量不匹配的情况。这样,即使单项物料的供货率提高了,总的供货率也不见得会提高,因为不可能每项物料的预测都很准确,所以积累起来的误差反映在总供货率上将是相当大的。

例如,用 10 个零件装配成一件产品,每个零件的供货率都是 90%,而联合供货率却降到 34.8%。一件产品由 20 个、30 个甚至更多零件组成的情况是常有的,如果这些零件的库存量是根据订货点法分别确定的,那么要想在总装配时不发生零件短缺,则几乎是不可能的事情。

应当注意,上述这种零件短缺并不是由预测准确度不高而引起的,而是由这种库存管理模型本身的缺陷造成的。

2. 物料需求是连续发生的

订货点法默认物料需求是连续发生的,按照这种假定,必须认为需求相对均匀,库存消耗率稳定。而在制造业中,对产品零部件的需求恰恰是不均匀、不稳定的,库存消耗是间断的,这往往是由下道工序的批量要求引起的。

例如,最终产品是活动扳手,零件是扳手柄,原材料是扳手毛坯。活动扳手不是单件生产的,当工厂接到一批订货时,就在仓库中取出一批相应数量的扳手柄投入批量生产。这样一来,扳手柄的库存量就会突然减少,有时会降到订货点以下,这时就要立即下达扳手柄的生产指令,从而引起扳手毛坯的库存大幅度下降。如果因此引起扳手毛坯库存量低于订货点,则需要采购扳手毛坯,如图 2.2 所示。

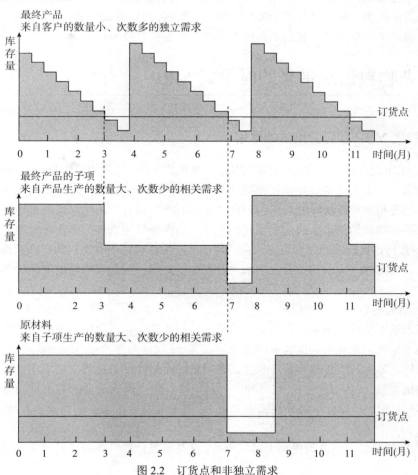

图 2.2 订货点和非独立需求

由此可见，即使对最终产品的需求是连续的(可以将图 2.2 中对最终产品的需求近似地看成是连续的)，但由于生产过程中的批量需求，引起对零部件和原材料的需求是不连续的。需求不连续的现象提出了一个如何确定需求时间的问题。订货点法是根据以往的平均消耗来间接地指出需要时间，但是对于不连续的非独立需求来说，这种平均消耗率的概念是毫无意义的。事实上，采用订货点法的系统下达订货的时间常常偏早，在实际需求发生之前就有大批存货放在库里造成积压。而另一方面，却又会因需求不均衡和库存管理模型本身的缺陷造成库存短缺。

3. 库存消耗后应被重新填满

订货点法假设库存消耗后应被重新填满，按照这种假定，当物料库存量低于订货点时，必须发出订货，以重新填满库存。如果需求是间断的，那么这样做不但没有必要，而且也不合理，因为很可能因此造成库存积压。例如，某种产品一年中可以得到客户的两次订货，那么制造此种产品所需的钢材则不必因库存量低于订货点而立即填满。

4. 关注订货时间

订货点法认为企业应关注客户"何时订货"，然而真正重要的问题是"何时需要物料"，当这个问题解决以后，"何时订货"的问题也就迎刃而解了。订货点法通过触发订货点来确定订货时间，再通过提前期来确定需求日期，其实是本末倒置的。

从以上讨论可以看出，订货点法是围绕一些不成立的假设建立起来的。今天看来，订货点法作为一个库存控制模型是那个时代的错误理论，人们在该理论的基础上提出了许多在新的条件下应当解决的问题，从而引发了 MRP 的出现。在今天的制造企业里，订货点法除了在维护、维修与运作物料中仍在使用，它已不再是库存控制的主要方法了。

2.2 复杂物料需求带来的时段式 MRP

2.2.1 时段式 MRP 和订货点法的区别

时段式 MRP 是在解决订货点法缺陷的基础上发展起来的，亦称为基本 MRP，或简称 MRP。

如前所述，订货点法是彼此孤立地推测每项物料的需求量，而不考虑它们之间的联系，从而造成库存积压和物料短缺同时出现的不良局面。MRP 则通过产品结构把所有物料的需求联系起来，考虑不同物料的需求之间的相互匹配关系，从而使各种物料的库存在数量和时间上均趋于合理。MRP 与订货点法的区别有三点：一是通过产品结构将所有物料的需求联系起来；二是将物料需求区分为独立需求和非独立需求并分别加以处理；三是对物料的库存状态数据引入了时间坐标。

MRP 把所有物料按需求性质区分为独立需求项和非独立需求项，并分别加以处理。如果某项物料的需求量不依赖于企业内其他物料的需求量而独立存在，则称为独立需求项目；如果某项物料的需求量可由企业内其他物料的需求量来确定，则称为非独立需求项目或相关需求项目。例如，原材料、零件、组件等都是非独立需求项目，而最终产品是独立需求项目，独立需求项目有时也包括维修件(备用件)、可选件和工厂自用件。独立需求项目的需求量和需求时间通常由预测和客户订单、厂际订单等外在因素来决定，而非独立需求项目的需求量和时间则由 MRP 系统来决定。

MRP 为物料的库存状态数据加上时间坐标，就是按具体的日期或计划时区记录和存储库存状态数据。

在传统的库存管理中,库存状态的记录是没有时间坐标的。记录的内容通常只包含库存量和已订货量。当这两个量之和由于库存消耗而小于最低库存点的数值时,便是重新组织进货的时间。因此,在这种记录中,时间的概念是以间接的方式表达的。后来,这种方法有了一些改进,在库存状态记录中增加了两个数据项:需求量和可供货量。其中,需求量是指当前已知的需求量,而可供货量是指可满足未来需求的量。这样,物料的库存状态记录由 4 个数据组成,它们之间的关系可用公式表述为

$$库存量+已订货量-需求量=可供货量$$

例如,某项物料的库存状态数据如下。

库存量:30　　已订货量:25　　需求量:65　　可供货量:-10

其中,需求量可能来自客户订单,也可能来自市场预测,还可能是作为非独立需求推算出来的。当可供货量是负数时,就意味着库存储备不足,需要再组织订货。这样一个经过改进的库存控制系统可以更好地回答订什么货和订多少货的问题,却不能回答何时订货的问题。表面上看,当可供货量是负值时,就可以订货了。其实不然。已发出的订货何时到货?是一次到达还是分批到达?什么时候才是对这批订货的需求实际发生的时间?该需求是应一次满足还是分期满足?什么时候库存会用完?什么时候应完成库存补充订货?什么时候应该发出订货?对于这一系列的问题,传统的库存控制系统是无法回答的。

时间坐标法使所有的库存状态数据都与具体的时间联系起来,于是上述问题可以迎刃而解。下面,我们通过例子来说明时间坐标的概念。

如果把前例中的库存状态数据以周为单位给出时间坐标,则可能如表 2.1 所示。

表 2.1　库存状态数据(以件为单位)

周	1	2	3	4	5	6	7	8	9	10
库 存 量	30	30	10	10	-25	0	0	0	0	0
已订货量	0	0	0	0	25	0	0	0	0	0
需 求 量	0	20	0	35	0	0	0	0	0	10
可供货量	30	10	10	-25	0	0	0	0	0	-10

现在,我们便可以回答前面所提出的各个与时间有关的问题了。从记录中看到,这里有一批已发出的订货,总计 25 件,将在第 5 周到货;在第 2 周、第 4 周和第 10 周分别出现 3 次需求,其数量分别为 20、35 和 10,总数为 65。另外可以看出,库存总储备(即库存量和已订货量之和)在前 9 周是足够用的,但供应与需求在时间上不合拍,第 4 周可供货量出现负值,而已发出订货在第 5 周才到达。如已发出的订货能够提前 1 周到达,则可避免第 4 周的物料短缺。关于这一点,库存计划员可以提前 4 周从库存状态数据得知并采取相应的措施,第 10 周的物料短缺应通过新的库存补充订货来解决,其需求日期为第 10 周。下达日期则可由此根据提前期推算出来。

维护、更新有时间坐标的库存状态记录,所要进行的数据处理工作量是相当大的,这是因为既要处理数量关系,又要处理时间关系。本例中,在给出时间坐标之前只用了 4 个数据项,而在给出时间坐标之后,则用了 40 个数据项。在一个典型的企业中,如果对 25 000 项物料按周划分时间段,在计划期为一年的情况下,就要处理多达 500 万个基本数据,这样大量的信息处理工作只有计算机才能胜任。

2.2.2 时段式 MRP 系统的前提条件和基本假设

1. 时段式 MRP 系统运行的前提条件

(1) 运行 MRP 系统首先要赋予每项物料一个独立的物料代码,这些物料包括原材料、零部件和最终产品。物料代码不能有二义性,即两种不同的物料不得有相同的代码。

(2) 要有一个主生产计划,就是要有一个关于生产什么产品和什么时候产出的计划。该计划只考虑最终项目,最终项目可能是产品,也可能是处于产品结构中最高层次的装配件,这些装配件可根据总装配计划装配成不同的产品。主生产计划考虑的时间范围,即计划展望期,取决于产品的累计提前期,即产品所有零部件的生产提前期和采购提前期累计之和。计划展望期的长度应当等于或超过产品的累计提前期,通常为 3~18 个月。主生产计划的形式通常是一个按时区列出的各最终项目产出数量的矩阵。

(3) 在计划编制期间必须有一个通过物料代码表示的物料清单(bill of material,BOM)。BOM 是产品结构文件,它要指明构成产品的所有物料项目之间的结构关系,即从原材料到零件、组件,直到最终产品的层次隶属关系,而不仅仅是罗列出构成某一产品的所有物料项目。

(4) 要有完整的库存记录。也就是说,所有在 MRP 系统控制下的物料都要有相应的库存记录。

2. 实施 MRP 系统的基本假设

(1) 必须保证 BOM 和库存记录文件的数据完整性。确切来说,这个要求不是针对计算机系统运行而言的,因为即使输入的数据不正确,计算机系统也能输出技术上"正确"的运算结果。因此,必须保证输入的信息正确、完整,才能得到对企业有用的数据,从而实现有效的管理。

(2) 所有物料的订货提前期是已知的。一般情况下,在编制计划时,每项物料的提前期都应该是一个固定的值。虽然提前期的值可以更改,但 MRP 系统无法处理订货提前期未定的物料。

(3) 所有物料的出入库都要有库存记录。

(4) 构成父项的所有子项都必须在父项的生产订单下达时到齐。因此,子项的需求均在父项的生产订单下达时发生。

(5) 物料的消耗是离散的。例如,某项物料由 50 个子项构成,那么 MRP 在进行计算时就恰好分配出 50 个子项,并假定它们被一次性消耗掉。

MRP 系统从主生产计划、独立需求预测,以及厂际零部件订货的数额可以确定"我们将要生产什么",通过 BOM 可以回答"用什么来生产",把主生产计划等反映的需求按照产品的 BOM 进行分解,从而得知"为了生产所需的产品,我们需要用些什么",然后和库存记录进行比较来确定物料需求,即回答"我们还需要再得到什么"。MRP 系统的处理逻辑,如图 2.3 所示。

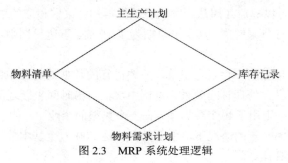

图 2.3 MRP 系统处理逻辑

2.2.3 MRP 的数据处理过程

MRP 系统对每项物料的库存状态按时区进行分析,自动确定计划订单的数量和时间。物料的库存状态数据包括:预计可用量、计划接收量、毛需求量和净需求量。

预计可用量是指一项物料在某个时区的库存量,当前时区的预计可用量则是现有库存量。计划接收量是指在某时区之前的各时区中的已下达、预计可以在该时区之内入库的订单量。毛需求量是为满足市场预测、客户订单的需求或 BOM 中上层物料项目的订货需求(可以是多项订货需求)而产生的对该项物料的需求量。净需求量则是从毛需求量中减去预计可用量和计划接收量之后的差。在计算上,净需求量可以通过预计可用量的变化而得到。

首先,计算各时区的预计可用量,公式为

$$某时区预计可用量 = 上时区预计可用量 + 该时区计划接受量 - 该时区毛需求量$$

其次,确定各时区的预计可用量。当出现负值时,就意味着出现净需求,其值等于这个负值的绝对值。物料的净需求及其发生的时间指出了即将发生的物料短缺。因此,MRP 可以预见物料短缺。为了避免物料短缺,MRP 将在净需求发生的时区内指定计划订单量,然后考虑订货提前期,指出计划订单的下达时间。MRP 的数据处理过程,如表 2.2 所示。

表 2.2 MRP 的数据处理过程

提前期:4
初始库存量 23

时 区	1	2	3	4	5	6	7	8
毛需求量		20		25		15	12	
计划接受量			30					
库 存 量	23	3	33	8	8	-7	-19	-19
净需求量						7	12	
计划订货量						7	12	
计划订单下达		7	12					

表 2.2 只是表明 MRP 的数据处理原理,在实际应用中,对订货数量可以根据所选择的订货策略不同而有不同的做法。

2.3 物料与生产管理集成的闭环 MRP

2.2 节所介绍的 MRP 只局限在物料需求方面,这只是生产管理的一部分。物料需求计划要通过车间作业管理和采购作业管理来实现,而且还必须受到生产能力的约束。因此,只有 MRP 还是不够的。于是,在 MRP 的基础上,人们又提出了闭环 MRP 系统。所谓闭环,有以下两层含义。

(1) 把能力需求计划(capacity requirements planning,CRP)、车间作业计划、采购作业计划和 MRP 集成起来,形成一个实现物料计划的系统。

(2) 计划的执行总会出现偏差,于是,在计划执行过程中,要有来自车间、供应商和计划人员的反馈信息,并利用这些反馈信息进行计划的调整和平衡,使生产计划方面的各种子系统得到协调和统一。

闭环 MRP 系统的工作过程，如图 2.4 所示。

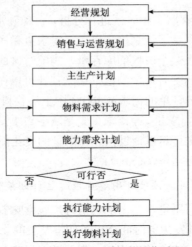

图 2.4　闭环 MRP 系统的工作过程

其中，经营规划是企业的战略规划，确定企业的经营目标和战略。销售与运营规划确定每一个产品族的生产率，通常按月表示，展望期为 1~3 年。主生产计划对销售与运营规划做进一步的分解，按产品(或最终项目)确定生产量，一般以周为时区单位，展望期为 3~18 个月。物料需求计划对主生产计划做进一步的分解，确定物料清单各个层次上的物料需求的数量和时间。能力需求计划平衡和调整由物料需求计划所产生的能力需求与企业的实际生产能力之间的关系。由于企业的生产能力是有限的，所以物料需求计划要受能力需求计划的约束。

能力需求计划的逻辑和物料需求计划的逻辑极其相似，如图 2.5 所示。

对已下达和未下达的生产订单，要通过工艺路线和工作中心来加以分解。工艺路线说明自制件的加工顺序和标准工时定额，其作用恰如物料清单对于物料需求计划的作用。工作中心用来说明生产资源，包括机器设备和人，其作用恰如生产能力的库存。分解的结果是按工作中心产生以标准工时表示的能力需求计划，指出为执行物料需求计划所需要的能力。

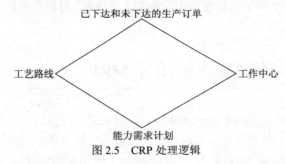

图 2.5　CRP 处理逻辑

闭环 MRP 系统中的各个环节是相互联系、相互制约的。如果一个企业通过自己的制造设备、合同转包，以及物料外购的努力仍不能得到为满足物料需求计划所需的生产能力，则应修改物料需求计划，甚至主生产计划。当然，这只是一种不得已的办法，因为制订能力需求计划的目标无疑是要使物料需求计划乃至主生产计划得以实现。

在计划执行过程中，也要有一系列的信息反馈及相应的平衡调整。在闭环 MRP 系统中，反馈功能是非常重要的，无论是车间还是供应商，如果意识到不能按时完成订单，则应给出拖期预报，这是重要的反馈信息。如果系统不曾收到这样的报告，即认为可以满足计划的需求，这里遵循的是"沉默即赞成"的原则。

以上所有计划及其执行活动之间的协调和平衡、信息的追踪和反馈都必须借助计算机才能实现。正是现代计算机技术的发展和应用使得闭环 MRP 成为可能。

2.4 生产与财务管理一体化的 MRP II

2.4.1 MRP II 的形成和特点

在计算机应用于企业管理的早期实践中，一方面，人们常常为了堵塞某些漏洞而建立一些子系统，漏洞越多，子系统越多；另一方面，由于在建立这些子系统时缺乏统一的规划，它们之间联系甚少。因此，子系统越多，漏洞也越多。

闭环 MRP 系统的出现，使生产计划方面的各种子系统实现了统一。但这还不够，因为在企业管理中，生产管理只是一个方面，它所涉及的是物流，而与物流密切相关的还有资金流。这在许多企业中是由财会人员另行管理的，这就造成了重复，甚至冲突(数据不一致)。

能否建立一个一体化的管理系统，去掉不必要的重复、避免冲突、提高效率呢？凡是已经成功地实现了闭环 MRP 系统的企业都会认为，这是顺理成章的事情：既然库存记录的准确度足以支持 MRP 系统，为什么不能进而用于财会核算呢？既然 MRP 系统可以支持生产计划，为什么不能进而通过货币表示来支持经营规划呢？

人们对问题的认识越深刻，问题就变得越简单，就会在纷乱的现象中找到规律。把财务子系统与生产子系统结合为一体，使闭环 MRP 向 MRP II 前进一大步。

在闭环 MRP 得到成功应用的企业中，市场销售部门的管理人员认识到 MRP 系统不但与他们有关系，而且是他们的"好帮手"。只有借助 MRP 系统，才能在各种生产约束条件下制订合理可行的销售计划，也只有依靠 MRP 系统，才能使生产迅速地适应销售方面的变化。

工程技术管理是整个企业管理的重要组成部分，特别是那些生产复杂产品，或引入新产品而需要解决一系列工程技术问题的企业，更需要把工程技术准备计划与生产计划、销售计划、财务计划等有机地结合起来。例如，由工程技术部门提供的物料清单，在过去只是生产管理的参考文件，而在 MRP 系统中已成为一个控制文件，既用它来控制物料需求的分解路径，又用它来核算成本。

把生产、财务、销售、工程技术、采购等各个子系统结合成一个一体化的系统，称为制造资源计划(manufacturing resource planning)，英文缩写还是 MRP，为了区别于基本 MRP，记为MRP II。MRP II 有如下特点。

(1) MRP II 把企业中的各子系统有机地结合起来，形成一个面向整个企业的一体化的系统。其中，生产和财务两个子系统的关系尤为密切。

(2) MRP II 的所有数据来源于企业的中央数据库，各子系统在统一的数据环境下工作。

(3) MRP II 具有模拟功能，能根据不同的决策方针模拟出各种未来将会发生的结果，因此它也是企业高层领导的决策工具。

2.4.2 MRP II 的重要性和适用性

MRP II 对于一个制造业公司是非常重要的、不可或缺的。"使用 MRP II 来管理一家公司，恰如靠仪表来驾驶飞机。"这个比喻是非常恰当的，飞机飞行在 10 000 米的高空，要驾驶员通过直接观察来确定气流、云层、飞行高度、飞行方向是不可能的，驾驶员只能靠一系列的仪表来驾驶飞机，这些仪表的信息有助于对飞机飞行状况的了解。而 MRP Ⅱ 有助于对一个制造业公司运营状况的了解。

MRP Ⅱ 以现代计算机为工具，通过对大量的数据进行及时的处理来模拟制造业基本方程。由于制造业基本方程的普遍存在，MRP Ⅱ 也是普遍适用的。

MRP Ⅱ 向人们提供了制造业管理的标准知识体系和工具，企业的各级管理人员可以而且应当使用诸如销售与运营规划、主生产计划、物料需求计划、能力需求计划等工具来管理自己的企业，这正如财务人员早已使用的标准财务工具一样。

2.5 集成企业内部和外部信息的 ERP

ERP 是企业资源计划(enterprise resources planning)的英文缩写，作为新一代的 MRP Ⅱ，其概念由美国高德纳咨询公司(Gartner Group)于 1990 年提出。在短短几年时间内，ERP 概念就被普遍接受。目前，原来的 MRP Ⅱ 软件供应商已普遍宣布自己的产品是 ERP 产品，ERP 也成了一个流行的名词。

1. ERP 产生的背景

20 世纪 90 年代，由于经济全球化和市场国际化的发展趋势，制造业所面临的竞争更趋激烈。以客户为中心，基于时间、面向供应链成为在新的形势下制造业发展的基本动向。

实施以客户为中心的经营战略是 20 世纪 90 年代企业在经营战略方面的重大转变。

传统的经营战略是以企业自身为中心的。企业的组织形式是按职能划分的层次结构；企业的管理方式着眼于纵向的控制和优化；企业的生产过程是由产品驱动的，并按标准产品组织生产流程；客户被视为外部对象，除了销售和客户服务部门之外的其他部门都不直接与客户打交道；在影响客户购买的因素中，价格是第一位的，其次是质量和交货期。于是，企业的生产目标依次为成本、质量、交货期。

以客户为中心的经营战略则要求企业的组织为动态的、可组合的弹性结构；企业的管理着眼于按客户需求形成的增值链的横向优化；客户和供应商被集成在增值链中，成为企业受控对象的一部分；在影响客户购买的因素中，交货期是第一位的，企业的生产目标也转为交货期、质量和成本。

实施以客户为中心的经营战略就要对客户需求迅速做出响应，并在最短的时间内向客户交付高质量和低成本的产品。这就要求企业能够根据客户需求迅速重组业务流程，消除业务流程中非增值的无效活动，变顺序作业为并行作业，在所有业务环节中追求高效率和及时响应，尽可能采用现代技术手段，快速完成整个业务流程，并扩大企业的控制范围，面向整个供应链，把从供应商到客户的全部环节都集成起来。

这就是 ERP 产生的客观需求背景。而面向对象的技术、计算机辅助软件工程，以及开放的客户机/服务器计算环境又为实现这种转变提供了技术基础。于是，ERP 应运而生。

2. ERP 的定义

Gartner Group 是通过一系列功能标准来界定 ERP 系统的，其主要包括以下 4 个方面。

(1) 超越 MRP Ⅱ 范围的集成功能，ERP 系统包括质量管理、实验室管理、流程作业管理、配方管理、产品数据管理、维护管理、管制报告和仓库管理等多种功能。

(2) 支持混合方式的制造环境，ERP 系统既可支持离散型制造环境，又可支持流程型制造环境；具有按照面向对象的业务模型重组业务过程的能力，以及在国际范围内应用。

(3) 支持能动的监控能力，提高业务绩效。ERP 系统可在整个企业内采用计划和控制方法、模拟功能、决策支持能力和图形能力。

(4) 支持开放的客户机/服务器计算环境。ERP 系统支持客户机/服务器体系结构、图形用户界面(GUI)、计算机辅助软件工程(CASE)、面向对象技术、关系数据库、第四代语言、数据采集和外部集成(EDI)等。

以上 4 个方面分别从软件功能范围、软件应用环境、软件功能增强和软件支持技术上对 ERP 做了界定。这 4 个方面反映了 20 世纪 90 年代，对制造系统在功能和技术上的客观需求。

3. ERP 的功能特点

上述功能标准(1)所列的 8 项扩展功能均是相对于标准 MRP II 系统来说的。但是，事实上，像质量管理、实验室管理、流程作业管理等许多不包括在标准 MRP II 系统之内的功能，在当时的一些软件系统中已经具备。关于管制报告功能的扩展，是由于各国政府对制造业强制执行的环境控制、就业安全及消费者保证等法律法规越来越严格，从而引起大量处理各种遵循法律法规情况报告的需求。由于不同的国家可能有不同的法规，这方面的功能不可避免地存在个性化的问题。

上述功能标准(2)所说的"混合方式的制造环境"可以包括三种情况。第一，生产方式的混合。这首先是指离散型制造和流程型制造的混合。由于企业的兼并与联合，企业多元化经营的发展，加之高科技产品中包含的技术复杂程度越来越高，使得无论是纯粹的离散型制造环境还是纯粹的流程型制造环境，在一个企业中都很少见，通常是二者不同程度的混合。其次是指单件生产、面向库存生产、面向订单装配，以及大批量重复生产方式的混合。第二，经营方式的混合。这是指国内经营与跨国经营的混合。由于经济全球化、市场国际化、企业经营的国际化，纯粹的国内经营逐渐减少，而各种形式的外向型经营越来越多。这些外向型经营可能包括原料进口、产品出口、合作经营、合资经营、对外投资，直到跨国经营等各种形式的混合经营方式。第三，生产、分销和服务等业务的混合。这是指多种经营形成的技、工、贸一体化集团企业环境。

为了支持混合方式的制造环境，ERP 系统必须在两方面突破 MRP II 的局限。一是在标准 MRP II 系统中，一直未专门涉及流程工业的计划与控制问题，这和传统 MRP 奉行的简单化原则有关。在标准 MRP II 系统中，是以行业普遍适用的原则来界定所包含的功能的。例如，制药行业对批号跟踪与管理的需求来自法律法规的特殊管制，而不是所有的行业都需要这些功能，如洗衣机行业就不需要，因为没有这方面的法规要求。但是，随着质量保证的需求和为消费者服务的需求的发展，洗衣机行业也有了批号跟踪与管理的需求。因此，行业普遍适用的原则标准也发生了变化。ERP 扩展到流程行业，把配方管理、计量单位的转换、联产品和副产品流程作业管理等功能作为自身不可缺少的一部分。二是传统的 MRP II 软件系统往往是基于标准的 MRP II 系统，同时面向特定的制造环境开发的。因此，即使通用商品软件按照某一用户的需求进行业务流程的重组，也会受到限制。目前，具有这种有限能力的软件对于满足用户的特定需求是用剪裁和拼装的方式，通过不同的产品模块配置来实现的。但是，这很难让用户在瞬息万变的经营环境中，根据客户需求快速重组业务流程。这种功能正是 ERP 所追求的，实现的方法是企业业务流程的重组，实现这个目标的技术是计算机辅助软件工程和面向对象的技术。

上述功能标准(3)是 ERP 能动式功能的加强。与能动式功能相对的是反应式功能，即在事务发生之后记录发生的情况。能动式功能则具有主动性和超前性。ERP的能动式功能表现在它所采用的控制和工程方法、模拟功能、决策支持能力和图形能力。例如，把统计过程控制的方法应用到管理事务中，以预防为主，就是过程控制在ERP中应用的例子。把并行工程的方法引入ERP中，把设计、制造、销售和采购等活动集成起来，并行地进行各种相关作业，在产品设计和工艺设计时，就要考虑生产制造问题；在制造过程中，如有设备工艺变更，则要及时反馈给设计。这就要求ERP具有实时功能，并与工程系统(CAD/CAM)集成起来，从而有利于提高产品质量，降低生产成本，缩短产品开发周期。决策支持能力是ERP"能动"功能的一部分。传统的MRPⅡ系统是面向结构化决策问题的，就它所解决的问题来说，决策过程的环境和原则均能用明确的语言(数学的或逻辑的、定量的或定性的)清楚地描述。在企业经营管理中，还有大量半结构化或非结构化的问题，决策者往往对这些问题有所了解但不全面、有所分析但不确切、有所估计但不准确，如新产品开发、企业合并、收购等问题均是如此。ERP的决策支持功能则要扩展到对这些半结构化或非结构化问题的处理。

上述功能标准(4)是关于ERP的软件支持技术的。为了满足企业多元化经营，以及合并、收购等活动的需求，用户需要具有一个底层开放的体系结构，这是ERP面向供应链管理，快速重组业务流程，实现企业内部与外部更大范围内信息集成的技术基础。

思考题

1. 什么是订货点法？订货点法有什么局限性？
2. MRP和MRPⅡ的含义是什么？
3. MRP与订货点法有什么区别？
4. MRP的前提条件是什么？
5. MRP系统可以为企业提供哪些输出信息？
6. 什么是独立需求和相关需求？
7. 什么是毛需求和净需求？
8. MRP是如何进行计算的？
9. 闭环MRP和基本MRP的区别是什么？
10. MRPⅡ与闭环MRP的区别是什么？
11. MRPⅡ的特点是什么？
12. 什么是ERP？其具有什么特点？

练习题

1. 以下哪些关于ERP发展历史阶段的陈述是正确的？（　　）
    A. ERP的发展先后经历了订货点法、闭环MRP、时段式MRP、MRPⅡ和ERP等阶段
    B. ERP的发展先后经历了ERP、时段式MRP、闭环MRP、MRPⅡ和订货点法等阶段
    C. ERP的发展先后经历了订货点法、时段式MRP、闭环MRP、MRPⅡ和ERP等阶段
    D. ERP的发展先后经历了订货点法、闭环MRP、MRPⅡ、时段式MRP和ERP等阶段
2. 下面哪一项关于订货点法的表述是正确的？（　　）
    A. 订货点＝单位时区的需求量×安全库存量＋订货提前期
    B. 订货点＝安全库存量×订货提前期＋单位时区的需求量
    C. 订货点＝单位时区的需求量×订货提前期＋安全库存量

D. 订货点＝单位时区的需求量＋订货提前期＋安全库存量

3. 一项物料提前期为 6 周，平均需求量为每周 150 件，安全库存量为 300 件，订货批量为 2 000 件。订货点是多少？（　　）

  A. 300 件   B. 900 件   C. 1 200 件   D. 2 000 件

4. 在使用 ERP 的制造企业中，下面哪种物料的库存管理可以使用订货点法？（　　）

  A. 原材料   B. 维护、维修与操作物料

  C. 产成品   D. 在制品

5. 下面哪一项关于非独立需求物料的举例是最好的？（　　）

  A. 产成品   B. 维修件

  C. 市场价格很敏感的产品   D. 原材料、子项零件和子装配件

6. 在下面的图中，物料 E 可以作为备用件。哪些物料是具有独立需求的物料？（　　）

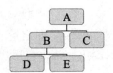

  A. A 和 B   B. A、B 和 C

  C. B、D 和 C   D. 只有 A 和 E

7. 在什么情况下将出现对一个子项物料的独立需求？（　　）

  A. 该子项物料有多个父项   B. 该子项物料的用量很小

  C. 该子项物料是采购物料   D. 该子项物料可以用作备用件

8. 以下哪项陈述最好地表达了 MRPⅡ系统的特点？（　　）

  A. 把企业中的各子系统有机地结合起来，实现供应链的集成；各子系统在统一的数据环境下工作；能根据不同的决策方针模拟出各种未来将会发生的结果

  B. 各子系统在统一的数据环境下工作；具有模拟功能，能根据不同的决策方针模拟出各种未来将会发生的结果；实现供应链的集成

  C. 把企业中的各子系统有机地结合起来，能根据不同的决策方针模拟出各种未来将会发生的结果；实现供应链的集成

  D. 把企业中的各子系统有机地结合起来，形成一个面向整个企业的一体化的系统；各子系统在统一的数据环境下工作；具有模拟功能，能根据不同的决策方针模拟出各种未来将会发生的结果

9. 在以下关于 MRP、MRPⅡ和 ERP 集成范围的论述中，哪些是正确的？（　　）

  A. MRP 实现企业物流和资金流的集成，MRPⅡ实现企业物料信息的集成，ERP 实现供应链的集成

  B. MRP 实现供应链的集成，MRPⅡ实现企业物流和资金流的集成，ERP 实现企业物料信息的集成

  C. MRP 实现企业物料信息的集成，MRPⅡ实现企业物流和资金流的集成，ERP 实现供应链的集成

  D. MRP 企业实现物料信息的集成，MRPⅡ实现供应链的集成，ERP 企业实现物流和资金流的集成

第3章 ERP 为企业带来的效益

本章从两方面讨论 ERP 为企业带来的效益，即定量的效益和定性的效益。其中，定性的效益实际上是更深层次的效益。本章最后给出一些来自用户的信息。

3.1 ERP 带来的效益

3.1.1 定量的效益

1. 降低库存投资

(1) 降低库存量。使用 ERP 系统后，由于有了好的需求计划，可以在恰当的时间得到恰当的物料，从而可以不必保持很多的库存。根据统计数字，在使用 ERP 系统之后，库存量一般可以降低 20%~35%。

(2) 降低库存管理费用。库存量降低还导致库存管理费用降低。库存管理费用包括仓库维护费用、管理人员费用、保险费用、物料损坏和失窃导致的损失费用等。库存管理费用通常占库存总投资的 25%。

(3) 减少库存损耗。一方面，由于库存量减少，库存损耗也随之减少；另一方面，MRP 对库存记录的准确度有相当高的要求，为了保证库存记录的准确性，就要实行循环盘点法。这样能够及时发现造成库存损耗的原因，并及时予以消除，从而可以使库存损耗减少。

下面，我们通过案例说明降低库存投资的效益。

【例 3.1】 假定某企业的年产值为 10 000 000 元；库存成本占年产值的 75%；库存维护费用占库存投资的 25%。使用 ERP 之后，每年库存周转次数提高 1 次(其中，未计库存损耗减少所产生的效益)。

总产值	10 000 000 元
库存成本——75%	7 500 000 元
库存投资——每年周转 2 次	3 750 000 元
库存投资——每年周转 3 次	2 500 000 元
库存投资降低	1 250 000 元
库存维护费用——25%	×0.25
库存投资降低产生的利润	312 500 元

2. 降低采购成本

ERP 把供应商视为自己的外部工厂，通过供应商计划法与供应商建立长期稳定、双方受益的合作关系。这样，既保证了物料供应，又为采购人员节省了大量的时间和精力，使他们可对采购工作进行有价值的分析。

供应商计划法既提高了采购效率，又降低了采购成本。有资料表明，使用 ERP，可以使采购成本降低 5%。

【例 3.2】假定企业年产值为 10 000 000 元，采购原材料及运输费用为年产值的 1/2，则可得到如下结果：

总产值	10 000 000 元
采购原材料及运输费用	5 000 000 元
采购成本降低 5%	×0.05
	250 000 元

这就是说，利润将会提高 250 000 元。

3. 提高生产率

(1) 提高直接劳力的生产率。使用 ERP 之后，由于减少了生产过程中的物料短缺，从而减少了生产和装配过程的中断，使直接劳力的生产率得到提高。有资料表明，生产线的生产率平均能够提高 5%～10%，装配线的生产率平均能够提高 25%～40%。

(2) 提高间接劳力生产率。以 ERP 作为通信工具，减少了文档及其传递工作，减少了混乱和重复的工作，从而提高了间接劳力的生产率。有资料表明，间接劳力的生产率可以提高 25%。

(3) 减少加班。过多的加班会严重降低生产率，还会造成过多的库存。使用 ERP，可以提前做出能力需求计划，从而减少加班。有资料表明，加班时间可以减少 50%～90%。

【例 3.3】假定企业年产值为 10 000 000 元，生产率提高用一个统一的数字来表示，即 10%，且假定直接劳力成本为产值的 10%，间接劳力成本为产值的 5%，则可得到如下结果：

总产值	10 000 000 元
增加产值	1 000 000 元
直接劳力成本 10%，节约	×0.10＝100 000 元
间接劳力成本 5%，节约	×0.05＝50 000 元
利润将会提高 150 000 元。	

4. 提高客户服务水平

要提高市场竞争力，既要有好的产品质量，又要有高水平的客户服务。要提高客户服务水平，就必须有好的产销配合。ERP 系统作为计划、控制和通信的工具，使得市场销售和生产制造部门可以在决策级和日常活动中有效地相互配合，从而缩短生产提前期，迅速响应客户需求，并按时交货。

【例 3.4】假定企业年产值为 10 000 000 元，客户服务水平的提高将带来销售量的提高。假定因此提高销售量 10%，那么：

提高的销售收入为 10 000 000×0.10＝1 000 000 元

假定利润率为 10%，则增加的利润为 1 000 000×10%＝100 000 元

5. 增加利润

根据以上分析，我们可以计算出增加的全部利润：

库存投资降低产生的利润	312 500 元
采购成本降低	250 000 元
生产率提高(直接劳力成本节约)	100 000 元
生产率提高(间接劳力成本节约)	50 000 元
提高客户服务水平增加的利润	100 000 元
增加的利润总和	812 500 元

6. 现金总收益

根据以上分析，我们可以计算出全部的现金收益，即增加的流动资金：

库存投资降低	1 250 000 元
库存投资降低产生的利润	312 500 元
采购成本降低	250 000 元
提高生产率	150 000 元
提高销售量	100 000 元
至此得到的现金总收益为	2 062 500 元

由于客户服务水平的提高，可以减少应收账款；由于信息准确、情况明确，可以使对应付账款的管理更加精确。假定这两项产生的现金收益分别为 500 000 元和 150 000 元，那么现金总收益将增加到 2 712 500 元。

3.1.2 定性的效益

前面我们对使用 ERP 为企业带来的某些定量的效益进行了讨论，下面我们将讨论定性的效益。前者更多地反映企业的业绩表现，而后者更多地反映企业的行为实践，是更深刻的。二者有密切的关系，但又并非完全一致。有时，企业虽然没有好的行为实践作为支持，但也可能有好的业绩表现，不过这种好的业绩表现肯定是脆弱的和暂时的。而反过来，如果一个企业有好的行为实践，其业绩表现则必定会越来越好。下面从 8 个方面对定性的效益进行讨论。

1. 提高工程开发效率和促进新产品开发

由于 ERP 系统使用统一的数据库，所以很容易获取工程开发所需的数据，且数据恢复和维护所花的时间也大大减少。又由于诸如"模块化物料清单"技术的使用，可以从根本上减少生成和维护物料清单的时间，对于客户定制的产品更是如此。此外，提高工程开发的效率，也有助于新产品的开发，这在引入新产品较多的企业可以大有作为。

有企业反映，过去 85%的产品具有 10 年以上的生产历史，而使用 ERP 之后，85%以上的产品是投产不到 3 年的新产品。ERP 的使用明显加快了产品更新换代的步伐。

2. 提高产品质量

在 ERP 环境下，企业的员工在自己的岗位上按部就班地按统一的计划做着自己的工作，使得企业的生产摆脱了混乱和物料短缺，井井有条地进行着。企业的工作质量提高了，产品质量也将得到提高。

事实上，ISO 9000 系列所认证的正是企业的工作质量，虽然标准 MRP Ⅱ 系统并不要求有质量管理模块，但 MRP Ⅱ 可以和 ISO 9000 相辅相成却是不争的事实。对于 ERP 来说，质量管理是必要的功能，因此质量管理更有了技术上的保证。

3. 提高管理水平

ERP 系统使信息的传递和获取更准确、更及时，使管理人员提前看到企业运营的发展趋势，从而赢得了时间，可以去做他们该做的事情，使管理更有效。

把 ERP 作为整个企业的通信系统，使得企业整体合作的意识和作用加强。通过准确和及时的信息传递，把大家的精力集中在同一个方向上，以工作流程的观点和方式来运营和管理企业，而不是把企业看作是一个个部门的组合。在这种情况下，特别是在市场销售和生产制造部门之间可以形成从未有过的、深刻的合作，共同努力满足客户需求，赢得市场。

有资料表明，很多企业的工长们平均要花 60%的时间"救火"，即处理那些出乎意料而突然出现的紧急事件，大部分精力和时间被零零碎碎地消耗掉了。使用了 ERP 后，工长们可以把精力集中于他们应当做的监督管理工作，从而使企业的管理更有成效。

4. 为科学决策提供依据

通过 ERP，把经营规划和销售与运作规划这样的高层管理计划分解转换为低层次上的各种详细的计划。这些计划由企业的每个员工遵照执行，通过所有员工的努力完成一个统一的计划，以统一的计划指导企业的运作。ERP 使得有计划、有控制的管理成为可能，上层的变化可以灵敏地传递到下层，而下层的情况也可以及时反馈到上层。

某些企业应用 ERP 系统，已经取得了多方面的效益，如降低了库存投资，提高了客户服务水平，提高了生产率等。但是，在企业的高层管理人员看来，更重要、更深刻的效益却是获得了经营和控制企业的有效工具。企业的高层管理人员认为，以 ERP 系统为工具运行一个企业，和过去的情况相比，控制的程度、花费的时间及方式上都大为不同。例如，过去必须经常在市场销售和生产制造之间做出权衡，而这占去了相当多的时间。现在则很少纠缠于这类问题，在几个月的时间内，只需花一天的时间去检查计划，一旦计划确定了，问题就解决了。因此，可以有更多的时间和精力去考虑和做更重要的工作。

5. 充分发挥人的作用

生产率的最大提高来自充分利用人的资源、充分发挥人的作用，这是从当今世界级的企业中得到的重要启示。

ERP 系统为全面提高企业管理水平提供了工具，而同时也为全面提高员工素质提供了机会。二者相辅相成、相互促进。生产率的提高，从根本上说，不是来自工具，而是来自使用这些工具、能更有效工作的人。从根本上说，ERP 系统只有和对其有充分理解并努力工作的人相结合，才能提高生产率，ERP 的成功来自企业全体员工的理解和努力。因此，生产率的提高应归功于使 ERP 系统很好地运转起来的人。

6. 提高企业生活质量

每一个成功运用 ERP 的用户都反映他们企业的生活质量得到了明显的改善，这方面的收益几乎是出乎预料的。其实原因很简单：制订周密的运营计划，能使公司的整体工作协调起来，而执行一个协调的运营计划，自然会使公司顺利运转。就拿生产部门来说，通过 ERP 系统，生产部门可以轻松自如地对市场需求做出响应，在生产过程中的工作也更有秩序。时间花在按部就班地执行计划上，而不是忙于对出乎意料的情况做出紧急反应。这能够让人们体验到企业生活质量得到很大的改善。

改善企业的生活质量意味着最佳的工作士气和工作态度，而提高生产率、提升产品质量、降低成本、增加利润将是相伴而来的事情。

7. 潜在影响

当管理人员有时间去为解决真正的问题而工作，而不是忙于"救火"时，企业的各个方面都能得到改善。

一家汽车制造企业常常花费大量的航空运费，其中大部分是由于计划问题造成的。企业不能因零件短缺而承受关闭生产线的损失，因此常发生紧急订货并空运提货的情况。于是，一个糟糕的计划和不准确的库存记录的代价从进货运费单上表现出来。当一个企业的生产已经落后于计划，而相应的合同中又有着误期罚款的条款时，为了保证按时交货，只好不惜重金空运原材料。通过 ERP 的应用，上述运费问题得到了解决。这样的潜在影响还存在于其他许多方面，如一家制药公司使用 ERP 系统之后，减少报废达 80%，减少分销成本(包括运输成本)达 15%，原因只在于有了好的计划和控制工具。

8. 提供更多的就业机会

最好的就业前景是在生产率提高最快的产业之中。ERP 在提高制造业生产率、促进制造业发展的同时，也为社会带来了更多的就业机会，而 1000 个制造业的就业岗位就能增加 700 个非制造业的就业岗位。这已经是为社会而不仅仅是为一个企业带来效益了。

3.2 来自用户的信息

下面给出两个实例，用来说明企业应用 ERP 获得的效益。

【例 3.5】以下信息来自一家计算机制造公司，该公司使用 ERP 系统后各项成本(单位：元)均得到降低。

成本项目	安装前成本	安装后成本	每年节省
计算机支持、运行和维护	94 000	38 000	56 000
计算机硬件	62 000	7 000	55 000
计算机开发	74 000	30 000	44 000
采购/物流	525 000	210 000	315 000
制造费用	729 000	120 000	609 000
地区服务费用	1 260 000	840 000	420 000
库存费用	299 000	117 000	182 000
年成本总和	3 043 000	1 362 000	1 681 000

【例 3.6】以下信息摘自一家国有企业实施应用 ERP 系统的报告。

(1) 运用 ERP 管理思想和计算机系统，使管理和业务流程得到了规范和优化。

(2) 夯实了管理基础，规范和统一了基础数据，实现了数据共享。

(3) 实现了物流、资金流、信息流的统一。使物料变化的同时，资金形态的变化也随之得到反映。

(4) 使物料管理的透明度大大提高，从而压缩了库存资金，减少了采购费用；规范了生产计划管理，理顺了物流，使计划细化到了每一日。

(5) 为管理人员摆脱简单、重复劳动提供了工具，为管理人员从事更高层次的管理活动创造了条件。

(6) 培养和锻炼了一批既懂计算机知识，又懂管理的专业人才，使职工素质得到了明显提高。

(7) 为企业持续不断的改进提供了工具。

(8) ERP 项目的实施，绝不仅仅是实施一个计算机系统，最重要的是通过引进、消化、吸收 ERP 管理思想和原理，全面提高企业的管理水平，使企业在竞争中立于不败之地。

思考题

1. ERP 会给企业带来哪些可以定量的效益？
2. ERP 会给企业带来哪些可以定性的效益？
3. 为什么 ERP 可以提高企业的效益？

练习题

1. ERP 产生于美国。中国企业可以应用 ERP 来提高自己的管理水平，这是因为(　　)。
   A. 全球市场竞争日趋激烈
   B. "中国制造"的产品已经出现在世界各地
   C. 中国企业和美国企业的物质生产经营活动有相似的过程和目标
   D. ERP 进入中国已经很长时间了
2. 在满足需求的前提下降低库存投资可以帮助企业直接产生利润，其原因在于(　　)。
   A. 减少了库存维护费用和库存损耗
   B. 减少了物料短缺
   C. 及时满足客户需求
   D. 以上说法都不对
3. 企业使用 ERP 可以提高产品质量，根本原因在于(　　)。
   A. 通过 ERP，降低了产品的成本
   B. 通过 ERP，改善了企业的生活质量
   C. 通过 ERP，更好地满足了客户需求
   D. ERP 系统的质量管理模块起了作用
4. 如果一个企业应用 ERP 获得了显著的效益，那是因为(　　)。
   A. ERP 是一个好的工具
   B. 企业领导决策正确
   C. 企业员工理解并愿意使用 ERP
   D. 以上全部

第 4 章 基础数据——企业运营的关键

任何一个制造企业都有大量的生产与技术数据,而数据必须经过加工、处理才能产生有用的信息供决策者使用。因此,这些原始数据如何准确、及时、快速、可靠地送入计算机系统是至关重要的。经验证明,数据不准确是许多企业实施应用 ERP 失败的重要原因。因此,在实施应用 ERP 的过程中,一定要下决心采取必要的措施,保证各项数据的完整性和准确性。

从准确度的要求来说,ERP 系统所涉及的数据可以分为两类:严格的和宽松的。严格的数据包括库存记录、物料清单、工艺路线、客户订单、生产订单、采购订单等,严格的数据如果达不到所要求的准确度,则会迅速而严重地损害 ERP 的实施和应用。宽松的数据则包括提前期、订货批量、安全库存、标准工时定额、工作中心能力、市场预测等,宽松的数据并非可以放任,只是准确度的要求稍为宽松,但是也必须在一个合理的范围内。

4.1 ERP 系统运行基础数据

ERP 作为计划与控制信息系统,要进行大量的信息处理工作。本章只介绍 ERP 系统运行所需要的几类基础数据:物料主文件、物料清单、工作中心、工艺路线、提前期和库存记录,以及为支持供应链管理所需的供应商主文件和客户主文件。其中,库存记录数据是动态数据,其他是相对静态数据。由于企业事务总是处于变化之中,因此对相对静态数据也必须定期维护,以保证数据的完整性和准确性。

4.1.1 物料主文件

在 ERP 系统中,"物料"一词有着广泛的含义,它是所有产成品、半成品、在制品、原材料的总称。

物料主文件是 ERP 系统最基本的文件之一,作用是标识和描述用于生产过程中的每一物料的属性和信息。物料主文件中的数据项有物料代码,以及同工程设计管理、物料管理、计划管理有关的信息。

1. 物料代码

物料代码是物料的标识,是每种物料的唯一编号。物料代码是人和计算机使用所有其他数据元素的基础,主要用于记录在生产活动中运动的物料。

生产控制要求每项生产活动和库存变化都记入计算机，由于处理数量很大，物料代码应尽量简短，以防止或减少输入和处理的错误。

企业在数据准备阶段的一项非常重要的工作，就是确定物料代码的编码原则和编码方法。不但要考虑当前的需求，而且要考虑今后的变化。

物料代码的位数有一定限制，各个商品软件规定的位数也不尽相同，但一般不超过 20 位。位数过长会增加录入时间，而且容易出错。

物料代码应是无含义的顺序数字编号。其优点是：简短、存储量少(6 位数可满足 100 万种物料的编码需求)，保证唯一性，不影响发展变化，全部用数字可防止数字同字母的混淆(如 0 与 O、2 与 Z、1 与 I)，减少差错。

在手工管理的环境下，人们往往采取如下方案：用开头的 2 位数字代表产品，然后用 2 位数字代表规格，再用 4 位数字代表材料等。然而，随着时间的推移，总会出现一些情况，如本来认为第二部分只需要用 2 位数字表示，却因物料太多需要升级为 3 位，于是，有含义的物料编码系统很快就失败了。另外，有含义的编码也往往过于复杂。例如，HO-14325-64-17458911A 是一个物料代码，由人来处理这样的代码，恐怕必须有一本专门的手册。在使用现代计算机系统的环境下，物料代码的功能只是作为唯一的标识符，而不是描述符，产品及其物料属性的描述如不纳入物料代码，在计算机系统中也可以处理。因此，在 ERP 系统中物料代码应是无含义的。

2. 其他属性

除物料代码外，每一种物料还有许多其他的属性。在物料主文件中，系统通过以下几方面的信息描述这些属性。

(1) 同工程设计管理有关的信息，如图号、物料名称、重量、体积、版次、生效日期和失效日期等。

(2) 同物料管理有关的信息，如来源类型(自制或外购)、采购与存储的计量单位及转换系数、损耗率、分类码、订货批量、存放位置(仓库、货位)、批号、安全库存量、订货策略及订货量的调整因子、采购员代码等。

(3) 同计划管理有关的信息，如各种提前期(排队、加工、等待、准备、检验、累计等)、需求时界与计划时界、预测代码、独立需求或相关需求、计划员代码、分组码等。

(4) 同成本管理有关的信息，如账号、材料费、人工费、外协费、间接费、累计成本和计划价格等。

4.1.2 物料清单

1. 物料清单概述

物料清单(bill of material，BOM)是产品结构文件，它不仅列出某一产品的所有构成项目，还指出这些项目之间的结构关系，即从原材料到零件、组件，直到最终产品的层次隶属关系。每个制造企业都有物料清单。在化工、制药和食品行业可能称为配方、公式或包装说明，但说的都是同样的事情，即如何利用各种物料来生产产品。

表 4.1 所列的是某企业物料代码为 WA01 的绞车零件清单。这不是物料清单，因为它未表明构成产品 WA01 的零件之间的层次关系。

表 4.1 零件清单(WA01 绞车)

物料代码	说　明	每台量	计量单位
1000	轴　1英寸×4英寸	4	件
1100	轮　6英寸	4	件
1200	滑车架	1	件
1300	钢丝绳　0.25英寸	50	英尺
1400	吊钩　2吨	1	件
D100	轮毂	1	件
G100	齿轮箱	1	件
M100	5千瓦电机	1	件
1500	电线　3线	15	英尺
1600	控制盒	1	件
S100	传动轴　1英寸×24英寸	1	件

注：1 英寸＝2.54 厘米，1 英尺＝0.3048 米。

WA01 绞车的产品层次是一个三层的树状结构，第 0 层是最终产品 WA01 本身，第 1 层是它的直接组件，第 2 层是组成直接组件的零件，如图 4.1 所示。在之后的讨论中，有时将使用"父项""子项"这样的术语来说明不同的物料在产品结构中的层次关系。例如，在图 4.1 中，WA01 作为父项，第一层上的所有物料均是其子项；如果把 A100 作为父项，则 1000、1100 和 1200 是其子项。括号中的数字指明构成一个父项所需的该子项的数量。

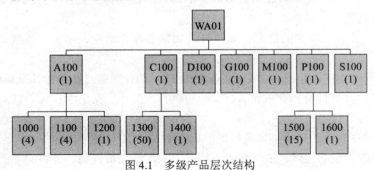

图 4.1　多级产品层次结构

表 4.2 是 WA01 的单层物料清单(single-level BOM)，其之所以称为单层是因为只列出了构成产品的直接组件。如果该公司决定采用外购组件来生产绞车，那么使用单层 BOM 就可以了；如果该公司决定自己生产组成这些直接组件的零件，则应当使用表 4.3 所示的多层 BOM(multi-level BOM)。

表 4.2　WA01 的单层物料清单

物料代码：WA01

物料代码	说　明	每台量	计量单位
A100	滑车组件	1	件
C100	钢丝绳吊钩	1	件
D100	轮毂	1	件
G100	齿轮箱	1	件

(续表)

物料代码	说　　明	每台量	计量单位
M100	5千瓦电机	1	件
P100	悬挂控制盒	1	件
S100	传动轴	1	件

表 4.3　WA01 的多层缩排式 BOM

物料代码：WA01

物料代码	说　　明	每台量	计量单位	层　次
A100	滑车组件	1	个	1
1000	轴 1英寸×4英寸	4	个	2
1100	轮 6英寸	4	个	2
1200	滑车架	1	个	2
C100	钢丝绳吊钩	1	个	1
1300	钢丝绳 0.25英寸	50	英尺	2
1400	吊钩	1	个	2
D100	轮毂	1	个	1
G100	齿轮箱	1	个	1
M100	5千瓦电机	1	个	1
P100	悬挂控制盒	1	个	1
1500	电线 3线	15	英尺	2
1600	控制盒	1	个	2
S100	传动轴 1英寸×24英寸	1	个	1

注：1英寸=2.54厘米，1英尺=0.3048米。

2. 物料清单的内容

物料清单用来描述产品的结构，凡是在产品的生产过程中需要用到、需要进行计划的物料项目，均应作为产品结构不同层次上的子项而置于物料清单之中。换言之，如果一个物料项目的需求要根据产品或最终项目的独立需求进行计算，则应当把它包含在物料清单中。

(1) 物料清单中包含的项目。物料清单是在零件清单的基础上形成的。零件清单用来指明制造一项产品需要什么零部件和物料项目，所以下列项目应当包含在物料清单中：原材料、半成品、子装配件、辅件(如螺钉、螺母、垫圈等)、消耗品、工具、包装材料、参考材料(图纸、说明等)、副产品、联产品等。其中，副产品如冲剪过程中出现的边角料，联产品如提取汽油过程中出现的煤油。上述所列的项目中有些容易想到，如原材料、半成品和子装配件，而其他则未必。不过，即使这些物料不全在物料清单中，也必须有人以手工的方法来对它们进行计划，以满足生产过程的需求。

(2) 物料清单中的数据项。一般来说，在实际应用中的物料清单应当包括如下数据项，如父项物料代码和描述、子项物料代码和描述、使用点和工序号、子项类型、子项数量和数量类型、自制还是外购、有效日期、子项提前期偏置、损耗率等。其中，比较重要的几个数据项的含义如下。

① 使用点指出在制造父项时子项应到达的工作中心。

② 子项类型指明子项是作为普通物料消耗在父项的制造过程中，还是作为工具、图纸、副产品、联产品等。

③ 数量类型用来说明所给出的数量是用于一个单位的父项还是一份订单。多数情况下，子项数量类型是用于一单位父项的，但对于工具、图纸及生产过程的消耗品，其数量则应是用于一份订单的。

④ 子项提前期偏置指出该子项物料相对于其父项的提前期可以延迟到位的时间。因为如果生产某个父项需要多个子项，而父项的生产是一个比较长的过程，那么在父项生产开始时未必需要所有子项均到位。例如，父项为 A，其子项为 B、C 和 D，假设 A 的提前期为 10 天，而 A 的生产先从对 B 和 C 的加工开始，4 天以后才用到 D，那么子项 B 和 C 提前期偏置为 0，而 D 的提前期偏置为 4 天。这对于 D 及其子项的计划管理是很有意义的。

⑤ 损耗率也称为残料率，用来指明当把一项物料作为子项用于其父项的生产过程中时，其损耗的程度，用百分数表示。这有助于计划该项物料的准确需求数量。例如，A 是父项，B 是 A 的子项，且制造一个 A 需要一个 B，但是 B 的损耗率为 10%，那么如果要生产 100 个 A，只提供 100 个 B 是不够用的。此时，MRP 系统会根据所指明的残料率自动地把对 B 的需求量调整为 111。

3. 物料清单的准确性

物料清单是一个制造企业的核心文件，各个部门的活动都要用到物料清单。例如，生产部门要根据物料清单来生产产品，库房要根据物料清单进行发料，财务部门要根据物料清单来核算成本，销售和订单录入部门要通过物料清单确定客户定制产品的构型，维修服务部门要通过物料清单了解需要什么备件，质量控制部门要根据物料清单保证产品正确生产，计划部门要根据物料清单来计划物料和能力的需求等。

为了使 ERP 系统正常运行，物料清单必须完整和准确。否则，就不能做到在正确的时间以正确的数量生产或采购正确的物料。

(1) 物料清单不准确，将给企业造成严重的后果。

物料清单若出现问题，将引起一系列严重后果：交货期得不到保证，客户服务水平低下；由于物料清单不准确，为了保证生产的正常进行，唯一所能采取的措施就是多存物料了，这将使库存增加，积压大量资金；生产车间不能在正确的时间按正确的数量得到正确的物料，生产时时受阻，生产率降低；额外的钱花在不必要的库存上，催货人员东奔西跑寻找物料解决短缺问题，物料清单的维护成本增加；企业内各部门协调困难，因为物料清单是企业内部联系和协调的基础；影响员工的士气。任何一个企业的资源都是有限的，物料清单有误，会使企业的资源被过度浪费。

(2) 为了保证物料清单的准确性，应有一定的检测方法。

① 现场审查：让产品工程师到装配现场去，把实际的装配情况和物料清单进行比较。这些工程师们要和工长及装配工密切合作，发现错误立即纠正。

② 办公室审查：组成一个由工程师、工长、物料计划员及成本核算人员组成的小组，共同审查物料清单，发现错误立即纠正。

③ 产品拆零：把一件最终产品拆开，把零件及其件数和物料清单所列出的进行比较，并校正所发现的错误。但是，如果产品过于庞大且复杂，如喷气式飞机，这种方法可能就不适用了。此外，此方法难于识别子装配件。

④ 非计划的出入库：当生产人员返回库房去领取更多的零件时，可能是由于他们出现了某些废品，也可能是由于他们开始时就没有领取足够多的零件。如果是后一种情况，则可能是物料清单有误，引起领料单出错。如果在一项产品装配完毕之后又把某些零件送回库房，造成领

料单错误的原因同样是物料清单有误。无论是以上哪种情况，一旦发现错误，都要立即纠正。这种方法对物料准确性的继续维护也是一个好方法。

由于企业很多部门都依据准确的物料清单进行工作，所以在所有的数据中，物料清单对企业的影响最大，系统对它的准确性要求也最高。在一个成功地使用 ERP 系统的企业中，物料清单的准确度应在 98%以上。物料清单如果不准确，运行 ERP 的结果会完全失去意义。

4. 物料清单的统一性

多种物料清单并存是制造企业中常见的现象。工程清单和生产部门所使用的物料清单不同，领料单和核算成本的文件不同，计划部门所用的又是另外一套文件。工程部门制定和修改物料清单，其他部门也更新物料清单。在车间里，每位工长口袋中都有一个小本记载着实际用于构成产品的清单。每个部门都按自己的需要维护着自己的清单，这些清单都是"真实"的，但相互不一致，其将导致企业管理的混乱。

针对各部门使用的物料清单的形式不同，可采用统一的物料清单，即主物料清单，它是企业关于一项产品或产品族的数据库。

主物料清单能满足各个部门的需求。当主生产计划员需要一份计划清单或车间需要一份领料单时，这两份不同的文件均可由主物料清单产生出来。如果企业内外有人问什么产品中使用了什么零件、组件或成分，主物料清单也能回答这样的问题。建立主物料清单的好处是非常多的，既便于部门维护，又为各部门的通信协调奠定了基础。

5. 物料清单的报告形式

物料清单的报告形式就是把产品结构显示在计算机屏幕上的形式。物料清单报告形式分为单层物料清单和多层物料清单两种。

单层物料清单只列出一项物料的所有子项；而多层物料清单则不但列出所有的子项，还列出所有子项的子项，直到最低层次的外购件。所有的单层物料清单都要存储在计算机中。

多层物料清单只是物料清单的一种报告形式，它并不存储在计算机中。当需要显示一项物料的多层物料清单时，则利用存储在计算机中的单层物料清单信息，把相关的单层物料清单组合起来。这个过程从该项物料的单层物料清单开始，首先列出该项物料的所有子项，然后检查每一个子项，看一看它是否也有物料清单，如果有，则以同样的方式列出子项的子项。继续这个展开过程，直到达到最低层次的物料，从而构成多层物料清单，自顶向下地显示整个产品(或最终项目)的结构。

除了单层物料清单和多层物料清单之外，ERP 系统还提供两种用于在相反方向上显示产品(或最终项目)结构的物料清单报告形式，即单层反查物料清单和多层反查物料清单。单层反查物料清单(single-level where used list)只列出一项物料的所有父项，而多层反查物料清单(multi-level where used list)不但列出一项物料的父项，还列出每个父项的父项，直到最终产品(或最终项目)。这个过程和构造多层物料清单的过程是类似的，只是方向相反。

在实践中用得比较多的是单层物料清单、多层物料清单和单层反查物料清单，这三种物料清单的报告形式非常重要。至于多层反查物料清单则用得不多，因此不甚重要。

4.1.3 工作中心

工作中心是用于生产产品的生产资源，包括机器、人和设备，是各种生产或者加工单元的总称。工作中心属于能力的范畴即计划的范畴，而不属于固定资产或者设备管理的范畴。一个工作中心可以是一台设备、一组功能相同的设备、一条自动生产线、一个班组、一块装配面积或者是某种生产单一产品的封闭车间。对于外协工序,对应的工作中心则是一个协作单位的代号。

除此之外,工作中心还可以反映成本范畴的概念。一个加工件的工艺路线报告中一般每一道工序对应一个工作中心,但有些情况,也可以几个连续工序对应同一个工作中心(这种情况往往出现在装配工作中心)。工件经过每一个工作中心要发生费用、产生成本,这可通过工作中心的成本数据和工艺路线中相应的工时定额来计算。

1. 工作中心的内容

工作中心的内容应包括工作中心的编码、名称和所属部门,此外还应有以下两类数据项。

(1) 说明生产能力的各项数据。工作中心的能力用一定时间内完成的工作量即产出率来表示,工作量可表示为标准工时数。工作中心包括如下数据项:每班可用的人员数、机器数、机器的单台定额、每班可排产的小时数、一天开动的班次、工作中心的利用率、工作中心的效率、是否关键资源、平均排队时间等。由此,可计算出工作中心的额定能力,即

$$工作中心的额定能力 = 每日工作班次数 \times 每班工作小时 \times 工作中心效率 \\ \times 工作中心利用率(工时/日)$$

其中,

$$利用率 = \frac{实际使用时间}{可用时间} \times 100\%$$

$$效率 = \frac{完成标准工时数}{实际投入的标准工时数} \times 100\%$$

式中,效率与工人技术水平和设备使用年限有关。利用率与设备的完好率、工人出勤率、停工率等因素有关,均是统计平均值。工作中心的额定能力应是能持续保持的能力,为使工作中心的额定能力可靠有效,需要经常与实际能力比较,用实际能力来修正。工作中心的实际能力也称表现能力,是通过记录某工作中心在几个时区内的产出求平均值的方法计算的。

(2) 计算成本用的各项数据,如单位时间的费率(工时或机时费率、间接费率等)、工人人数、技术等级等。

2. 工作中心的作用

工作中心有如下3个作用。

(1) 作为平衡任务负荷与生产能力的基本单元。运行能力需求计划(CRP)时,以工作中心为计算单元;分析 CRP 执行情况时,也是以工作中心为单元进行投入/产出分析。

(2) 作为车间作业分配任务和编排详细进度的基本单元。派工单是按每个工作中心来说明任务的优先顺序的。

(3) 作为计算加工成本的基本单元。计算零件加工成本,是以工作中心数据记录中的单位时间费率(元/工时或台时)乘以工艺路线数据记录中占用该工作中心的时间定额得出的。

3. 工作中心的定义

定义工作中心是一项细致的基础工作,工作中心定义的关键是确保工作中心的划分与管理本企业所需的控制程度及计划能力相适应。对一些可能形成瓶颈工序的工作中心必须单独标识。对那种可能有多个工序在一个固定工作地点同时工作的情况,如焊接装配,要慎重研究工作中心的划分。同一型号的机床若新旧程度不同并影响工作效率时,应有所区别,不要划为一个工

作中心；对工艺路线中的外协工序，如前所述，要将相应的外协单位作为一个工作中心来处理，并建立相应的记录；采用成组技术，若干机床组成一个成组单元，有利于简化工作中心的划分和能力计划。

工作中心的数据通常要求尽量减少变更，但有时变更也是必要的。例如，新的工艺路线、生产过程，以及对效率和利用率的调整都是引起工作中心数据调整的因素。

4.1.4 工艺路线

工艺路线是说明各项自制件的加工顺序和标准工时定额的文件，也称为加工路线。工艺路线是一种计划文件而不是工艺文件，它不详细说明加工技术条件和操作要求，而主要说明加工过程中的工序顺序和生产资源等计划信息。

1. 工艺路线的内容

工艺路线文件主要包括如下数据项：工序号、工作描述、所使用的工作中心、各项时间定额(如准备时间、加工时间、传送时间等)、外协工序的时间和费用。还要说明可供替代的工作中心、主要的工艺装备编码等，作为发放生产订单和调整工序的参考。表 4.4 为一种物料的工艺路线。

表 4.4 工艺路线

物料代码： 80021——定位栓

操 作	部 门	工作中心	描 述	准备时间/小时	每件加工时间/小时
10	08	1	下料	0.5	0.010
20	32	2	粗车	1.5	0.030
30	32	3	精车	3.3	0.048
40	11		检验		

2. 工艺路线的作用

工艺路线是重要的文件，它代表着一项作业在工厂里的运行方式。如果说物料清单用于描述物料是按怎样的层次结构连在一起的，那么工艺路线则是描述制造每一种物料的生产步骤和过程，并且用于确定详细的生产进度。工艺路线的作用如下。

(1) 计算加工件的提前期，提供运行 MRP 的计算数据。系统根据工艺路线和物料清单计算出最长的累计提前期，这相当于网络计划中关键路径的长度。企业的销售部门可以根据这个信息同客户洽谈交货期限。

(2) 提供能力需求计划(CRP)的计算数据。系统根据工艺路线文件中每个工作中心的定额小时、工序的开始和完工日期，计算各个时区工作中心的负荷。

(3) 提供计算加工成本的标准工时数据。

(4) 跟踪在制品。

3. 工艺路线准确性要求

对工艺路线数据准确性的要求和物料清单一样，也应在 98%以上，如果工序顺序错误，工时定额不准，必将直接影响 MRP 和 CRP 的运算结果，造成生产订单过早或过迟下达，或下达数量不准确。如果一项作业出现在发到某部门的派工单上，而事实上该作业并不在该部门，或一项作业在该部门却不在发来的派工单上，工艺路线都可能是错误的根源。工艺路线错误还会引起工作中心负荷不均衡、在制品积压、物流不畅，以及加工成本计算错误等问题。通过计算每周下达到车间的工艺路线数和每周工长反馈的错误路线数,可以测出工艺路线准确度。

对许多企业来说,MRP 投入运行之前的一个极大的障碍就是校正工艺路线。大多数工艺路线文件与 80/20 原理相符,即 80%的活动发生在 20%的工艺路线上。如果在安装 MRP 之前要将所有的工艺路线都进行校正,对许多企业来说是困难的,而在 MRP 的帮助下,有了切实可行的办法。

(1) 在 MRP 试点前,检查并校正占有 80%活动的 20%的工艺路线。

(2) 当 MRP 逐渐投入运行时,使用计划下达订单,提前几周指明哪条工艺路线将必须检查和校正。

(3) 在编制能力计划和派工单的早期,应确保最近将用到的工艺路线是正确的。

工艺路线和物料清单一样,通常由工程设计部门负责建立和维护,如所使用的工作中心、设备安装时间、单件生产时间定额等都由工程设计部门确定。同时,还应经常比较实际工作和工艺路线的执行情况,对生产过程进行详细审核。有多种原因可引起工艺路线的变更,如产品和生产过程可能改变,设备安装时间和单件生产时间标准可能需要根据新的操作数据加以调整,新的产品和新的组件可能需要新的工艺路线。

工艺路线由工程设计部门建立和维护,由生产部门使用。当 MRP 投入运行之后,让工长根据派工单随时报告所发现的工艺路线错误,从而不断对工艺路线加以维护。对于工艺路线的变更,应由两个部门协商进行。

4.1.5 提前期

任一项目从完工日期算起倒推到开始日期这段时间,称为提前期。对制造项目而言,提前期可分为设计提前期、采购提前期、加工提前期、装配提前期等,总计称为总提前期。对加工装配阶段来讲,提前期分为 5 类时间。

1. 排队时间

排队时间(queue time)指一批零件在工作中心前等待上机器加工的时间。在加工件种类很多、各自的加工周期又有很大差别时,排队时间(尤其是后续工序)往往很难避免。一般来说,大批生产,各工作中心的加工周期比较接近时(节拍均衡),排队时间可以少些。换句话说,在面向库存生产情况下,排队时间可能少些,而在面向订单生产情况下则会长些。此外,加工批量大小也会影响排队时间。一般软件把平均排队时间作为工作中心文件中的一个数据项,根据投入/产出分析随时维护。

2. 准备时间

准备时间(set-up time),即熟悉图纸及技术条件,准备工具及调整的时间。为了使每个零件平均占用的准备时间少些,往往希望有一定的加工批量,如换一次工具至少连续生产一个班次。可以通过成组加工、改进工装设计、改善工作组织、采取并行准备(即在一批工件尚未完成前,就开始准备下批工件的工装)等措施来减少准备时间。

3. 加工时间

加工时间(run time)指在工作中心加工或装配的时间,同工作中心的效率、工装设计、人员技术等级有关。它是一种可变提前期,即每批零件加工时间＝零件数量×单个零件加工时间。

4. 等待时间

等待时间(wait time)指加工完成后等待运往下道工序或存储库位的时间。等待往往是由于搬运设施调配不当或下道工序能力不足造成的,也同传送批量有关。因此,一些软件把等待时间合并到传送时间中去。

5. 传送时间

传送时间(move time)指工序之间或工序至库位之间的运输时间,若为外协工序则包括的内容更广。同车间布置、搬运工具能力效率有关。

上述五类时间之和,即从下达任务开始到加工完成为止的时间,形成了加工件的生产提前期。通常,一个零件在机床上的时间,即上述准备时间与加工时间之和,往往仅占生产提前期的5%~10%,而90%以上的时间消耗在排队、等待和传送上。这样划分时间类别,有助于分析原因并采取措施以缩短生产提前期。就管理而言,应把重点放在压缩这90%的无效时间上,如改善车间布置和物流,改进计划减少库存积压,合理确定生产节拍和批量等。其中有些内容正是我们常说的期量标准,需要认真研究。通常将与加工件数有关的提前期称为变动提前期,如加工时间;把与加工件数无关的提前期称为固定提前期,如准备时间。采购、加工、装配提前期的总和称为累计提前期。

在运用提前期概念时,应当看到它不是一个固定不变的数值。由于批量或能力的变化,或由于作业进度安排上的问题,提前期往往也会变化。

4.1.6 库存记录

库存记录是ERP系统的主要数据之一,这里的库存指的是各种物料的库存。库存记录中要说明现有库存余额、安全库存量、未来各时区的计划接收量和已分配量。

已分配量指虽未出库但已分配了某种用途的计划出库量。在库存记录中既要说明当前时区的库存量,又要预见未来各时区库存量及其变化。为运行ERP系统,库存记录的准确度要求达到95%以上。在第5章讨论物料管理时,还将详细地讨论库存记录准确度的问题。

4.1.7 供应商主文件和客户主文件

1. 供应商主文件

供应商主文件中包括如下信息:供应商代码、名称、地址、电话、联系人;所供应的商品名称、规格、供方物料代码;商品价格和批量要求;折扣和付款条件、货币种类、结算方式;发货地点、运输方式。此外,还有供应商的信誉记录,包括按时交货情况、质量及售后服务情况;供应商技术水平、设备和能力等。

2. 客户主文件

客户主文件中包括如下信息:客户代码、名称、地址、电话、联系人;所需产品名称、规格、客户方物料代码;价格、折扣、付款条件、货币种类、结算方式;收货地点、结算地点;客户信誉记录等。

4.2 初始数据环境的建立

实现ERP系统要投入大量的时间和精力,周密计划、定义、装入和维护基础数据是成功的前提。基础数据通过系统和人作用于企业的日常管理,在实现计划和进度编排行动以前,基础数据必须准确无误,基础数据有错误会导致整个系统失效。为保证基础数据的质量,要采取几个重要的步骤。

(1) 定义关键的数据元素，如物料代码、工艺路线、物料清单、工作中心、订货策略、项目类型和损耗率等。

(2) 开始数据装入之前，将计算机系统的信息需求与信息使用者的需求进行核对，使每个人提前知道什么信息是可用的，报告是什么样子。假如有问题，应予以解决。

(3) 定义要装入计算机系统的全部信息和信息来源。有些信息是不可缺省的，而有些是可选择的。例如，和一项物料有关的信息可能有 15～20 个不同的数据项，仅要求其中的 4～5 项装入计算机系统，其他数据项可以以后再装入或者根本不用。所以，要确定哪些数据项是要求的，哪些是可选的但以后要装入，哪些可能永远不用，还要指定负责确定所用数据项的部门和人。

(4) 指定适当的人将数据装入计算机，限定完成任务的时间，并进行审核。

(5) 有些数据元素不是常数，会时常变化，其变化情况必须在计算机系统里得到反映。要定期检查，如果必要的话，修改这些数据。

操作数据是管理和控制企业运作的基础，将这些数据装入计算机的先后次序，由计划使用它们的时间来确定。一般来说，物料代码应当首先装入，然后是物料清单，工艺路线应在装入物料清单期间或在其后装入。工作中心是工艺路线信息的一部分，应在使用它们之前装入。

思考题

1. 物料主文件中包括哪些信息？
2. 什么是物料清单？
3. 在 ERP 环境下，物料清单的准确度至少应为多少？
4. 物料清单不准确会造成什么问题？
5. 工艺路线的内容和作用是什么？工艺路线的准确度至少应为多少？如何维护工艺路线？
6. 工作中心的内容和作用是什么？如何维护工作中心？
7. 加工提前期由哪几类时间构成？
8. 建立初始的数据环境一般经过哪些步骤？

练习题

1. 一个公司完成生产控制所需的数据准确度最低是(　　)。
   A. 80%　　　　　　　B. 85%　　　　　　　C. 90%　　　　　　　D. 95%
2. 物料代码的作用是(　　)。
   A. 在工艺路线文件中识别工作中心　　　B. 物料的唯一标识符
   C. 作为产品物料清单的一部分　　　　　D. A 和 B
3. 在公司中哪个部门应当负责发行新的物料代码和物料清单？(　　)
   A. 生产部门　　　　　　　　　　　　　B. 市场部门
   C. 生产控制部门　　　　　　　　　　　D. 工程设计部门
4. 一个自制的物料项目提前期是(　　)。
   A. 在物料主文件中为该物料项目指定并用于 MRP 系统中的时间
   B. 在工艺路线文件中完成所有的工序所用的时间
   C. 完成该物料项目实际使用时间
   D. 上述说法都对

5. 如下哪一项可以指出制造一件产品所需要的子项物料及其数量？（　　）
   A. 工艺单　　　　　　　　　　　　B. 物料需求计划
   C. 物料清单　　　　　　　　　　　D. 物料请购单
6. 下面哪一项陈述是正确的？（　　）
   A. 类似的产品可以用同样的物料代码来标识
   B. 一项物料有一个而且只有一个物料代码
   C. 相同的零件用在不同的物料清单中则有不同的零件号
   D. 一项物料可以是父项，也可以是子项，但不能同时是二者
7. 根据下图，如下哪一项陈述是正确的？（　　）

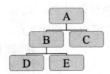

   A. 物料 A 是物料 B 的父项　　　　B. 物料 C 是物料 A 的父项
   C. 物料 A 是物料 D 的父项　　　　D. 物料 D 和 E 是物料 A 的子项
8. 如下哪一项关于物料代码的陈述是正确的？（　　）
   A. 将工作中心与工艺路线联系在一起
   B. 将产品与物料清单联系在一起
   C. 将产品与工作中心联系在一起的
   D. 物料的唯一的标识符
9. 如下哪一项关于多层物料清单的陈述是正确的？（　　）
   A. 多层物料清单是多个单层物料清单连接在一起得到的
   B. 多层物料清单用来描述最终产品
   C. 多层物料清单用于确定装配产品的选项与特征
   D. 多层物料清单用于描述车间作业的工艺路线
10. 在以下物料清单的报告形式中，哪些是至关重要的？（　　）
    A. 单层物料清单、多层物料清单、单层反查物料清单和多层反查物料清单都是至关重要的
    B. 只有单层物料清单和多层物料清单是至关重要的
    C. 只有多层物料清单和多层反查物料清单是至关重要的
    D. 只有单层物料清单、多层物料清单和单层反查物料清单是至关重要的
11. 在一个使用 ERP 的企业中，以下哪些关于数据准确性的陈述是正确的？（　　）
    A. 库存记录准确度达到 95%以上，物料清单准确度达到 98%以上，工艺路线准确度达到 98%以上
    B. 库存记录准确度达到 95%以上，物料清单准确度达到 95%以上，工艺路线准确度达到 95%以上
    C. 库存记录准确度达到 98%以上，物料清单准确度达到 95%以上，工艺路线准确度达到 95%以上
    D. 3 项数据中至少有两项数据的准确度应当达到 95%以上，另一项数据准确度达到 90%以上

12. 在工艺路线中，通常要包括如下哪些数据元素？（　　）
    A. 准备时间和每件加工时间
    B. 准备时间和平均排队时间
    C. 每件加工时间和平均排队时间
    D. 准备时间，每件加工时间和平均排队时间
13. 如下哪一项可以起到缩短提前期的作用？（　　）
    A. 缩小加工批量
    B. 缩小加工批量并缩短排队队列
    C. 频繁变更生产的产品并缩短排队队列
    D. 频繁变更生产的产品，缩短排队队列，提高工作中心利用率
14. 下面哪一项定义了制造件的工序执行顺序？（　　）
    A. 物料主文件　　　　　　　　　B. 物料清单
    C. 工艺路线　　　　　　　　　　D. 车间日历
15. 下面哪一项陈述最好地描述了物料清单在计划系统中的作用？（　　）
    A. 工程设计　　　　　　　　　　B. 确定订货批量
    C. 用于制造物料的过程　　　　　D. 用于表述产品的结构
16. 工作中心是（　　）。
    A. 具体的机器　　　　　　　　　B. 一组机器
    C. 人　　　　　　　　　　　　　D. 以上全部
17. 工作中心是（　　）。
    A. 由 MRP 需求系统定义
    B. 由生产设施具体限制所决定
    C. 由能力管理所希望达到的控制程度所决定
    D. 上面说的都不对
18. 物料代码与工作中心的关系通过什么来定义？（　　）
    A. 工艺路线　　　　　　　　　　B. 物料清单
    C. 产品　　　　　　　　　　　　D. 生产订单

第 5 章 物料管理——企业运营的基础

5.1 物料管理概述

"物料管理"这个名称是 20 世纪六七十年代出现并逐步得到广泛应用的。在 ERP 系统中,"物料管理"与通常所说的"库存管理"的含义是不尽相同的,物料管理具有更广泛、更深刻的含义。

任何一个制造企业的生产活动,都是先从厂外购买各种物料,然后在厂内使用这些物料组织生产、形成产品、销售出厂。在各个环节中的所有物料相互之间具有联系,都属于 ERP 系统物料管理的范畴。

任何一种物料都是由于某种需求而存在,因此必然处于经常流动的状态,而不应当在某个存储点长期滞留。不流动的物料是一种积压和浪费。如果仓库内某种物料长期积压,可能是由于产品设计已经修改而不再需要这种物料,或者由于其他物料出现短缺,使得不能配套装配。

一个制造企业的生产过程实质上是一个物流过程。所谓生产计划,实际上是物料流动的计划。计划的对象是物料,计划执行的结果也要通过对物料的监控来考核。生产计划完成后,必定伴随物料数量、形态和存储位置的改变。任何物料都必定存放在一定的空间位置上,这些存储位置就是对物料的监控点。对计划执行情况的监控,对物料状况的反馈信息,主要来自这些监控点。计算机终端或数据采集装置往往就设在这里。物料管理强调对物料的存储、传送、数量和状态的变化等信息的管理。

如果说计划管理是 ERP 系统的主线,那么物料管理就是 ERP 系统的基础,因为它提供了计划管理的监控和保证手段。

对物料管理来讲,物料就是资金,而资金是有时间价值的,使用了资金,就要体现利润。在机械产品成本中,物料成本占 45%~75%。因此,要强调库存物料的价值,要缩短生产周期,加速库存周转以降低成本,提高资金利用率。对于库存管理水平,常用库存周转次数(inventory turnover)来考察。库存周转次数是一个重要的概念,用来反映一年中库存流动的速率,常用的计算方法为

$$库存周转次数 = \frac{年售出货物成本}{库存平均价值}$$

提高库存周转率对于公司的运作具有重要的意义。

【例 5.1】 假定每年库存周转次数提高一次，计算由此对公司利润和现金产生的影响。

总产值	10 000 000 元
库存成本——75%	7 500 000 元
库存投资——每年周转 2 次	3 750 000 元
库存投资——每年周转 3 次	2 500 000 元
库存降低	1 250 000 元
库存维护成本——25%	×　　0.25
节约库存投资	312 500 元
提高的利润	312 500 元
增加的现金	1 250 000 元

这里不用全部流动资金来计算，只是用其中库存资金所占的部分，因为这个指标主要考察物料管理水平。

物料管理就是要保证物料流动畅通，物料在正常流动说明计划在正常执行。一般来说，企业的效益是随物流量和物流速度的增大而提高。保证物料正常流动，直接体现了企业的效益。

任何物料的存在都是由于某种需求，这是 MRP 的基本点。一种物料的消耗量受另一种物料需求量的制约。购进原材料是为了加工成零件，而生产零件又是为了装配成产品。从大范围来讲，一个企业的产品，可能是另一个企业的原料。这种相关需求不但有品种、规格、性能、质量和数量的要求，而且有时间的要求。在不需要某种物料的时候，要避免或减少过早地保留库存；在需要的时刻，又必须有足够的库存来满足需求。所以，物料管理的目标就是在降低库存成本、减少库存资金占用的同时，保证物料按计划流动，保证生产过程中的物料需求，保证生产的正常运行，从而使产品满足市场需求。从表面上看，这似乎是两个互相矛盾的目标，而物料管理的任务就是要处理好这一对矛盾。在 ERP 环境下，这是完全可以做到的。

ERP 系统提供了有效的工具，ERP 系统可以使库存控制功能专业化。物料管理人员和市场销售人员及生产活动控制人员协同工作，向后者提供真正有用的信息；他们根据计划来检测实际执行的情况，向负责人员报告对计划的偏离；他们的计划既用物料单位表示，也用货币单位表示，向企业高层领导提供可供选择的切实可行的方案。

在有些使用 ERP 系统的企业中，物料管理发挥了充分的作用，物料管理部门不但管库存控制，而且管物料采购和运输，真正成了整个企业组织的基础和重要的组成部分。物料管理人员也不再被简单地看作库管人员和催货人员，他们的工作受到了高度的重视。

5.2　库存目的和成本

库存是为了保证生产和客户服务正常进行的一切存储的物料，包括原材料、在制品(WIP)、最终产品、在途产品，以及用于维护、修理和日常运作的物料。

库存是对生产的支持，又是生产的结果。库存量如同一个大湖的水量，水位高了会淹没湖下的"礁石"，这些"礁石"如同管理工作中的问题，如计划不周、质量不高、设备保养差等。水位高了，虽然有利于通航，但这些被掩盖的问题却不能暴露出来，也不能被彻底地解决，以至于随时可能出现问题。因此，库存量过大被喻为"众弊之源"。因此，控制库存量是物料管理的一项重要内容。

5.2.1 库存目的

任何物料的库存都是有某种目的，通常可把库存的目的归纳为五种类型。

1. 安全库存

需求和供应都可能出现偏离计划或预测的情况，为了不中断生产，在计划需求量之外经常保持一定量的库存作为安全储备。安全库存量不是不变的，更不是所有物料都需要有安全库存。对物料清单上层的物料，确定其安全库存时要特别慎重，处理不当会造成连锁反应，使库存失控。应当注意，预测的准确性、市场和供应的稳定性、生产率的高低、提前期的长短都会影响安全库存量。因此，要随情况的变化调整安全库存量。

2. 预期库存

受季节供应影响的外购物料，受季节市场变化影响的产品，或为工厂节假日及设备检修事先做的储备，统称为预期库存。

3. 批量库存

批量库存是指受供应、加工、运输、包装或者达到一定批量可以享受折扣优惠等因素的影响，在实际需求的基础上调整订货批量所形成的库存。

4. 在途库存

对于企业内部来说，在途库存指在工序之间传送、等待、缓冲而形成的在制品库存；对于企业外部来说，在途库存指为保持连续向用户供货而保有的在运输途中的物料。

5. 囤积库存

囤积库存是针对通货膨胀或市场物料短缺的趋势而储备的生产必需物料。

总之，如果没有目的就没有储存物料的必要，这是控制库存的原则。有的 ERP 软件可以根据用户的规定，把超过一定时间而未发生任何事务处理的物料报告出来，称为超储报告，供用户分析库存呆滞的原因，以便采取必要的措施。

5.2.2 库存成本

库存成本要考虑的因素有如下 5 个方面。

1. 物料成本

对于采购物料来说，物料成本包括物料本身的价格及采购间接费，即把物料运进工厂所发生的成本，包括运输、保管、关税、保险等费用。包含这些费用的成本通常称为到岸价格(landed price)。

对于公司生产的产成品和半成品来说，物料成本则包括直接材料费、直接人工费和制造费用。

2. 订货成本

订货成本是指为获取物料所要支付的费用，如准备订单、洽商、运输、搬运、验收、办公管理等费用。订货成本同订货批量和次数有关。

3. 保管成本

保管成本是指为保存物料而支付的费用，它随库存量的增加而增加。保管成本可以包括以下几类。

(1) 存储成本，是指存储物料所发生的库房、人工、设备费用。

(2) 机会成本，是指资金用来投资于库存物料，就失去了其他投资机会。

(3) 风险成本，是指由于技术进步和市场购买倾向变化而造成的物料陈旧，以及损坏、损耗、失盗等造成的物料价值损失。

4. 缺货成本

缺货成本是指由于物料短缺造成的损失。例如，非正常的补充订货比正常订货要增加额外的开支，为补足物料短缺造成加班加点的额外支出，未按期交货引起客户索赔、撤销合同甚至客户流失等经济损失。通过安全库存可以避免或减少缺货成本。

5. 与产能相关的成本

由于市场的变化，有时需要改变产出水平。例如，有些产品的销售会有旺季和淡季之分。产出水平的改变涉及产能的改变。于是，涉及加班、雇佣或解雇、培训等成本。这方面的成本可以通过均衡生产来避免，即在淡季多生产以备旺季所需，这样就增加了淡季的库存成本。

5.3 订货批量

5.3.1 确定订货批量的方法

确定订货批量的目标有两个方面，即使得所涉及的成本之和最小，使客户服务水平最高。

常用的确定订货批量的方法有如下几种：固定订货批量法、经济订货批量法、按需确定批量法、时区订货批量法、最小单位成本法、最小总成本法、Wagner-Whitin 算法。其中，前两种方法都是基于需求连续、需求率稳定这一前提的，它们的做法是确定一个固定的批量，每次都按这个批量订货；其余方法则是离散批量确定方法。这些方法的订货批量是变动的，根据一个或几个后续计划时区内的净需求量来确定批量，使订货批量与净需求量相等，因此不会产生剩余物料又不足以满足下一个计划时区的需求的情况。

下面我们分别讨论这些确定订货批量的方法。其中，前面的 4 种方法是常用的。

1. 固定订货批量法

固定订货批量法(fixed order quantity，FOQ)可用于 MRP 控制下的所有物料，但在实践中，通常只限于订货成本比较大的部分物料。对这些物料，根据净需求量的大小变化而不断发出订货是不合适的，所以常采用固定批量的形式订货。订货的数量可以根据经验来决定。

【例 5.2】采用固定批量法订货，具体方法如表 5.1 所示。其中，9 个时区的净需求量数值将沿用于以下对各种订货量方法的讨论中。

表 5.1 固定订货批量法

时 区	1	2	3	4	5	6	7	8	9	总计
净 需 求	35	10		40		20	5	10	30	150
计划订货量	60			60					60	180

2. 经济订货批量法

经济订货批量法(economic order quantity，EOQ)是一种早在 1915 年就开始使用的批量方法，它假定需求均匀发生，从而平均库存量是订货批量的一半。其基本出发点是使订货成本和保管成本之和最小，如图 5.1 所示。

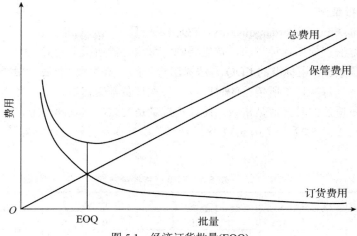

图 5.1 经济订货批量(EOQ)

确定经济订货量 EOQ 的公式如下：

$$\text{EOQ} = \sqrt{\frac{2RS}{IC}}$$

式中，R 为年需求量，S 为一次订货成本，I 为年保管成本占平均库存值的百分比，C 为物料单价。

【例 5.3】沿用【例 5.2】中的数据，假定例中的时区单位是月，并假定各种有关的成本数据为：$S = 100$，$C = 50$，$I = 0.24$。

年需求量可从 9 个月的需求量推算出来，即 9:150 = 12:R，求得 $R = 200$。

将这些数据代入上式，求得

$$Q = \sqrt{\frac{2 \times 200 \times 100}{0.24 \times 50}} = 58$$

采用 EOQ 方法确定批量的结果，如表 5.2 所示。

表 5.2 经济订货批量法

时 区	1	2	3	4	5	6	7	8	9	总计
净 需 求	35	10		40		20	5	10	30	150
计划订货量	58			58				58		174

3. 按需确定批量法

按需确定批量法(lot for lot)是根据各时区的净需求量来决定订货量，需要多少订多少，也称为直接批量法，每当净需求量改变时，相应的订货量也随之动态调整。采用这种方法也可以降低物料存储成本，因而常用于价值较高和需求极不连续的外购件及制造件。

【例 5.4】沿用【例 5.2】中的数据，以按需确定批量法计算的订货量，如表 5.3 所示。

表 5.3 按需确定批量法

时 区	1	2	3	4	5	6	7	8	9	总计
净 需 求	35	10		40		20	5	10	30	150
计划订货量	35	10		40		20	5	10	30	150

4. 时区订货批量法

时区订货批量法(period order quantity，POQ)是一种为适应间断性需求环境而在 EOQ 的基础上修改而得的方法。使用这种方法，首先要确定每次订货所覆盖的时区数。方法是根据各时区已知的净需求量数据，用标准的 EOQ 方法算出每年的订货次数。然后，用一年的总时区数除以订货次数，即得到每次订货所覆盖的时区数。每次订货都覆盖这几个时区内的所有需求。在这里，每次订货所覆盖的时区数是常数，而订货批量是变数，这是和固定订货批量法相反的。

【例 5.5】沿用【例 5.2】和【例 5.3】中的数据，以时区订货批量法计算的订货量，如表 5.4 所示。

表 5.4 时区订货批量法

时 区	1	2	3	4	5	6	7	8	9	总计
净需求	35	10		40		20	5	10	30	150
计划订货量	45			60			45			150

EOQ = 58

一年的时区数 = 12

年需求量 = 200

$\dfrac{200}{58} = 3.45$（每年订货约 3.45 次）

$\dfrac{12}{3.45} = 3.48$（每次订货覆盖 3.48 个月，约为 3 个月）

5. 最小单位成本法

最小单位成本法(least unit cost，LUC)的订货批量是变动的，根据一个或几个后续计划时区内的净需求量来确定批量，使订货批量与净需求量相等。LUC 吸收了 EOQ 中关于使订货成本与保管成本之和最小的思想，但是采用的手段不同。

LUC 实际上是一种试探法。为了确定订货批量，LUC 要考虑这样的问题：该批订货应该等于第 1 时区的净需求量，或是等于第 1、2 两个时区的净需求量之和，还是等于第 1、2、3 这三个时区的净需求量之和？为此，LUC 要算出以上三种批量对应的"单位成本"(即单位订货成本加上单位保管成本)，单位成本最小的那个批量将作为订货批量。

【例 5.6】沿用【例 5.2】中的资料，第 1 时区订货批量(45)的计算过程如表 5.5 所示；以后的订货批量可用类似的方式计算，其结果如表 5.6 所示。

表 5.5 最小单位成本计算

订货成本：100

保管成本：每单位物料每时区 1 元

时 区	净需求	存放时区数	可能的批量	保管成本 整批	保管成本 单位	单位订货成本	单位成本
1	35	0	35	0	0	2.86	2.86
2	10	1	45	10.00	0.22	2.22	2.44
3	0	2					
4	40	3	85	130.00	1.53	1.18	2.71

表 5.6　最小单位成本法

时　区	1	2	3	4	5	6	7	8	9	总计
净需求	35	10		40		20	5	10	30	150
计划订货量	45			60			45			150

6. 最小总成本法

最小总成本法(least total cost，LTC)的订货批量是变动的，根据一个或几个后续计划时区内的净需求量来确定批量，使订货批量与净需求量相等。LTC 所依据的原理是，计划期内的订货成本越接近保管成本，这个计划期内的所有批量的订货成本与保管成本之和也越小。这与 EOQ 方法所依据的原理是相同的。

为了达到使总成本最小的目的，LTC 应选取尽可能使单位订货成本与单位保管成本相近的订货批量。按这样的观点再来看表 5.5 就会发现，按 LUC 方法所选择的批量(45)所对应的单位订货成本(2.22)，大大超过了单位保管成本(0.22)。

由于 LTC 方法的目的是使两种成本尽可能接近，所以能够避免像 LUC 方法那样繁杂的计算过程。但是，必须提供一个比较的标准。

为此，设订货批量 Q 使得基于净需求发生的情况，形成 n 个库存量 $Q_1, Q_2, \cdots, Q_n$。其中，$\sum_{i=1}^{n} Q_i = Q$，且这些库存量在库房中存放的时区数分别是 $P_1, P_2, \cdots, P_n$，则称 $\sum_{i=1}^{n} Q_i P_i$ 为订货批量 Q 所对应的库存单位时区量。库存单位时区是一个类似于"人年"的度量单位，是指一个库存单位的物料在库房中存放一个时区，如"件天""台周"等。

如果 Q 使得保管成本和订货成本相等，则有

$$\left(\sum_{i=1}^{n} Q_i P\right)_i \times 库存保管费率 = 订货成本$$

那么，Q 所对应的库存单位时区量是一个很好的指标。

EPP 为经济库存单位时区量(economic part period，EPP)，令 $EPP = \sum_{i=1}^{n} Q_i P_i$，则可以直接用订货成本除以库存保管费率(即每单位物料每时区的保管成本)来求得 EPP。由这个计算过程可以看到，EPP 的数量就是使得存贮一个时区的保管成本等于订货成本的订货批量。

【例 5.7】例如订货成本为 100 元，库存保管费率为每库存单位物料每时区 1 元，则得到 EPP = 100 库存单位时区。

EPP 为 LTC 方法提供了一个比较的标准，只要在可能的订货批量中选择所对应的库存单位时区量最接近 EPP 的订货批量即可。LTC 的计算过程，如表 5.7 所示。

表 5.7　最小总成本的计算

时　区	净需求量	可能的批量	存放的时区数	库存单位时区(累计)
1	35	35	0	0
2	10	45	1	10
3	0		2	
4	40	85	3	130

于是，应选 85 为第一个订货批量，这是因为其对应的库存单位时区值 130 比较接近于 EPP

的值 100，这批订货可以满足第 1 至第 5 时区的需求。用同样的方法可以确定第二个订货批量为 65，可以满足第 6 至第 9 时区的需求，如表 5.8 所示。

表 5.8 最小总成本法

时区	1	2	3	4	5	6	7	8	9	总计
净需求	35	10		40		20	5	10	30	150
计划订货量	85					65				150

7. Wagner-Whitin 算法

Wagner-Whitin 算法包含根据动态规划原理制定的一系列优化步骤，这些步骤涉及许多数学问题。概括来说，这种方法的出发点是逐一评审能满足计划期内每个时区净需求量的所有可能的订货方案，以便找出对于整个净需求量日程表总体最优的订货方案。Wagner-Whitin 算法能使订货成本与保管成本之和最小，所以可用作衡量其他针对间断性需求的批量确定方法的标准。这种方法的缺点是，计算工作量太大，原理也比较复杂。

【例 5.8】沿用【例 5.2】中的资料，采用 Wagner-Whitin 算法的计算结果，如表 5.9 所示。

表 5.9 Wagner-Whitin 算法

时区	1	2	3	4	5	6	7	8	9	总计
净需求	35	10		40		20	5	10	30	150
计划订货量	45			65				40		150

5.3.2 批量调整因子

不管计划订货批量是采用哪一种方法确定的，在实际执行时，都会由于某些因素而必须加以调整。

1. 批量调整因子的要素

调整订货批量时，主要考虑几个因素，如最大订货量和最小订货量、损耗率、批量倍数等。

(1) 最大订货量和最小订货量通常由市场、生产条件或管理部门确定。

(2) 损耗率也称为损耗系数。在确定订货批量时，要按损耗率增加一定的余量，以便弥补在加工过程中可能会发生的损耗，从而保证有足够数量的物料满足需求。损耗率可以用数量来表示，也可以用相对于订货量的百分比来表示。

(3) 批量倍数，可能是出于加工工艺的考虑，也可能是出于包装的考虑，使得必须把按批量算法求得的批量向上调整到某一个数的倍数。例如，批量算法本身是不考虑原材料的下料方式的，因此所确定的批量可能会在下料时产生问题。例如，一定尺寸的钢板恰好切成 9 块料，而由批量算法算出的订货批量是 30，那么在下料时第 4 块钢板就会出现零头。为了避免这种情况，则应把订货批量调整为 36（此时的最小订货量是 9）。

2. 批量调整因子的应用

在需要对一项物料的订货进行多种调整的情况下，这些调整是按一定的逻辑性顺序进行的。举例来说，如果某批订货按批量算法确定的批量为 173，这个批量可以满足 5 个时区的需求。但是，管理部门提出每批订货最多覆盖 3 个时区。此外，还要考虑损耗率及批量倍数(每单位的

原材料可下料 20 件)。这样一来,最初确定的 173 件的批量就要按下面的顺序进行调整:

初步算出的订货量	173
减少到只覆盖 3 个时区的需求	121
考虑损耗率,要增加 11 件,得到	132
向上调整到 20 的倍数,得到最后确定的批量	140

采用批量调整因子会增加问题的复杂程度。我们以最小订货量来说明这个问题。假定生产产品 A 要用到物料 B、C、D,其中,物料 B 是产品 A 的子项,每个 A 用到 1 个 B;物料 C 是物料 B 的子项,每个 B 用到 1 个 C;物料 D 是物料 C 的子项,每个 C 用到 1 个 D。A、B、C、D 的最小订货量分别是 100、400、600 和 1 000。如果接到产品 A 的客户订单为 200 件,且 A、B、C、D 的库存量均为 0,那么,对 A、B、C、D 的生产订单量分别为 200、400、600 和 1 000。满足客户需求后,A、B、C、D 的库存量分别为 0、200、200、400。

如果下一个客户订单数量为 100 件,那么,只对产品 A 下达生产订单 100 件即可。满足客户需求后,A、B、C、D 的库存量分别为 0、100、200、400。

如果这份客户订单的数量不是 100 件而是 300 件,则情形就大不相同了。这时必须对 A、B、C、D 分别下达生产订单,数量分别为 300、400、600 和 1 000。满足客户需求后,A、B、C、D 的库存量分别为 0、300、400、800。

由此可以看出,当考虑批量因子时,不但会导致库存剩余,而且使得库存的管理变得复杂。因此,以手工作业的方式是很难做好的。而 MRP 系统不但很容易把这些数据计算清楚,而且可以很快把库存剩余分配给接踵而来的毛需求量。所以,虽然由于考虑批量造成的库存剩余是难免的,但不必担心它们会越积越多。

在确定批量规则和调整因子时,还应当注意物料是处于物料清单的上层还是下层。对处于上层的物料,要特别慎重,以免形成连锁反应,造成太多的库存剩余。这与确定安全库存的道理是一样的。

5.4 安全库存和安全提前期

由于大量不确定因素的存在,需求和供应难免有不平衡的情况。为了弥补可能出现的不平衡,需要在供需之间增加缓冲的手段:一种是安全库存,靠增加一定的库存量来起到缓冲的作用;另一种是安全提前期,靠供应时间上的余量来起到缓冲的作用。两种安全参数都是为了提高客户服务水平。

5.4.1 安全库存

1. 安全库存概述

安全库存可以用来作为应对意外的供需差异的缓冲方法。例如,如果供应商的交货数量少于需求,或者生产车间生产的零件有缺陷,又或者需求预测为 10 件而接到的客户订单为 12 件,则可用安全库存来满足需求的差异。但是,安全库存的使用必须谨慎。

设置安全库存无疑要增加库存管理的成本,所以在物料清单的层次上设置安全库存应当慎重。以下是一些可供选择的策略。

(1) 对于提前期很长的物料设置安全库存。这样可以缩短产品的累积提前期。

(2) 对选项设置安全库存。有时在一个产品族中有很多产品,这些产品是由基本配置和众多的不同选项构成的。在这种情况下，对产品族做预测往往要比对具体的产品做预测更准确。而对产品族做预测本质上是对产品的基本配置做预测，所以意外情况多出现在选项上。因此，对选项设置安全库存是应当的。

(3) 对于用户希望随时都有的产品设置安全库存。在很多情况下，客户希望生产商的某些产品随时都有，如果没有，客户会感到失望和不可接受。因此，应该为这些产品设置安全库存。

为了介绍安全库存和净需求的关系，让我们回忆一下在第 2 章介绍的计算净需求的方法。各时区预计可用量的计算公式为

$$某时区预计可用量 = 上时区预计可用量 + 该时区计划接受量 - 该时区毛需求量$$

当预计可用量出现负值时，就意味着出现净需求，其值等于这个负值的绝对值。但是，如果对相应的物料设置了安全库存，最后的结论就应当改成"当预计可用量低于安全库存时，就意味着出现净需求，其值等于安全库存与预计可用量的差"。

由此可以看出，在 ERP 系统中，对安全库存的处理逻辑与对毛需求的处理逻辑是相似的，而原来关于净需求的结论不过是现在的结论中当安全库存为零时的特例。

2. 设置安全库存的方法

为物料设置适当的安全库存量涉及实际需求相对于需求预测的偏差的度量。

假定实际需求的发生服从以预测值为均值的正态分布，通过正态分布的标准差 σ 可以表示适当的安全库存量。我们称实际需求值和预测值的差为偏差。标准差 σ 可通过公式计算，即

$$\sigma = \sqrt{\frac{\sum_1^n (实际需求值 - 预测)^2}{n}} \tag{5.1}$$

式(5.1)中，n 是用来观测实际需求值的时区数。但是，根据数理统计小样本推断的理论，当 $n<30$ 时，采用的计算公式为

$$\sigma = \sqrt{\frac{\sum_1^n (实际需求值 - 预测)^2}{n-1}} \tag{5.2}$$

在实践中，用来观测实际需求值的时区数往往是小于 30 的，所以常采用式(5.2)。

【例 5.9】根据表 5.10 所示的数据，求对应的标准差。

表 5.10 某产品的预测需求值、实际需求值、偏差和偏差的平方

月	预 测 值	实际需求值	偏　　差	偏差的平方
1	5 000	4 900	−100	10 000
2	5 000	5 000	0	0
3	5 000	5 100	100	10 000
4	5 000	5 400	400	160 000
5	5 000	5 300	300	90 000
6	5 000	4 800	−200	40 000
7	5 000	5 200	200	40 000
8	5 000	5 000	0	0
9	5 000	4 900	−100	10 000
10	5 000	5 200	200	40 000

根据表 5.11 的数据，可以求得 10 个时区偏差平方之和为 400 000，于是

$$\sigma = \sqrt{\frac{400\,000}{10-1}} = 211$$

概率论的基本知识告诉我们，当实际需求的发生服从以预测值为均值的正态分布时，实际需求发生在 $\pm\sigma$ 之间的概率为 68.26%，实际需求发生在 $\pm 2\sigma$ 之间的概率为 95.44%，实际需求发生在 $\pm 3\sigma$ 之间的概率为 99.74%，如图 5.2 所示。

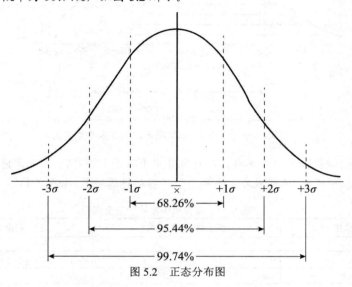

图 5.2　正态分布图

如果库存量等于预测值，那么可用库存量满足需求的概率是 50%。换言之，库存服务水平是 50%，如图 5.3 阴影部分所示。

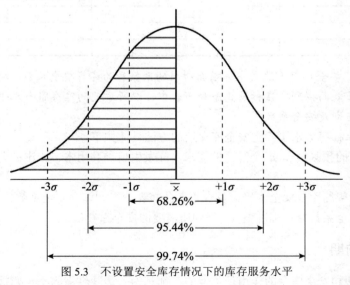

图 5.3　不设置安全库存情况下的库存服务水平

如果我们想提高库存服务水平，就要借助于安全库存。如果保持 1σ 的安全库存，库存服务水平将是 84.13%(50% + 68.26%/2)，如图 5.4 阴影部分所示。

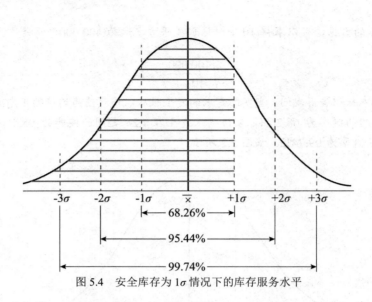

图 5.4 安全库存为 1σ 情况下的库存服务水平

类似地,如果保持 2σ 的安全库存,库存服务水平将是 97.72%。如果保持 3σ 的安全库存,库存服务水平将是 99.87%。库存服务水平和安全库存的计算结果,如表 5.11 所示(假定 σ = 211)。

表 5.11 库存服务水平和安全库存

库存服务水平	安全库存表达式	安全库存值
50%	0	0
80%	0.84σ	178
84.13%	1σ	211
90%	1.28σ	271
95%	1.65σ	349
97.72%	2σ	422
98%	2.05σ	433
99%	2.33σ	492
99.87%	3σ	633

在表 5.12 中,安全库存表达式中 σ 前面所乘的系数称为库存安全系数。安全系数可以通过查询标准正态分布表而得到。在标准正态分布表中,以所希望的库存服务水平作为函数值,反查对应的自变量值即是安全系数。

根据期望的库存服务水平确定安全库存量的方法具体如下。

(1) 根据需求的预测值和 n 个时区的需求实际发生值,利用本节给出的公式求得正态分布的标准差 σ。

(2) 根据所希望的库存安全水平,反查正态分布表,得到库存安全系数。

(3) 将库存安全系数乘以标准差 σ,得到所需要的安全库存值。

5.4.2 安全提前期

安全提前期和安全库存的作用是类似的,都是为了缓冲供需的不平衡性。一般来说,安全库存是针对供需数量不确定性比较大的物料,如备品备件及面向订单装配产品的公用件和可选件。对供需时间的不确定性,如受运输或其他因素影响,不能如期抵达的采购件或完工产品,则会采用安全提前期。

同安全库存相比,安全提前期占用资金比较少,但是如果提前的日期设置不当,有时会因提前期的误差影响优先级的计算。在库存资金占用相近的情况下，安全库存对满足客户服务水平更有保证，系统的处理也更简单。

5.5 库存准确度

5.5.1 库存准确度的概念

在 MRP 环境下，计算机中的库存记录数据(现有库存)准确度至少必须达到 95%，达不到这个准确度，是不能实现主生产计划和运行 MRP 的。由于库存记录数据是编制物料需求计划的启动数据，所以非常重要。如果对某项物料的库存记录数据不准确，那么，该项物料的计划也将是不正确的。由此产生的订单也是错误的，根据订单展开所得到的所有下层物料项目的毛需求也是错误的。

那么，95%意味着什么呢？其含义是，计算机中所存的现有库存数据和库房中实际存于货架上的项目相匹配的程度达到95%。人们往往认为，这是不可能的。如螺栓、螺母之类非常细小、价格便宜的零件在仓库中成千上万，无法使计算机记录和实际库存相匹配。因此，对于诸如螺母、螺栓之类的物料项目通常不采用清点计数的方法，而采用测量计数的方法。例如称重计数的方法是将库存物料称重，然后通过一个转换因子转换成件数。如果测量是准确的而且零件重量也是准确的，显然不必要求物料项目的实际数量和计算机记录完全匹配。类似地对液体物料可以采用量体计数的方法。

这里需要引入计数容限的概念。对于每个测量计数的物料项目都要确定计数容限。如果计数容限是±3%，任何实际的计数如果和计算机记录的相对误差不超过 3%，则可当作准确数据来接受。

现在可以重新解释"准确度为95%"的含义：对95%的库存物料来说，计算机中所存的库存余额数据和库房中存于货架上的实际数量在计数容限内相匹配。

确定库存记录准确度的方法是：以一项物料的实际盘点数为分母，以实际盘点数与库存记录数之差的绝对值为分子，得到一个分数。将此分数化为百分数，如不超过计数容限，则认为此项物料的库存记录是准确的，否则认为是不准确的。然后，以物料总数为分母，以库存记录数据准确的物料种类数为分子，又得到一个分数，再将此分数化为百分数即是表示库存记录数据准确度的百分比。

关于计数容限，还有一些问题需要考虑。关于一项物料的计数方法不是使用计数容限的唯一准则，还有其他一些，列举如下。

(1) 项目的价值：一般来说，低值的物料项目可以比高值的物料项目有更高的计数容限。

(2) 提前期：提前期越长，计数容限越低。

(3) 项目在产品中的关键程度：越是关键的物料，其计数容限越低，甚至为零。例如，一项物料处于物料清单的高层则应有较低的计数容限。

计数容限的使用应保证物料计划的有效性，其范围应反映它们对企业按时生产和发运产品的影响。经验表明，成功的 ERP 用户所用计数容限的范围为 0～5%，且都未超过 5%。

5.5.2 如何达到必要的库存准确度

这个问题涉及一些基本的管理原则，要向有关人员提供恰当的工具去做好工作，通过教育和培训教会人们去使用这些工具,并明确人们的职责。这些基本的管理原则包括如下几项。

1. 一丝不苟的工作态度

一丝不苟的工作态度是指人在获得和维护库存记录准确性方面的作用。库房人员必须理解库存记录准确性是非常重要的,因此企业必须让库房管理人员知道:

(1) ERP 对企业的未来是十分重要的,它将使企业更兴旺,使工作更可靠;
(2) 物料需求计划是使 ERP 正常工作的关键部分;
(3) 库存记录准确性是使物料需求计划正常工作的关键部分;
(4) 负责库存记录的人员是非常重要的,他们的工作直接影响库存的准确度。

2. 受限访问的库房

受限访问的库房是确保库存记录准确性的"硬件"部分。在大多数情况下,受限访问的库房是指有一个物理上的可靠区域围起来而且上锁。这主要涉及责任问题,为了让库房的工长真正能够对库存准确性负起责任,必须向他提供必要的工具,其中之一就是控制进出库房的能力。也就是说,除了工作需要应限制其他人员访问仓库。库房工长要对库存准确性的结果负责。

3. 良好的事务处理系统

良好的事务处理系统是获取库存记录准确性的"软件"部分。记录库存事务和更新库存余额数据的系统应当是简明的和反映实际情况的。

简明是指容易理解和容易使用,事务处理类型不应太多。通常所需要处理的事务类型不超过 10 种。事务处理系统还应该有效地反映库房的真实情况。例如,当有物料项目进出库时,库存余额记录应当随之更新。

4. 循环盘点制度

循环盘点制度是保持库存记录准确性的有效途径,我们将在 5.6 节详细讨论。

5.6 ABC 分析和循环盘点

5.6.1 ABC 分析

物料的 ABC 分类的依据是帕累托定律。帕累托定律是 19 世纪意大利经济学家维弗雷多·帕累托(Vilfredo Pareto)提出的,他发现当时意大利 80% 的财富集中在 20% 的人手里,后来人们发现很多场合都适用于这一规律,于是称之为帕累托定律。

一个企业通常有很多库存物料,在 ERP 环境下,这些物料的库存记录都必须是准确的。为了保持物料库存记录的准确性,必须做大量的盘点工作。但是,这些物料对于企业生产运作的重要性并非都是一样的,它们也服从帕累托定律。换言之,一定有大部分的物料价值集中在少数的物料上,这些物料是 A 类物料;还会有大量的物料只占少量的价值,这类物料是 C 类物料;处于中间状态的是 B 类物料。于是,我们应当更严格地关注 A 类物料,对其采用比较高的盘点频率和比较低的计数容限进行循环盘点。而对于 B 类物料和 C 类物料的关注,则可以相对宽松一些。通过这样的方法,既可达到 ERP 系统对库存记录准确度的要求,又降低了相关的成本。

ERP 软件一般都有对物料进行 ABC 分类的功能。做法很简单,假定 A、B、C 三类物料分别占全部物料总价值的 80%、15% 和 5%,那么只需将所有物料按使用价值(用量×单位成本)排序,然后按所排次序逐项累加,累加到占总价值 80% 所涉及的物料属于 A 类,再继续累加到占总价值 95% 所涉及的物料属于 B 类，其余物料属于 C 类，如图 5.5 所示。

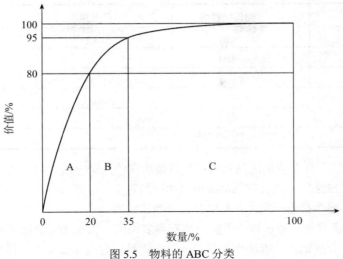

图 5.5 物料的 ABC 分类

5.6.2 循环盘点

循环盘点是得到并保持库存记录准确性的有效途径，是指每天对库存中的部分物料项目进行盘点，从而使一年中对所有物料项目的盘点次数达到预定的值。对一项物料进行盘点的时间间隔称为该项物料的盘点周期。一年中对某项物料进行盘点的次数，称为该项物料的盘点频率。

1. 循环盘点的目标

(1) 发现出错原因并消除。每当发现库存错误，就要校正库存记录，同时找出原因。这些原因可能是库存安全没有得到切实保证、软件故障或不合理的规程、对库房人员培训不足等。一旦发现库存错误，应立即纠正，避免错误再次出现。

(2) 检测系统运行结果。循环盘点可以对工作现状做出评价。定期地给出关于库存准确度的百分数，可以使企业相关人员知道库存记录是否足够准确。

(3) 校正不准确的记录。当循环盘点的结果和计算机中的记录不匹配时，应当重新清点有关项目。如果两次清点的结果相同，则应校正计算机中所存的库存余额记录。

(4) 取消年度库存盘点。年度库存盘点一般是出于财务审查的目的。由于库存记录的准确度已达到 95%，所以年度盘点已无必要，从而可以消除由于年度盘点而造成的停产。

(5) 提高循环盘点人员的素质。通过循环盘点，盘点人员能熟练地识别零件，获得精确的记录，调整偏差，找到解决系统错误的方法，使得库存记录更精确。

2. 常见的循环盘点方法

(1) ABC 分类法。最常见的循环盘点方法基于 ABC 分类法。ABC 三类物料的库存记录准确性计数容限不应相同，可分别设为 1%、2%、5%；盘点周期也不应相同，如 A 类物料每月盘点一次，B 类物料每季度盘点一次，C 类物产每半年盘点一次。于是，得到 A、B、C 三类物料的盘点频率分别是 12、4 和 2。每天盘点的物料项目数可按如下方法求得：先按类分别求出物料项目数与相应的盘点频率的乘积，再求出所有这些乘积之和，然后把所得到的和除以一年的工作日数。按上面设定的盘点频率，我们给出一个例子，如表 5.12 所示。

表 5.12　基于 ABC 分类的循环盘点

物料类别	物料项目数	盘点频率	盘点物料项目数
A	250	12	3 000
B	1 500	4	6 000
C	4 000	2	8 000
总计			17 000
每年工作日			250
每天盘点物料项目数			68

(2) 分区分块法。分区分块法是将库存项目按所在的区域分组，以提高盘点的效率。这种方法常用于分区存放系统，以及在制品或中间库存的盘点。分区管理员以一个固定周期进行盘点，每次对一个区整个盘查一次，并与库存记录相比较。

(3) 存放地点审查法。通常每个库房内都有很多库位，如果物料放错了地方，正常的循环盘点就不能进行，存放地点审查法用于准确地确定物料的有效存放地点。使用这种方法时，所有的库位都做了编号，每个盘点周期对特定的物料进行检查，通过对每个库位上的物料代码与库存记录进行比较，核实每项物料所在的库位，这种方法是容易实施的，因为它只需要核查物料代码而不需要检查物料的数量。

盘点方法的选择取决于库存系统的实际情况，对于快速周转的物料项目，分区分块法是有效的方法；对于有许多库位的库房，ABC 分类法和存放地点审查法结合在一起将会更有效。

循环盘点法可作为企业的一项制度，同时也允许在特别需要时做一次特别盘点。在循环盘点之后，应产生一份循环盘点报告。报告中包括所盘点的物料的代码、存放地点、度量单位、原记录数量、盘点数量、库存记录准确度百分比等重要信息。如果盘点结果与库存记录之间出现偏差，则要进行分析。当偏差在计数容限范围内时，应将库存记录调整为盘点结果；当偏差超出了计数容限时，则应做出标记，留待进一步处理，其中包括查找出错原因并消除之。

思考题

1. 物料管理的内涵和目标是什么？
2. 库存的目的有哪些？库存管理要发生哪些成本？
3. 确定订货批量的方法有哪些？
4. 为什么要使用批量调整因子？批量调整因子有哪些？
5. 什么是安全库存？什么是安全提前期？
6. 在 ERP 环境下，库存记录的准确度至少应当达到多少？如何达到所要求的准确度？
7. 在物料管理过程中，为什么要对物料进行 ABC 分类？它的原理和方法是什么？
8. 循环盘点有哪些方法？分别如何运用？

练习题

1. 从库存投资方面来考虑，最好的生产计划环境是哪一种？（　　）
   A. 面向订单装配　　　　B. JIT
   C. 面向库存生产　　　　D. 面向订单生产

2. 下面哪些库存事务应当在计算机中进行处理？（　　）
   A. 当一些物料从一个库位移到另一个库位时
   B. 当从某供应商那里接收货物时
   C. 当一些物料从一道工序移到下一道工序时
   D. 上面说的各种情况
3. 下面哪一项是物料管理的主要目标？（　　）
   A. 提供充足的劳力供应　　　　　　　B. 提供所要求的客户服务水平
   C. 减少库存周转支持成本核算　　　　D. 提供制定经营规划的信息
4. 如何计算库存周转率？（　　）
   A. 平均库存量除以总资产　　　　　　B. 年售出货物成本除以平均库存价值
   C. 平均库存量除以所有者权益　　　　D. 销售额除以销售成本
5. 根据如下信息：销售额＝1 600 万元，售出货物成本＝1 000 万元，综合管理成本＝400 万元，平均库存价值＝250 万元。求库存周转率是多少？（　　）
   A. 1.5　　　　　B. 1.6　　　　　C. 4.0　　　　　D. 6.4
6. 某公司年总产值为 80 000 000，库存成本占总产值的 75%。假定库存保管成本占库存价值的 25%，如果库存周转率从 2 提高到 3，那么增加的现金和利润各是多少？（　　）
   A. 10 000 000；2 000 000　　　　　B. 12 000 000；3 000 000
   C. 8 000 000；1 500 000　　　　　　D. 10 000 000；2 500 000
7. 下面哪种类型的库存用于应对供需波动？（　　）
   A. 周转库存　　　B. 普通库存　　　C. 安全库存　　　D. 季节库存
8. 如下哪一项库存为季节性需求提供了缓冲？（　　）
   A. 批量库存　　　B. 波动库存　　　C. 预期库存　　　D. 供应商管理的库存
9. 如下哪一项表述了由于所采用的订货批量大于所需要的数量而形成的库存？（　　）
   A. 波动库存　　　B. 批量库存　　　C. 在途库存　　　D. 计划接受量
10. 按照经济订货批量法，如果一项物料的订货成本增加，将产生什么影响？（　　）
    A. 订货量将增加　　B. 订货点将增加　　C. 订货量将减少　　D. 订货点将减少
11. 如果订货数量增加，而年需求量不变，以下哪种情况将会出现？（　　）
    A. 保管成本增加，订货成本也增加
    B. 保管成本增加，而订货成本减少
    C. 保管成本和订货成本都不变
    D. 保管成本减少，订货成本也减少
12. 某企业关于一项原材料有如下净需求数据：

周	净 需 求
2	350
5	1 200
7	1 000
11	1 500

假定提前期为 1 周；单位成本为 1.00 元，订货准备成本为 30.00 元，每周保管成本为库存价值的 0.5%。那么，以下哪项订货计划是最经济的？（　　）

A.

周	1	4	6	10
订货量	350	1 200	1 000	1 500

B.

周	1	6
订货量	1 550	2 500

C.

周	1	4
订货量	350	3 700

D.

周	1	4	10
订货量	350	2 200	1 500

13. 如果物料的保管成本提高，而其他参数保持不变，经济订货批量将有什么变化？（   ）
   A. 仅在一个订货周期稍有降低
   B. 将增加，且直到保管成本再次调整之前保持不变
   C. 将减少，且直到保管成本再次调整之前保持不变
   D. 没有影响

14. 根据经济订货批量的原则，如果增大订货批量，下面哪一项成本将增加？（   ）
   A. 年库存保管成本   B. 订货成本
   C. 生产运作成本   D. 客户服务成本

15. 供应商对一项物料建立的最小供货量是 50 件，订货倍数是 10 件。如果某公司要采购该物料 10 件，应当如何做？（   ）
   A. 按订货倍数，订货 10 件
   B. 按最小供货量，订货 50 件
   C. 按订货倍数和最小供货量之和，订货 60 件
   D. 订货 50 件，收到并检验以后拒收 40 件

16. 以下哪种物料最适合于应用按需订货(lot for lot)的批量策略？（   ）
   A. 成本价值高的物料   B. 准备成本高的物料
   C. 具有均衡而连续需求的物料 D. 固定批量的物料

17. 假定生产产品 E 要用到物料 F、G、H，其中，物料 F 是产品 E 的子项，每个 E 用到 1 个 F；物料 G 是物料 F 的子项，每个 F 用到 1 个 G；物料 H 是物料 G 的子项，每个 G 用到 1 个 H。上述产品结构如右图所示。

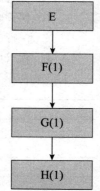

假定 E、F、G、H 的现有库存量均为 0，它们的订货批量分别是 100、400、600 和 1 000。

如果接到产品 E 的第 1 份客户订单为 200 件，那么，对 E、F、G、H 的生产订单量分别是多少？（   ）
   A. 200，400，600，1 000   B. 0，200，200，400
   C. 100，0，0，0   D. 300，400，600，1 000

18. 接第 17 题，满足第一份客户订单的需求后，E、F、G、H 的库存量分别是多少？（   ）
   A. 200，400，600，1 000   B. 0，200，200，400
   C. 100，0，0，0   D. 300，400，600，1 000

19. 接第18题，如果第二份客户订单数量为100件，那么，E、F、G、H的生产订单量分别是多少？（ ）

    A. 200，400，600，1 000　　　　　　B. 0，200，200，400

    C. 100，0，0，0　　　　　　　　　　　D. 300，400，600，1 000

20. 接第19题，满足第二份客户订单的需求后，E、F、G、H的库存量分别是多少？（ ）

    A. 200，400，600，1 000　　　　　　B. 0，100，200，400

    C. 1 000，0，0，0　　　　　　　　　　D. 300，400，600，1 000

21. 接第18题，如果第二份客户订单数量是300件，那么，E、F、G、H的生产订单量分别是多少？（ ）

    A. 0，200，200，400　　　　　　　　B. 1 000，0，0，0

    C. 300，400，600，1 000　　　　　　D. 0，100，200，400

22. 接第21题，满足第二份客户订单的需求后，E、F、G、H的库存量分别是多少？（ ）

    A. 0，200，200，400　　　　　　　　B. 1 000，0，0，0

    C. 300，400，600，1 000　　　　　　D. 0，300，400，800

23. 以下哪一项关于MRP和安全库存的陈述是正确的？（ ）

    A. MRP使用安全库存来满足需求

    B. MRP在它的计算中忽略安全库存

    C. MRP产生计划订单来维护安全库存水平

    D. MRP对所有的物料在所有的层次上提供安全库存

24. 在需求相对连续的情况下，增加安全提前期和以下哪一项效果相同？（ ）

    A. 以更大的批量订货　　　　　　　　B. 降低订货点

    C. 增加库存水平　　　　　　　　　　D. 从本地区的供应商那里订货

25. 根据如下预测值和实际销售值，标准差是多少？要使服务水平达到90%、95%和98%，相应的安全库存分别是多少？（ ）

月　份	预测值	实际销售值
1	364	346
2	364	312
3	364	387
4	364	350
5	364	406
6	364	364
7	364	353
8	364	338
9	364	392
10	364	385
11	364	372
12	364	356

    A. 28.1，34，35，36　　　　　　　　B. 26.3，34，44，54

    C. 26.5，32，42，52　　　　　　　　D. 30，2，50，70，100

26. 准确的库存记录必须有如下哪些信息？（ ）

    A. 物料的代码、描述、数量和位置　　B. 物料成本、订货点和安全库存

    C. 销售记录、预测和生产计划　　　　D. 订货点、数量和成本

27. 如下哪一项最恰当地表述了物料的 ABC 分类和控制的本质特征？（　　）
    A. 对所有物料应当有同样水平的控制
    B. 有少量的物料占了年物料使用价值的大部分
    C. 物料需要紧密控制
    D. 库存记录准确性是重要的

28. 库存的 ABC 分类是根据如下哪一项进行的物料分类方法？（　　）
    A. 物料功能　　　B. 物料类型　　　C. 存储要求　　　D. 年使用价值

29. 如下哪一项关于 ABC 分类法的陈述是正确的？（　　）
    A. 每年 A 类物料的盘点次数要比 B 类物料的盘点次数多 3 次
    B. 是一种最实用的方法
    C. 需要计算机去决定 ABC 各类物料的价值
    D. 强调关注高价值的物料

30. 循环盘点是（　　）。
    A. 在每个财务年度检测库存准确度的一种方法
    B. 通过每天选择一部分物料进行盘点来检测库存准确度的一种方法
    C. 通过记录一年中的库存调整来检测每年实际库存的一种方法
    D. 以上说法都不对

31. 循环盘点的主要目的是（　　）。
    A. 减少直接劳力成本　　　　　　　　　B. 减少每年的盘点次数
    C. 补充库存　　　　　　　　　　　　　D. 发现库存错误的原因，并消除之

32. 假定一个公司有 10 000 个物料代码，其中 7 500 项物料是活动的，同时假设其中有 750 项 A 类物料，2 000 项 B 类物料。如果每年计划盘点 A 类物料 3 次，B 类物料 2 次，C 类物料 1 次，那么每年需要做多少次盘点？（　　）
    A. 11 000　　　　B. 9 000　　　　C. 13 000　　　　D. 以上说法都不对

33. 如下哪项活动不是循环盘点的活动？（　　）
    A. 选择被盘点的物料　　　　　　　　B. 盘点物料
    C. 把一些物料搬运到易于存取的库位　　D. 调整库存记录

34. 根据下面的循环盘点表，如下哪项关于 ABC 三类物料的库存准确度的表述是正确的？（　　）

物料代码	物料描述	ABC分类	容差	盘点数量	盘点位置	计算机中数量	计算机中位置
123	发动机	A	0	96	4D6	98	4D6
133	铸件	A	0	81	2S2	81	2S2
137	离合器	A	0	41	8C1	41	8C1
304	排挡	A	0	320	3AC	320	3AC
541	小齿轮	B	2%	0	7X3	21	7X3
610	螺栓3/4	C	3%	616	4D3	600	4D3
773	轴衬	C	3%	480	8E0	500	8E0

    A. 75%，0%，50%　　　　　　　B. 78%，20%，50%
    C. 85%，10%，40%　　　　　　　D. 75%，30%，40%

第6章 需求管理——企业运营的源头

一个公司的最主要目标是在满足客户需求的过程中获取利润。市场和销售部门专注于满足客户的需求,而生产部门必须提供相应的产品来实现市场和销售部门的目标。这两个领域的计划协调就是需求管理,即生产计划和活动是由需求驱动的。

需求管理是识别和管理对产品的所有需求的功能。需求管理分为短期需求管理、中期需求管理和长期需求管理。从长远来说,企业经营规划需要对工厂设施等进行需求预测;从中期来说,需求管理的目的是为生产规划预测总需求;从短期来说,需求管理适用于所制造的产品,它与主生产计划息息相关。

需求管理帮助主生产计划员认识需求。为了有效地计划物料和能力资源,首先必须识别所有需求的来源,这些来源包括国内及国外的客户、同一企业的其他工厂、分公司的仓库、备用件需求、促销、分销系统库存,以及存放在客户仓库的库存。需求是销售与运营规划及主生产计划的主要参考因素之一。将对产品族或物料项目的需求与人的判断和评估结合起来,从而产生有效的销售与运营规划及主生产计划。

需求管理的目的在于建立关于未来需求的最合理的计划,并且当有变化时及时更新这个计划。通过有效地管理不同的需求流,可以避免对销售与运营规划及主生产计划的无意义的改变,并尽早发现有意义的市场变化,从而可以采取相应的应对措施。有效的需求管理的本质是顺畅的交流、迅速的反馈和明确的责任。计算机作为有效的需求管理系统工具,可用来支持这些重要的行动。

在制造业企业中,预测和客户订单是制订经营规划、销售与运营规划,以及主生产计划过程的起点,而分销则是确保满足客户需求的过程。

6.1 需求预测

6.1.1 为什么要预测

1. 预测是计划的前奏

在制订计划之前,必须预测未来一段时间内的需求。如果没有一定形式的预测,计划则很难进行。

在激烈的竞争环境中，大多数公司都不能等收到客户的订单时才开始计划生产，因为客户所要求的交货提前期往往短于产品的生产提前期。于是，在接到客户订单之前企业必须进行预测，并根据预测先把一些工作做好，以便缩短交货时间来满足需求。

通常，制造标准产品的制造商一般采用面向库存生产的方式。这些公司需要做好准备，使产品马上能够用于销售。面向订单生产的制造商不能在接到客户订单之前先进行生产，但必须准备好人力资源和机器设备，以满足可能的需求。有时，一些采购提前期很长的原材料或零部件也必须根据预测做好准备。面向订单装配的制造商应当在接到客户订单前准备好基本组件，以便在短时间内装配成产品以满足需求。

综上所述，预测对于企业的业务具有重要意义，如图 6.1 所示。

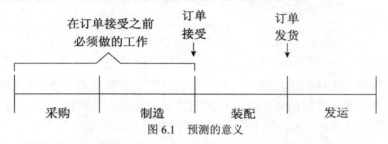

图 6.1　预测的意义

2. 需求预测取决于将要做什么

企业经营规划、生产规划和主生产计划都必须有预测作为基础。每一层次的计划的目标、时间跨度及细节度都各不相同。

(1) 企业经营规划关注的是未来 2～10 年或更长时间内的总体市场和经济发展方向。其目的是提供足够的时间来规划那些需要较长时间才能改变的东西。对生产来说，企业经营规划应该提供足够的时间来进行资源的规划，如扩建工厂、购买大型生产设备及其他购买周期较长的设施。企业经营规划的明细程度不高，预测的对象通常是销售量、销售额，或者能力。预测和计划可以以季度或年度为基础进行检查。

(2) 生产规划关注的是未来 1～3 年的生产制造活动。对于生产规划来说，要预测那些制定生产规划所需要的对象，如资金预算、人力资源规划、长提前期的部件采购和总体库存水平。预测的对象是产品族，而不是特定的产品。预测和计划可以以月度为基础进行检查。

(3) 主生产计划关注的是从现在开始未来几个月的生产活动。预测的对象是单个产品，以及单个产品的库存水平或未完成客户订单的水平、原材料和部件、人力资源规划等。预测和计划可以以周为基础进行检查。

只有独立需求需要预测。这些通常都是最终产品，但是也可以包括备用部件，以及供应给同一公司其他工厂的部件(公司内部使用)；对非独立需求不需要进行预测，而是从对独立需求产品的计算中得到。

6.1.2　预测的特征

理解预测的特征可以使我们更有效地应用预测。预测有 4 个主要特征，这些特征都是简单的，从某种意义上说，甚至都是一些常识。

(1) 预测通常都会出错。预测试图了解未知的未来，因此预测错误是不可避免的，我们对此应当有心理准备。

(2) 每个预测都应该包含一定的误差估计。既然预测会出现错误，那么真正的问题在于"错多少"。每个预测都应该包含误差估计，误差估计通常表示为百分比(正和负)。对误差的估计可以通过研究需求与平均需求之间的变化，应用统计学的方法来完成。

(3) 对产品族的预测更加准确。即使产品族有很稳定的特征，其中单个产品的行为也可以是随机的。例如，在一个班级中，预测每个学生的考试分数总是比预测一个班级的平均分数更困难。类似地，对产品族的预测要比对产品族中单个产品的预测更加准确。

(4) 时间越近，预测越准确。眼前的未来比长远的未来更具有确定性。大多数人对预测下个星期要做什么比预测一年以后要做什么更有信心。因为在很多情况下，人们对明天的预期会与今天差不多。同样，对一个公司来说，近期的需求比远期的需求更容易预测。

6.1.3 收集和准备数据

预测通常是基于某种方式进行的，如对历史数据做判断或统计。因此，若想使预测准确，预测所使用的数据首先要准确。为了取得可靠的数据，了解数据收集的 3 个原则是很重要的。

1. 使用同样的术语记录数据

(1) 预测要基于需求的数据，而不是发货的数据。发货数据表明发货的数量和时间，它与客户需求的数量和时间并不总是一致的。因此，发货数据并不一定代表我们真实的需求指标。

(2) 预测时区是用周、月还是季度，应该与生产排产的时区相同。如果生产排产是以周为时区单位，那么预测也应该以周为时区单位。

(3) 部件预测应该与制造部门所控制的相同。例如，如果某一产品的构成有不同的部件选项，那么对该产品及每个部件选项的需求都应该进行预测。

假设某公司生产自行车。自行车有 3 种不同规格的车架，3 种不同的车轮尺码，3 速、5 速或 10 速的变速器，配置或不配置高级钢圈。这样，该公司共有 54(3×3×3×2)种不同型号的自行车可供销售。如果对每种不同的自行车都进行预测的话，就需要预测 54 种不同的自行车。一个更好的预测方式是预测对自行车的总需求和预测对每种车架尺码、每种车轮尺码、每种变速器，以及配备或不配备高级钢圈等选项需求的百分比。用这种方法只需要做 12 种预测(3 种车架、3 种车轮、3 种变速器、2 种高级钢圈配置和自行车本身)。

在这个例子中，自行车部件的生产提前期会比组装自行车的提前期长得多。制造部门可以根据部件预测来生产自行车部件，然后根据客户订单组装自行车。

2. 记录与数据相关的情况

需求受特定事件的影响，这些事件应该与需求数据一起记录。例如，人为的需求起伏可能由促销、价格变化、气候变化，或者竞争者工厂事故而引起。将这些因素与相关的需求数据联系在一起至关重要，以便在制订生产计划时把这些因素考虑在内或去除这些因素。

3. 分别记录不同客户群的需求

许多公司通过不同的分销渠道分销产品，而每一个渠道都有自己的需求特征。例如，一个公司可能将产品卖给多个批发商，而这些批发商经常以小批量购买产品；公司也可能将产品卖给一个大型的零售商，而这个零售商每年两次以大批量采购产品。在这样的情况下，对平均需求的预测将是没有意义的，而应该把两个渠道的需求分开进行预测。

6.1.4 预测技术

预测的方法有许多种，通常分为定性预测技术和定量预测技术；也可以根据所使用的数据或信息的来源分为外部预测技术和内部预测技术。

1. 定性预测技术和定量预测技术

定性预测和定量预测既可以基于内部信息来进行，也可以基于外部信息来进行。

(1) 定性预测技术(qualitative forecasting techniques)，是基于直觉、经验和某些知识进行判断的预测技术。从本质上说，定性预测是主观的，它常用于预测业务走势，以及在未来较长时区内对大产品族的潜在需求。因此，这种方法主要是被高层管理人员使用。

当试图对一个新产品进行预测时，由于没有任何历史资料可以作为预测的基础，在这种情况下，可能会用到市场调查法及历史类比法。市场调查法是一种系统的、规范的和有意识地对客户观点和意向进行了解与确定的方法。历史类比法是基于对同类产品的市场导入及成长的比较分析来判断新产品的市场走势，或者通过产品去测试市场，以得到预测数据。

还有其他一些定性预测方法。例如，德尔菲法，即组织一些专家对可能会发生什么发表各自的意见和看法。

(2) 定量预测技术(quantitative forecasting techniques)，该方法所依据的前提是过去的需求是未来需求的好的指标。定量预测技术依赖于数学公式来分析历史的需求模式并预测未来的需求。定量预测技术有多种类型，最常用的是移动平均、指数平滑和回归分析等技术。

2. 外部预测技术和内部预测技术

(1) 外部预测技术(extrinsic forecasting techniques)，是根据对一个公司产品需求相关的外部指标所进行的预测。例如，从建筑物开工率高，可以预测出建筑材料需求增长；从婴儿出生率高，可预测出婴儿用品需求增长；从居民可支配收入增加，可预测出旅游或高档消费品需求增长……这里，建筑物开工率、婴儿出生率、居民可支配收入等称为外部指标。通过对这些外部指标的预测，可以得到我们所需要的数据。

使用外部预测技术，重要的问题在于找到与所关注的需求相关的指标，最好是引导需求的指标，也就是在需求发生之前具有提示性的指标。例如，在一个时区准许的建筑合同数量或许决定了下一个时区建筑材料的销售量。如果找不到引导需求的指标，也可以使用政府部门或机构预测的非引导指标。从某种意义上来说，这是根据一种预测来做另一种预测。在对一个公司产品的总需求或产品族需求进行预测时，外部预测是很有用的工具。因此，外部预测经常用于企业的经营规划和生产规划，而不是用来预测单个的最终产品。

(2) 内部预测技术(intrinsic forecasting techniques)是指应用历史数据进行预测，这些数据经常是记录在公司内部，并且随时可供使用。内部预测技术的基本假设是，过去发生的将来还会发生。

在主生产计划的计划展望期内，需要对最终产品的需求进行预测。此时，经常会使用内部预测方法。

6.1.5 预测技术的应用

【例6.1】假设在过去一年中，对某一特定产品的月需求量，如表6.1所示。

表6.1 过去一年12个月的历史需求数据

月 份	1	2	3	4	5	6	7	8	9	10	11	12
历史需求数据	92	83	66	74	75	84	84	81	75	63	91	84

假设现在是 12 月底，企业想对今年 1 月的需求进行预测，可以使用以下几个规则。

这个月的需求将等于上个月的需求。于是，1 月的需求预测将是 84，等于 12 月的需求。这好像看起来太简单，但是如果月与月之间的需求没有太多的变化，这一规则或许还是很有用的。

这个月的需求将等于去年同期的需求。于是，1 月的需求预测将是 92，与去年 1 月的相同。如果需求是季节性的，并且没有什么需求变化的趋势，这一规则是相当适用的。

案例中采用的规则都是基于过去某一个月或某一个时间段的需求数据，如果需求有明显的随机变化，那么这些规则的作用就相当有限了。通常，将历史需求平均化是一种好的方法，因为这样可以减少随机变化的影响。具体应用方式如下。

1. 移动平均预测法

移动平均预测法是一种简单的预测方式，即使用最近几个时区的平均需求作为对下一个时区的预测。在下一个时区末，去除最近几个时区的第 1 个时区的需求，增加最近一个时区的需求，然后算出新的平均需求用于下一个时区预测。预测总是基于某一特定数量的时区内的实际需求的平均数得到的。

【例 6.2】沿用【例 6.1】中的资料，假设我们决定使用 3 个月的移动平均，根据 10 月、11 月和 12 月的需求数据，对今年 1 月的需求进行预测。

$$1 月份的需求 = \frac{63 + 91 + 84}{3} = 79$$

假设 1 月的实际需求是 90，请对 2 月的需求进行预测。

$$2 月的需求 = \frac{91 + 84 + 90}{3} = 88$$

在以上的讨论中，1 月的预测值是 79，2 月的预测值是 88，预测值上升了。这是因为加上了 1 月的较高的需求值，而去掉了 10 月较低的需求值。如果使用更多的时区，例如 6 个月，预测值就不会变化得如此迅速。移动平均所包括的月数越少，最后的信息所占的权重就越大，预测对需求变化趋势的反映越灵敏。由此可以看出，移动平均预测法存在局限性，具体如下。

(1) 移动平均预测对需求变化趋势的反应总是滞后的。

【例 6.3】参看以下过去 5 个时区的历史需求数据：

时区	需求
1	1 000
2	2 000
3	3 000
4	4 000
5	5 000

从中我们看到了一个上升的趋势。如果我们使用 5 个时区移动平均，第 6 个时区的预测是 (1 000＋2 000＋3 000＋4000＋5 000)÷5＝3 000。预测看起来不很准确，因为预测大大地落后于实际需求。然而，如果使用 3 个时区移动平均，预测是(3 000＋4 000＋5 000)÷3＝4 000。虽然仍不是完美的，但是预测结果会准确一些。这里应当指出的是，移动平均总是滞后于需求变化的趋势，移动平均包括的时区越多，滞后越多。

(2) 如果需求没有变化的趋势，而只是随机地变化，那么移动平均所使用的时区数越少，则越反映出需求的随机波动，而不是反映平均需求。

【例6.4】参看以下历史需求数据：

时区	需求
1	2 000
2	5 000
3	3 000
4	1 000
5	4 000

需求没有变化趋势，只是随机地变化。如果使用5个时区的移动平均，那么对第6个时区的需求是3 000。而如果使用两个时区平均，则对第3个时区、第4个时区、第5个时区和第6个时区的预测分别是：

第3个时区的预测＝(2 000＋5 000)÷2＝3 500

第4个时区的预测＝(5 000＋3 000)÷2＝4 000

第5个时区的预测＝(3 000＋1 000)÷2＝2 000

第6个时区的预测＝(1 000＋4 000)÷2＝2 500

可以看出，使用两个时区的移动平均，预测快速地反映最近的需求，因而稳定性较差。

(3) 使用移动平均预测法需要对每一个预测产品保留多个时区的历史需求数据。这将需要大量的计算机存储或人工努力，而且计算也很烦琐。

移动平均预测法适合于具有稳定需求的产品，这样的产品几乎没有需求变化的趋势或季节性变化。同时，移动平均也可以用来过滤随机的变化。因为一般来说，高需求期过后往往跟随着低需求期。

2. 指数平滑预测法

指数平滑预测法是基于以前的预测及新的实际需求数据来得到新的预测。

指数平滑需要知道两个参数，即预测初值和平滑因子，然后用迭代的方法计算出各个时区的预测。指数平滑所依据的公式为

$$\text{本期预测} = \text{上期预测} + \text{校正因子} \tag{6.1}$$

【例6.5】指数平滑预测初值 $F=74$（由其他方法得出），平滑因子 $\alpha=0.25$，于是可以得到表6.2所示的迭代过程。

表6.2 指数平滑

时区	预测(F)	实际需求(V)	偏差($V-F$)	校正因子$\alpha(V-F)$
1	74	70	−4	−1.0
2	73	81	+8	+2.0
3	75	85	+10	+2.5
4	78			

指数平滑法的基本原理是强调近期销售数据对预测值的影响，但并未完全忽视远期数据的影响。可以将式(6.1)扩展为

$$F_t + 1 = F_t + \alpha(V_t - F_t) = \alpha V_t + (1-\alpha) F_t \tag{6.2}$$

其中，平滑因子 α 的值介于0与1之间($0<\alpha<1$)；F_t 和 F_t+1 分别表示第 t 时区和第 $t+1$ 时

区的预测值；V_t 是第 t 时区的实际销售量。如果按递推关系将式(6.2)展开，则可以得到

$$F_t+1 = \alpha V_t + \alpha(1-\alpha)V_{t-1} + \alpha(1-\alpha)^2 V_{t-2} + \cdots \tag{6.3}$$

可以看出，近期数据 V_t 在式(6.3)中起着主要作用，其余各项历史数据的作用按等比级数(公比为 $1-\alpha$)迅速降低。因此，这种方法是加权移动平均方法的一种改进，它可以通过选择 α 的值来调节近期的数据。在实际应用中，α 值的选择可以根据经验来确定，如果数据波动不大，α 的值应当取得小一些，反之，α 的值应当取得大一些。

指数平滑预测法所需数据比移动平均法少得多。它提供了一个经常性更新产品预测的常用方法。对于需求稳定的产品来说效果是好的。一般来说，它能够为短期的预测提供满意的结果。

指数平滑方法可以检测市场需求的趋势，但预测要滞后于实际需求。如果 α 的值选得大一些，则能更好地预测市场趋势。

3. 调焦预测法

调焦预测法(focus forecasting)适用于有多项产品需要预测的情况。调焦预测不是一种技术，而是一个可以运用多种预测技术的系统，它可以模拟并评估一系列不同的技术，然后从中选择已被证明对最近的过去所做的预测最为有效的预测技术，用于预测未来。调焦预测系统所用的典型预测方法往往是一些简单的技术，如上面介绍的移动平均预测法，或一些简单的策略，如"未来 3 个月的销售额和过去的 3 个月一样"等。当然，它也可以使用一些复杂的数学方法进行预测。

下面举例说明调焦预测法的工作原理。

【例 6.6】假定调焦预测系统使用以下 4 种简单的方法来预测未来一个季度的销售量：
(1) 下个季度的销售量和去年同期一样；
(2) 下个季度的销售量比去年同期多 10%；
(3) 下个季度的销售量和本季度一样；
(4) 下个季度的销售量是过去 6 个月的一半。

假定现在是 6 月，要预测 7~9 月的销售量。历史数据如表 6.3 所示。

表 6.3 销售量历史数据

月 份	1	2	3	4	5	6	7	8	9	10	11	12
去 年	18	12	10	3	8	6	16	18	29	12	15	13
今 年	2	18	21	4	9	2						

调焦预测采用一种迭代的方法来选取适当的预测方法，并使用这种方法取得预测值。先假定现在是 3 月，用上述 4 种方法中的每一种对 4~6 月的销售量进行预测，并将预测结果和实际情况相比较，从中选择得到最好预测结果的预测方法来预测 7~9 月的销售量。

用上述 A、B、C、D 4 种方法得到的预测值分别是 17、18.7、41 和 40.5，实际值是 15，于是选择方法 A 作为对 7~9 月的销售量进行预测的方法，得到的预测值为 63。

因为易于理解和使用，大多数使用调焦预测系统的人最终都选择简单的预测方法或策略。此外，调焦预测的效益来自使用计算机和模拟多种可供选择的方法，而不是来自某种复杂的技术去得到"正确的答案"。

预测系统必须提供一种方法把季节因素考虑在内，从而使得系统能够处理在每年的一定时间定期重复的规律模式。例如，夏季时装和节日食品都是高度季节性的。这种季节性可以分析并对每个时区建立权重编号，用来把全年总预测分配到月或季。

预测系统还必须提供按仓库、结构配置、包装大小等因素分解和分配产品族预测的方法。例如，在分销资源系统中，必须按物料项目和分销中心建立销售预测。许多企业选择建立全国范围的预测，然后分解为单个物料项目和分销中心的预测，这种分解的典型方法是使用历史百分比。同样的方法也可用于按产品配置或包装规模把产品族预测进行分解。

预测系统还必须提供对产品族内单项物料项目的预测进行汇总和调整的方法。在某些情况下这可能意味着调整累计的预测。在另外一些情况下可能使用累积预测的某个百分比重新计算单项的预测。

最后，也许是最重要的，一个预测系统必须有一个对预测进行检查的方法。在预测产生之后，在使用之前必须由人对其进行检查修改，从而人可以对所使用的预测负责。这里的关键是将简单的预测技术和人的判断相结合。预测和许多经营活动一样，是一个具有特定责任的管理过程。计算机可以在建立和更新预测方面提供有意义的帮助，但是最终还是要由人来评价和批准预测，并建立销售计划实现预测。换言之，批准和实现预测的责任在于人。

6.2 客户订单管理

6.2.1 客户订单录入

1. 客户订单信息

(1) 产品信息。当企业收到客户订单时，会产生很多信息。例如，当产品从仓库直接发货，将会产生发货单；如果产品需要加工或者面向订单装配，则要指明产品的特性，如产品是由标准部件组装还是重新设计，若是重新设计，要有一份叙述客户订单接受条款的文件，同时这份文件要传送给主生产计划人员，允许进行工作准备或开始生产。这些信息都要录入 ERP 系统，订单录入系统用来增加、删除和修改客户订单。

(2) 物料信息。如果客户所订的物料由 MRP 来计划，则客户订单将作为一项毛需求输入系统；如果此项物料由主生产计划来控制，这些客户需求将是主生产计划的输入信息。订单录入系统应能在一份客户订单上生成多个物料行，每个物料行表示了对 MRP 或主生产计划系统的一项需求。一份客户订单可以包括一次或多次发货。

对客户订单的每个物料行要求有以下 5 条信息，即物料代码、承诺日期、数量、客户订单号和客户要求日期。其中，物料代码用于对 MRP 和主生产计划指明客户订单所需的物料。承诺日期和数量用于在 MRP 计划展开过程中求净需求或产生例外信息。客户订单号用于查询客户订单信息。客户要求日期是客户对该物料行最初指定的日期，可能不同于用在 MRP 和主生产计划系统中的承诺日期。例如，客户可能要求某项物料在第 3 周交货，但由于供应问题，直到第 6 周才能交货。在这种情况下，对客户承诺的日期是第 6 周，而客户要求日期是第 3 周。在录入客户订单时，要根据客户要求的日期来检查由主生产计划产生的可承诺量，还可用于绩效度量、预测和预测消耗。

除了生成客户订单和客户订单物料行之外，订单录入系统还应能修改和删除现有订单。客户订单生成以后，应能修改需求日期和数量等有关信息。当删除一份客户订单时，系统先应删除订单中所有的物料行并关闭该订单，而不管订单的状态如何。如果所有物料行已被完成或关闭，则标记订单完成。

当客户订单准备发运时，可以通过计算机生成提货单和发运单等书面文件，帮助库房管理人员做好工作。

2. 订单录入流程

在生成客户订单之后，应立即打印订单回执，以表示对收到客户订单的确认。

订单录入过程应当包括对客户订单上的每个物料行的可承诺量检查，以便根据当前的主生产计划来确定新的客户订单何时可以交货。如果在客户要求的日期不可承诺，系统则显示客户要求日期和可承诺日期供人检查，由人做出决定是否为这份客户订单修改主生产计划。主生产计划策略应认识到修改主生产计划要产生直接或间接的人工费用，以及在库存等方面引起的混乱造成的费用。在进行修改之前先应根据这种策略评估修改主生产计划的影响和成本。

3. 订单系统功能

订单录入系统应能处理关于面向订单生产且具有多个选项的产品的客户订单。例如，对于某汽车企业，SBS 是一个汽车产品族，由不同选项构成不同的汽车产品，不同的选项可有不同的发动机、不同的传动装置、不同的音响设备、不同的内部装饰配件包等。这些选项可以是实际的子装配件(例如发动机选项)，或者是零件的逻辑分组，不可能物理地装配在一起(例如内部装饰配件包)。在这种情况下，客户订单不是关于产品族中的具体产品，而是关于产品族和一系列选项。对于由选项构成的产品，订单录入系统还应有如下功能：帮助选择产品的适当选项；对产品族和每个选项检查可承诺量。

订单录入系统应当对每个产品族提供一个可供选择的菜单。例如，订单录入系统应当提示对产品族的录入；表明发动机选项是必要的，并显示对发动机可以进行的选择；表明传动装置选项是必要的，并显示对传动装置可以进行的选择等。

对于一个由选项构成的产品，客户要求的日期是一个单一的日期，但产品的可用性则取决于各个选项的可用日期。因此，订单录入系统应当检查该产品每个选项的可承诺量。如果某些选项在客户要求的日期不可用，那么系统将对该订单做出标记供人检查和批准。

6.2.2　客户订单分析

并非所有客户订单都是预测内的，有时较大的订单来自新的客户，市场的变化可能通过客户订单的重大的增加或减少表现出来。因此，在订单录入过程中应识别"非正常的需求"，而且要识别它的性质，是偶然现象还是新的市场趋势？然后要对其进行特别的处理。否则，为现有客户(这些客户是预测的一部分)服务的能力可能要受到损害。非正常需求不是预测的一部分，它们是预测之外的数量，其大量增加表明销售已超过预测，从而预测应当修订。如果系统允许这些非正常需求消耗预测，那么关于该项物料的总需求在系统中的表述将明显偏低，于是将没有足够的物料满足所有的需求，最终使长期合作的忠实客户的供货受到损害。因此，需要用某些方法对收到的客户订单进行分析，如用计算机将当前收到的客户订单和预测进行比较，并确定此项需求是正常的还是非正常的，对于识别为非正常需求的客户订单，应提供一种编码方法。

一般来说，企业可以建立某些简单的规则。例如，一份客户订单在一个时区内超过预测数量的某个百分比，则认为是非正常的；一个时区内客户订单总量超过预测的某个百分点，则认为是非正常的，或是生意增长趋势的一种表现，因而应当重新审查；在一个时区内的客户订单总量低于预测数量的某个百分点,则认为是生意减少趋势的表现,应当重新审查;未实现且已过期的预测超过相应月份预测的某个百分点,则认为是生意下降趋势的一个指标,应当重新审查。

超出界限的客户订单可由系统自动编码为非正常需求或列在意外报告中由有关人员进行检查,并决定是否应采取某种措施。通过这种方法,避免客户承诺的无效及未来的服务问题。在客户订单低于界线的情况下,应当列出一个例外情况报告供人检查。非正常需求应当排除在系统的预测消耗逻辑之外。非正常需求应当和未消耗的预测、其他客户订单等加在一起建立主生产计划的总需求。

6.2.3 预测消耗逻辑

如果所接到的客户订单是预测的实现,则应从预测量中减掉客户订单量,这称为预测消耗。预测消耗的目的是根据当前预测和实际的订单准确地表示市场需求。通过做出正确的消耗预测,可以计算每时区的总需求,并处理实际的客户订单和预测在时间上和数量上的差异。

在处理预测消耗的过程中,要把原始预测和未消耗的预测存在系统中。原始预测可以用来对客户订单进行定期分析以识别潜在的非正常需求及趋势;把未消耗的预测和其他需求加在一起来计算一项物料的总需求,从而使主生产计划和物料需求计划的计算得到简化。

预测消耗包括两项工作,一是将客户订单(或其他实际需求)量从预测量中减掉,求得未消耗的预测;二是处理过期的未消耗预测。这两项工作的处理逻辑又有两种,一种是时间严格的处理逻辑,另一种是时间宽松的处理逻辑。为了便于叙述,首先假定某项产品的销售预测如图 6.2 所示。其中,以周计划时区,每周 5 天,每个直方柱的高表示预测量。在以下关于两种不同的预测消耗逻辑的陈述中,将沿用此图的预测量。

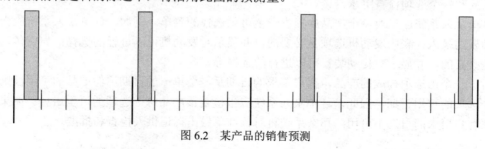

图 6.2 某产品的销售预测

1. 时间严格的预测消耗逻辑

按照时间严格的预测消耗逻辑,将客户订单(或其他实际需求)量从预测量中减掉的过程有严格的时间对应,即客户订单的交货时区和预测时区要相同,如果客户订单量大于预测量,也不会去消耗该时区前后时区的预测量,如图 6.3 所示;而未消耗预测过期,则认为销售机会失去了,要将未消耗的预测量删除,如图 6.4 所示。对照图 6.2,在这两幅图中新出现的立方柱表示客户订单,而不染色的立方柱表示被客户订单消耗的预测,或因过期被删除的未消耗预测。

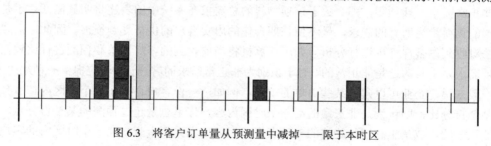

图 6.3 将客户订单量从预测量中减掉——限于本时区

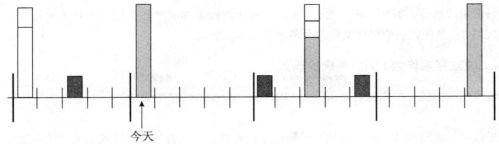

图 6.4　删除过期未消耗预测

2. 时间宽松的预测消耗逻辑

按照时间宽松的预测消耗逻辑，将客户订单(或其他实际需求)量从预测量中减掉的过程，时间的对应相对宽松，首先按照相同的时区将客户订单(或其他实际需求)量从预测量中减掉，求得相同时区的未消耗预测，如果相同时区的客户订单量大于预测量，则该时区的未消耗为 0，并消耗该时区前后时区的预测量，求得该时区前后时区的未消耗的预测，如图 6.5 所示；未消耗的预测过期，则认为销售机会并未失去，只是推迟了，于是将未消耗的预测量加到其后时区的预测量上，如图 6.6 所示。

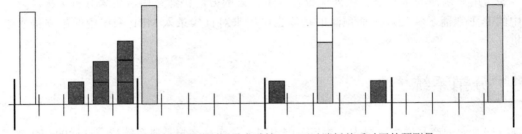

图 6.5　将客户订单量从预测量中减掉——可以消耗前后时区的预测量

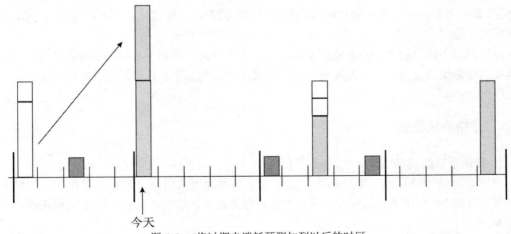

图 6.6　将过期未消耗预测加到以后的时区

两种不同的预测消耗逻辑分别针对不同的产品特点，用户要根据自己产品的特点来选择使用。概括来说，如果产品的时令性比较强，则应选择时间严格的预测消耗逻辑；否则，应选择时间宽松的预测消耗逻辑。

在功能完备的商品软件系统中，这两种不同的预测消耗的逻辑都会提供，并通过不同的预测代码供用户选择。例如，选择预测代码 1，系统则按照时间严格的预测消耗逻辑运行；选择预测代码 2，系统则按照时间宽松的预测消耗逻辑运行。

6.2.4 独立需求作为 MRP 系统的输入

系统还应提供一种把独立需求录入 MRP 系统的方法。这些独立需求不是主生产计划的一部分。

把独立需求录入 MRP 系统的方法适用于维修件，以及其他无须经过主生产计划控制的物料。这些物料的录入对能力或物料没有太大的影响，而且无须评价修改计划的需求或能力。

所谓维修件，是用于产成品维修的组件或零件，即在产品使用过程中，用这些维修件来替换产品中损坏的原组件或零件。在一般情况下，对产品的组件或零件的需求来自生产产品的需求，是一种相关需求。但是，对于产品的组件或零件作为维修件的需求是来自对组件或零件的直接销售，因而是一种独立需求。

对于产品的组件或零件的这类独立需求的处理方法是，把这类独立需求作为毛需求录入 MRP 系统中，并和经过 MRP 计划展开得到的该组件或零件的毛需求相加，得到总的毛需求，再做进一步的计划展开。

通常用于求净需求和进行例外检查及订单计划的方法仍然适用，用来分析主生产计划系统中的非正常需求和处理过期预测的功能也可用来对直接录入 MRP 系统中的独立需求进行分析。

6.3 分销系统

有些企业的产品销售量很大、市场范围也很大，而且客户不愿意等待。这样的企业就需要在其销售区域内建立分销网络系统。通过建立分销系统，将产品保存在客户附近以改善客户服务水平，并使得制造商能够以满载的方式把可供销售的产品远距离地从生产厂运送到分销中心，从而降低运输成本。

分销网络中的分销中心和通常意义下的仓库是不同的，分销中心将产品接收进来，然后很快地按照计划配送给客户。一般来说，除了少数情况，例如季节性商品，分销中心不会把产品存放很久。

6.3.1 分销系统概述

1. 分销系统的目标

分销系统的管理目标，是以高效、及时和低成本的方式向众多的客户提供高水平的产品和服务。换言之，分销系统的管理目标是在客户服务水平、分销效率和库存投资(成本)3 方面进行平衡。

(1) 高水平的客户服务，主要内容包括：
- 以客户所期望的提前期及时交货；
- 不因客户需求的波动而无法满足客户需求；
- 满足客户需求的多样性；
- 所供应的产品和数量准确。

(2) 高水平的分销效率，主要内容包括：
- 最小的运输和存储成本；
- 与工厂保持良性互动，最大限度地减少生产中断的情况，使生产保持均衡；
- 存储位置和空间合理；
- 提供准确、及时的库存数据。

(3) 最小的库存投资，主要内容包括：
- 最小的必要的安全库存；
- 优化订货数量，控制多余的周转库存。

2. 分销系统的结构

分销系统的结构可以有很大的差异。但总体来说，分销系统都包括了工厂、中央供应中心、数量不等的分销中心，以及终端的客户。

分销系统的基本结构，如图 6.7 所示。其中，客户可以是最终客户，也可以是分销链中的中间客户。

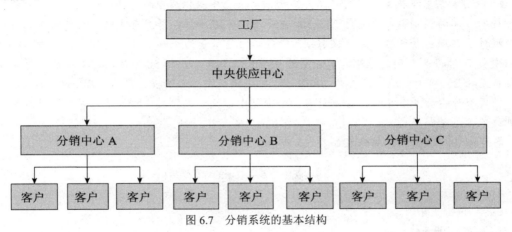

图 6.7 分销系统的基本结构

为了合理地选择分销中心的位置，企业既要进行定量的分析，又要进行定性的分析。

(1) 定量的分析，可以从以下几方面来进行：
- 境内和境外的运输成本；
- 建筑和土地的成本；
- 地区的税费结构；
- 劳动力成本；
- 运作成本。

(2) 定性的分析，可以从以下几方面来进行：
- 客户基数，即客户群落的大小；
- 是否有充分的技术工人资源；
- 政府法规；
- 运输的方便程度；
- 气候条件；
- 有关生活质量方面的条件，如学校、医院、休闲设施等；
- 基础设施，如道路、工业园区、能源供应等。

6.3.2 分销需求计划

分销需求计划(distribution requirements planning，DRP)将物料需求计划的逻辑应用于分销系统，它首先要预测分销系统中各分销中心什么时候会向中央供应中心提出各种需求。这使得中央供应中心和工厂能够对产品需求数量及时间进行计划，并有效地进行计划的协调和控制，从而更好地响应客户需求。

分销需求计划的基础是各个分销中心的物料需求计划。对于一个分销中心的每个库存保持单位[①]，以预测和已经承诺的客户订单作为毛需求来运行 MRP。按照通常的 MRP 逻辑，先用现有库存量和计划接收量(分销中心的在途订货)来满足关于 SKU 的毛需求，再通过 SKU 的批量规则和提前期，用计划订单满足剩余的毛需求，即净需求。

各分销中心的计划订单下达成为中央供应中心物料需求计划的信息来源，而中央供应中心的计划订单下达则成为工厂主生产计划的需求信息。因此，在 DRP 系统中，工厂的主生产计划是分销系统和工厂(乃至整个供应系统)的逻辑连接点。

【例 6.7】某剪草机制造公司在工厂附近设有一个中央供应中心及两个分销中心。分销中心 A 对将来 5 周的预测需求分别为 25、30、55、50 和 30 单位，并且有 100 部剪草机正在运输途中，预计第 2 周将会到达。运输提前期为 2 周，订货批量为 100 单位，现有库存量为 50 单位。分销中心 B 对将来 5 周的预测需求分别为 95、85、100、70 和 50 单位，运输提前期为 1 周，订货批量为 200 单位，现有库存为 100 单位。中央供应中心运输提前期为 2 周，订货批量为 500 单位，现有库存为 400 单位。分别计算两个分销中心及中央供应中心的毛需求、预计可用量和计划订单下达量。

各中心各项数据的计算结果如表 6.4 所示。

表 6.4 各中心各项数据的计算结果

分销中心 A
运输提前期：2 周
订货批量：100 单位

周	1	2	3	4	5
毛 需 求	25	30	55	50	30
在 途 量		100			
预计可用量 50	25	95	40	90	60
计划订单下达		100			

分销中心 B
运输提前期：1 周
订货批量：200 单位

周	1	2	3	4	5
毛 需 求	95	85	100	70	50
在 途 量					
预计可用量 100	5	120	20	150	100
计划订单下达	200		200		

---

① 库存保持单位(stock keeping unit，SKU)，是指在分销系统中存放于某一特定地理位置的一种物料项目。例如，某种产品存放于工厂和 6 个不同的分销中心，那么这种产品将被表示为 7 个 SKU。

中央供应中心
运输提前期：2 周
订货批量：500 单位

周	1	2	3	4	5
毛需求	200	100	200		
计划接受量					
预计可用量400	200	100	400		
计划订单下达	500				

6.3.3 分销资源计划

分销资源计划(distribution resource planning，DRP Ⅱ)是对 DRP 的扩展，使得计划的对象不仅包括分销系统中的产品库存，还包括了仓库空间、劳力、资金、和运输能力等关键资源。通过 DRP Ⅱ 可以了解整个分销网络的运作情况。

1. 监控产品需求

DRP Ⅱ 允许中央供应中心监控各个分销中心的产品需求，在中央供应中心的需求视图与其他相关需求物料的需求视图相似。需求往往是波动的，有时候需求远远超过平均水平，有时需求又甚小，甚至没有任何需求。中央供应中心的需求来自分销中心，这些需求在计划展望期内均是可见的。

2. 提供调度信息

DRP Ⅱ 提供支持分销计划所需的货物运输装载和调度信息，通过以体积、重量和货盘数表述的运输需求并利用 MRP 工具，运输计划员就能有效地制订运输计划。

运输计划是 DRP Ⅱ 集成的一部分。准确的运输计划，就如同在制造环境下准确的能力需求计划一样，是高效管理分销网络所不可缺少的。

运输计划是以 DRP 为依据，用来明确发运货物的重量、体积及货盘数的计划过程。为了提高运货率，运输计划可以模拟这些运输需求。通过模拟这些运输需求，企业可以发现在哪个时区车船没有满载。运输计划员通过调整发运计划，以最大承重安排车船负荷，从而获得最佳的运货率和最小的运输成本。

运输计划的逻辑与能力需求计划的逻辑相似。在能力需求计划中，从 MRP 中得到计划订单数量，并根据工艺路线上每个工序的标准加工时间将其展开，然后汇总能力需求，并显示每个工作中心和每个时区的能力需求。

在运输计划中，从 DRP 中可获得关于分销中心的未发运的分销订单、确认的计划订单，并根据产品重量和包装体积将其展开，根据货盘和容器的大小确定运输需求量。这些运输需求是根据每个计划订单的开始时间进行计划的。产生运输需求后，将按时区汇总和显示这些需求。

运输计划报告包括每周需要发运到各个分销中心的物料重量、体积和货盘数。通过这个报告，分销计划员就可以预见车船负荷的潜在问题，并有充足时间解决这些问题。

一个运输计划系统必须包括一个运输计划汇总报告和一个显示具体运输需求的报告。运输计划汇总报告按目的地、发运方式显示总的运输需求，包括：目的地和发运方式的描述信息；运输计划时区(天、周等)；所需重量、体积和货盘数；用重量、体积和货盘数表示的有效运输能力；超出或低于有效运输能力的负荷数量。

解决运输计划问题需要详细的运输需求报告，该报告显示每个发运需求，将这些发运需求汇总就成为总的运输需求。

许多公司以周为时区来做运输需求计划。在某些情况下或许每天都必须做运输需求计划，如饮料、食品等大批量生产的制造业，都需要每天制订运输需求计划。这些企业往往没有最终产品的仓库，所以这些产品必须每日或更快地运到分销位置上去。在这种情况下，以天为时区来做运输需要计划是必需的。

思考题

1. 什么是需求管理？
2. 企业为什么要对销售进行预测？
3. 为企业经营规划、生产规划和主生产计划所进行的预测各有什么不同？
4. 预测的4个特征是什么？
5. 简要说明移动平均法和指数平滑法的原理。
6. 多年来关于预测有什么错误倾向？
7. 什么是调焦预测？这种方法是如何工作的？
8. 在客户订单录入过程中，如何进行可承诺量检查？
9. 在接受客户订单时，识别"非正常需求"有什么意义？
10. 有几种不同的预测消耗逻辑？如何选择适当的预测消耗逻辑？
11. 如何处理对组件或零件产生的独立需求？
12. 分销系统的管理目标是什么？
13. 分销系统的基本结构包括哪些组成部分？
14. 如何选择分销中心的位置？
15. 什么是分销需求计划？
16. 什么是分销资源计划？
17. 什么是DRP Ⅱ的运输计划？它的基本逻辑是什么？

练习题

1. 关于预测的一般原则，下面哪一项的陈述是正确的？（　　）
   A. 对于单个物料项目的预测比对于产品族的预测更准确
   B. 对于未来较远时区的预测更准确
   C. 每一项预测都应当包括误差估计
   D. 预测通常是准确的
2. 对产品做销售预测是谁的责任？（　　）
   A. 订单录入　　B. 市场部门　　C. 主生产计划　　D. 制造部门
3. 下面哪种预测技术采用过去某些时区的平均需求？（　　）
   A. 德尔菲方法　　B. 移动平均　　C. 需求平滑　　D. 定性分析
4. 基于以下历史数据，采用3个月的移动平均方法，计算出第7个月的预测是多少？（　　）

月	1	2	3	4	5	6	合计
预测	100	100	100	100	100	100	600
实际需求	95	102	105	98	101	103	604

A. 100　　B. 101　　C. 103　　D. 105

5. 给定如下信息，使用指数平滑法对产品 A 计算下一个时区的预测值(　　)。
   - α：0.7。
   - 本时区的实际需求：600。
   - 本时区的预测值：562。
   - 季节指数：2.1。

   A. 813　　　　　　B. 882　　　　　　C. 1 260　　　　　D. 589

6. 如下关于调焦预测的陈述，哪一个是正确的？(　　)
   A. 在减去现有库存量和预计入库量之前，对一个子项的独立需求和非独立需求的总和
   B. 用户通过模拟众多的预测技术的效果，从而选出最有效的预测技术的系统
   C. 根据对一个公司产品需求相关的外部指标所进行的预测
   D. 在一系列迭代的调查过程中把专家的意见结合起来，从而得到专家意见的收敛结果

7. 如果需求预测做得比较低，如下哪些项目也将会被低估？(　　)
   A. 只有生产能力
   B. 只有生产能力和工作中心负荷
   C. 只有工作中心负荷和子项物料的需求
   D. 生产能力、工作中心负荷、子项物料的需求和库存准确度

8. 产品 A 由子项物料 B 和 C 制成，子项 B 由子项 D 和 E 制成。应当预测哪项物料的需求？(　　)
   A. 各项物料都要预测　　　　　　B. A，B 和 C
   C. D 和 E　　　　　　　　　　　D. 仅仅 A

9. 下面哪一项直接受到预测准确性的影响？(　　)
   A. 在主生产计划中建立计划时界　　B. 采购的订货批量
   C. 用于确定预测的外部因素指标　　D. 产成品的计划库存水平

10. 如下哪些需求不是预测的对象？(　　)
    A. 独立需求　　　　　　　　　　B. 产品族需求
    C. 备用件需求　　　　　　　　　D. 非独立需求

11. 在客户订单录入过程中，通过什么手段实现客户订单和生产过程的信息交流？(　　)
    A. 快速查询技术　　　　　　　　B. 检查可承诺量
    C. MRP 报告中预计库存量　　　　D. 上面说的都不对

12. 在客户订单录入过程中，对于客户订单的每个物料行必须输入哪些信息？(　　)
    A. 只有物料代码和客户订单号
    B. 只有客户订单号、订购数量和客户要求的日期
    C. 只有物料代码、客户订单号、客户要求的日期和承诺日期
    D. 物料代码、客户订单号、订购数量、客户要求的日期、承诺日期

13. 如下哪一项关于紧急订单的陈述是正确的？(　　)
    A. 紧急订单是未完成订单
    B. 紧急订单是误期订单
    C. 紧急订单是供应方在短于所报的提前期的情况下接受的客户订单
    D. 紧急订单是生产约束造成的

14. 用实际的客户订单减少预测的活动称为什么？（　　）
    A. 可承诺量　　　　B. 订单集成　　　　C. 需求兑现　　　　D. 预测消耗
15. 下面哪一项是分销系统的目标？（　　）
    A. 实现高水平的客户服务
    B. 以最低的成本实现最大的分销效率
    C. 最小的库存投资和最低的分销成本
    D. 高分销效率、低成本和对客户及时的服务
16. 在分销环境中，对如下哪种库存应当设置安全库存？（　　）
    A. 产成品　　　　　B. 在制品　　　　　C. 原材料　　　　　D. 半成品
17. 在一个集成的生产—分销系统中，什么是供应系统和分销系统之间的逻辑连接点？（　　）
    A. ISO 9000　　　　B. MPS　　　　　　C. TQM　　　　　　D. MRP

第 7 章 经营规划和销售与运营规划——企业运营的核心

7.1 企业愿景、竞争力和 ERP 计划层次

1. 企业愿景、竞争力

任何制造企业的存在必有一组基石,即客户、供应商、产品和资源,但这些基石之间的关系是松散的,必须靠企业的愿景和竞争力把它们整合在一起,才能形成获利的能力。这种关系如图 7.1 所示。

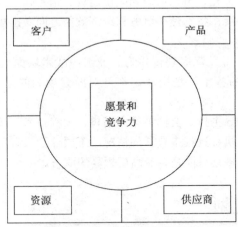

图 7.1 整合制造企业的基石

愿景是企业的灵魂,是企业的目标,是企业向往的未来的生动图画,是企业发展和创新的基点。它要把企业组织的资源(人、物料、设备、资金)和供应商提供的资源结合起来,去创造市场所需的产品。

竞争力是把无形的愿景转化为有形的计划和活动,从而使愿景得以实现的组织和技术能力的总和,包括创新能力、市场和销售能力、设计和开发能力,以及生产制造能力等。

愿景和竞争力体现在计划之中,计划是企业运营的核心,没有计划就没有控制,尤其是在市场竞争越来越激烈的情况下,企业要生存、要发展就必须面对市场很好地计划自己的资源和

各项生产经营活动。

2. ERP 计划层次

ERP 是一个以计算机为工具的有效的计划与控制系统，其包括 5 个计划层次，即经营规划、销售与运营规划、主生产计划、物料需求计划和能力需求计划。

经营规划表达企业的愿景，是企业的战略规划。要实现经营规划，就必须逐步分解经营规划，得到战术级的操作计划，指明为满足客户需求必须做什么及其优先级。于是，上述 5 个层次的计划实现了由宏观到微观、由战略级到战术级、由粗到细的深化过程。越接近顶层的计划，对需求的预测成分越大，计划内容也越概括，计划展望期也越长。越接近底层的计划，需求由预测变为实际的客户订单，计划的内容也就越具体、详细，计划展望期也越短。

在 5 个计划层次中，经营规划和销售与运营规划具有宏观的性质，主生产计划是宏观向微观的过渡性计划，物料需求计划是主生产计划的具体化，能力需求计划把物料需求转化为能力需求。而车间作业计划和采购作业计划则是物料需求计划和能力需求计划的执行计划。

在 ERP 系统中，上层计划是下层计划的依据，下层计划不能偏离上层计划的目标，整个企业遵循的是一个统一的计划。

7.2 经营规划

ERP 计划管理是从长远规划开始的，这个计划层次通常称为经营规划(business plan)。经营规划表达企业的愿景，是企业的战略规划。

经营规划确定企业经营的战略和目标，以及所应采取的行动，如产品开发、市场占有率、质量标准、技术改造、企业扩充、员工培训和队伍建设、销售收入、成本、利润、财务预算、现金流计划等，为企业的发展，特别是在财务和经济效益方面做出规划。经营规划使用货币单位按产品族进行表述。

通过销售与运营规划，将经营规划转化为企业组织战术层面的功能计划，因此经营规划是各层计划的依据。以后的各个计划层次，都是对经营规划的进一步细化，不能偏离经营规划。

经营规划在企业高层领导主持下会同市场、销售、工程技术、计划、生产、物料和财务各职能部门负责人共同制定。执行过程中有新的情况，下层计划只有反馈信息的义务，而无变更经营规划的权力，变更经营规划只能是企业高层领导的职责。

7.3 销售与运营规划

7.3.1 供需平衡是企业运营的基本定律

1. 供需平衡的意义

供需矛盾是企业最基本的矛盾，供需平衡是企业运营的基本定律。如果供需失衡，无论是需求大于供应，还是供应大于需求，都将给企业造成灾难性的后果。

(1) 如果需求大于供应，将会在客户服务、成本、质量 3 个基本方面恶化企业的运营。
- 客户服务水平降低。企业不能把产品按照客户需求发运给客户，交货提前期延长，未完成的客户订单堆积，最终导致客户丢失。
- 成本增加。为了满足大的需求，将增加非计划的加班，增加非计划的物料需求，由于物料的紧急获取而增加物料成本、运费和保险费用。
- 产品质量出现问题。当急于发货成为目标时，常会出现物料代换、临时急寻货源、临时转包、产品规格折中等情况，这些都极易引起严重的质量问题。

(2) 如果供应大于需求，则会在现金流、利润和员工士气 3 方面使企业运营出现问题。
- 影响现金流。产品积压在库房里，不只是增加保管成本，更严重的是把现金固化在库存商品上，不能运转，使得企业运营的现金流难以畅通。
- 降低利润。由于产品不容易卖出去，于是将不得不降低价格，增加促销手段，于是利润被挤压。
- 员工士气低落。由于产品积压，生产减慢，效率降低，就可能要解雇员工，使员工士气大受影响。

2. 供需不平衡的特殊情况

供需平衡是企业运营的基本定律，但这并不意味着要机械地、亦步亦趋地追求在每个时间点上的供需平衡。

如果企业当前供应能力超过需求，但是预见到几个月后，需求将远远超过企业的供应能力，那么企业就应当在高需求到来之前提高未来的供应能力。例如，多生产产品，增加库存量，以备满足未来的高需求，甚至还要适当提高生产能力来生产更多的产品。在这种情况下，近期有意识地造成的供需不平衡就是好事。虽然近期供需不平衡，但是从更大的时间跨度来说，满足了未来更大的需求，供需平衡了。所以，供需平衡需要系统规划。在本章后面将对这个问题做进一步的论述。

3. 解决供需平衡问题

为了解决供需平衡的问题，要用到两个重要的概念，即总量和构成。前者是从大局上考虑问题，考虑产品族和销售率、生产率；后者从细节上考虑问题，考虑单项产品、单项产品的生产和具体的客户订单。

企业运营过程中出现的问题都体现在构成的级别上，它是具体的、紧迫的。因此，构成级别上的问题是人们容易想到的。于是，经常见到的现象是，企业在具体的产品、具体的客户订单、具体物料的库存上花费很大的力气，但问题此起彼伏，不见减少；部门之间缺乏沟通，遇事互相推诿、指责，更谈不到协同。企业的运营处于一种无序状态。

但是，如果先在总量级别上做好供需平衡，则使得构成级别上的问题减少且更容易解决。本章讨论的销售与运营规划过程就是这样一个工具。它以产品族为处理对象，在总量级别上平衡供需关系，从而使得构成级别上的问题减少且更容易解决，明显地提高企业的运营能力。

从下面的案例中可以看出，一个企业如果没有销售与运营规划的理念和过程将会发生什么。这样的案例在制造企业中很常见。

【例 7.1】A 公司是一个制造业公司。张先生是 A 公司的销售经理，他负责为公司做销售预测。现在是第 1 季度末，张先生开始对产品族 W 的销售预测做季度检查，销售规划表如表 7.1 所示。

表 7.1 产品族 W 的销售规划

单位：千台

月份	1	2	3	4	5	6	7	8
销售预测	100	100	100	100	120	120	120	120
实际销售量	90	95	85					
偏差	−10	−5	−15					
累计偏差	−10	−15	−30					

张先生发现，3 个月来实际的销售量低于预测，平均低于预测 10%，并持续下滑。他检查了几份最近从地区销售人员那里收到的销售工作表，发现产品族 W 的客户订单已经转移到了公司新推出的另外一个产品族。于是，他决定调低产品族 W 的销售预测，修改后的销售规划如表 7.2 所示。

表 7.2 产品族 W 修改后的销售规划

单位：千台

月份	1	2	3	4	5	6	7	8
销售预测	100	100	100	100	120	120	120	120
新销售预测				90	90	90	90	90
实际销售量	90	95	85					
偏差	−10	−5	−15					
累计偏差	−10	−15	−30					

他将 4 月的销售预测降低了 10 000 台，以后的 4 个月分别降低了 10 000 台，完全推翻了他以前所做的预测增长的判断。他想起了最近和财务总监李女士的一次谈话，李女士强调，库存一定不能高上去，否则现金流就要出问题。于是赶紧给生产经理王先生发了邮件，通知王先生，他已经调低了未来几个月的销售预测，并把表 7.2 所示的包含新预测的销售规划作为附件一同发了过去。

生产经理王先生收到销售经理张先生的邮件，立即检查他正在执行的关于产品族 W 的生产规划，这份生产规划如表 7.3 所示。

表 7.3 产品族 W 的生产规划

单位：千台

月份	1	2	3	4	5	6	7	8
计划生产量	100	100	100	110	120	120	120	120
实际生产量	98	100	101					
偏差	−2	0	1					
累计偏差	−2	−2	−1					

王先生看到邮件很苦恼，抓起电话联系了张经理："老张啊，你不但调低了预测，还改变了从 5 月开始的上升趋势，可是我们已经把生产能力提高到了每月 120 000 台了呀！"谈判无果，王先生只能降低生产量。

生产经理王先生重新修订了生产规划,但是 4 月的计划几乎已经完成了一半,已经没有办法修改了。修改后的生产规划如表 7.4 所示。

表 7.4 产品族 W 修改后的生产规划

单位:千台

月 份	1	2	3	4	5	6	7	8
计划生产量	100	100	100	110	120	120	120	120
新计划生产量				110	100	100	90	90
实际生产量	98	100	101					
偏 差	−2	0	1					
累计偏差	−2	−2	−1					

就在销售经理和生产经理为他们各自的问题感到头痛的同时,公司的财务总监李女士刚刚结束了与银行的通话。由于公司库存量高,现金流不畅,需要提高贷款额度。谈话过程并不顺利,她向银行承诺,将亲自把问题搞清楚并解决这些问题。

如果存货能够降低,现金流就会改善。但是,如何才能降低存货呢?她边思索边翻阅着产成品存货报告。很快,产品族 W 的存货报告映入她的眼帘。这份报告如表 7.5 所示。

表 7.5 产品族 W 的存货报告(初始库存量 103)

单位:千台

月 份	1	2	3	4	5	6	7	8
计划库存量	100	100	100	110	120	120	120	120
实际库存量	111	116	132					
偏 差	11	16	32					

这份报告的计划库存量是一个月的供货量。李女士发现,产品族 W 的存货量越来越高,现在已经有 132 000 台存在库房里,超过计划 32 000 台,远远地高于预算!按照每台 300 元的标准成本计算,超过计划 9 600 000 元!李女士拨通了生产经理王先生的电话:"王先生,W 产品族的库存量太高了,已经超过预算的 30%了!你们是不是想办法降下来呀?现在是不是正在降呢?"李女士的语气很急切。生产经理向李女士告知所有情况,这使她更加焦虑,他们决定下午面谈。

下午,生产经理王先生给财务总监李女士看了销售经理张先生的新预测(见表 7.2)和他自己的新生产计划(见表 7.4)。

李女士担心出错,又认真地计算了一遍。从 3 月底的库存量 132 千台开始,每个月减去销售预测,加上计划生产量,未来几个月的预计库存量如表 7.6 所示。

表 7.6 产品族 W 的预计库存量

单位:千台

月 份	3	4	5	6	7	8
新销售预测		90	90	90	90	90
新计划生产		110	100	100	90	90
库 存 量	132	152	162	172	172	172

李女士看到这个结果,不但吃惊,而且恐惧。"天哪!存货超过 170 000 台,而且保持不降!这几乎是计划的两倍!1 台 300 元,超过 5000 万资金拴在 W 这一个产品族的库存上,我们全

部的产成品库存资金预算也不过 6 000 万元。"

听着李女士连珠炮似的质问,生产经理王先生感到委屈,他辩解道:"您不能怨我呀,我也是今天早晨才得到老张的新预测的,我跟销售部门说过好多次了,让他们的预测及时点……"

李女士:"无论如何,你得把产量降下来!"

王先生:"要是能降,我早就降了。产量降下就得裁人,这必然影响士气,士气低落了,生产率也就下来了……"

李女士平静了一些,"好吧!看来这问题咱们两个人是解决不了了,我们把它提交到下周一早上的高层会议上解决吧。我也再和销售经理张先生谈谈,看他们能不能想想办法多卖点。"

问题: 以上案例中,企业的问题出在哪里?

分析: 下面两个问题应当考虑。

(1) 每个季度审查一次销售预测的频度显然是不够的。对于大多数企业来说,3 个月会经历太多的活动和变化,有许多动态的因素,若不能及时抓住,就会产生严重的后果。在案例中,销售量下降,库存增加,供需失衡。要降低产量就会解雇一些人,影响员工士气;不降低产量,现金流就会出现严重问题。企业处于两难之中。

(2) 企业的运营管理团队成员之间缺乏沟通。企业的运营管理团队的成员不看整个企业,只看自己的那一部分,没有全局观。销售经理只考虑增减预测量,而不考虑给生产和库存环节带来的影响;财务总监介入这件事情,也只是因为银行贷款的问题困扰了她;而生产第一线的管理人员总是处于被动的局面中。问题严重了,只能提交到高层会议。这将导致用高层领导的宝贵时间来讨论应当在下层解决的细节问题,这必然要花费很长的时间,破坏企业管理团队的合作氛围。

概括来说,这家公司缺乏一个良好的运营管理团队,没有及时审查供需状态,也未及时地做出决策,从而使供需失去平衡。

7.3.2 销售与运营规划的作用

销售与运营规划是驾驭供需平衡的手段,它是以产品族为处理对象,帮助企业从大格局、高层次上平衡供需关系、提供优秀的客户服务。每一个运用销售与运营规划比较好的企业,都会发现,由于在总量上做了比较好的工作,使得构成级别上的问题减少且更容易解决,从而明显地提高了企业的运营能力。

销售与运营规划的目的:一是在企业的经营规划与详细计划和执行过程之间起到关键的连接作用,把战略级的经营规划与主生产计划连接起来,并协调市场、销售、工程技术、计划、生产、物料和财务等职能部门,形成企业共同的计划目标;二是管理所有的下层计划,包括主生产计划和更详细的计划。

1. 连接战略级经营规划

销售与运营规划要生成与企业资源相适应的销售规划,以及支持销售规划的生产规划。销售规划和生产规划是密切关联、相互制约的。从长远来说,企业的生产应当满足市场的需求,因此销售规划驱动生产规划;从短期来说,企业的生产率是由企业的生产能力限制来确定的,因此销售规划要受到生产规划的制约。

企业高层领导对企业的管理和控制应当在总量级别上。制定和管理销售与运营规划是企业高层领导的职责,受益的也首先是企业高层领导。销售与运营规划为企业的高层领导提供了一个面向未来的"窗口"和管理控制企业的"手柄"。换言之,管理好销售与运营规划,就抓住了对整个企业管理和控制的关键。企业的高层领导必须认识到这一点，并积极推动和参与实现销售与运营规划的过程；否则，销售与运营规划的作用也将大打折扣。

2. 管理基本生产计划

制定销售与运营规划要涉及企业的生产计划方式。企业最基本的生产计划方式有两种，即面向库存生产和面向订单生产。前者是一种在接到客户订单之前产成品已经完成的生产环境，客户订单由库存直接满足，而生产订单是为了补充库存。后者是一种在接到客户订单之后才完成产品生产的生产环境，其最终产品通常要由客户的特定需求来确定。

运用销售与运营规划比较好的企业，会在以下各个方面体会到销售与运营规划为企业带来的好处。

(1) 对于面向库存生产的企业，在提高客户服务水平的同时降低了产成品库存。

(2) 对于面向订单生产的企业，在提高客户服务水平的同时减少了未交付的客户订单量，缩短了交货提前期。

(3) 更好地预见和解决未来的资源问题，从而得到更稳定的生产率，提高生产效率，并将更好的供需平衡延伸到企业的整个供应链。

(4) 通过销售与运营规划流程，将市场销售、生产、物料、财务和产品开发等不同职能部门的管理人员联系在一起，加强了团队合作。

(5) 通过销售与运营规划流程，加强了企业高层管理人员的团队合作，明确地彰显了企业高层领导人员对完成计划的实际绩效的责任。

(6) 通过销售与运营规划流程，对经营规划实现以月为间隔的定期审查和修订，从而对年度财务计划有了更好的洞察力和执行能力，以及迅速改变计划的能力。

(7) 通过销售与运营规划流程，形成企业运营过程中一个制度化的对话沟通机制，而最终形成的销售与运营规划是整个企业的对策计划，通过一组共同支持的数据指导企业的运营，从而更好地实现企业运营过程中的协同。

(8) 通过销售与运营规划流程，为企业的高层领导提供了一个面向未来的"窗口"和管理与控制企业的"手柄"，提高了企业高层领导对企业的掌控能力和前瞻性的决策能力。

(9) 由于在总量级别上做了有效的工作，使得发现和解决构成级别上的问题变得容易，企业的运营更加井井有条，减少了紧急事件的发生，提高了企业的生产效率。如此一来，提高产品质量、降低产品成本、增加企业利润则自然实现。

7.3.3 制定销售与运营规划的策略

在制定销售与运营规划的过程中，人的判断和决定是极其重要的。销售与运营规划的制定涉及两个相关的过程，即对每个产品族制定销售规划的过程和制定生产规划的过程。

1. 制定销售规划

制定和完善销售与运营规划，即讨论协调市场、销售、工程技术、计划、生产、物料和财务等各方面的问题，形成企业各方一致接受的方案。

销售规划是对产品族总需求的预测。在有些情况下，通过求产品族中的每个产品的销售预测之和来得到销售规划。在另外一些情况下，则把销售规划加以分解，从而得到产品族中每个产品的销售预测。

2. 制定生产规划

制定生产规划的依据包括销售规划、供应商和企业的生产能力限制等。

在面向库存生产的情况下，制定生产规划要考虑开始库存量和计划展望期末希望达到的库存量。把这些信息与预期发货信息、分销仓库需求、企业内厂际订单等信息结合起来建立关于产品族的生产率，所得到的生产率必须根据供应商供货能力、企业生产能力和物料限制进行检查之后才能得到批准。在面向库存生产的情况下，生产规划根据当前的和所希望的库存水平来控制生产率。公式可表述为

$$生产规划量 = 销售规划量 + 期末库存量 - 期初库存量$$

在面向订单生产的情况下，制定生产规划要考虑期初未交付的客户订单量和期末预期未交付的客户订单量信息。把这些信息和订货计划、分销仓库需求、企业内厂际订单等信息结合起来建立关于产品族的生产率，所得到的生产率也必须根据供应商交货能力、企业生产能力和物料限制进行检查之后才能得到批准。在面向订单生产的情况下，生产规划根据当前的和所希望的未交付客户订单量来控制生产率。公式可表述为

$$生产规划量 = 销售规划量 + 期初未交付客户订单量 - 期末未交付客户订单量$$

对于那些既包括面向库存生产又包括面向订单生产的产品族，生产规划则应考虑库存和未交付客户订单两方面的信息。其公式可表述为

$$生产规划量 = 销售规划量 + 对库存量或未交付的客户订单量的调整$$

按照以上的公式，可以确定计划展望期内生产规划总量。但是，生产规划经常会和销售规划有所不同。例如，生产规划可以在一个销售波峰期之前积累库存。或者，为了使提前期更具竞争力，生产规划可以减少未交付的客户订单。或者，生产规划可以通过提高一种产品的未交付客户订单量来增加用于其他产品的资源，以利于捕捉意义重大的市场机会。因此，生产规划可以有不同的策略。基本的生产规划策略有3种，即追逐需求策略、均衡生产策略和混合策略。

(1) 追逐需求策略(chase strategy)，是指在任何时候都按照市场需要的产品数量来生产。生产量随需求而变化，而库存水平保持不变。图7.2 表示了这种策略。

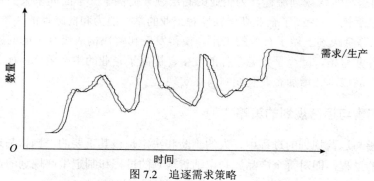

图7.2 追逐需求策略

但在某些行业，追逐需求策略是唯一可遵循的策略。例如，农场在农作物生长的季节必须按需耕作；邮局不管邮件的旺季或淡季都必须按需处理邮件；餐馆必须按客户需求提供饮食服务等，这些行业不能将其产品或服务提前储备，它们必须在需求发生时满足需求。

追逐需求策略的优点：库存量能够维持在一个最低水平上；没有产品积压，可以减少库存管理的成本。

追逐需求策略的缺点：企业必须拥有足够的能力来满足高峰期的需求，虽然这些能力在低谷期可能会闲置。有些公司不得不在高峰期雇用新的员工，而在高峰期过后又不得不解雇他们；

有时要增加员工额外的班次，而有时劳力又要闲置。所有这些变化都会增加企业的运营成本。

(2) 均衡生产策略(production leveling strategy)，是依据市场的平均需求，持续地生产同样数量的产品，如图 7.3 所示。在这种情况下，有时市场需求低于所生产的数量，库存量就会增加；有时市场需求高于所生产的数量，库存量就会减少。

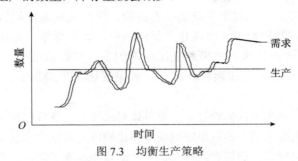

图 7.3　均衡生产策略

均衡生产策略的优点：避免了改变生产规模所涉及的成本。公司不再需要储备额外的能力来满足高峰期的市场需求；不需要在高峰期雇用新员工，而高峰期过后又解雇他们，从而公司能够建立一支稳定的员工队伍。

均衡生产策略的缺点：在需求低谷期库存量会增加，因而增加库存管理的成本。

(3) 混合策略。以上两种策略都是单纯的策略，每种策略都有本身的成本要素，如设备、员工队伍的稳定性、加班、库存和外包等。混合策略可实现企业的生产总成本最小化，如图 7.4 所示，使得企业既能保证服务水平，生产上也相对均衡。

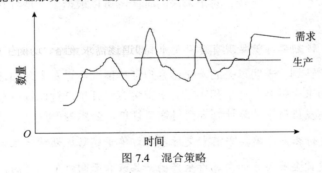

图 7.4　混合策略

7.3.4　销售与运营规划报告

销售与运营规划报告提供关于销售规划、生产规划，以及基本的绩效度量信息，从而使销售与运营规划可以得到有效的管理。通常，销售与运营规划报告中要显示销售规划和实际的销售量，生产规划和实际的生产量，当前和计划的库存量，或者当前和计划的未交付客户订单，既有未来的计划信息又包括历史信息。

绩效度量是销售与运营规划的重要组成部分。通过比较销售规划和实际客户订单，可以评估销售规划的实现情况；通过比较生产规划和实际的生产完成情况，可以度量生产规划的实现情况；通过比较计划的和实际的库存量或计划的和实际的未交付客户订单，可以反映企业的绩效。

销售与运营规划报告一般由 3 部分构成，即销售规划、生产规划，以及库存或未交付订单计划。

1. 销售规划

销售规划部分一般包括两类信息：计划需求和实际订货信息；按承诺的发货日期列出的客户订单信息。这两类信息对于销售规划过程是很重要的，通过对它们的监控来实现对销售规划的有效控制。

计划需求和实际订货信息提供早期的报警机制，尽早地发现某种趋势，以便有时间采取有效措施。如果订货比预期的少，可以建立促销程序，调整价格，加快新产品开发的步伐，培训销售人员增强销售力度等。如果订货比预期的多，可以降低库存量，或增加未交付的客户订单，或调整价格等。在这两种情况下，如果确认销售规划不符合实际情况，则应予以修改。

按所承诺的发货日期列出的客户订单信息可以对未来的发货目标和预期收入目标提供有用的信息。例如，如果大部分的客户订单发货安排在比较远的未来，那么可以对实现近期的发货目标和预期收入目标可能存在的问题进行总结。由于预先看到了问题，则可以修订计划，按所希望的水平维护发货计划。

2. 生产规划

生产规划部分包括计划生产率和实际生产率，以及实际生产率和计划生产率的偏差。生产规划是生产能力分配的基础，是计算库存水平和未交付客户订单量的依据。

3. 库存或未交付订单计划

库存计划表明过去的库存情况及未来预期的库存增加或减少。对过去的每个时区，可以把计划库存量与实际库存量进行比较。对于未来的时区，可以根据生产规划和预期发货量来计算计划库存量，公式为

$$计划库存量＝现有库存量－销售规划量＋生产规划量$$

未交付客户订单计划，表明过去的未交付客户订单情况，以及未来的计划。对过去的每个时区，可以把计划的未交付客户订单和实际的未交付客户订单进行比较。对未来的时区，可以根据订货计划和预期发货量来计算计划未交付客户订单，公式为

$$计划未交付客户订单＝当前未交付客户订单＋销售规划量－生产规划量$$

【例 7.2】下面是某企业关于面向库存生产的产品族和面向订单生产的产品族的销售与运营规划报告，如表 7.7 和表 7.8 所示。

表 7.7 销售与运营规划报告——面向库存生产的产品族(手推式剪草机)

产品族：M350　　度量单位：台　　当前库存量：435　　当前日期：1 月 2 日

销售规划

日　期	9/11	10/10	11/07	12/05	1/02	1/30	2/27	3/26	4/23
计划需求量	420	450	480	500	550	550	550	550	550
实际需求量	455	495	500	550					
偏　　差	+35	+45	+20	+50					
累计偏差	35	80	100	150					
客户订单	455	495	500	550					
实际发货量	455	495	500	550					

(续表)

生产规划

日 期	9/11	10/10	11/07	12/05	1/02	1/30	2/27	3/26	4/23
计划生产量	500	500	500	500	550	550	550	550	550
实际生产量	450	450	460	470					
偏 差	-50	-50	-40	-30					
累计偏差	-50	-100	-140	-170					

库存计划

日 期	9/11	10/10	11/07	12/05	1/02	1/30	2/27	3/26	4/23
计划库存量	685	735	755	755	435	435	435	435	435
实际库存量	600	555	515	435					
偏 差	-85	-180	-240	-320					

表 7.8 销售与运营规划报告——面向订单生产的产品族(载重卡车)

产品族：M0138　　度量单位：辆　　当前未交付订单：448　　当前日期：1月2日

销售规划

日 期	9/11	10/10	11/07	12/05	1/02	1/30	2/27	3/26	4/23
计划需求量	300	300	300	300	300	300	300	300	300
实际需求量	300	290	305	303					
偏 差	0	-10	+5	+3					
累计偏差	0	-10	-5	-2					
客户订单	300	300	300	300	300	148			
实际发货量	300	300	300	300					

生产规划

日 期	9/11	10/10	11/07	12/05	1/02	1/30	2/27	3/26	4/23
计划生产量	300	300	300	300	150	150	150	150	150
实际生产量	300	300	300	300					
偏 差	0	0	0	0					
累计偏差	0	0	0	0					

未交付订单计划

日 期	9/11	10/10	11/07	12/05	1/02	1/30	2/27	3/26	4/23
计划未交付订单	450	450	450	450	598	748	898	1 048	1 198
实际未交付订单	450	440	445	448					
偏 差	0	-10	-5	-2					

分析：这里的销售与运营报告包括了全部的 3 组数据，显示了一个产品族状态的完整画面，包括销售预测和实际销售业绩的比较、生产计划和实际生产业绩的比较，而库存状态数据或未完成订单数据则是前两组数据的结果，也是对供需状态的评价。预测和计划反映了各职能领域的目标，而实际的业绩数据则表明了他们做得如何。这样，既增强了责任感，也缩小了实际业绩和目标之间的差距。

企业运营中每一个职能领域的管理人员不仅要关注本领域的数据，还要关注来自其他领域的数据及本领域的数据对其他领域的影响。销售与运营报告的完整画面使得各个职能领域的管理人员容易做到这一点。他们不仅可以看到局部，还可以看到全局，他们可以从公司整体的角度来考虑自己的职能，甚至以总经理的目光来看问题。而且，每个职能领域一旦发现问题，还可以很容易地追溯原因，于是可以更早地发现问题，更早地解决问题。

7.3.5 制定销售与运营规划的流程

人们通常认为销售与运营规划不过是管理人员每个月就产品族的问题开一次会。其实，这是一个很大的误解。制定销售与运营规划的确是每个月都要做的事情，但这还是一个持续不断的多个步骤的流程，而最终由企业高层领导主持的销售与运营规划会议，是该流程中的最后一个步骤。经过这个步骤会产生一个体现管理层共同意志的企业总体对策计划，用于指导企业未来几个月的运营活动。

下面详细介绍制定销售与运营规划的流程，该流程提供了一个及时反映现实和充分沟通的常规机制。

1. 收集数据

在每个月末，开始收集数据的工作。根据刚刚结束的这个月的实际销售、生产和库存或未交付客户订单数据，更新销售与运营规划报告。为销售和市场人员提供建立新的预测所需的信息，包括统计预测报告、销售分析数据，以及地区销售人员使用的工作表，该工作表用于记录地区的销售预测和已发生的销售情况。

这项工作一般由信息处理部门来承担，并在一至两天内完成。

2. 需求计划阶段，生成第一版销售与运营规划报告

市场销售部门审查从第一步得到的信息，分析讨论，然后产生对现有产品和将要推出的新产品在未来15个月或更长时间内的销售预测。

我们以两个不同的企业为例，来说明在需求计划阶段进行需求预测的过程。

A公司的产品为工业设备，面向订单生产，为数不多的客户买了绝大多数的产品。公司的目标是要抓住客户关于未来的想法，至于对过去销售情况的统计和分析，只有参考意义。所以，A公司客户需求预测的任务很大部分要通过和客户的直接沟通来实现，即从这些关键客户那里直接得到他们使用本公司产品的未来的计划。因此，来自地区销售人员的信息是非常重要的。地区销售人员对于大客户和产量大的产品应有更多的关注，并根据他们对客户的直接了解，填写工作表。

B公司的产品是消费品，几乎全部是面向库存生产的。直接客户是零售商，他们再把产品卖给最终消费者。零售商很多，但是除了少数几个批发商之外，每一个零售商的购买量都不算大。所以，B公司的客户需求预测主要基于统计预测的方法，即基于历史数据来预测未来需求。不过，预测不可能完全准确，所以B公司的具体做法是，根据信息处理部门提供的统计预测报告和地区销售人员提供的工作表，由市场销售经理审查统计预测报告，并进行适当的修正，做出新的销售预测。在这个过程中，应当考虑的因素为：地区销售人员的预测、潜在的新客户、促销计划、价格调整、企业间的竞争活动、行业动态、宏观经济条件的变化，以及公司内部的需求。

无论是什么类型的公司，做出新的销售预测都是市场销售部门管理人员的职责。他们运用个人的经验和智慧，以及结合各种因素来修订统计预测报告，得到新的预测，并把预测的依据表述清楚，使得参与销售与运营规划流程的人员很容易理解，也便于他们提出自己的问题和意见，这也为以后的工作提供了方便。

市场销售部门管理人员做出的需求预测还要经过公司主管市场销售工作的高层领导(例如，副总经理)的批准，形成一份代表公司市场销售领域对未来需求的预测结果，所有参与人员都应签字，并更新销售与运营规划报告，形成第一版销售与运营规划报告。

一般来说，以下人员应当参与需求计划阶段的工作，如市场销售经理、客户服务经理、销售人员、预测分析人员、计划部门经理、新产品开发经理、财务经理、分销经理、供应链经理、销售与运营规划流程负责人等。

3. 供应计划阶段，生成第二版销售与运营规划报告

经过上一步的工作，我们已得到第一版销售与运营规划报告，这是供应计划阶段的工作依据。完成这个阶段的工作是生产部门的责任。他们根据销售预测的变化、库存水平或未交付的客户订单量的变化来修订生产规划。新的生产规划必须经过可行性检查，这要用到资源需求计划。

在这个阶段，有时会发现需求(预测)超过可能的供应能力太多，所受到的约束条件短时间内难以改变。其中，有些约束是在公司的资源范围之内，有些约束则存在于供应链中，如在外部供应商那里。但无论哪种情况，要获取满足需求所必需的资源都必须经过公司高层领导的批准。所以，从供应计划阶段得到的结果除第二版销售与运营规划报告之外，还包括资源需求计划，以及在供应计划阶段不能解决的问题列表。

以下人员应当参加供应计划阶段的工作：生产计划与控制经理、工厂经理、物料经理、财务经理、采购经理、新产品开发经理、计划部门经理、主生产计划员、分销经理、销售与运营规划流程负责人。

4. 举行销售与运营规划预备会议，生成第三版销售与运营规划报告

销售与运营规划预备会议的参加者通常包括需求计划阶段的代表、供应计划阶段的代表、财务经理，以及销售与运营规划流程负责人。他们的工作是：检查并修订第二版销售与运营报告，形成第三版销售与运营规划报告；以上个月的销售与运营规划为基准，检查所有产品族销售、生产、库存或未完成订单的实际业绩，并以货币单位表示，以便考察经营规划的实现情况；检查资源约束，并确定资源需求优先级；对不能达成一致的领域提出备选方案，分别以产品单位和货币单位表示，并提出财务影响；每个季度对供需策略进行检查，如果需要调整供需策略，则做出调整建议；制定销售与运营规划高层会议议程表，包括经营状况审查、客户服务业绩审查、新产品开发、审查修订销售与运营规划第二版并生成第三版、修订生产率和采购率、评估对经营规划的综合影响、总结概述所做的决定。

销售与运营规划预备会议的团队成员包括：市场销售经理、客户服务经理、销售人员、预测分析人员、新产品开发经理、分销经理、供应链经理、生产计划与控制经理、工厂经理、物料经理、财务经理、采购经理、计划部门经理、主生产计划员、分销经理、销售与运营规划流程负责人。

销售与运营规划预备会议一般由销售与运营规划流程负责人主持。

5. 举行销售与运营规划高层会议，生成第四版销售与运营规划报告

这是销售与运营规划流程的终点事件。它的目标是：检查客户服务业绩、新产品开发问题，以及发现其他必要的问题，并做出决定；在涉及重大成本变化或其他重大影响的情况下，批准关于生产率或采购率的修改；将以货币单位表示的销售与运营规划信息和经营规划相比较，如果二者不吻合，则做出决定，或调整销售与运营规划，或调整经营规划；在销售与运营规划预备会议团队不能达成一致意见的领域，做出解决问题的决定，达成一致意见；对每个产品族做

出决定,或接受销售与运营规划预备会议的建议,或选择不同的方案,形成第四版销售与运营报告。

正式的销售与运营规划报告,反映了公司管理层的一致意见,是整个公司关于未来几个月的对策计划。在销售与运营规划高层会议之后,应当尽快下发报告,让全公司所有相关人员知道未来的计划是什么。

销售与运营规划高层会议的团队成员包括:企业的高层领导成员,以及销售与运营规划预备会议团队的所有成员。销售与运营规划高层会议一般由企业的总经理或董事长主持。

以上所介绍的制定销售与运营规划的流程,如表7.9所示。

表7.9 制定销售与运营规划的流程

步骤	阶段	负责人	产生的结果
1	收集数据	信息处理人员	• 统计预测报告 • 地区销售人员工作表
2	需求计划	市场销售经理	• 生成第一版销售与运营规划报告
3	供应计划	生产经理	• 生成第二版销售与运营规划报告 • 资源约束
4	销售与运营规划预备会议	销售与运营规划流程负责人	• 生成第三版销售与运营规划报告 • 备选方案 • 销售与运营规划高层会议议程表
5	销售与运营规划高层会议	总经理	• 生成第四版销售与运营规划报告,即正式的销售与运营规划报告

以上介绍了制定销售与运营规划的流程,指明了所要做的事情,但是这5个阶段的划分并不是绝对的。如果企业的规模比较小,可以将最后的两个阶段合并,即将销售与运营规划的预备会议和高层会议合并为一个会议。对于第二阶段和第三阶段,通常应当有一个正式的会议。如果企业的规模比较小,也可以不采取正式会议的形式,但是有关人员之间的充分沟通是必不可少的。

在上面的叙述中,有一个角色是非常重要的,那就是销售与运营规划流程负责人,其职责是管理和控制制定销售与运营规划的整个流程,在流程中与企业的各个职能部门及不同层级的管理人员打交道。流程负责人必须有良好的组织能力,有丰富的管理经验,了解企业的产品、运营流程,了解企业的客户,了解企业的人员,拥有良好的人际关系。由于这个角色的职责通常不足以对应一个全职的岗位,所以大多是兼职的,可能的人选有市场销售经理、生产经理、采购经理、物料经理、供应链经理、财务经理、计划经理。如果计划经理具备所要求的素质,则其是最好的人选。

在上面的叙述中,还有一个角色没有明确地指出,那就是销售与运营规划报告维护人员,其职责是在制定销售与运营规划的整个流程中,对各次会议做会议记录,并记录销售与运营规划报告各个版本的变化。信息处理部门或计划部门中工作认真的人员都是可能的人选。

7.3.6 销售与运营规划的评估——资源需求计划

一个企业在制定生产规划时,一定会关注资源的可用性。人工、物料、机器设备、加工或存储空间等都是资源。根据企业的产品和生产过程不同,还可以有许多其他的资源。一旦知道了生产所需要的所有资源,就必须检查是否有足够的资源。

资源清单面向产品族，它能够指出每单位的产品族对关键资源的需求，表 7.10 是一份简单的资源清单。

表 7.10 资源清单

产品族	钢材/吨	人工/标准工时
自行车	0.002 9	0.24
三轮车	0.004 7	0.39
四轮车	0.005 7	0.63

有了资源清单就可以得到和销售与运营规划相应的资源需求计划了。资源需求计划用来评估销售与运营规划的可行性。例如，假定销售与运营规划表明在某个季度要生产 10 000 辆自行车、5 000 辆三轮车和 10 000 辆四轮车，通过资源清单就可以得到关于钢材和工时的资源需求计划，如表 7.11 所示。

表 7.11 资源需求计划

产品族	产量	钢材需求量/吨		人工需求量/标准工时	
		单位需求量	批需求量	单位需求量	批需求量
自行车	10 000	0.002 9	29.0	0.24	2 400
三轮车	5 000	0.004 7	23.5	0.39	1 950
四轮车	10 000	0.005 7	57.0	0.63	6 300
资源需求总量			109.5		10 650

以上的资源需求计划只考虑了所需要的钢材数量和工时数量，有些企业还需要更重要的资源。例如，有的企业需要大量的电能，有的企业则需要较好的废料处理能力，这时资源清单中还要指明每单位产品族所需要的电能和废料处理能力，如指明每单位产品族需要 5 千瓦时的电能、90 升的废料处理能力等。资源需求计划也要特别指明关于这些关键资源的需求量。

另外，经常会有某项设备被认为是"瓶颈"，在制订资源需求计划的时候应当对其特别关注，因为瓶颈工作中心的能力限制了企业的最大生产量。

如果资源需求计划表明资源短缺，那么在批准销售与运营规划之前，必须解决这一问题，或者增加资源，或者调整销售与运营规划。通常，在满足市场目标时留有一定的余地(如±20%)。关键的一点是，销售与运营规划必须满足经营规划的目标，如果目标不一致，经营规划将无法完成，销售与运营规划或经营规划就必须加以修改。然后，销售与运营规划才能作为主生产计划的基础。

以上我们介绍了销售与运营规划的概念、重要性、报告、策略、制定步骤，以及评估方法等各个环节，可以说把销售与运营规划的相关内容都介绍清楚了。可以看到，销售与运营规划流程强调人和人之间、部门和部门之间、不同层级的管理人员之间充分和有效的沟通，销售与运营规划本质上是关于计划管理的理念，它的本质通过人的思维和活动过程体现出来。然而，关于销售与运营规划的本质还需要有进一步的体会。

在销售与运营规划报告中，计划需求量和计划生产量都是人决策的结果，而实际销售量和实际生产量也都是人根据实际发生的情况输入的。在此基础上，通过计算机的简单计算得出报告中的其他数据。在这个过程中，计算机所做的不过是记录和简单的计算，其作用无疑是辅助性的。

思考题

1. ERP 系统有哪些计划层次？
2. 什么是经营规划？
3. 为什么供需平衡在企业运营过程中非常重要？
4. 什么是总量？什么是构成？为什么供需平衡要在这两个层次上进行？
5. 什么是销售与运营规划？
6. 销售与运营规划在企业管理中的重要作用是什么？
7. 销售与运营规划报告的内容是什么？
8. 有哪些生产规划策略？它们的特点各是什么？
9. 如何才能真正发挥销售与运营规划的作用？
10. 制定销售与运营规划的流程包括哪些步骤？
11. 如何评估销售与运营规划？
12. 什么是资源清单？
13. 什么是资源需求计划？它的作用是什么？

练习题

1. 在下面关于销售规划和生产规划的陈述中，哪一项是正确的？（   ）
   A. 生产规划必须总是与销售规划完全一致
   B. 生产规划不必总是与销售规划完全一致
   C. 生产规划应当比销售规划多 10%
   D. 生产规划与销售规划是相互无关的
2. 编制销售与运营规划涉及哪些职能领域？（   ）
   A. 市场和计划
   B. 计划、生产和财务
   C. 市场、计划和生产
   D. 市场、计划、生产和财务
3. 下面哪一项关于销售与运营规划的陈述是正确的？（   ）
   A. 销售与运营规划是由企业领导决定的
   B. 销售与运营规划是协调一致的计划
   C. 需求预测通过产品单位来表示
   D. 供应计划不包括库存
4. 下面哪项活动属于生产规划活动？（   ）
   A. 确定产品价格
   B. 确定产品族的生产率
   C. 维护产品技术信息的准确性
   D. 维护产品成本
5. 制定生产规划的目的是什么？（   ）
   A. 确定客户服务水平
   B. 确定毛销售量
   C. 为制定经营规划做准备
   D. 确定产品族生产率
6. 资源需求计划的作用是什么？（   ）
   A. 检查生产规划的合理性
   B. 代替能力需求计划
   C. 用于大批量重复生产的公司
   D. 用于能力计划的详细分析
7. 下面哪个过程可对产品族建立计划的生产率水平？（   ）
   A. 主生产计划
   B. 销售与运营规划
   C. 经营规划
   D. 需求管理

8. 下面哪一项不是制定生产规划的策略？（   ）
    A. 追逐策略   B. 均衡生产策略
    C. 混合策略   D. 面向库存生产的策略
9. 下面哪项基本的生产规划策略将积累库存并避免能力不足或剩余的问题？（   ）
    A. 追逐策略   B. 均衡生产策略
    C. 周期盘点策略   D. 需求匹配策略
10. 在一个面向库存生产的制造企业中采用均衡生产策略编制生产规划，如果期初库存为 1 000 单位，年销售量为 5 000 个单位，期末库存为 2 000 个单位，要制定 1 年的生产规划。那么，月生产率是多少？（   ）
    A. 300 单位   B. 400 单位   C. 500 单位   D. 600 单位
11. 下面哪一项是销售与运营规划的计划对象？（   ）
    A. 单项物料   B. 子项行物料   C. 产品族   D. 维修件
12. 下面哪一项陈述最好地描述了生产规划和资源需求计划之间的关系？（   ）
    A. 生产规划的编制和资源需求计划无关
    B. 生产规划要受到资源需求计划的检验和约束
    C. 资源需求计划驱动生产规划
    D. 没有一个均衡的生产规划，资源需求计划不能成功
13. 下面哪一项用于评估销售与运营规划的合理性和可行性？（   ）
    A. 物料需求计划   B. 资源需求计划   C. 主生产计划   D. 经营规划
14. 为编制生产规划，需求预测的对象是什么？（   ）
    A. 产品族   B. 单项产品   C. 最终项目   D. 库存单位
15. 在一个面向库存生产的制造企业中编制生产规划，已知期初库存量＝2 000，全年预测需求量＝13 000，预期的期末库存量＝1 000。基于以上数据，全年生产规划量是多少？（   ）
    A. 10 000   B. 12 000   C. 13 000   D. 19 000
16. 一个面向订单生产的公司，打算把它的未完成订单量从 4 个月减少到 2 个月。如果全年需求 1 200 件产品，全年的生产规划量应当是多少？（   ）
    A. 1 000   B. 1 200   C. 1 400   D. 1 600
17. 未完成的客户订单是（   ）。
    A. 误期的客户订单
    B. 已经收到但尚未向客户发出回执的客户订单
    C. 已经收到但尚未向客户发货的客户订单
    D. 已经收到的客户订单，但是对其承诺日期晚于客户所要求的日期
18. 根据下表的销售预测，如下哪一项表示了均衡生产策略所要求的月生产量？（   ）

期初库存量＝200   期末库存量＝200

月	1	2	3	4	5
销售预测	200	300	200	400	300

    A. 220   B. 240   C. 280   D. 340
19. 资源需求计划用来检查如下哪一项计划的可行性？（   ）
    A. 物料需求计划   B. 生产规划   C. 主生产计划   D. 车间作业计划

20. 在资源需求计划过程中,根据什么来构造资源清单?( )
    A. 典型产品的批量
    B. 每项产品的批量
    C. 产品族的一个单位或典型产品的一个单位
    D. 每项产品的一个单位
21. 下面哪些是评估销售与运营规划的指标?( )
    A. 实际销售与预测之比
    B. 实际销售与预测之比、实际生产与计划生产之比
    C. 实际销售与预测之比、实际生产与计划生产之比、实际库存与计划库存之比或实际未完成订单与计划未完成订单之比
    D. 实际库存与计划库存之比、年售出货物成本与库存平均价值之比

第8章 主生产计划——企业运营的核心

8.1 主生产计划基本原理

MRP 的早期用户直接把需求(预测或客户订单)输入系统中并运行,根据物料清单进行需求展开,得到物料需求计划。在这个过程中,并不考虑资源的可用性。换言之,总是假定有充足的资源可以保证随时按照产品的需求数量和时间来生产产品。但是,需求会不断地变化,而且有时变化是很大的。如果让 MRP 系统直接面对需求,系统可能会经常产生连自己的工厂和供应商都无法执行的计划。反映在生产线上,则为时而严重超负荷,时而大量能力闲置。

于是,MRP 的早期用户意识到,如果不能预料和控制用于支持生产的资源的可用性,MRP 的价值是极其有限的;他们也认识到,让计算机去做太多的决策性工作是不切实际的。这些想法导致了主生产计划的出现,同时也产生了一个重要的工作岗位——主生产计划员。

8.1.1 什么是主生产计划

1. 主生产计划概述

主生产计划(master production schedule,MPS)是关于"将要生产什么"的描述,它起着承上启下、从宏观计划向微观计划过渡的作用。

主生产计划的基本原则是根据企业的能力确定要做的事情,通过均衡地安排生产实现生产规划的目标。主生产计划中不能有超越可用物料和可用能力的愿望,那样只会搞乱优先级,破坏系统产生合理计划的能力。

主生产计划指出了将要生产什么,是生产部门的工具;同时,主生产计划也是市场销售部门的工具,因为它指出了将要为用户生产什么。一份有效的主生产计划包含了企业为了迅速、准确地处理客户问题所需要的最重要的信息,是做好客户服务工作最好的工具。它可以提供好的客户订单承诺和资源利用的基础,通过平衡供需使得在各种资源的限制下让每个客户得到最好的服务。所以,主生产计划是联系市场销售和生产制造的桥梁,使生产活动符合不断变化的市场需求,它向销售部门提供生产和库存的信息,起着沟通内外的作用。

企业追求最高的客户服务水平、最小的库存、最充分的资源利用,然而这些目标是相互矛盾的。主生产计划要在这些目标之间求得折中。为了使企业对市场有灵敏的反应、保持竞争力、不断获得利润，主生产计划可以起到重要的作用。没有有效的主生产计划，销售与运营规划就会付之东流，就不能很好地利用企业本身的及供应商提供的资源，就无法很好地满足客户需求，最终将在竞争中遭受失败。

2. 主生产计划的重要性

没有任何一家成功地应用 ERP 系统的企业的主生产计划是管理得不好的，也没有任何一个主生产计划员能够在不了解主生产计划的概念和原理的情况下把主生产计划管理好。在制造业中，过去是没有主生产计划的概念和工具的，只能靠个人经验和摸索来处理问题；如今，用主生产计划的概念和工具处理的问题已经是成熟的知识体系。运用好这些知识，将为企业带来多方面的意想不到的好处。

(1) 主生产计划把有效地管理产品和生产、库存、销售所需的所有数据显示在一个屏幕上，各个部门都可从中得到所需的信息，避免产生不一致的信息。

(2) 主生产计划以周或天作为计划时区，从而可以及时地对多变的市场和不准确的预测做出反应。

(3) 主生产计划使用计划时界和需求时界，既便于计划的维护，又可避免被不可能满足的客户需求所驱使。

(4) 以物料单位表示的主生产计划很容易转换成以货币单位表示的成本信息，因此很容易形成财务计划。

(5) 主生产计划可以极大地提高物料管理人员的工作效率，即库存管理和计划。它将人们从烦琐的数据收集、检查和计算中解放出来，使他们可以做更重要的、更本质的管理工作，最大限度地确保客户满意。

8.1.2 为什么要制订主生产计划

主生产计划是制造企业平衡市场需求和企业的生产能力，以及供应商供货能力的支点。随着现代制造业的发展，竞争变得更激烈，产品和产品的选项变得更复杂，要求更高的质量、更快的交货期、更低的价格。于是，平衡机制在企业运营的各个层次上都是至关重要的。

销售与运营规划在更高的管理层次上平衡销售、市场、质量、工程设计、财务、生产等各方面的活动，并对企业的综合生产率做出决策，按月、按产品族表示。主生产计划员要把销售与运营规划中按月、按产品族表示的综合生产率分解为每项产品按周或天表示的明细生产计划。通过这种方法，从销售与运营规划导出主生产计划。

企业应当有有效的计划过程，这个观点是显而易见的。但对于为什么要先有主生产计划、再根据主生产计划来运行物料需求计划往往存有疑问。直接根据销售预测和客户订单以及生产规划来运行物料需求计划不行吗？其实，这正是 MRP 系统的早期用户所采取的方式。产生这样的疑问的原因在于不了解 MRP 的计划方式。MRP 的计划方式就是追踪需求，即让生产和采购活动亦步亦趋地追踪需求的变化。那么，直接利用这种计划方式有何不可？

首先，生产规划是按产品族来计划生产率的，必须先把关于产品族的生产率分解成关于产品的生产率，才能据以运行 MRP。其次，市场和客户对企业产品的需求随着时间的推移会有很大的变化，有时变化甚至会超过企业的能力。所以，企业也不能让生产亦步亦趋地追踪需求的变化。追踪需求只能造成波动的生产率和生产的混乱。如果直接根据销售预测和客户订单的需求来运行 MRP，那么得到的计划将会在数量和时间上与预测和客户订单需求完全匹配。但是，预测和客户订单是不稳定、不均衡的，根据它们直接安排生产将会出现忽而加班加点也不能完成任务，忽而设备闲置很多人没有活干的现象，这将给企业带来灾难性的后果，而且企业的生产能力和其他资源是有限的，这样的安排也不是总能做得到的。

于是，主生产计划成了企业中销售活动和生产活动之间的连接点，起到缓冲的作用。通过主生产计划平衡供需，使企业避免陷入生产混乱和生产率不均衡的困难处境，加上主生产计划这一层次，通过人工干预，均衡安排，使得在一段时间内主生产计划量和需求量(即预测量及客户订单量)在总量上相匹配，而不要求在每个时间点上相匹配。在这段时间内，即使需求发生变化，但只要需求总量不变，就可以保持主生产计划不变，从而得到一份相对稳定和均衡的生产计划。由于关于产品或最终项目(独立需求项目)的主生产计划是稳定的和均衡的，据此所得到的关于非独立需求项目的物料需求计划也将是稳定的和均衡的。

综上所述，主生产计划的作用可概括为：建立一个平衡供需的支点，即一个供客户、供应商和公司本身打交道的基础平台；建立有效的优先级计划，对企业的资源进行计划和控制，以满足客户的需求；建立相对均衡和稳定的产品或最终项目的生产计划，用来驱动仔细的物料和能力需求计划；在满足客户需求的前提下，把库存和未完成订单控制在所希望的水平上；确保销售与运营规划的实现，即确保经营、销售、市场、工程设计、财务和生产计划的集成和实现。

8.1.3 主生产计划的对象

要正确地使用主生产计划，首先须确定主生产计划的对象。通常，如果企业的产品比较简单，如自行车，主生产计划的对象可以是产品；如果企业的产品结构比较复杂，如汽车，主生产计划的对象可以是产品的某些基本组件，如发动机、传动装置、收音机等。要正确地确定主生产计划的对象，必须了解确定主生产计划对象的两项基本原则：一是需要人的控制；二是便于人的控制。

1. 主生产计划对象需要人的控制

主生产计划的目的是通过人的控制，在满足客户需求的前提下得到稳定的生产计划。人的控制是主生产计划区别于 MRP 的根本的标志。如果一项物料所需要的控制只有人才能够提供，则应把它置于主生产计划的控制之下，否则可以由 MRP 来处理。基于此，确定主生产计划的对象通常有如下 4 项基本判定规则。

(1) 物料计划的变化对物料产生重大的影响。如果对一项物料的计划做小的改变都将对其他物料的可用性产生重大的影响，那么这项物料应当置于主生产计划的控制之下。

(2) 物料计划的变化对能力产生重大的影响。如果对一项物料的计划做小的改变都将对关键资源、瓶颈工作中心或某种特殊技能的可用性产生重大的影响，那么这项物料应当置于主生产计划的控制之下。

(3) 物料计划是否需要改变必须由人来评估。如果根据预测、客户订单及其他相关因素的变化，一项物料的计划是否需要改变必须由人来评估，那么这项物料应当置于主生产计划的控制之下。

(4) 物料计划是否能够改变必须由人来评估。如果根据预测、客户订单及其他相关因素的变化，一项物料的计划是否能够改变必须由人来评估，那么这项物料应当置于主生产计划的控制之下。

2. 主生产计划对象必须便于人的控制

主生产计划的对象必须便于控制，为此必须了解产品的结构。概括来说，产品的结构有如下 3 种类型。

(1) 金字塔结构。该结构是使用比较多的原材料和半成品,形成数量不太多的产品。小的器具,如圆珠笔、手表、台灯、电话机等都采用这种产品结构。金字塔结构,如图 8.1(a)所示。

(2) 倒金字塔结构。该结构是由比较少的原材料,形成许多产品。例如,轧钢厂的原材料是钢锭,它的产品是各种各样的钢材;而在纺织厂,尼龙丝是上千种织物的主要成分。另一个例子是图书的生产,出版商出版不同类型的图书,每一本书所用的原材料都不多——纸张、油墨等,但作为产成品的图书却是多种多样的。倒金字塔结构,如图 8.1(b)所示。

(3) 计时沙漏结构。该结构是许多产品由一些基本组件组合构成。以汽车生产为例,顶层是各种汽车;图中的狭窄处是基本组件,如发动机、底盘等。这些基本组件的种类不是很多,但是它们的组合数却是很大的,可以形成许多不同类型的汽车;底层是用于制造基本组件的许许多多的零件。计时沙漏结构,如图 8.1(c)所示。

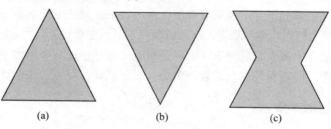

图 8.1　三种基本的产品结构

依据上述原则,确定主生产计划对象的基本思想是把主生产计划的对象选在各种产品结构的"最狭窄处",这样可以使预测和计划的对象都比较少,因此便于控制,灵活性好,且库存投资比较小。

对于金字塔结构,主生产计划的对象是顶层的标准产品,库存投资包括从顶层到原材料的所有物料。对于倒金字塔结构,如果把主生产计划选在底层,则意味着无须制订物料需求计划。为了从物料需求计划得到更多的帮助,应当把主生产计划选在某个更高一些的层次上,这就需要分析产品结构,按所需资源的相似性把中间产品分组,设法将其转换为某种形式的计时沙漏结构。对于计时沙漏结构,"狭窄点"为主生产计划提供了有用的计划点。

以上所讨论的是一般的原则。有时在产品之下的某个层次上做主生产计划是有意义的。例如,一个零件很贵重,或很难获得,或很难制造,则应当把它直接置于主生产计划的控制之下。主生产计划可以针对任何对企业有重要意义的物料对象来做,具体的选择最终依赖于企业打算如何满足客户的需求。如下所列都可以作为主生产计划的对象:产品;子装配件;选项或可选特征;采购的零件;原材料;维修件或备用件等。

以上所讨论的主生产计划对象还只限于物料,而物料只是企业生产的一项资源。在生产过程中同样重要的另一项资源就是能力,即可以把主生产计划像应用于物料那样应用于能力或关键资源。理解这一点,对于那些出卖能力的企业尤为重要,如制造建筑构件、水利设备或其他大型产品的企业属于这一类。在这样的企业中,要根据尚未消耗的机械设备能力来接受客户订单。当接到一份客户订单时,企业应当知道有多少剩余的能力,从而可以提供准确的产品完成日期并按照所承诺的日期准时交货。此外,主生产计划的对象还可以是活动或事件等。

8.1.4　主生产计划方式

每个公司都应当为自己选择适当的主生产计划方式,简称生产计划方式,或计划方式。由于产品的不同特点，制造企业可以选择不同的生产计划方式；由于在接到客户订单时产品生产所处的阶段不同，从而区分了不同的生产计划方式。一般来说，制造业的生产计划方式包括面向库存生产、面向订单设计和面向订单生产。

1. 面向库存生产

面向库存生产(make to stock，MTS)是指组织生产的依据是需求预测，即在接到客户订单之前，根据需求预测开始采购原材料、组织生产、完成生产、把产成品放在库房里。一旦接到客户订单，就从库房里直接发货。从客户的观点来看，这些产品是现货供应的。铅笔、螺钉、记事贴，以及其他许多商品都属于这一类。其产品结构多是金字塔结构。

例如，公司 A 的产品是电源插座盖，产品比较简单，品种也不多，加工的过程是一个连续的塑料成型过程，没有装配过程，进入包装过程。这个公司所采用的是面向库存生产的计划方式。

2. 面向订单设计

面向订单设计(engineer to order，ETO)的计划方式，是指按照客户的特定需求来设计和制造产品，这种方式生产的产品或者是独特的(客户定制的)，或者结构复杂、生产量很小。飞机、航天飞机、特种机床、流程设备、大型发电机组等都属于面向订单设计的产品。这种计划方式和面向库存生产的计划方式是两个极端。

例如，公司 B 设计并生产化工行业的流程设备，产品大且复杂，每一件产品的价值都很高。所以，只能在接到客户订单后开始设计，然后才能采购原材料和组织生产。

3. 面向订单生产

面向订单生产(make to order，MTO)，是介于面向库存生产和面向订单设计两种方式之间的计划方式。所对应的产品结构一般是倒金字塔结构和计时沙漏结构。面向订单生产的计划方式可以分为 3 种情况：纯粹的面向订单生产、面向订单完成和面向订单装配。

(1) 在采用纯粹面向订单生产的计划方式的公司中，产品的设计已经完成，但必须在接到客户订单之后才开始采购原材料、组织生产。高度客户化的产品一般采取这种计划方式。但对于有些采购提前期很长的原材料，也可能在接到客户订单之前根据预测进行采购。

(2) 采用面向订单完成(finish to order，FTO)的计划方式，组织生产的依据是需求预测和客户订单。在接到客户订单之前，产品的生产除了最后完成阶段的工作之外，其他各个阶段的工作都已经根据预测完成了。在接到客户订单之后再按照客户的要求完成最后阶段的工作。例如，会议室用的桌子，产品做到只剩添加客户标记和着色的程度，待接到客户订单之后，按客户的要求把客户的标记蚀刻在桌面上并着色完工。

(3) 面向订单装配(assemble to order，ATO)的计划方式，其组织生产的依据也是需求预测和客户订单，与面向订单完成的计划方式有些类似。例如，具有很多选项的汽车产品就是 ATO 产品的一个很好的例子。

8.1.5 主生产计划的应用

一个公司的主生产计划方式取决于它打算如何满足客户的需求，这种打算不但和产品的结构特点有关，还和产品的生命周期有关。

1. 产品生命周期及相应的计划方式

产品要走过与客户需求量有关的生命周期，这个周期包括开发期、增长期、成熟期和衰退期 4 个阶段，如图 8.2 所示。

(1) 在产品的市场开发期，主生产计划方式通常从面向订单设计或面向订单生产的计划方式入手。在这个时期内，生产部门关心的是找出生产产品的最佳方法，市场部门关心的是让产品打入市场，工程设计部门关心的是产品规格。

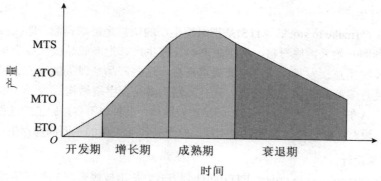

图 8.2 产品生命周期和主生产计划方式

(2) 在产品增长期，需求不断增长，在保持较低库存的情况下，为了完成销售目标和改善对客户的服务质量，主生产计划方式应当转换成面向订单装配。这使计划具有灵活性，而且能够缩短对客户订单的响应时间。在增长期，生产部门关心的主要是扩充生产能力和对客户订单及时做出反应，市场部门关心的是加强竞争和扩大市场，工程设计部门关心的是改进产品性能。

(3) 成熟期要求随时可以把产品发给客户。在这个阶段，客户不愿意等很长时间，面向库存的主生产计划方式最适合这种要求。此阶段，生产部门关心的是降低生产成本和缩短生产时间，市场部门关心的是保持市场占有率，根据市场情况调价和增加销售渠道，工程设计部门关心的是降低产品消耗和寻找更有效的生产方法。

(4) 在衰退期，客户对产品的需求减少，在这种情况下多采用面向订单生产的计划方式。这个阶段，生产部门关心的是给少量的产品合理分配生产资源，市场部门关心的是淘汰这种产品的时间和方式，工程设计部门关心的是为旧产品提供服务和开发新产品。

对于许多企业来说，生产计划方式随时间而改变，这和产品的生命周期长短有关。对于不同的产品和企业，产品生命周期的长度是不一样的，一种产品可能短到 6 个月，另一种产品又可能长至 20 年。企业应当采用有利于竞争的主生产计划方式。面向订单生产的产品可能以 6 星期为交货提前期参加竞争；而采用面向订单装配的主生产计划方式，同类产品可能 3 个星期就能交货。所以，企业必须知道自己的产品处于生命周期的哪个阶段，以便决定何时改变主生产计划方式。当这种改变发生时，需要修改操作数据、计算机系统功能和人的工作方法。

2. 订单及其生命周期

在前面的讨论中，我们已经多次按照直观的理解使用订单的概念。但是，从主生产计划开始，对各类订单的管理和控制将趋于精细。因此，我们有必要对订单及其生命周期的概念做比较详细的介绍。

任何一个制造企业都要处理 3 类订单，即客户订单、生产订单和采购订单。主生产计划和物料需求计划都是围绕这 3 类订单展开的。实际上，企业的全部生产经营活动都是围绕这三类订单展开的。客户订单反映市场的实际需求，生产订单反映为满足客户需求必须完成的产品和其他自制项目及其数量和日期，采购订单则反映为保证生产和客户需求所必须外购的零部件和原材料及其数量和日期。

一份订单从产生到完成的过程构成它的生命周期。通常订单的生命周期被划分为 4 个阶段，即计算机计划订单、确认的计划订单、已下达的订单和完成的订单。任何一个 ERP 商品软件系统都至少包括这 4 个订单阶段，在不同阶段使用不同的处理方法。

(1) 计算机计划订单。计算机计划订单是 ERP 系统对计划人员提出的建议，是由 ERP 系统生成的而不是由计划人员生成的。ERP 系统根据需求数量和日期、预先确定的批量和提前期，生成计划订单，确保物料的生产或采购能够满足需求。ERP 系统可以随时根据操作数据的变化而修改这类订单的数量和日期。

(2) 确认的计划订单。确认的计划订单是指计划人员确认了该订单的数量和日期，ERP 系统不能再自动修改其数量和日期。如果 ERP 系统认为需要修改，则只能给出建议，然后由计划人员来修改。

(3) 已下达的订单。已下达的订单是一种授权。已下达的生产订单启动了生产过程，指明可以开始组织生产，把物料、人工和设备用于制造指定的产品或物料。已下达的采购订单启动了采购过程，可以把采购订单发给供应商，可以进行物料接收。对于已下达的生产订单和采购订单，ERP 系统都不能再自动修改其数量和日期，如果认为需要修改，则只能给出建议，然后由计划人员来修改。至于客户订单，在接到时即处于下达阶段，可以向客户发运货物。

(4) 完成的订单。当一份订单所指明的物料已完工入库、接收入库或已完成向客户发货时，则成为完成订单。完成订单的数量反映在库存的增减中，其本身不再出现在计划中，而是存入备查的数据库文件中，直至最后删除。

3. 不同对象的主生产计划方式

根据一个公司的主生产计划方式，主生产计划的对象可能是产品，也可能是处于增值过程中其他阶段的对象。

(1) 在面向订单装配、面向订单完成、面向订单生产等计划方式中，计划物料清单对于做好主生产计划都是非常必要的。

(2) 主生产计划方式的选择将确定在产品结构的什么位置上做主生产计划，也影响物料清单的结构。公司的选择，要在按时交货、服务、价格、质量和技术之间取得平衡。如果一个公司的服务、价格、技术和质量都具有竞争的优势，那么它按时交货的能力和表现将是决定因素。因此，主生产计划将是强有力的竞争武器。

(3) 在选择主生产计划方式时，还要考虑另外两个因素，即库存投资和完成生产所需的能力。任何选择以产成品(面向库存生产)来满足客户需求的公司，必须愿意接受较高的库存。这样的公司必须准备在接到客户订单的时候就发运产品。与此相反，面向订单设计的公司库存投资最小，甚至为零，因为这样的公司在接到客户订单之前不进行生产，但是它们必须有在约定的提前期内设计、制造和完成产品的必要的能力。

(4) 在采取面向订单生产方式的公司中，尤其是采取面向订单完成和面向订单装配方式的公司中，必须愿意准备用于满足客户需求的子装配件库存，并确保拥有完成产品装配和发运产品的必要能力。

必须强调的是，不论一个公司选择什么主生产计划方式来满足客户需求，它的目标必须是按时向客户发货、高水平的服务、有竞争力的价格、高质量的产品和领先的技术。

8.1.6 主生产计划矩阵

主生产计划矩阵是一个二维的表格，通过时区和活动的类型来定义计划活动。其中，计划活动分成两部分，即供应和需求。

1. 时区

每个时区可以是一天或一周。在实际的软件系统中，通常使用一个时区的开始日期来标记一个时区，例如，12月8日、12月15日、12月22日等。系统显示的时区数取决于MRP软件系统和公司的计划展望期。

2. 需求部分

需求是主生产计划的依据。对于面向库存生产的产品和单纯面向订单生产的产品来说，它们的需求相对简单，分别只有需求预测和客户订单。但是，随着竞争形势的发展，这种单纯的产品形式在现实世界中越来越少。因此，下面讨论的是更复杂的情况，即主生产计划矩阵的需求部分既包括需求预测也包括实际需求，即客户订单。此外，还包括未消耗的预测和总需求。

1) 需求预测

需求预测可以是来自生产规划的生产预测，也可以是市场预测。如果企业的产品很多，划分成产品族进行管理且对产品族做市场预测，则使用生产预测。否则，可以直接对主生产计划的对象做市场预测。

生产预测用于指导主生产计划的编制，使得主生产计划员在编制主生产计划时能够遵循生产规划的目标。它是某产品族的生产规划总生产量中预期分配到该项产品的部分，其计算通常使用计划物料清单来分解生产规划。

2) 实际需求

实际需求是指已经接到客户的订单，并做出了发货承诺，但尚未发货的订单量。主生产计划员必须按客户、数量和所承诺的交货日期跟踪每一份客户订单，确保客户将按照所得到的承诺收到所需要的产品。实际需求包括预测的客户订单和增加的客户订单。前者是预测的实现，每逢接到预测的客户订单，则抵消相应的预测量。而后者是出乎预料的需求，不是预测的实现，不抵消预测，而是要增加总需求。增加的客户订单有时反映了一种新的商机，所以要加以区分。

3) 未消耗的预测

未消耗的预测是指尚未被实际的客户订单消耗(抵消)的预测量。它指出在不超过预测的前提下，主生产计划的对象还可以期望得到多少客户订单。

4) 总需求

总需求，是指未消耗的预测和实际需求之和。

3. 供应部分

1) 主生产计划

主生产计划所表示的是主生产计划员和计算机系统在各个时区所投放的用来满足需求的供应订单量。每份订单所出现的时区是该订单的完成日期。出现在矩阵中的主生产计划供应订单有3种形式，即已下达的订单、确认的计划订单和计算机计划订单。

2) 预计可用量

预计可用量是在指定时区的预计库存量，它是计算机系统进行供需平衡判断的基础。判断的结果是向主生产计划员给出行为建议信息，也称为例外信息。如果公司不使用安全库存，那么完美的供需平衡状态将是预计可用量为零。换句话说，产品的供应和需求完全匹配，因此没有剩余的库存量。如果使用了安全库存，例如100件，那么完美的库存余额就是100件。但是，我们的生产环境不是完美的，所以也很难有完美的库存余额。假定公司不使用安全库存，在预计可用量行中的任一时区出现正的余额，则表示有潜在的多余库存量。在预计可用量行中的任一时区出现负的余额，则表示有潜在的物料短缺。在前一种情况下，计算机系统将向主生产计划员建议把相应的订单移到较远的时区，或者取消相应的订单。在后一种情况下，计算机系统将向主生产计划员建议把相应的订单移到较近的时区，或者下达新订单来覆盖预计的物料短缺。

主生产计划员使用预计可用量来检验预测和主生产计划之间的平衡程度。如果预计可用量出现负值(在使用安全库存的情况下，预计可用量低于安全库存)，则说明主生产计划量偏低；如果随着时间的推移预计可用量越来越高，则说明主生产计划量偏高。

3) 可承诺量

可承诺量(available to promise，ATP)是库存量和主生产计划量中尚未承诺给客户订单的部分，用于支持客户订单承诺。它指出在不改变主生产计划的前提下，在每个时区还可以满足多少客户需求。这是一条非常有用的信息，因为它为可靠的客户订单承诺提供了依据。每一个做客户订单录入的人员都应当搞清 ATP 的概念和作用。

计算 ATP 的方法有 3 种，即离散的 ATP、不向前看的累计 ATP 和向前看的累计 ATP。

(1) 离散 ATP。其计算方法如下。

- 第一个时区的 ATP，是初始库存量加上主生产计划量，再减去下一次出现主生产计划量之前所有时区中未交付的客户订单之和。
- 对于以后的时区，如果在该时区设置了一个主生产计划量，则 ATP 是这个主生产计划量减去在这个时区及直到下一个主生产计划量出现之前的各个时区上所有的客户订单得到的差。
- 对于主生产计划为零的时区，ATP 亦为零。

表 8.1 给出了一个计算离散 ATP 的例子。

表 8.1 主生产计划和离散 ATP(初始库存量 30)

时区/周	1	2	3	4	5	6
客户订单	20	15	5	10	10	0
主生产计划	0	40	0	40	0	40
离散ATP	10	20	0	20	0	40

(2) 不向前看的累计 ATP。其计算方法如下。

- 第一个时区的 ATP，是初始库存量加上主生产计划量，再减去所有在第一时区末之前到期的未交付客户订单之和。
- 对于以后的时区，ATP 等于前一个时区的 ATP 加上本时区的主生产计划量减去本时区未交付的客户订单。

表 8.2 是关于不向前看的累计 ATP 的例子。

表 8.2 主生产计划和不向前看的累计 ATP(初始库存量 30)

时区/周	1	2	3	4	5	6
客户订单	25	15	0	50	0	0
主生产计划	0	40	0	40	0	40
不向前看的累计ATP	5	30	30	20	20	60

根据表中的资料，第 2 周的 ATP 等于 5+40-15＝30，其他时区的计算方法与此相同。

使用这种方法得到的结果是，某一个时区的 ATP 可能包括了前面时区的 ATP 数量，而且这个数量也包括在其后时区的 ATP 中。例如，第 2 周 30 件的 ATP 包括了第 1 周的 5 件 ATP，而且这 5 件也包括在其后各周的 ATP 中。另外，某一周的 ATP 可能包括了用来满足以后某一周的需求的数量。例如，第 2 周和第 3 周的 ATP 中有 10 件是用来满足第 4 周的客户订单的。这是和离散 ATP 的显著区别。这样，如果除了已经承诺要在第 1 周末发货的 25 件之外，又收到另外一份订单，要求在第 1 周末发货 5 件，那么第 1 周的 ATP 将变成 0，而其他时区的 ATP 都要重新计算。而且，虽然第 2 周和第 4 周显示的 ATP 分别是 30 和 20，但是如果同时收到两份客户订单，分别要求在第 2 周末和第 4 周末发货 30 件和 20 件，那么这两份客户订单是不能都得到承诺的。事实上，如果对要求在第 2 周末发货 30 件的客户订单做出承诺，那么不但不能承诺要求在第 4 周发货 20 件的新的客户订单，而且原来已经做出的要在第 4 周末发货 50 件的承诺也要遭到破坏。

由以上分析可以看出，这种方法只能用于新客户订单所要求的交货日期晚于所有已承诺的客户订单的承诺日期的情况，而难于处理"插单"，即新客户订单所要求的交货日期早于某些已承诺的客户订单的承诺日期的情况，因为这将要求客户订单承诺人员必须充分理解这些数据之间的关系，才能从中得到正确的信息。所以，这种方法应用起来比较复杂。

(3) 向前看的累计 ATP。其计算分为如下两个步骤。

- 计算时区 ATP。时区 ATP 只是计算向前看的累计 ATP 过程中的一个中间结果，它本身不能用来指导对客户订单的承诺。其计算从计划展望期的最远时区开始由远及近逐个时区进行，其公式为

$$时区\ ATP＝主生产计划量-未交付的客户订单量$$

在第 1 时区，其公式为

$$时区\ ATP＝主生产计划量＋初始库存量-未交付的客户订单量$$

如果未交付的客户订单量大于主生产计划量，则该时区的时区 ATP 记为 0，而超出的需求量要从前一时区的时区 ATP 中预留出来。

- 计算向前看的累计 ATP。从最早时区开始，把各个时区的时区 ATP 累加到所考虑的时区，即是这个时区向前看的累计 ATP。

表 8.3 是关于向前看的累计 ATP 的例子。

表 8.3　主生产计划和向前看的累计 ATP(初始库存量 30)

时区/周	1	2	3	4	5	6
客户订单	25	15	0	50	0	0
主生产计划	0	40	0	40	0	40
时区ATP	5	15	0	0	0	40
超出的需求量	0	0	10	10	0	0
向前看的累计ATP	5	20	20	20	20	60

这样计算出来的 ATP 和不向前看的累计 ATP 的区别在于，在一个时区产生的 ATP 不包括用来满足未来时区需求的数量。例如，从第 2 周到第 5 周，ATP 都是 20。这样，在接到一份新的客户订单时，只需要根据表中向前看的累计 ATP 做出承诺即可。换言之，对新客户订单(即使是"插单")的承诺，不会破坏原来已经做出的客户订单承诺。

以上我们介绍了 3 种 ATP 的概念和相应的计算方法，使用比较多的是离散的 ATP 和向前看的累计 ATP。用户在进行客户订单承诺的实践中要看软件系统所提供的是什么方法，以及自己的产品适合使用什么方法。概括来说，如果产品的时令性比较强，则适合使用离散的 ATP，否

则适合使用向前看的累计 ATP。而如果"插单"较少,也可使用不向前看的累计 ATP。

细心的读者或许会发现,关于 ATP 的叙述和第 6 章中未消耗的预测有某些相似之处。其实,这两个概念确实有着本质的联系。表面上看,未消耗的预测的计算是从预测量中减去客户订单量,而 ATP 的计算是从主生产计划量中减去客户订单量,似乎是完全不同的。但是,主生产计划量和预测量是有联系的,只是由于主生产计划不同策略的运用掩盖了这种本质联系。事实上,如果总是把预测量作为主生产计划量,那么就会看到,未消耗的预测和 ATP 原来是一样的。这也使我们能够更好地理解为什么产品的时令性特点会对它们的应用有相似的影响。

不理解这两个概念的本质联系不会影响对它们各自的使用,但理解了这种本质联系,却一定可以对这两个概念理解得更清楚,也能够应用得更得心应手。

8.1.7 主生产计划系统的行为建议信息

行为建议信息,是指计算机系统基于物料和能力的可用性,通过产生行为建议信息来提醒主生产计划员去关注可能出现的问题。主生产计划员根据计算机系统产生的行为建议信息去发现和解决现有的或潜在的问题。

概括来说,主生产计划系统具有分析供需平衡状况并产生如下行为建议信息的能力。
(1) 把计划订单转化为下达订单。
(2) 把确认的计划订单转化为下达订单。
(3) 把已下达订单和确认的计划订单提前。
(4) 把已下达订单和确认的计划订单推迟。
(5) 取消已下达的或确认的计划订单。
(6) 在计划时界内出现负的预计可用量。
(7) 需求过期。
(8) 确认的计划订单或计划接收量过期。
(9) 计划订单提前期不足。
……

表 8.4 呈现了一份主生产计划。针对这份主生产计划,可以提出几个行为建议信息。

表 8.4 主生产计划矩阵

现有库存:70件　　　　提前期:1个时区　　　　累计提前期:大于8个时区
订货批量:125件　　　　安全库存:无

时区/周	过去	1	2	3	4	5	6	7	8
生产预测		50	50	50	50	50	50	50	50
实际需求									
总需求		50	50	50	50	50	50	50	50
主生产计划			115			125	125		125
预计可用量	70	20	85	35	-15	60	135	85	160

在表 8.4 中,每个时区的需求量都是 50 件,初始库存量 70 件。在第 2 时区有一份 115 件的确认的计划订单(主生产计划员在确认计算机产生的计划订单时修改了订货批量)。在第 5、6 和 8 时区另有 3 份各为 125 件的确认的计划订单。

在第 4 时区,有潜在的 15 件的物料短缺,但是在第 5 时区有 60 件的预计可用量。因此,计算机系统检测出,存在的问题是时间问题,而不是数量问题。计算机系统发现 125 件确认的计划订单将在第 5 时区收到，而实际需求是在第 4 时区。所以，系统产生行为建议信息，建议把在第 5 时区收到的订单的完成日期提前到第 4 时区，以解决第 4 时区的物料短缺问题。

实际上，第 4 时区只短缺 15 件，但是大多数的计算机系统都会建议将整个批量提前。在这种情况下，主生产计划员可以有不同的选择，可以只从 125 件中分出 15 件，令其在第 4 时区完成，也可以在第 2 时区增加 15 件，甚至如果认为在第 4 时区短缺 15 件是可以允许的，则可以不采取任何措施。

计算机系统还会发现，将在第 6 时区收到的 125 件，其实是不必要的。因为第 5 时区的预计可用量足以满足第 6 时区 50 件的需求。因此，计算机系统也将给出行为建议信息，建议把第 6 时区收到的订单推迟到第 7 时区。

继续向前扫描，计算机系统会发现，第 8 时区 125 件确认的计划订单没有对应的需求，计算机系统将会给出行为建议信息，建议取消这份订单。

另外，计算机系统将会通知主生产计划员，第 2 时区确认的计划订单 115 件应当下达。因为提前期是 1 个时区，为了在第 2 时区完成，第 1 时区必须下达这份订单。

8.1.8 如何编制主生产计划

没有一种算法可以保证得到最好的主生产计划，主生产计划员为了编制好主生产计划，对市场和生产过程的深刻理解与经验是非常重要的。在此过程中，必须注意以下几个问题。

1. 主生产计划的展望期和计划时区

展望期必须足够长，因为主生产计划要驱动物料需求计划，物料需求计划从主生产计划中得到关于产品或最终项目的毛需求的数量和需求日期，使用计划提前期，倒序确定各种子项物料的需求数量和日期。所以，如果计划展望期不是足够长，则可能出现要求某些子项物料的生产或采购必须始于过去而无法执行的情况。

让我们来看一个例子。图 8.3 中显示了手推车的时段式物料清单，其中表明为了保证总装配的按时完成，各种零件和子装配件应当何时开始购买或装配。物料需求计划使用图中显示的提前期来确定物料的需求时间。物料清单中的活动构成了不同的序列，其中最长的活动序列称为关键路径。例如，车筐装配加上总装配构成一条关键路径。手推车的累计提前期(cumulative lead time，CLT)是关键路径所占用的时间，即 9 个时区。主生产计划物料的累计提前期指明了它的最小计划展望期。各项主生产计划物料的累计提前期可能互不相同，最长的累计提前期将作为企业主生产计划的最小计划展望期。

图 8.3 手推车及其时段式物料清单

在实践中，考虑到能力、设计和采购等诸多因素，计划展望期总是要比最长的累计提前期更长一些。

(1) 能力。主生产计划确定能力需求。如果需要增加能力或设备,那么累计提前期可能就要延长。

(2) 设计。某些子装配件和零件可能需要设计,设计之后可能还需要购买某些零件或原材料。

(3) 采购。如果能够让采购人员更早地知道采购计划,则有机会通过选择供应商、获取折扣等方式来降低采购成本,且保证物料的质量。

多数企业以 12 个月作为计划展望期,每过 1 个月,增加一个新的月计划,也有的企业根据物料和能力的提前期,将计划展望期扩展到 2~3 年。

主生产计划的时区(即计划的最小时间单位)不应大于周,以便使得低层物料可以有比较好的相对优先级。有些企业甚至以天为时区编制主生产计划。

2. 充分的沟通

预测是主生产计划的一项重要的输入,因此要编制好主生产计划,预测必须是高质量的。企业必须明确谁负责预测、预测的对象和技术,谁负责审查预测的精度及审查的频度,各部门如何就预测的结果进行沟通等。预测的责任通常由市场部门承担。

生产部门和采购部门对主生产计划有提供反馈信息的责任,它们应向计划员和主生产计划员提供关于预期延迟的信息,以使计划员和主生产计划员能在问题发生之前做好计划调整,对于一份带有惩罚条款和 10 天内贷款即将到期的出口订单,一般会不惜代价进行安排,不使生产落后于计划。

应有定期的计划会议,为市场、销售、生产、采购、计划部门的人员进行交流提供机会。

对于部门之间的交流应当规定响应时间。例如,如果市场部门要求生产部门做出一种承诺或修改计划,他们应在 2 天内得到答复。如果生产部门向市场部门询问为什么预测未能实现,他们应在 2 周内得到答复,因为市场部门要花比较多的时间来获取这些信息。

3. 主生产计划的编制步骤

(1) 根据生产规划和计划清单确定对每个主生产计划对象的生产预测。

(2) 根据生产预测、已收到的客户订单、配件预测,以及该最终项目的非独立需求数量,计算总需求。

(3) 根据总需求量及事先确定的订货策略和批量、安全库存量和期初库存量,使用如下公式从最初时区开始计算各时区的预计可用量和主生产计划量,即

第 $k+1$ 时区的预计可用量=第 k 时区预计可用量+第 $k+1$ 时区主生产计划量—
第 $k+1$ 时区的总需求量(k = 0,1,…)

第 0 时区的预计可用量=期初可用量

在计算过程中,如预计可用量为正值,表示可以满足需求量,不必再安排主生产计划量;如预计库存量为负值,则在本时区安排一个批量作为主生产计划量,从而给出一份主生产计划的备选方案。

(4) 用粗能力计划(见 8.2 节)评价主生产计划备选方案的可行性,模拟选优,给出主生产计划报告。

8.1.9 主生产计划的维护和控制

主生产计划应当是相对稳定的。但是,随着时间的推移和市场的变化,主生产计划的改变仍

是不可避免的。主生产计划员使用时界对主生产计划进行维护，并对修改主生产计划进行控制。

1. 时界和时域

为了说明修改主生产计划的限制条件、难易程度及付出的代价，从而谋求一个比较稳定的主生产计划，出现了时界与时域的概念，它向计划人员提供了一个控制计划的手段。

常用的时界有两种，即计划时界(planning time fence，PTF)和需求时界(demand time fence，DTF)，计划时界和需求时界都是通过天数来指明的。一般来说，计划时界的天数等于或略大于最终产品的累计提前期；而需求时界天数等于或略大于最终产品的总装配提前期。计划时界和需求时界将整个计划展望期分为3个时域。从当前时区到需求时界的计划期，称为第1个时域；需求时界和计划时界之间的计划期，称为第2时域；计划时界以后的计划期称为第3时域。

需求时界指出，第1时域的主生产计划已接近完成，不宜再有变化，甚至不再接受新的客户订单，否则要付出很大的代价。所以，第1时域也称为冻结时域。在这个时域中，主生产计划的改变，包括接受新的客户订单，都要经过企业高层领导的批准。

计划时界指出，第2时域的主生产计划已经确认，主生产计划的变化要付出一定的代价，所以不允许系统自动改变，必须由主生产计划员来控制。通常，这个时域称为半冻结时域。

第3时域中的主生产计划还没有经过确认，系统可以改动。通常，第3时域称为自由时域。

时界的作用有两方面：一方面，可以根据时界来确定在不同的时域内维护主生产计划的权限；另一方面，可以提醒主生产计划员在适当的时候做必要的决定。随着时间的推移，原来位于计划时界之外的计划数据将会进入计划时界之内。而一旦计划数据进入计划时界，再改变它就困难了。因此，主生产计划员必须决定对即将进入计划时界的主生产计划数据是否要进行适当的修改。

时界是客观存在的。使用时界不是要阻止计划的变化，只是明确地指出，在不同的时域对主生产计划的改变要付出不同的代价，从而向主生产计划员提供维护和控制主生产计划的手段。

2. 控制对主生产计划的修改

主生产计划员必须随时维护主生产计划的可行性。在维护主生产计划可行性的过程中，主生产计划员经常遇到的问题就是由于客户需求的改变而使得原有的主生产计划失去意义。在这种情况下，车间管理人员将不得不自行采取措施处理问题，这将使系统处于混乱状态。为了避免这种情况，就要重排主生产计划。

但是，一定要对主生产计划的重排进行控制，而不能频繁地重排。为此，主生产计划员必须认真思考和分析以下问题。

(1) 需求真的发生变化了吗？

主生产计划的一个重要目标是满足客户需求，需求的变化必然引起计划的变化，但主生产计划应当是相对稳定的计划，不能亦步亦趋地随需求的变化而改变。需求的变化有时仅仅是客户把一份订单提前了而总需求并没有变，有时可能是由于年终销售奖金的影响使得销售人员努力把客户明年的需求变成了今年的订单，并不意味着需求发生了规律性的变化。所以，对于需求的变化要分析原因，并决定是否要采取相应的措施。

(2) 对生产规划有什么影响？

如果必须修改主生产计划，而且这种修改使得主生产计划的汇总与生产规划不一致，那么在修改主生产计划之后还要修改生产规划。

(3) 能力可用吗？

修改主生产计划要受到生产能力的限制。在决定修改主生产计划之前，一定要确保有足够的生产能力来支持修改以后的主生产计划。

(4) 物料可用吗？

为了生产产品，物料和能力同样重要。在正确的时间以正确的数量得到正确的物料，才能保证生产按计划执行。如果要增加需求，则必须有足够的物料可用；如果要减少需求，则需要考虑增加库存空间来存贮暂时不需要的零部件。

(5) 成本和风险如何？

在短于提前期的时间内改变主生产计划，可能需要更多的能力，需要以紧急手段获取更多的物料。在很多情况下，这些都是可以做到的，但是都要付出成本，还可能有产生产品质量问题或者影响和客户的关系的风险。所以，要把改变计划的收益和改变计划的成本与风险进行比较，才可以做出决定。

应当确定一些控制主生产计划重排的原则。例如，仅对需要对原承诺日期改变 1 周以上的订单进行重排；如果工厂的能力已经很紧张，当把一份订单提前时，必须把另外的订单推后，否则就会出现超负荷的主生产计划。

为了帮助主生产计划员重排和修改主生产计划，可以利用一些工具。例如，粗能力计划及系统的模拟功能都是非常有用的。此外，主生产计划员的经验也是非常重要的。

8.1.10 关于主生产计划的综合案例分析

本节展示了一个关于主生产计划的综合案例，其中涵盖了 8.1.6 节所介绍的全部概念，以及 8.1.9 节所介绍的计划时界和需求时界的概念，还涉及了第 6 章所介绍的客户订单分析和预测消耗逻辑，也为计算向前看的累计 ATP 提供了一个稍微复杂的数据环境。通过这个例子，可以帮助读者深刻地理解主生产计划及其相关概念。

某企业的主生产计划矩阵，如表 8.5 所示。

表 8.5 主生产计划矩阵(初始库存量 175)

时区/周	1	2	3	4	5	6	7	8	9	10
生产预测	200	200	200	200	200	200	200	200	200	200
增加的客户订单	0	0	0	0	130	28	0	0	0	0
预测的客户订单	198	145	234	145	167	145	150	100	34	0
未消耗的预测	0	0	23	55	33	55	50	100	166	200
总 需 求	198	145	257	200	330	228	200	200	200	200
主生产计划	400	0	400	0	400	0	400	0	400	0
预计可用量	377	232	375	175	245	17	217	17	217	17
时区ATP	183	0	0	0	0	0	150	0	366	0
超出的需求量	0	194	49	215	70	173	0	100	0	0
向前看的累计ATP	183	183	183	183	183	183	333	333	699	699

（需求时界位于第 2 周与第 3 周之间；计划时界位于第 7 周与第 8 周之间）

在表 8.5 的基础上，我们讨论以下 3 个问题。

1. 客户订单

表中涉及客户订单的有两行，即增加的客户订单和预测的客户订单。

增加的客户订单属于 6.2.2 节所介绍的非正常需求，它或许是一次性的偶然出现，或许是反映了新的商机。但无论是哪一种，都不应当用它来消耗预测，而是直接加到总需求上。因此，表中第 5 时区和第 6 时区相应的总需求分别是 200＋130＝330 和 200＋28＝228。在制订主生产计划时，也要因此而增加计划生产量。而且，在计算 ATP 的时候也要把增加的客户订单考虑在内(参见本节"计算向前看的累计 ATP"的相关内容)。

预测的客户订单是预测的实现，对它要按照 6.2.3 节所介绍的预测消耗逻辑来处理。

2. 时界和预测消耗逻辑的应用

(1) 计划时界。在表中，计划时界的长度为 8 个时区。现在，第 9 时区将要进入计划时界，此时主生产计划员要考虑以下问题并做出决定。

- 第 9 时区的主生产计划量 400 是否应当适当地减少？因为向前看的累计 ATP 已达到 699。
- 如果不做任何改变而使第 9 时区进入计划时界，以后也没有接到新的客户订单，那么就要保持比较高的 ATP 和预计可用量。
- 当然，如果在第 9 时区进入计划时界之前接到了某些新的客户订单，主生产计划员也有可能保持甚至增加第 9 时区的主生产计划量。

(2) 需求时界和过期未消耗预测的处理。在表中，第 4 至 10 周的未消耗预测的计算比较简单明了。但是，第 1、2、3 周末消耗的预测是如何得到的，应当做些解释。

按照需求时界的定义，需求时界之前的时域是冻结的，不再接受新的客户订单。因此，早于需求时界的未消耗预测即被认为是过期的。这里采用的是时间宽松的预测消耗逻辑，所以将早于需求时界的累计的未消耗预测，即(200－198)＋(200－145)＝57，移到需求时界之后的第一个时区，即第 3 时区。于是有第 3 时区未消耗的预测＝200＋57－234＝23。同时，第 1 时区和第 2 时区的未消耗预测变为 0。

3. 计算向前看的累计 ATP

(1) 计算时区 ATP。从第 10 周开始，由远及近直到第 1 周，逐个时区进行如下计算：将主生产计划量减去未交付的客户订单量(包括增加的客户订单和预测的客户订单)。

第 10 周：时区 ATP＝0－(0＋0)＝0

第 9 周：时区 ATP＝400－(0＋34)＝366

第 8 周：时区 ATP＝0－(0＋100)＝－100(即"超出的需求量"，时区 ATP 记为 0)

第 7 周：时区 ATP＝400－(0＋150)－100＝150

其中，等式左边被减掉 100，表示"第 8 周超出的需求量要从第 7 周的时区 ATP 中预留出来"。

第 6 周：时区 ATP＝0－(28＋145)＝－173(即"超出的需求量"，时区 ATP 记为 0)

第 5 周：时区 ATP＝400－(130＋167)－173＝－70(即"超出的需求量"，时区 ATP 记为 0)

其中，等式左边被减掉 173，表示"第 6 周超出的需求量要从第 5 周的时区 ATP 中预留出来"。

第 4 周：时区 ATP＝0－(0＋145)－70＝－215(即"超出的需求量"，时区 ATP 记为 0)

其中，等式左边被减掉 70，表示"第 5 周超出的需求量要从第 4 周的时区 ATP 中预留出来"。

第 3 周：时区 ATP＝400－(0＋234)－215＝－49(即"超出的需求量"，时区 ATP 记为 0)

其中，等式左边被减掉 215，表示"第 4 周超出的需求量要从第 3 周的时区 ATP 中预留出来"。

第 2 周：时区 ATP＝0－(0＋145)－49＝-194(即"超出的需求量",时区 ATP 记为 0)

其中，等式左边被减掉 49，表示"第 3 周超出的需求量要从第 2 周的时区 ATP 中预留出来"。

第 1 周：时区 ATP＝175＋400－(0＋198)－194＝183

其中，等式左边被减掉 194，表示"第 2 周超出的需求量要从第 1 周的时区 ATP 中预留出来"。

(2) 向前看的累计 ATP。从第 1 周开始，把各周的时区 ATP 累加到所考虑的时区，即是这个时区向前看的累计 ATP。

8.1.11 主生产计划的度量

为了确保主生产计划的有效性，要对主生产计划的执行情况进行度量。

缺料单可以用来反映主生产计划的质量，如果主生产计划是有效的，则没有必要再使用缺料单。企业管理人员想检查 ERP 运行的有效性，只要看看生产过程中使用的是缺料单还是派工单即可。如果仍使用缺料单，则通常说明主生产计划未得到正确的管理，它未能有效地预报未来的缺料情况。

每月都要按产品族对主生产计划进行汇总，以确保主生产计划的各项数据与生产规划相吻合。每月都应检测主生产计划的完成情况，以确保实现总的财务目标。所有产品或最终项目的主生产计划的完成率至少应达到 95%，否则总的财务目标的实现就可能出现问题。

此外，度量主生产计划的执行情况还经常使用如下指标。

(1) 准时交货率。对于面向订单的生产方式来说，准时交货率就是按照承诺的日期发运货物百分比；对于面向库存的生产方式来说，则是指供货率，即准时从库房发运的订货量除以总订货量。

(2) 在紧急情况下主生产计划的变化量。该指标数值应该非常小。

(3) 重排主生产计划时的提前订货量和推迟订货量。当重排主生产计划时，提前的订货量和推迟的订货量应接近相等。

(4) 库存周转率。对面向库存生产的企业，应考察产成品的库存周转率。

(5) 未交付的客户订单水平。对面向订单生产的企业，应考察产成品未交付的客户订单水平。

(6) 能力利用率。

(7) 库存投资水平。

8.2 粗能力计划

8.2.1 什么是粗能力计划

对主生产计划进行有效的管理是 ERP 系统中最富挑战性的工作之一。主生产计划员的目标就是生成一份可执行的主生产计划。这就意味着要有足够的能力来保证主生产计划的执行。

在战略层面，当生成了生产规划之后，要通过资源计划来检查它的可行性。生产规划是面对产品族的，资源计划以综合的表述方式检查了是否有足够的能力来保证生产规划的执行。在战术层面，也要检查主生产计划的可行性，这就是粗能力计划(rough cut capacity planning，RCCP)的作用。粗能力计划的处理过程和资源计划的处理过程很相似，但是要更详细。因为主生产计划是面对具体产品或最终项目的。

粗能力计划的处理过程要将产品或最终项目的主生产计划转换成关键工作中心的能力需求。粗能力计划要忽略某些基本信息，以便简化并加快处理过程。粗能力计划使用某些有代表性的工艺路线，面向关键工作中心，是一个近似的能力计划。通常，企业要根据与粗能力计划相关的主要资源的情况来批准主生产计划。

粗能力计划所用的代表工艺路线将主生产计划物料和生产它们所需的关键工作中心联系起来，按日期产生对关键工作中心的粗能力需求。以周为时区把这些粗能力需求汇总，形成粗能力计划报告。粗能力计划报告可以以表格或直方图的形式输出。输出的内容要包括关键工作中心的代码及描述、时区，在一个时区内总的能力需求及总的能力可用量。

粗能力计划为评估主生产计划提供了一个粗略的方法。如果一份主生产计划所产生的能力需求是不现实的，或一项变化对资源或关键设备的能力产生重大超量需求，则都能从粗能力计划中清楚地反映出来。

为了有效地解决粗能力计划反映出的问题，需要提供一种方法来识别能力需求的来源。最简单的方法是提供一个报告或屏幕显示，表明在每个时区引起粗能力计划需求的具体的主生产计划订单。

如果粗能力计划的计算表明存在能力或资源的短缺，那么在批准主生产计划之前，必须解决这一问题，或者增加能力或资源，或者调整主生产计划。如果必须调整主生产计划以协调资源短缺，那么这种调整一定要反映在最后的主生产计划中。

8.2.2　能力清单

为了执行粗能力计划，必须首先构造能力清单(bill of labor，BOL)。能力清单和资源清单是同义词，它给出关于每个关键工作中心的负荷(load)和偏置时间(time off-set)的信息。负荷是指为生产一个单位的主生产计划物料所需的对某个关键工作中心的准备和加工时间，这个时间包括了对该主生产计划物料的所有经过此工作中心的子项物料的准备和加工所需的时间。一个工作中心的偏置时间则用来指明该工作中心的工作要在主生产计划物料完成之前的几个时区进行。

能力清单的数据来自物料清单和工艺路线。假定现在要为产品 X 制订粗能力计划。X 的物料清单表明，X 由零件 A、零件 B 和子装配件 C 各 1 件构成，而子装配件 C 由零件 D 和零件 E 各 1 件构成，零件 D 和零件 E 分别由毛坯 D1 和 E1 加工而成。工艺路线表明，零件 D 的加工要经过 4 个工作中心，零件 E 的加工要经过 5 个工作中心。图 8.4 是产品 X 的物料清单；表 8.6 和表 8.7 分别是零件 D 和零件 E 的工艺路线。

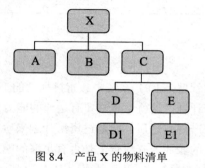

图 8.4　产品 X 的物料清单

表 8.6 零件 D 的工艺路线

工作中心	24	32	14	40
工 序	车	轧	淬火	研磨
准备时间/时	1.6	0.4		0.6
加工时间/时	0.10	0.18		0.17

表 8.7 零件 E 的工艺路线

工作中心	24	10	20	14	40
工 序	车	钻	切割	淬火	研磨
准备时间/时	0.8	0.2	0.4		0.4
加工时间/时	0.06	0.03	0.15		0.12

为了构造产品 X 的能力清单，首先来计算子装配件 C 的能力需求。假定零件 D 和零件 E 的提前期都是 1 个时区，计算子装配件 C 的能力需求就是一个累加零件 D 和零件 E 的工艺路线信息的过程。我们注意到，在工作中心 40(研磨工序)准备时间为 1 小时，其中，加工零件 D 的准备时间为 0.6 小时，加工零件 E 的准备时间为 0.4 小时。加工时间是 0.29 小时。因为对零件 D 和零件 E 的研磨加工出现在同一时区，所以把两项负荷加在了一起，否则应当分开。对其他工作中心也进行类似的计算。对于工作中心 14(淬火工序)的负荷不是以标准小时为单位，而是以零件的个数表示(零件 D 和零件 E 各 1 件)。这项负荷要求的是空间资源。子装配件 C 的能力需求，如表 8.8 所示。

表 8.8 子装配件 C 的能力需求

工作中心	10	14	20	24	32	40
准备时间/时	0.20		0.40	2.40	0.40	1.00
加工时间/时	0.03	2件(空间资源)	0.15	0.16	0.18	0.29

在计算出子装配件 C 的能力需求后，就可以从中提取出对关键工作中心的能力需求。假定工作中心 24 是关键工作中心，且已知产品 X 的最终装配提前期是 1 个时区，子装配件 C 的提前期是 2 个时区，零件 D 和零件 E 的提前期都是 1 个时区。于是，工作中心 24 的偏置时间是 4 个时区。能力清单指出，对于每件产品 X，在其完工之前 4 个时区，在关键工作中心 24 上将出现的负荷是准备时间 2.4 小时，加工时间 0.16 小时。

现在可以把构造能力清单的步骤概括如下。
(1) 将主生产计划物料的 BOM 展开到所有的制造层次(包括提前期)。
(2) 依据工艺路线确定所需的工作中心和每个工作中心为加工所有子项物料所需的标准工时。
(3) 按工作中心和偏置时间把子项物料所需工时进行分组累加(即把工作中心和偏置时间相同的工时相加)。
(4) 对所选定的关键工作中心提取其工时负荷和偏置时间，形成主生产计划物料的能力清单。

8.2.3 粗能力计划的计算

在构造了能力清单之后，就可以生成粗能力计划了。表 8.9 为产品 A 和产品 B 的能力清单。

工作中心 10 和 35 都是关键工作中心。注意产品 B 的零件两次经过工作中心 10，一次是产品 B 完工之前 1 个时区，另一次是产品 B 完工之前 2 个时区。现在，我们要确定第 2 时区在工作中心 10 上的负荷。考虑到两个产品在工作中心 10 上的偏置时间，我们必须考虑产品 A 在第 4 时区的主生产计划和产品 B 在第 3 时区及第 4 时区的主生产计划量。

表 8.9 产品 A 和产品 B 的能力清单

产品	工作中心	准备时间/时	加工时间/时	偏置时间/时
A	10	2.0	0.1	2
	35	1.0	0.2	3
B	10	1.0	0.05	1
	10	1.5	0.1	2
	35	0.5	0.1	2

假定从产品 A 和产品 B 的主生产计划得知，产品 A 在第 4 时区的主生产计划量是 50 件，在第 5 时区的主生产计划量是 60 件；产品 B 在第 3 时区的主生产计划量是 20 件，在第 4 时区的主生产计划量是 25 件。于是，产品 A 在第 4 时区的 50 件将要求工作中心 10 在第 2 时区上的 7 小时的能力。类似地，产品 B 在第 3 时区的 20 件将要求工作中心 10 在第 2 时区上的 2 小时的能力，产品 B 在第 4 时区的 25 件将要求工作中心 10 在第 2 时区上的 4 小时的能力。把这些负荷累加在一起，得到第 2 时区在工作中心 10 上的负荷是 13 小时。以上计算过程如表 8.10 所示。

表 8.10 第 2 时区工作中心 10 上的粗能力计划

产品	主生产计划量	完工时区	偏置时间/时	负荷计算/时	负荷/时
A	50	4	2	2.0+0.1×50=7	7
B	20	3	1	1.0+0.05×20=2	6
	25	4	2	1.5+0.1×25=4	
合计					13

类似地，可以求得第 2 时区在工作中心 35 上的负荷是 16 小时。

现在把粗能力计划的计算过程总结如下。

(1) 对各主生产计划物料构造能力清单。

(2) 根据各主生产计划物料的能力清单，计算各主生产计划物料在各时区对各关键工作中心的负荷。

(3) 对各关键工作中心按时区汇总所有主生产计划物料产生的负荷，得到该工作中心的粗能力计划。

8.3 计划物料清单

8.3.1 什么是计划物料清单

在有些情况下，例如对计时沙漏结构和倒金字塔形结构的产品，确定最终产品的主生产计划并非一件简单的事情。对于这两种结构，在产品以下的层次上做主生产计划是更为有效的。

此时，主生产计划员必须首先确定主生产计划物料的预测需求。这就需要一种技术，把市场部门提供的关于产品族的预测或生产规划转换成主生产计划物料的需求预测。这就需要用到计划物料清单。

1. 计划物料清单的作用

当在产品以下的层次上做主生产计划时，主生产计划员在他们的工作中也可以使用类似于 MRP 需求展开的过程来确定主生产计划物料的需求。所不同的是，物料需求计划员使用的是普通的物料清单，而主生产计划员使用的是计划物料清单。所以，计划物料清单是主生产计划员的工具，它的作用如下。

(1) 把对最终产品或产品族的预测转化为 MPS 物料的预测。
(2) 通过减少 MPS 物料的数量来减少主生产计划员的工作。
(3) 节省主生产计划的成本。
(4) 可以方便地检查客户订单所要求的选项的可用性，从而为客户提供更好的服务。
(5) 确保 MRP 模块得到物料的需求信息(准确的时间和准确的数量)。

2. 计划物料清单和普通物料清单的区别

构造和维护这些清单是主生产计划员的责任。计划物料清单和普通物料清单有以下区别。

(1) 计划物料清单包含基于历史统计数据的百分比关系，所以也称为百分比清单。
(2) 计划物料清单把物料按某种方式分组表示，这种表示仅仅是为了计划的方便而不是为了设计和生产制造产品。
(3) 计划物料清单中的数字，仅仅是为了计划的方便而不是为了设计和生产制造产品。

8.3.2 物料清单中的虚项

虚项是构造计划物料清单的基本元素，是简化物料清单的一种工具，它使得物料清单既能够反映产品的制造方法，又有助于简化预测和计划的过程，从而满足不同用户的需求。

1. 使用虚项的几种情况

(1) 标识通常不入库，但偶尔入库的物料项目。以电机生产为例，电机最终在装配线上完成。装配工在装配线上把各种子装配件装配在一起。同时，在子装配线上，装配工装配线圈、开关等子装配件。线圈和开关等子装配件很快消耗在最终装配过程中，成为父项的一部分，作为独立形态的存在，仅仅是一个瞬间的事情，所以通常没有入库的必要。换言之，不应当把它们送入仓库、登记入账，再立即取出并销账，然后再送到装配线上。因为这既增加了不必要的工作，又不反映实际的生产过程。由于不入库，所以没有必要用物料代码来识别这些瞬时存在的子装配件。

但是也有例外，有时在电机生产过后，会有剩余的线圈或开关等子装配件。于是出现了一个难题：这些子装配件没有物料代码，如何用 ERP 系统来控制它们？把它们拆成原来的零件或原材料再送回库房太可惜了；把它们暂时堆在装配工身旁下次再用可能会越堆越多，而且脱离了 ERP 系统的控制。最好的办法是把这些子装配件送入库房，下次生产电机时再取出使用，这就必须识别这些子装配件，为它们分配物料代码，并且编入物料清单中。但是它们的确又不同于普通的物料，为了使 ERP 系统能够以不同的逻辑来处理这些子装配件，可以把它们标记为虚项。

(2) 标识一组不可能装配在一起的零件，以使得物料清单的结构更清晰。在产品结构的第一层上，有许多零散的小零件，这些小零件常常是那些把产品部件装配在一起的连接件，如螺栓、螺母、垫圈等。此外，还有产品说明书、保修单等文档资料。在产品结构上，这些小零件和文档资料与产品主要部件处于同样的层次。为了物料清单的结构更清晰，常常把这些小零件和文档资料放在一个虚拟的袋子中，把它们作为一个整体，同时给这个袋子分配一个物料代码，作为虚项来处理。

(3) 标识一种预测和主生产计划处理的对象。虚项用来标识一种预测和主生产计划处理的对象的应用，出现在模块化物料清单的构造中。当产品具有多个可选特征时，最终产品的种类可能会成千上万，此时对众多的最终产品进行预测和计划往往是不可能的。解决这个问题的一个方法是以可选特征而不是以最终产品作为预测和主生产计划的对象，使预测和计划的项目数极大地减少。但同时，物料清单也必须重构，以支持这种方法。把和某种具体的可选特征相关的零部件划分成一组，分配一个物料代码，由于它们根本不可能装配在一起，所以作为虚项来处理，这样就可以按可选特征对相关的零部件进行预测和计划。例如，把所有的公用件放在一起，作为一个虚项。当公用件发生变化时，只需修改一份物料清单，即公用件的虚项物料清单，而无须修改成千上万份最终产品的物料清单。这为预测、计划和物料清单的维护提供了极大的方便。

(4) 实现在物料清单中对某种物料的替换。在一种产品的生产经营过程中，由于各种原因，有时要对其某个子项进行替换。有时是由于法律禁止某项物料的使用，如在食品或药品行业会有这种情况；有时是企业自身为了改善产品质量或降低产品成本而采用某种新物料。

如果物料的替换需要立即执行，则立即在物料清单中删除原物料且增加新物料即可。如果指定了替换日期，则可把新物料和旧物料都作为子项写入物料清单中，并通过子项的生效日期和失效日期来控制新旧两种物料在物料清单中的有效性。具体来说，以指定的物料替换日期作为旧物料的失效日期和新物料的生效日期即可。

但是，有时采用的替换策略是，先把旧物料用光，一旦旧物料用光，就替换使用新物料。此时自然可以采用人工方式每日监控旧物料的使用情况，一旦用光，立即修改物料清单。这是一种很累的工作方式。使用虚项可以为实现这种策略提供方便，只需要把旧物料在物料清单中的子项类型指定为虚项，而把新物料指定为旧物料的子项，就可以实现一旦旧物料用光，就用新物料来替换旧物料的策略。

2. 添加虚项的方法

要把虚项像其他子项一样加到物料清单中，它可以出现在物料清单的任何层次上，但是需要采用特殊的处理方法。当把虚项添加到主生产计划以下的层次上时，应采用以下步骤。

(1) 在把虚项加入物料清单时，要指明其子项类型为虚项。

(2) 设置提前期为零，订货策略为按需订货。

(3) 当进行物料需求计划展开时，如果虚项的库存余额为零，则越过该虚项直接计算其下属物料项目的需求；如果虚项的库存不为零，则先用毛需求减去库存余额，求得净需求，再展开其子项的需求。所以，不会对虚项产生生产订单。

虚项一般不出现在领料单上，除非其库存余额大于零。所以，在大多数情况下，出现在物料清单上的仅仅是它的子项。当虚项作为主生产计划的对象时，则按上述步骤(1)和(2)来处理。

下面给出一个利用虚项技术，在物料清单中实现对某种物料替换的例子。

【例8.1】 某公司产品 X 的物料清单，如图 8.5 所示。该公司发现，如果把产品 X 的子项 C 换成 D，那么不但产品成本会降低，而且产品质量还会提高。在这种情况下，当然应当把 C 换成 D。但是，市场对于产品 X 的当前结构是完全接受的，没有人认为子项 C 有什么不好，而且公司里还有物料 C 的库存。于是，应当把 C 用光，再在产品 X 的结构中将 C 换成 D。利用虚项技术，可以在产品 X 的结构中将 C 的子项类型定义为虚项，再把物料 D 作为 C 的子项，如图 8.6 所示。那么，由上述的步骤(3)，就可以很方便地实现对物料 C 的替换，即在物料 C 用光时立即在产品 X 的结构中将其替换为 D。

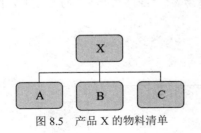 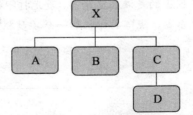

图 8.5　产品 X 的物料清单　　　　　　图 8.6　利用虚项技术实现对物料 C 的替换

8.3.3　产品族物料清单

产品族物料清单，也称为预测物料清单或百分比清单，用于把产品族的预测分解为产品族中各个产品的预测。下面给出了一个产品族物料清单的例子。

【例 8.2】图 8.7 对圆珠笔产品族做出了预测，圆珠笔产品族由 3 种产品组成，即普通圆珠笔、中档圆珠笔和高档圆珠笔。根据历史数据，计划员确定，市场对圆珠笔的需求有 50%是普通圆珠笔，20%是中档圆珠笔，30%是高档圆珠笔。在产品族物料清单中显示了这些百分比。

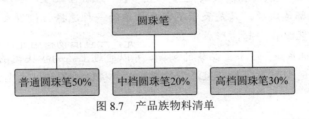

图 8.7　产品族物料清单

假定对圆珠笔产品族在某个特定时区的预测是 300 支，那么计划员将通过产品族物料清单得到每种圆珠笔的需求预测，具体计算如下。

普通圆珠笔＝50%×300＝150 支
中档圆珠笔＝20%×300＝60 支
高档圆珠笔＝30%×300＝90 支

这里，使用产品族物料清单对产品族的需求做了展开，这个展开过程类似于 MRP 的需求展开过程，目的是把对于产品族的总的预测分解到具体的产品中。在产品族物料清单中，所有产品的百分比之和应当等于 100%。

8.3.4　模块化物料清单

当在最终产品以下的层次上做主生产计划时，则使用模块化物料清单，也称为公用件和选项物料清单。有些公司生产的产品和选项密切相关，在这种情况下模块化物料清单非常有用。这种物料清单组织公用件和选项的方式，可以使所要预测和计划的项目数极大地减少。下面我们考虑一个使用模块化物料清单的例子。

【例 8.3】某公司生产的个人计算机系统有两种不同的配置：普通型配置包括液晶显示器、

激光打印机和两个磁盘驱动器；经济型配置包括普通显示器、点阵打印机和一个磁盘驱动器。图 8.8 表示个人计算机系统的模块化物料清单。

首先，由历史数据可知，40%的个人计算机系统是经济型配置，60%的个人计算机系统是普通型配置。两种不同配置的计算机系统有一些公用件，如键盘、内存储器、连接线等。在图 8.8 中，"基本计算机系统"的名称下列出的是键盘、内存储器和连接线。"普通型配置"的名称下列出的是液晶显示器、激光打印机和两个磁盘驱动器；"经济型配置"的名称下列出的是普通显示器、点阵打印机和一个磁盘驱动器。

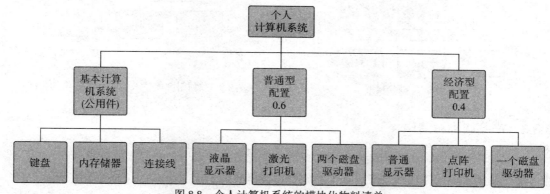

图 8.8　个人计算机系统的模块化物料清单

"基本计算机系统"并不表示一个能够被构造的产品部件，而是一个虚项，所列出的子项要在总装阶段才会装配在一起。同样，"普通型配置"和"经济型配置"也不表示一个能够被构造的产品部件，它们也都是虚项，只是表示了客户订单的一种选择。仅仅在总装配阶段，所列出的子项才会和公用件装配在一起，形成产品。

对于"个人计算机系统"这个产品族的预测，可以通过上述的模块化物料清单分解为对"基本计算机系统"、"普通型配置"和"经济型配置" 3 个模块的预测。主生产计划员仅对这 3 个模块做计划。

模块化物料清单中的数据也是基于历史数据。和百分比清单不同的是，它所使用的各个数字之和不等于 100%。

8.3.5　物料清单的重构

在激烈的市场竞争中，客户都希望企业能够尽早交货。企业为了在竞争中取胜，必须按客户要求的提前期来生产产品。因此，缩短对客户的交货提前期是非常重要的。在面向订单生产和面向订单装配的企业中，往往需要重构物料清单，以适应缩短交货提前期的要求。

1. 应用模块化清单的好处

在面向订单生产的企业中，尤其是在产品有诸多可选特征的企业中，通过可选特征的组合数来表示的产品数将是十分庞大的，以致对这些产品进行预测和计划是不现实的。而且，要对每种产品建立物料清单，文件也会太大，将会因存储和维护费用过高而产生困难。于是，不得不重构物料清单，通过模块化物料清单来解决所面临的问题。我们用如下例子来说明。

【例8.4】 某企业生产的农用拖拉机有如下可选特征。

项目	可选特征
行走机构	3种：四轮结构 三轮结构，一个前轮 三轮结构，两个前轮
燃料	3种：汽油 液化石油气 柴油
功率	2种：40千瓦 50千瓦
传动机构	2种：手工排挡 自动排挡
驾驶盘	2种：机械式 电动式
后平板	2种：常规高度 低高度
车轴	2种：标准车轴 大间隙车轴
挂钩	2种：机械式 液压式
动力输出装置	3种：A型 B型 无
散热器	2种：有 无
封闭驾驶室	2种：有 无

根据这些可选特征的组合数，这个企业所生产的农用拖拉机共有：

$$3\times 3\times 2\times 2\times 2\times 2\times 2\times 2\times 3\times 2\times 2 = 6\,912(种)$$

但是在产品的生命周期中，在6 912种可能的产品中，大部分或许永远不会销售出去。因此，永远也不会用到它们的物料清单，而且设计改进和工程技术方面的变化都会增加另外一些物料清单。例如，假设上述拖拉机中只有一种挡泥板，如果工程师们又设计出另一种挡泥板，那么可选特征的组合数就会增加一倍。这就意味着必须有另外6 912份物料清单增加到文件中。

如果这个企业每月生产300台拖拉机，那么从6 912种可能的产品结构中选择哪300台作为某一个月的预测呢？这是非常难以确定的。

要解决这个问题，可以对高层次的组件，如行走机构、传动机构、驾驶盘等，按可选特征分别进行预测，而不去预测最终产品，并把这些预测作为主生产计划的输入。

在上述例子中，所有可选特征共25种，这个数字远比前面提到的6 912要小得多。而且，如果设计者又增加了一种特殊的挡泥板,也只是增加一份物料清单,而不是把物料清单数目加倍。

概括一下,应用模块化物料清单的好处如下。

(1) 缩短交货提前期,更快地对客户需求做出响应。

(2) 减少预测项目数和主生产计划项目数。

(3) 降低成本。模块化物料清单易于维护,从而减少维护成本。由于预测的准确性提高,使得能够减少库存,从而减少库存投资。

(4) 订单录入速度加快,错误减少。

2. 构造模块化物料清单的步骤

(1) 划分产品族,如上述农用拖拉机构成一个产品族。

(2) 识别可选特征,如上述农用拖拉机共有25种可选特征。

(3) 按照与可选特征的相关性,将零部件分组。下面用一个简化的例子,讨论分组方式。

【例8.5】假定拖拉机只有两个可选项目,即传动机构和驾驶盘,其他都是公用件。每种可选项目都有两种选择,即传动机构可有手工排挡和自动排挡两种选择,而驾驶盘可有机械式和电动式两种选择,所以共有4种产品。在图8.9中表示了这4种产品的单层物料清单。

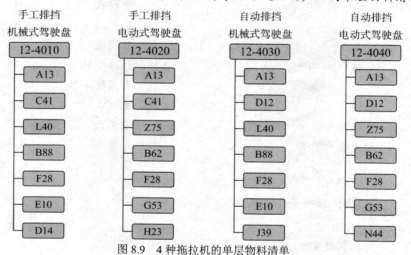

图8.9 4种拖拉机的单层物料清单

在产品结构中,最终产品号12-4010等处于第0层,而第1层的A13、C41等代表一些组件。为了重构这些物料清单,就要分析比较第1层上的组件,然后按与可选特征的相关性将这些组件分组。可以发现,第一份物料清单上的第1个组件项A13是所有机型通用的,因此应该把它归到通用件那一组中去。下一组件项,C41只用于手工排挡机械式驾驶盘和手工排挡电动式驾驶盘这种组合的机型中,而不用于自动传动机构的机型中,这就表示C41只用于手工排挡的机型。接下去的组件项,L40是仅与机械式驾驶盘一起使用的。其余组件项可用同样的方式进行分析并分到相应的组中。

注意第1种产品的最后一个组件D14,对这些分组中的任何一个都不适合。类似的还有H23、J39和N44。当4份物料清单中的第1层组件按相关的可选特征分组之后,剩下未被分组的组件D14、H23、J39和N44,因为它们中的每一个都只和1种产品有关,所以必须对这些组件本身做进一步的分解,如图8.10所示。然后,对第2层项目按相关的可选特征分组。最终的分组结果如图8.11所示。

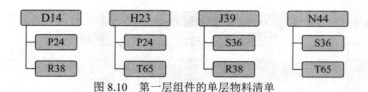

图 8.10 第一层组件的单层物料清单

在这个例子中,全部靠分解和归类的方法解决了问题。但是,如果组件 D14、H23 等都没有下属组件而是单一的零件,那就不可能对它们向下分解。类似这样的情况,如果可能的话,就应当重新设计,使其成为通用件。

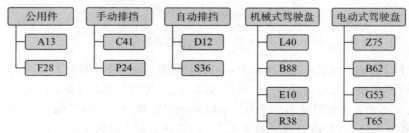

图 8.11 分组的结果

(4) 生成主物料清单。当已经按相关的可选特征将零部件分组后,就可以给每一组零部件分配一个物料代码,生成一个虚项。例如,对公用件组赋予一个代码 C100 等。然后,为农用拖拉机产品族生成一份主物料清单。主物料清单是企业关于农用拖拉机的数据库,其中包括所有的虚项和所有的零部件,换言之,只有常规意义上物料清单的第 0 层上的产品不再保留,而第 1 层及第 1 层以下各层的物料均被保留下来。有了主物料清单,其他各种物料清单,如生产物料清单、计划物料清单、最终装配清单等都可以从中导出。

(5) 生成模块化物料清单。为了实现对可选特征的预测和将实际需求转化成对具体零件的需求,还必须为各项可选特征确定百分比,即生成模块化物料清单。下面沿用上述案例进行说明。

【例 8.6】根据销售历史可知,25%的客户选择手工排挡,75%的客户选择自动排挡;20%选择机械式驾驶盘,80%选择电动式驾驶盘。公用件对应的百分比是 100%。为了生成模块化物料清单,可把农用拖拉机产品族作为父项,把手工排挡、自动排挡、机械式驾驶盘、电动式驾驶盘等可选特征作为子项(子项类型为虚项)来构造物料清单,并指明各子项对应的百分比,如图 8.12 所示。

至此,需求预测问题已变得很容易解决。我们只需预测农用拖拉机这个产品族的总需求,然后通过各可选特征对应的百分比,即可确定最终装配需要的零件和数量,而无须对特定的产品进行预测。如预测未来某一个月要售出 100 台农用拖拉机,那么通过模块化物料清单可知,需要公用件 100 套,以"手工排挡"为标识的零部件 25 套,以"自动排挡"为标识的零部件 75 套,以"机械式驾驶盘"为标识的零部件 20 套,以"电动式驾驶盘"为标识的零部件 80 套。通过这种方式,把 100 台拖拉机的预测转化成零部件的需求。

(6) 生成最终产品的物料清单。当接到一份客户订单时,可以通过模块化物料清单得到具体产品的物料清单。这项任务是在订单录入的过程中实现的。

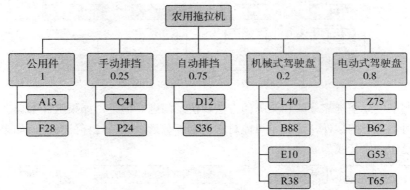

图 8.12　模块化物料清单

【例 8.7】续前例，接到一份农用拖拉机的客户订单，要求手工排挡和机械式驾驶盘，那么通过图 8.11 所示的模块化物料清单可以得到 A13、F28、C41、P24、L40、B88、E10、R38 共 8 个子项物料。又由于在主物料清单中保存了 D14 的物料清单，所以可以从 P24 和 R38 得到 D14，于是得到了农用拖拉机 12-4010 的全部子项。通过最终装配，得到农用拖拉机产品 12-4010。

在这份客户订单完成之前，这份物料清单处于活动状态。一旦产品发运出去，这份物料清单则应存入档案文件备查。

8.4　主生产计划和最终装配计划

主生产计划是对将要生产什么的描述，它的依据是需求预测和接到的客户订单。主生产计划要覆盖整个计划展望期，且在生产制造过程中生成对各种资源的需求。最终装配计划与主生产计划不同，它是短期计划，目的是满足实际的客户订单，它将生成对最终装配工作中心的派工单。

在面向库存生产的环境下，最终装配计划的对象与主生产计划的对象相同，即使有区别也只是包装形式之类的不同。在面向订单装配的环境下，主生产计划的对象要依据计划物料清单来确定，而最终装配计划的计划对象总是最终产品。

【例 8.8】XYZ 公司生产台灯，台灯的金属灯罩有黑、红、绿、白 4 种颜色。该公司存储装配台灯所需的所有物料，包括没有涂颜色的金属灯罩。当接到客户订单的时候，XYZ 公司根据客户的要求为灯罩涂上颜色，包装所有的零件，发运给客户。这个过程的提前期为 1 周。

XYZ 公司对灯罩涂色之前的台灯编制主生产计划，需求时界 3 周，累计提前期 4 周，计划展望期 6 周。台灯的主生产计划，如表 8.11 所示；第 1 周应发货的订单，如表 8.12 所示。

表 8.11　台灯的主生产计划

物料：100-TL　　　　　　　初始库存：1 040　　　　　　　需求时界：3 周

周	过去	1	2	3	4	5	6
销售预测		1 000	1 200	800	1 000	1 000	1 500
客户订单		1 200	500	300	200		
主生产计划	1 000		1 500		1 000	1 500	
可承诺量	840		700		800	1 500	
预计库存量		840	1 140	340	340	840	

表8.12　第1周应发货的订单

灯罩颜色	黑	红	绿	白	小计
客户A	50	100	25	50	225
客户B	100	75	50	50	275
客户C	100	50	100	100	350
客户D	150	50	50	100	350
合　计	400	275	225	300	1 200

表8.11表明在第1周共有2 040件台灯(初始库存1 040＋过去的主生产计划量1 000)可用于最终装配；表8.12表明，第1周应当发货的订单总数为1 200。有了这些信息就可以制订最终装配计划了。最终装配计划一般按天表示。表8.13为黑色灯罩的台灯第一周的最终装配计划，展望期为5天。

表8.13　黑色灯罩的台灯第1周的最终装配计划

物料：100-TLB　　　　　　　　初始库存：0

天	过去	1	2	3	4	5
客户订单		50		150	100	100
最终装配		100		200	200	
可承诺量		50		50		
预计库存量		50	50	100	200	100

当接到客户订单时，订单录入人员应检查最终装配计划，看看客户订单是否可以承诺。如果可以，则在最终装配计划的展望期内承诺满足客户订单。否则，检查主生产计划，确定客户订单的承诺日期。

假定接到一份新的客户订单，要购买20台黑色灯罩的台灯。表8.13所示的最终装配计划显示，第1天的承诺供货量是50，于是第1天就可以接受这份订单。如果这份新的客户订单要求的是100台黑色灯罩的台灯，那么从最终装配计划可知，直到第3天才可以完全发货。

假定接到一份新的客户订单，要购买3 000台黑色灯罩的台灯，显然不能在最终装配计划的展望期内承诺满足客户订单。检查表8.11所示的主生产计划，显示第5周才会有足够的台灯可用。如果要求更早的日期，主生产计划员可以增加第4周的主生产计划量(需求时界是3周)，提前一周发货。或者，必须由企业高层领导做出违反需求时界的决定，然后由主生产计划员修改需求时界之内的主生产计划来满足需求。

8.5　两级主生产计划

两级主生产计划是帮助主生产计划员协调相关的主生产计划的一种方法。例如，在为汽车做生产计划的过程中，汽车的主生产计划必须和选项(发动机、变速箱、音响设备、内部装潢等)的主生产计划协调一致，才能支持汽车的生产。客户订单所选择的选项的变化及汽车生产的变化都要反映在它们各自的主生产计划中。

从产品族的主生产计划向相关选项的主生产计划传递的信息称为生产预测。计算生产预测要用到产品族的主生产计划和计划物料清单。有两种方法可以用于从产品族的主生产计划向产品选项(如发动机)的主生产计划传递信息，下面我们分别介绍。

1. 分解产品族的可承诺量，得到生产预测

计算生产预测的第一种方法是分解产品族的可承诺量(ATP)。使用这种方法，客户订单要减少产品族的预测。每当对一份客户订单做出承诺之后，都要重新计算产品族的可承诺量，然后根据产品族的新的可承诺量，重新产生关于每一种选项的生产预测。这样，主生产计划员可以随时了解客户订单的发展趋势并决定是否应当改变主生产计划。例如，如果客户订单选择某产品的比率高于预测的比率，那么主生产计划员可以及时发现这种趋势并进行分析，然后可以决定是否应当改变相关的主生产计划。

【例8.9】表8.14给出了一份使用这种方法的两级主生产计划的报告。这份报告表明了使用计划物料清单分解产品族可承诺量的过程。其中，V-8 发动机和 V-6 发动机在汽车的计划物料清单中的数量都是 50%，而且报告显示在已经发生的客户订单中，选择 V-8 发动机的比率高于预测的比率。

表 8.14 主生产计划报告(通过分解产品族的可承诺量来计算选项的生产预测)

(1) 产品族

时 区	1/09	1/16	1/23	1/30	2/06	2/13	2/20	2/27
预 测					6	4	10	10
客户订单		20		14	6			
主生产计划		20		20		20		20
预计库存量	0	0	0	6	0	10	0	10
可承诺量		0		6		14		20

(2) 选项：V-8 发动机，计划物料清单中的数量＝50%

时 区	1/09	1/16	1/23	1/30	2/06	2/13	2/20	2/27
生产预测		0		3		7		10
客户订单		12		7		5		
主生产计划		12		12		10		10
预计库存量	0	0	0	2	2	0	0	0
可承诺量		0		5		5		10

使用这种计算生产预测的方法，要假定在计划物料清单中指定的百分比对于未来的客户订单不变。它所依据的是类似于"投掷硬币"的概率模型。在任何一次投掷中，硬币的正反两面向上的概率都是 50%，而不论在以往的投掷中正反两面各出现了多少次。

具体到案例，系统将假定未来的客户订单对于 V-8 发动机和 V-6 发动机的选择不受已发生的客户订单所做出的选择的影响。换言之，不管已经卖出了多少汽车，也不管这些汽车选择的是 V-8 发动机还是 V-6 发动机，未来的一份客户订单选择 V-8 发动机和 V-6 发动机的概率都是 50%。

在表 8.14 的第(2)部分中，生产预测行在 1/16、1/30、2/13 和 2/27 的值，是使用计划物料清单分解表 8.14 的第(1)部分中可承诺量行的数据得到的。在尚未接到客户订单时，表 8.14 的第(1)部分中可承诺量行的数据都是 20，因此使用计划物料清单分解这一行得到第(2)部分中的生产预测都是 10。

表 8.14 的第(2)部分中主生产计划行在 1/16、1/30、2/13 和 2/27 的值，一般来说在开始的时候也都是 10，是根据总需求确定的。现在显示在 1/16、1/30 的两个 12，是由于 1/16 日的客户订单超过了生产预测，而且认为这种趋势将会延续，于是将 1/16 和 1/30 的主生产计划量修改为 12。

2. 分解主生产计划量,计算生产预测

第2种计算生产预测的方法是分解产品族的主生产计划量,而不考虑已经接到的客户订单。使用这种方法,使得关于产品选项的总需求保持不变,直到确有某种选项的实际销售超过生产预测。仅仅在此时,亦发现对某种选项的预测的确是错误的,才重新计算所有选项的生产预测。使用这种方法,客户订单要减少它所选择的选项的生产预测。

例如,如果在某个时区售出了 100 辆汽车,那么售出 V-6 发动机和 V-8 发动机的总数也是 100。如果其中售出 V-8 发动机的数量高于预测,那么售出 V-6 发动机的数量一定低于预测。因此,应当按照 V-8 发动机多售出的数量减少 V-6 发动机的生产预测。在发现某个选项的销售超过生产预测之前,对各选项的生产预测保持不变,这也减少了主生产计划员检查、分析和处理例外信息的工作量。

【例 8.10】承上例,表 8.15 给出了一份使用两级主生产计划的报告。可以看到,当收到客户订单并做出承诺之后,选项的生产预测将减少。和前面的例子一样,V-8 发动机和 V-6 发动机在关于汽车的计划物料清单中的数量都是 50%,而且报告显示在已经发生的客户订单中,选择 V-8 发动机的比率高于预测的比率。

表 8.15 主生产计划报告(通过分解产品族的主生产计划量来计算选项的生产预测)

(1) 产品族

时 区	1/09	1/16	1/23	1/30	2/06	2/13	2/20	2/27
预 测					6	4	10	10
客户订单		20		14	6			
主生产计划		20		20		20		20
预计库存量	0	0	0	6	0	10	0	10
可承诺量		0		6		14		20

(2) 选项:V8 发动机,计划物料清单中的数量=50%

时 区	1/09	1/16	1/23	1/30	2/06	2/13	2/20	2/27
生产预测		0		3		5		10
客户订单		12		7		5		
主生产计划		12		12		10		10
预计库存量	0	0	0	2	2	2	2	2
可承诺量		0		5		5		10

我们介绍了两种计算生产预测的方法,它们依据不同的概率模型,很难说哪一种方法更好。企业应当根据自己产品的销售特点来选择。第 1 种方法计算比较简单,在识别客户订单的趋势方面做得更好些;第 2 种方法计算比较复杂,在发现客户订单趋势方面不是很有效。所以,在实践中,许多企业都愿意使用第 1 种方法。只是在能够确认这种方法效果不好时,才尝试第 2 种方法。

8.6 关于主生产计划员的实例

星期三上午,11:50,C 电器设备公司的主生产计划员朱女士正准备去吃午饭,电话铃响了,是公司主管销售的副总裁。

"朱女士，你好！我刚刚接到我们浙江的销售代表的电话，他说，如果我们能够比 D 公司交货更快，就可以和一家大公司做成 A3 系统的一笔大生意。"

"这是一个好消息。"朱女士回答："一套 A3 系统可以卖 100 万呢！"

"是的。"副总裁说："这将是一个重要的新客户，一直由 D 公司控制着。如果我们这第一步走出去了，以后的生意会接踵而来的。"

朱女士知道，副总裁打电话给她绝不仅仅是告诉她这个好消息。"如果我们能够比 D 公司交货更快"才是打电话的原因。作为主生产计划员，她意识到副总裁下面还有话说，她全神贯注地听着。

"你知道，朱女士，交货是销售中的大问题。D 公司已经把他们的交货期从原来的 5 周缩短到 4 周。"副总裁停顿了一下，也许是让朱女士做好思想准备。然后，他接着说："如果我们要做成这笔生意，我们就必须做得比 D 公司更好。我们可以在 3 周之内向这家公司提供一套 A3 系统吗？"

朱女士在今天上午刚刚检查过 A3 系统的主生产计划。她知道，最近几周生产线都已经排满了，而且 A3 系统的累计提前期是 6 周，看来必须修改计划。"是 3 周以后发货吗？"朱女士问道。

"恐怕不行，3 周就要到达客户的码头。"副总裁回答。朱女士和副总裁都清楚，A3 系统太大，不能空运。

"那我来处理这件事吧！"朱女士说："两小时之后我给您回电话。我需要检查主生产计划，还需要和有关人员讨论。"

副总裁去吃午饭了。朱女士继续工作、解决问题。她要重新检查 A3 系统的主生产计划，有几套 A3 系统正处于不同的生产阶段，它们是为其他客户做的。她需要考虑当前可用的能力和物料；她要尽最大的努力，使销售代表能够赢得这个重要的新客户；她还必须让其他老客户保持满意。尽一切可能把所有这些事情做好，这是她的工作。

13:50，朱女士给销售副总裁打了电话："您可以通知您的销售代表，从现在开始 3 周，一套 A3 系统可以到达客户的码头……"

"太好了！朱女士。您是怎么解决的呀？"副总裁高兴地问道。

"事情是这样，我们有一套 A2 系统正在生产过程中。我请您的助手给这套 A2 系统的客户代表打了电话，请他和客户联系，能否推迟 2 周交货。我们答应这家客户，如果他们同意推迟两周交货，我们将为他们延长产品保修期。他们同意了，我们的财务部门也批准了。我可以修改计划，利用现有的物料和能力把 A2 系统升级为 A3 系统，就可以按时交货了，但是还有一个问题，如果能解决，那就可以为您浙江的销售代表开绿灯了。"

"什么问题？"副总裁有点担心。

"您的广东销售代表有一份 A3 系统的单子正在生产过程中。如果我们按刚说的那样来改变计划，这份订单就得推迟 3~4 天，您看可以吗？"

球又回到了副总裁手里。他清楚，对原有计划的任何即使是精心的修改往往也要付出一些代价。"好吧，我来处理。"副总裁说。

问题终于解决了。朱女士看看表，时间是 14:15，她感到了饥饿。

这个案例清楚地说明，在主生产计划制订和执行的过程中，主生产计划员处于一个非常关键的位置上。他(她)的任务是和企业组织中的其他人一起工作来协调希望做和能够做的事情。ERP 软件系统的主生产计划功能为主计划员提供了一个工具,主生产计划员必须用好这个工具。

主生产计划员必须具有关于企业的丰富知识，知道什么可以做，什么不可以做，知道销售人员所面临的问题。他(她)不但要精通计划的机制，还要了解企业的整体业务，要了解公司的客户、产品、产品的生产过程及供应商，以便于协调市场销售部门和生产部门，以及其他有关部门的工作。所以，做主生产计划，绝不仅仅是向主生产计划矩阵里面填写数字。

在这个案例中，主生产计划员利用 MPS 软件工具得到关于 A3 系统的生产、能力和物料信息，在此基础上，她要精心考虑，如何重新做出安排，既要实现本公司的目标，又要让客户满意。她的关于产品和产品生产过程的知识，使她清楚如何把 A2 系统升级为 A3 系统。她具有组织和沟通的能力，和公司的其他人员，包括销售、市场、工程技术、财务及高层管理层人员协同工作，找到一个需要公司各个方面共同支持的解决方案。

思考题

1. 什么是主生产计划？
2. 为什么说主生产计划既是生产部门的工具，又是市场销售部门的工具？
3. 主生产计划和销售预测、生产规划及装配计划有什么区别和联系？
4. 为什么要有主生产计划？
5. 如果没有主生产计划，企业将会出现什么现象？
6. 什么是制造企业的基石？什么是企业的愿景和竞争力？
7. 如何把制造企业的基石整合在一起形成获利的能力？
8. 主生产计划的作用是什么？
9. 有哪 3 种基本的产品结构？
10. 主生产计划的计划对象是什么？
11. 主生产计划有哪些计划方式？各有什么特点？
12. 什么是需求预测？什么是未消耗的预测？
13. 什么是预测的客户订单？什么是增加的客户订单？
14. 什么是已下达的生产订单？什么是确认的计划订单？什么是计算机计划订单？
15. 什么是预计可用量？什么是可承诺量？
16. 有几种计算 ATP 的方法？这些方法各有什么不同？这些方法各适用于什么情况？
17. 主生产计划系统会产生哪些行为建议信息？
18. 如何确定主生产计划的展望期和计划时区？
19. 如何编制和维护主生产计划？
20. 计划时界和需求时界的作用是什么？
21. 如何控制主生产计划的重排？
22. 如何度量主生产计划的运行情况？
23. 什么是粗能力计划？它的作用是什么？
24. 什么是能力清单？
25. 如何编制粗能力计划？
26. 什么是计划物料清单？它的作用是什么？
27. 什么是虚项？为什么要使用虚项？
28. 什么是产品族物料清单？
29. 什么是模块化物料清单？

30. 什么是公用件/选项物料清单？
31. 如何构造模块化物料清单？
32. 什么是最终装配计划？它和主生产计划有什么不同？
33. 什么是两级主生产计划？
34. 计算选项的生产预测有哪两种方法？
35. 为什么说主生产计划员的工作是非常重要的？主生产计划员应当具有哪些能力？

练习题

1. 主生产计划是(　　)。
    A. 关于生产什么产品或最终项目的计划
    B. 确定未来客户订单的计划
    C. 确定长期的生产设施的计划
    D. 管理层用于决定购买生产设备的工具
2. 如下哪项关于主生产计划的陈述是正确的？(　　)
    A. 主生产计划是需求预测
    B. 主生产计划是计算机自动生成的计划
    C. 主生产计划是关于要生产什么的计划
    D. 主生产计划以月作为计划时区
3. 下面哪项关于主生产计划的陈述是最好的？(　　)
    A. 主生产计划由销售预测来确定
    B. 主生产计划由销售订单来确定
    C. 主生产计划由企业的物料及生产能力来确定
    D. 主生产计划要满足客户需求，但不能超越物料和能力可用性
4. 下面哪项工作不是主生产计划员的任务？(　　)
    A. 批准销售与运营规划   B. 确定工作中心能力
    C. 确定产品的生产计划   D. 维护供需平衡
5. 下面哪一项陈述是正确的？(　　)
    A. 在面向订单生产的计划环境中，主生产计划要平衡库存投资与客户服务水平
    B. 在面向库存生产的计划环境中，主生产计划要批准每份新订单所使用的原材料和生产能力
    C. 在面向订单生产的计划环境中，主生产计划要确定可用于满足客户订单的原材料和生产能力
    D. 在面向库存生产的计划环境中，主生产计划要确定采购提前期
6. 如下哪一项把关于产品族的计划和关于产品子项的计划联系起来？(　　)
    A. 生产规划   B. 主生产计划
    C. 物料需求计划   D. 资源计划
7. 计划物料清单的作用是(　　)。
    A. 用来帮助计划物料需求   B. 设计新产品
    C. 市场部门对新客户的计划   D. 以上说法都不对
8. 下图是某产品族的物料清单示意图。对该产品族的销售预测是每月200件，那么对于物

料项目 300 每周的生产计划量是多少？（　　）

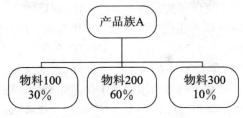

  A. 200   B. 20   C. 4   D. 5

9. 主生产计划报告中的生产预测通常来自于（　　）。

  A. 销售计划 B. 市场部门 C. 销售人员 D. 生产规划

10. 以下哪种说法是错的？（　　）

  A. 在一个面向订单生产的公司中，主生产计划必须为每个新的客户订单解决物料和生产能力的可用性

  B. 在一个面向库存生产的公司中，主生产计划必须确定预测的准确性

  C. 在一个面向订单生产的公司中，主生产计划必须对影响客户订单的生产问题做出反应

  D. 在一个面向库存生产的公司中，主生产计划必须对客户订单的变化做出反应

11. 下述哪一项不是主生产计划的输入信息？（　　）

  A. 销售计划 B. 生产规划 C. 客户订单录入 D. 库存记录

12. 可承诺量和预计可用量之间的区别是（　　）。

  A. 可承诺量是主生产计划量与客户订单量的差，而预计可用量是主生产计划量与总需求的差

  B. 可承诺量度量预测与主生产计划量之间的平衡程度，而预计可用量度量预测的准确度

  C. 可承诺量是累计量，而预计可用量不是

  D. 可承诺量仅仅用于客户订单录入，而预计可用量仅仅应用于制订主生产计划

13. 如下哪一项用于支持对客户订单做出承诺？（　　）

  A. 预计可用量 B. 可承诺量 C. 安全库存 D. 预测需求

14. 一般来说，在如下的哪种制造环境中原材料阶段的物料号远多于产成品阶段的物料号？（　　）

  A. 面向订单生产 B. 面向库存生产 C. 面向库存装配 D. 面向订单设计

15. 粗能力计划用来评估如下哪一个层次的计划？（　　）

  A. 战略计划 B. 经营规划 C. 主生产计划 D. 物料需求计划

16. 对于下表所示的主生产计划，第 5 时区的预计可用量是什么？（　　）

提前期：2 批量：30 现有库存量：15 需求时界：3 计划时界：7 安全库存：6

时　　区	1	2	3	4	5
预　　测	10	22	20	24	28
客户订单	5	26	15	6	30
预计可用量 15					
可承诺量					
主生产计划					

注：在需求时界之前，毛需求量取客户订单量，在需求时界之后，毛需求量取预测量和客户订单量之大者。

  A. 30   B. 35   C. 5   D. 7

17. 一个面向订单生产的制造企业，最有可能存储的物料是什么？（　　）
    A. 原材料　　　　　　B. 子装配件　　　　　C. 制造件　　　　　D. 产成品
18. 在制订主生产计划时，以下哪些项目不应当看作需求来源？（　　）
    A. 未完成客户订单　　　　　　　　　　B. 备用件需求
    C. 确认的计划生产订单　　　　　　　　D. 需求预测
19. 根据下表中的信息，在哪个时区将出现第1个主生产计划接收量？（　　）
    现有库存量：20　提前期：7　需求时界：2　计划时界：7　批量：30　安全库存：5

时　区	1	2	3	4	5	6	7	8	9
预　测	20	20	20	20	20	20	20	20	20
客户订单	18	15	27	10	10	8	6	5	5
PAB 20									
ATP0									
MPS									

注：在需求时界之前，毛需求量取客户订单量，在需求时界之后，毛需求量取预测量和客户订单量之大者。

    A. 时区1　　　　　　B. 时区2　　　　　　C. 时区13　　　　　D. 不确定
20. 下面哪一项生产计划方式将产生最长的交货提前期？（　　）
    A. 面向订单生产　　　B. 面向订单装配　　　C. 面向库存生产　　　D. 连续生产
21. 在如下哪种环境下，公司应当采取面向库存生产的策略？（　　）
    A. 需求不可预测
    B. 所要求的交货提前期短于制造产品所需要的时间，且存在多种产品选项
    C. 需求量很大的成熟产品
    D. 客户要求特殊的设计
22. 下面哪一项是建立主生产计划所需的信息？（　　）
    A. 能力需求计划　　　　　　　　　　　B. 最终产品的需求预测信息
    C. 生产活动控制信息　　　　　　　　　D. 物料需求计划
23. 如果一个公司的产品结构如下图所示，亦即由一定数量的原材料生成为数不多的部件，这些部件构成产成品的选项，由于这些选项的不同组合，形成很多的产成品。在这种情况下，应当选择下列哪种生产计划方式？（　　）

    A. 面向库存生产　　　　　　　　　　　B. 面向订单生产
    C. 面向订单装配　　　　　　　　　　　D. 面向订单设计
24. 下面哪一组概念最好地表示了制订主生产计划过程中所用到的信息？（　　）
    A. 主生产计划、预测、粗能力计划
    B. 主生产计划、生产规划、资源计划
    C. 销售与运营计划、物料需求计划、能力计划
    D. 生产规划、预测、粗能力计划
25. 下面哪一项计划提供了关于产品或最终物料项目的详细的供应信息？（　　）
    A. 销售和运营计划　　　　　　　　　　B. 主生产计划
    C. 能力计划　　　　　　　　　　　　　D. 市场计划

26. 下面哪一项指出主生产计划展望期中的一个时间点，在其之前如果改变主生产计划将会对子项的计划、能力计划、客户交货和成本产生负面影响？（　　）
   A. 需求时界　　　　　　　　　　B. 预计库存量
   C. 计划时界　　　　　　　　　　D. 可承诺量

27. 制订主生产计划的过程是对如下哪组项目进行平衡？（　　）
   A. 预测和订单　　　　　　　　　B. 库存和客户服务
   C. 供应和需求　　　　　　　　　D. 预测和库存

28. 如下哪一项陈述最好地表示了时界策略的作用？（　　）
   A. 对计划展望期特定时域内的计划改变进行控制
   B. 控制关于生产的供应计划信息
   C. 在动态的处理过程中避免过量的库存
   D. 计划展望期基于分销系统中每个分销中心的毛需求

29. 下面哪一项是把主生产计划转换成关键工作中心负荷的过程？（　　）
   A. 可承诺量　　　　　　　　　　B. 资源能力计划
   C. 粗能力计划　　　　　　　　　D. 多级主生产计划

30. 在主生产计划展望期的哪个时域对客户需求变化的响应最为困难？（　　）
   A. 危险时域　　　　　　　　　　B. 冻结时域
   C. 自由时域　　　　　　　　　　D. 半冻结时域

31. 根据下表中的信息制订主生产计划，在第5时区的PAB将是多少？（　　）
现有库存量：20　提前期：7　需求时界：2　计划时界：7　批量：30

时　区	1	2	3	4	5	6	7	8	9
预　测	20	20	20	20	20	20	20	20	20
实际订单	18	15	27	10	10	8	6	5	5
PAB 20									
ATP0									
MPS									

注：在需求时界之前，毛需求量取客户订单量，在需求时界之后，毛需求量取预测量和客户订单量之大者。

   A. 21　　　　B. 17　　　　C. 10　　　　D. 5

32. 根据下表中的主生产计划信息，第4时区的可承诺量(按离散ATP计算)将是什么？（　　）
提前期：2　批量：30　现有库存量：20　需求时界：3　计划时界：7

时　区	1	2	3	4	5
预　测	10	22	20	24	28
客户订单	5	26	15	6	23
预计可用量20					
可承诺量					
主生产计划	30			30	

注：在需求时界之前，毛需求量取客户订单量，在需求时界之后，毛需求量取预测量和客户订单量之大者。

   A. 22　　　　B. 4　　　　C. 15　　　　D. 1

33. 下图是产品 X 的物料清单，括号中的数量指明制造 1 单位父项所用的数量。物料 A 作为子项的类型是虚项。假定物料 A 的库存量是 18，物料 C 的库存量为 10。如果要生产产品 X 100 件，那么物料 A 和物料 C 的生产订单量各是多少？(假定物料 C 是自制件) (　　)

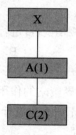

  A. 80, 154　 B. 0, 154　 C. 82, 72　 D. 0, 72

34. 某公司的主生产计划如下表所示，现在接到一份新的客户订单，要求要立即发货 25 件，假定可以重排计划，那么应当以如下哪种方式排产？(　　)

提前期：0　现有库存量：4　订货批量：20　计划时界：5　需求时界：0

时区	1	2	3	4	5
预测	10	5	20	10	10
客户订单	5	2	1		
预计可用量	14	9	9	19	9
主生产计划	20		20	20	

注：在需求时界之前，毛需求量取客户订单量，在需求时界之后，毛需求量取预测量和客户订单量之大者。

时区	1	2	3
A	20	20	20
B	20	40	0
C	40	20	0
D	40	0	20

35. 根据下表所示的主生产计划，第 1 时区的可承诺量(按离散 ATP 计算)是多少？(　　)

物料：X　提前期：0　现有库存量：15　订货批量：20　安全库存：3　计划时界：7　需求时界：4

时区	1	2	3	4	5	6	7
预测	10	10	15	10	10	5	10
客户订单	5	2	1				
预计可用量	25	15	20	10	20	15	5
可承诺量							
主生产计划	20		20		20		

  A. 20　 B. 27　 C. 28　 D. 30

36. 下表是正在制订过程中的主生产计划，主生产计划员应当在第 7 时区投放的主生产计划量是多少？( )

提前期：0　现有库存量：15　订货批量：20　安全库存：3　计划时界：7　需求时界：0

时　区	1	2	3	4	5	6	7
预　测	10	10	15	10	10	10	10
客户订单	5	2	1				
预计可用量15	25	15	20	10	20	10	20
可承诺量							
主生产计划	20		20		20		20

注：在需求时界之前，毛需求量取客户订单量，在需求时界之后，毛需求量取预测量和客户订单量之大者。

  A. 20　　　　　B. 14　　　　　C. 10　　　　　D. 0

37. 某公司的主生产计划如下表所示，现接到一份新的客户订单，要求立即发货 25 件，假定原先的客户订单具有较高的优先级，而且最初的 3 周不可以重排计划，那么应当以如下哪种方式对新客户订单做出承诺(按离散 ATP 计算)？( )

提前期：0　现有库存量：4　订货批量：20　计划时界：5　需求时界：0

时　区	1	2	3	4	5
预　测	10	5	20	10	10
客户订单	5	2	1		
预计可用量	14	9	9	19	9
主生产计划	20		20	20	

时　区	1	2	3
A	5	3	17
B	17	0	8
C	19	0	6
D	20	0	5

38. 下面哪一项不是企业可以采用的生产计划方式？( )
  A. 面向库存装配　　　　　　　B. 面向库存生产
  C. 面向订单设计　　　　　　　D. 面向订单生产

39. 下面哪类需求不应当作为主生产计划的输入？( )
  A. 最终项目的客户订单　　　　B. 备用件需求
  C. 对最终项目的预测　　　　　D. 非独立需求

40. 下面哪些活动不使用主生产计划的信息？( )
  A. 驱动物料需求计划　　　　　B. 计划未来的生产
  C. 编制生产规划　　　　　　　D. 编制粗能力计划

41. 下面哪一项确定了在每个时区生产的最终项目及其数量？( )
  A. 企业战略规划　　　　　　　B. 生产规划
  C. 主生产计划　　　　　　　　D. 派工单

42. 根据下表，计算第 4 周的预计可用量是多少？（　　）

周	1	2	3	4
预　　测	200	200	200	200
预计可用量100				
主生产计划量	300		300	300

  A. 0   B. 100   C. 200   D. 300

43. 在接到客户订单时，根据如下哪一项可以确定能否按照客户要求的数量和日期来满足所接到的客户订单？（　　）

  A. 预测消耗   B. 预测错误的度量
  C. 可承诺量   D. 需求时界

第 9 章 物料需求计划——企业运营的核心

物料需求计划(MRP)过程是一个模拟过程,它根据主生产计划、物料清单和库存记录,对每种物料进行计算,指出何时将会发生物料短缺,并给出建议,以最小库存量来满足需求并避免物料短缺。本章将对 MRP 的处理逻辑做详细的介绍。

9.1 MRP 的输入信息

MRP 系统的输入信息源包括主生产计划、来自厂外的零部件订货、作为独立需求项目的需求量预测、物料清单和库存记录文件等。

主生产计划是 MRP 系统的主要输入信息源,因为 MRP 系统要根据主生产计划中的项目逐层分解,得出各种零部件的需求量。

厂外零部件订货是指备品备件订货、厂际协作订货、来自专门采购其他厂家零部件组装产品的厂家的订货,以及其他任何与常规生产计划无关的特殊订货。此外,零部件订货还可能用于实验、破坏性试验、推销、设备维修等。MRP 系统在处理这类订货时,只是在相应物料的毛需求量中加上这类订货的数量。

MRP 系统将零部件的独立需求预测作为毛需求量来对待,即对于那些部分属于独立需求,部分属于非独立需求的物料,只要将独立需求的预测量加到毛需求量上即可。

库存记录文件是由各项物料的库存记录组成的,这些记录中含有用来决定需求量的状态数据。库存记录文件必须通过各种库存事务处理来维护。每项库存事务处理(入库、出库、报废等)都将改变相应物料的状态数据。库存事务处理更新了各项物料的状态数据,而这些状态数据又在计算需求量的过程中被引用。

物料清单中所包含的产品结构信息,则作为需求分解的依据。

9.2 MRP 的计算过程

在第 2 章中,我们介绍了在物料清单的一个层次上计算物料的过程,但那只是 MRP 需求分解过程的一部分,是横向的过程。下面介绍最终项目的一项需求按 BOM 引起对下属各层物料的毛需求和净需求的纵向计算过程,以及物料需求计划的全过程。

为了确定 BOM 中一个较低层次(层次越低编号越大)的物料项目的净需求量,不仅需要考虑这类项目在本层的需求数量,还要考虑该项目在其父项物料及父项物料的父项物料中的需求数量。下面的案例说明了计算净需求量的过程。

【例 9.1】图 9.1 是卡车物料清单带的一个分支。

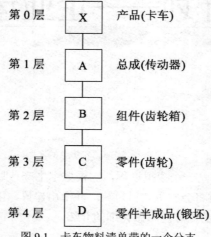

图 9.1 卡车物料清单带的一个分支

假定要生产 100 辆卡车 X,库存情况如下(库存量和已订货量之和):

传动器	2
齿轮箱	15
齿轮	7
齿轮锻坯	46

现在来计算上述各项物料的净需求量:

需要生产的卡车数量	100
传动器毛需求量	100
传动器库存量和已订货量	2
传动器的净需求量	98
生产 98 台传动器对齿轮箱的毛需求量	98
齿轮箱库存量和已订货量	15
齿轮箱净需求量	83
生产 83 台齿轮箱对齿轮的毛需求量	83
齿轮库存量和已订货量	7
齿轮净需求量	76
生产 76 个齿轮对齿轮锻坯的毛需求量	76
齿轮锻坯库存量和已订货量	46
齿轮锻坯净需求量	30

下面对齿轮锻坯的净需求量核实一下。卡车生产数量为 100,齿轮锻坯的总需求量,即以下 5 项之和亦应为 100:

齿轮锻坯的库存量和已订货量	46

含有齿轮锻坯的齿轮的库存量和已订货量	7
含有齿轮的齿轮箱的库存量和已订货量	15
含有齿轮箱的传动器的库存量和已订货量	2
齿轮锻坯的净需求量	30
总计	100

净需求量的计算是根据产品结构自上而下逐层进行的,这个计算过程把隐蔽在较高层次的物料项目传动器、齿轮箱、齿轮中的齿轮锻坯都找了出来,并加以计算。净需求量是通过一层一层地把库存量和已订货量分配给各个相应层次上的毛需求量而逐步求得的。只有在确定了父项物料的净需求量以后,才能确定子项物料的净需求量。

应当注意的是,毛需求量是为了满足父项物料的订货要求而产生的,而不是最终产品所消耗的数量。这两个量不一定相同。

在例 9.1 中,要生产 100 辆卡车,每一辆卡车含有一个齿轮锻坯,因此齿轮锻坯的总需要量是 100。这个数字虽然在成本核算等方面很有用处,但对于物料需求计划则没有意义。因为我们关心的不是与产品一起出厂的组件的数量,而是需求采购或制造的最小数量,即净需求量。在例 9.1 中算出的齿轮锻坯的毛需求量是 76,净需求量是 30。只有在上层物料(齿轮、齿轮箱、传动器)中库存为 0 时,齿轮锻坯的毛需求量才可能是 100。在物料需求计划里,子项物料的毛需求量取决于父项物料的净需求量,而不是最终产品或主生产计划最终项目的需求量。

还应注意的是,对一个给定的物料项目可能有多个需求源,因此毛需求量也可来自多方。一项物料可能包含在几个父项物料中,也可能用于来自外部的独立需求,如用作备件。我们应把该项物料的所有毛需求量按时区合并起来,如图 9.2 所示。

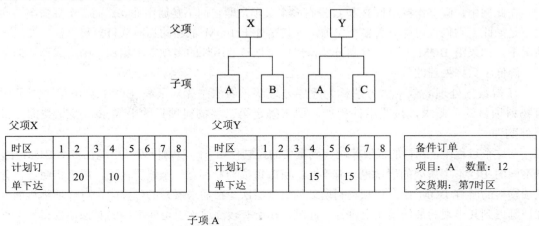

图 9.2 来自不同需求源的毛需求量

物料需求计划的全过程,即在展望期内把最终项目的独立需求从主生产计划开始向下逐层分解为各个零部件需求的过程。在此过程中,一个关键的问题是父项记录和子项记录之间的衔接问题:对一项物料的计划订单下达就同时产生了其子项物料的毛需求,它们在时间上完全一致,在数量上有确定的对应关系。此过程沿 BOM 的各个分支进行,直到达到外购件(零部件或原材料)为止。

表 9.1 对处于相邻层次的 3 项物料的需求分解过程做了说明(它们的提前期均为 2)。

表 9.1　需求量的分解

第一层项目：A

时　区	1	2	3	4	5	6	7	8	9
毛需求量		10		15	10	20	5	10	15
预计入库量				14					
库存量	12	2	2	1	−9	−29	−34	−34	−44	−59
计划订单下达			9	20	5		10	15		

第二层项目：B

毛需求量			9	20	5		10	15	
预计入库量									
库存量	28	28	19	−1	−6	−6	−16	−31	−31	−31
计划订单下达		1	5		10	15			

第三层项目：C

毛需求量		1	5		10	15			
预计入库量									
库存量	8	7	2	2	−8	−23	−23	−23	−23	−23
计划订单下达			8	15					

在此例中，假定物料项目 B 和 C 没有多个父项，即它们不是通用件。然而，实际情况却往往不是如此。它们很可能有着多个父项，尤其是处于 BOM 低层的物料项目更是这样。在这种情况下，如果沿 BOM 各分支分别分解，然后再把对通用件的多项需求相加，则造成计算的重复，降低了数据处理的效率。

获得数据处理高效率的方法称为逐层处理法。做法是先对所有 BOM 算出第一层上所有物料项目的毛需求，按通用件相加，用来确定第二层物料项目的毛需求。以此类推，直至外购件。

在这个过程中，物料的低层代码起到重要的控制作用。一项物料可以出现在多个 BOM 中，在不同的 BOM 中所处的层次也会有不同。所以每项物料都有一个低层代码，用来指明在包含该项物料的所有 BOM 中，该项物料所处的最低层次。在需求展开的过程中，对该项物料的处理被延迟到其出现的最低层次上进行。此时，在所有较高层次上可能出现的对该项物料的毛需求量都已确定，于是可以把所有毛需求量按时区合并起来，再继续处理。因此，对每项物料只做一次需求展开，避免了重复检索和处理，提高了效率。

9.3　MRP 的运行方式

MRP 系统有两种基本的运行方式：全重排式和净改变式。两种方式的不同之处在于，计划更新的频繁程度，以及引起计划更新的原因。在第一种方式中，计划更新是由主生产计划的变化引起的；在第二种方式中，则是由库存事务处理引起的。

9.3.1 全重排式

使用全重排方式，主生产计划中的所有最终项目的需求都要重新加以分解；每一个 BOM 文件都要被访问到；每一个库存状态记录都要经过重新处理；系统输出大量的报告。

全重排式运行方式是通过批处理作业完成的。因此只能按一定时间间隔(通常为一周)定期进行。在两次批处理之间发生的所有变化及计划因素的变化等都要累计起来，等到下一次批处理时一起处理，所以计划重排结果报告常有延迟，这就使得系统反映的状态会在一定程度上滞后于现实状态。在具体情况下，这个缺点的严重程度取决于 MRP 系统的作业环境。

在一个动态的生产环境中，客户需求变化较大，主生产计划会经常更改，产品的设计也不断更新——所有这些都意味着每项物料的需求数量和需求时间也要随之迅速改变。因此，要求系统有迅速适应变化的能力。

在比较稳定的生产环境中，仅就物料需求而论，全重排式 MRP 系统或许能满足需求。然而 MRP 并不只局限于库存管理，它还要确保已下达订单的到货期符合实际需求。因此，一个每周重排一次计划的 MRP 系统，显然不能使订单的完成日期时时与需求情况相符。

由此可以看出，MRP 系统重排计划的时间间隔是一个重要问题。为了能以更小的时间间隔重排计划，必须既考虑到数据处理的经济性，即重排计划的范围、时区和输出数据量，又要避免批处理作业滞后的弊端。于是，净改变式 MRP 系统出现了。

需求分解是 MRP 最基本的作业。净改变方式采用局部分解的作业方式，对计划进行连续的更新，取代以较长时间间隔进行全面分解的作业方式。

局部分解是问题的关键，因为缩小了每次的运算范围，从而可以提高重排计划的频率，而且每次输出结果的数据也就少了。所谓局部分解是从以下两种意义上来说的：一是每次运行系统时，都只需要分解主生产计划中的一部分内容；二是由库存事务处理引起的分解只局限在该事务处理所直接涉及的物料及其下属物料。

9.3.2 净改变式

从净改变的角度看，主生产计划是一个连续存在的计划，而不是一份份间断产生的计划。主生产计划在任何时候都可以通过增加或减去各种需求量的净改变量而不断得到更新。定期发布的新计划也是以同样的方式处理。在数据处理上，只是对系统中某些物料项目的原有状态数据加上或减去相应的净改变量，从而大大减少了计划重排的工作量。

连续更新的概念可以用图 9.3 来说明，图中的主生产计划如同中国书画的长卷，卷轴是向未来无限延伸的，随着时间的推移而逐渐展开。展开的这段形成计划期，在计划期内，主生产计划的每一个时间单元上都含有具体的数据，在计划期之外的时间单元上没有数据。随着时间的推移，新的时间单元进入计划期，于是在这些时间单元上便填上了确定的数据，即产生了新计划。

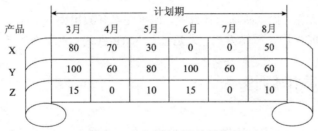

图 9.3 主生产计划的连续性

表 9.2 进一步说明了这种方法。如果一个以 6 个月为计划期的主生产计划在 3 月看如表 9.2(A) 的样子，在 4 月看如表 9.2(B) 的样子，这两者的差别在表 9.2(C) 中以净改变的形式表现出来。

表 9.2　主生产计划中的改变

(A)

产品	3月	4月	5月	6月	7月	8月	9月
X	80	70	30	0	0	50	0
Y	100	60	80	100	60	60	0
Z	15	0	10	15	0	10	0

(B)

产品		4月	5月	6月	7月	8月	9月
X		70	30	0	0	35	40
Y		60	80	100	60	60	0
Z		0	10	15	0	10	15

(C)

产品		4月	5月	6月	7月	8月	9月
X						−15	+40
Y							
Z							+15

在上述例子中，在主生产计划的计划期内，总共有 18 个数据单元，其中 15 个单元没有发生变化。产品 Y 的计划一直保持不变，在这种情况下，全重排方式要把所有 18 个数据重新输入系统，所有库存记录都要被重新处理，产品 X、Y、Z 的 BOM 都要访问，而净改变方式的数据处理量就只相当于全重排方式数据处理量的一小部分。

还有很重要的一点应当指出，假如在 3 月就预知产品 X 在 8 月的需求量要减少，则在 3 月内即可通过净改变方式处理这个数据的改变，而不必等到 4 月份。这样，到了 4 月，对产品 X 而言，处理净改变数据的工作量就只需要考虑 9 月新增的 40 了。

与全重排方式相比较，净改变方式的优点为：减少每次发布主生产计划后进行需求计划运算的工作量；在两次发布主生产计划的间隔期也可以对计划中的变化进行处理；连续更新，及时产生输出报告，从而可以尽早通知管理人员采取相应的措施。

净改变方式的缺点为：净改变方式相较于全重排方式对数据的自清理能力较差，因为每次运行时，原有的主生产计划就被抛弃，因而原计划中的所有错误也随之一起清除；由于在库存事务处理和进行分解运算时要多次访问库存记录，所以净改变方式的数据处理效率较低，成本较高；在净改变方式中，每次更新计划都会向管理人员提出建议信息，所以常表现得过于敏感。

由于 ERP 软件系统可提供两种运行方式，所以在实际应用中，企业一般的做法是，每月第一次运行 MRP 系统时采用全重排方式，之后运行 MRP 系统时采用净改变方式。

9.4　MRP 的重排假设

重排假设是 MRP 的基本逻辑之一，它假设在短期内重排已下达订单比下达和接收新订单容易得多。因此，将所有计划接受量全部用于覆盖毛需求之后，才生成新的计划订单。

例如，假定某项物料的生产提前期为 3 周，下周存在一项关于该物料的未满足的需求，而车间里有一份关于该物料的生产订单正在加工过程中，按计划，其完成日期在这项未满足的需求之后。这时，净需求的计算逻辑将会假定这个订单会加速完成来满足需求。

这种假设反映了现实世界的真实情况，因为在一般情况下，如果有订单能在下周完工的话，那么该订单应当是正在车间里加工的订单而不是新创建的订单。但是，净需求的计算逻辑并不真修改这份生产订单的完成日期，它只是在做净需求计算时使用这份订单。与此同时，MRP 系统将产生一条行为建议信息，提醒计划员，这份订单的完工日期应当提前以防止物料短缺的发生。而具体的修改则是计划员的事情。

类似地，如果有生产订单的完成日期早于未满足的需求，净需求的计算逻辑将会假定这份订单会推迟完成来满足需求；同时，MRP 系统也将产生一条行为建议信息，提醒计划员将这份订单的完工日期推迟。

下面的案例可进一步说明在重排假设之下 MRP 系统的做法。

【例 9.2】某项物料的需求计划如表 9.3 所示，此时尚未运行 MRP 系统。

表 9.3 某项物料的需求计划

提前期=6　　　　　　　　　　现有库存量=0　　　　　　　　　订货策略：按需订货

周	1	2	3	4	5	6	7	8	9	10
毛需求			10		40		20	5	10	30
计划接收量			10		40					
计划订单下达	20	5	10	30						

运行 MRP 系统后，系统给出建议信息：下达第 1 周的计划订单 20。

计划员采纳系统的建议：下达第 1 周的计划订单 20。

1 周后，第 2 周成为当前周。该物料的毛需求发生了变化：第 3 周和第 5 周的毛需求消失，第 4 周出现新的毛需求 50。在 MRP 重排之前，该物料的计划状态如表 9.4 所示。

表 9.4 一周后某项物料的需求计划状态

周	1	2	3	4	5	6	7	8	9	10
毛需求				50			20	5	10	30
计划接收量			10		40		20			
计划订单下达		5	10	30						

面对表 9.4 所示的状态运行 MRP 系统，按照重排假设 MRP 系统的做法如下。

把第 4 周的毛需求 50 减去第 3 周和第 5 周的计划接收量，求得第 4 周的净需求量为 0。因此，不会为满足第 4 周新出现的毛需求 50 而安排计划订单，但会向计划员发出如下建议信息：

(1) 推迟第 3 周的计划接收量 10，至第 4 周完工入库；

(2) 加速第 5 周的计划接收量 40，至第 4 周完工入库；

(3) 下达第 2 周的计划订单 5(这项建议和重排假设无关)。

MRP 系统的重排假设无疑是正确的，因为它反映了现实世界的真实情况。在以上安排中，只需要把第 5 周的计划接收量 40 提前一周完工入库，而且推迟第 3 周的计划接收量所空闲出来的能力还可以帮助做这件事情。否则，如果直接在第 2 周下达一份计划订单来满足第 4 周的净需求 40，那么就必须在 2 周之内完成通常情况下 6 周才能完成的工作，这显然要困难得多。而且，第 3 周完工入库的计划接收量 10 要存放一周，而第 5 周完工入库的计划接收量 40 将因为没有对应的需求而存放在库房中,这显然都是不合理的。

9.5 需求反查

MRP 的需求展开过程是从计划订单产生毛需求,而需求反查的过程正好相反,它是反查毛需求的来源。这项功能是闭环 MRP 系统的重要组成部分。

在一个闭环 MRP 系统中,从两个方向给出优先级计划,即自顶向下的和自底向上的。

1. 自顶向下的优先级计划

在自顶向下的计划过程中,主生产计划被展开,对每项物料产生毛需求和净需求,产生计划订单,并展开计划订单求子项的毛需求和净需求。计划沿着物料清单自顶向下地进行。

在实际运行中,常会发生偏离计划的情况。当出现意料之外的问题时,计划过程就需要反过来了。有时出现供需不匹配,如不修改计划就会出现物料短缺或库存积压;有时供应能力出现了问题(如供应商不能按时交货、有些零部件出现了质量问题、设备出了问题等)也会影响原有计划的执行。一般来说,修改计划要付出或大或小的代价,因为只有弄清楚需求的来源,弄清这些问题会影响哪些需求,才能做出权衡。

2. 自底向上的优先级计划

在自底向上的计划过程中,先找到产生毛需求的父项物料,分析并修改父项的计划,使得父项的需求和子项物料的可用性相匹配。为了实现这一计划过程,计划员要有一种找到毛需求来源的方法,这就是需求反查功能。有两种需求反查功能,即单层需求反查和完全需求反查。

(1) 单层需求反查是根据毛需求所对应的物料代码、日期和数量来确定产生这项毛需求的所有父项的物料代码,以及每个父项所要求的毛需求的数量。

(2) 完全需求反查不但要找出引起毛需求的父项物料,以及父项所要求的毛需求数量,还要沿物料清单指明的产品结构,一直追溯到主生产计划,甚至客户订单。

一般来说,计划员在解决这类问题时,总是按照产品结构每次反查一层,并分析能否在这一层上解决问题。如果在这一层上不能解决问题,再继续反查一层。换言之,计划员解决问题是一次或多次地使用单层反查功能,而不是直接使用完全需求反查功能。在大多数情况下,问题可以在主生产计划以下的层次上解决,而主生产计划根本无须修改,更不会复杂到要和客户讨论修改其订单的问题。因此,完全需求反查功能并非计划员解决问题的常规方式。从这个意义上说,完全需求反查功能并不是至关重要的。

下面是一个需求反查与计划修改的例子。

【例 9.3】表 9.5 是物料 X201 当前的计划状态。从中可以看出,1 月 9 日将出现物料短缺,所以必须修改计划。

表 9.5 需求反查与计划修改

物料代码:X201	度量单位:件	订货策略:固定批量	订货数量:150	初始库存量:200
日期	1月2日	1月9日	1月16日	1月23日	1月30日
毛需求	200	100	50	100	50
计划接收量			150		
预计可用量	0	-100	0	50	0
计划订单				150	

最简单的修改是将 1 月 16 日的计划接收量 150 件提前到 1 月 9 日完工入库。但是，这一看似简单的修改，必定涉及对物料 X201 的子项物料及某些工作中心的重新计划。于是，先通过单层需求反查功能得到表 9.6 所示的需求反查表。

表 9.6　对物料 X201 的单层需求反查

日　　期	数　　量	需求类型	父　　项
1月2日	100	父项毛需求	M1222
1月2日	100	厂际需求	
1月9日	100	父项毛需求	N1235
1月16日	50	父项毛需求	L3680

物料 X201 的计划员要分析表 9.6 所示的需求反查表，以决定是否将 1 月 16 日的计划接收量 150 件提前到 1 月 9 日完工入库，或是需要再次使用单层需求反查功能获取更上一层的需求信息。

9.6　MRP 的主要输出信息

MRP 的主要输出信息如下。
(1) 未来一段时间的计划订单。
(2) 下达计划订单的建议信息。
(3) 要求提前或推迟已下达订单的完工日期的建议信息。
(4) 撤销订单的建议信息。
(5) 关于未来的库存量预报和库存状态信息。
(6) 数据错误报告。
(7) 需求反查报告。
(8) 各种例外信息报告等。

MRP 系统的输出信息成为其他计划和控制子系统的有效输入信息，这些子系统包括能力需求计划、车间作业管理、采购作业管理等。

思考题

1. 简述 MRP 的功能。
2. MRP 的主要输入信息有哪些？
3. 在 MRP 计划展开的过程中，如何确定一个子项的毛需求和净需求？
4. 什么是物料的低层代码？低层代码的作用是什么？
5. MRP 的主要运行方式有几种？各有什么特点？
6. 在实践中一般如何采用 MRP 的不同的运行方式？
7. 什么是 MRP 系统的重排假设？MRP 系统如何应用重排假设？
8. 需求反查的功能是什么？有几种需求反查的功能？它们的重要程度如何？
9. 需求反查功能和反查物料清单有什么区别？
10. MRP 的主要输出信息有哪些？

练习题

1. 如下哪一项用于把主生产计划转化为明细的物料需求?（　　）
   A. 生产规划　　　　　　　　　　　　　B. 粗能力计划
   C. 生产活动控制　　　　　　　　　　　D. 物料需求计划
2. 物料需求计划是(　　)。
   A. 一种关于生产加工的新的管理方法
   B. 一种用来计划物料需求和详细生产活动的正规的计算机辅助方法
   C. 仅仅适用于面向库存生产的公司
   D. 管理层用于做出生产管理决定的工具
3. 下面哪些是运行 MRP 系统的前提条件?（　　）
   A. 每项物料都有唯一确定的物料代码、物料清单
   B. 每项物料都有唯一确定的物料代码、主生产计划
   C. 每项物料都有唯一确定的物料代码、主生产计划、物料清单
   D. 每项物料都有唯一确定的物料代码、主生产计划、物料清单、完整的库存记录
4. 下列元素中的哪一项不是 MRP 系统的输入?（　　）
   A. 主生产计划　　　　　　　　　　　　B. 物料清单
   C. 库存记录　　　　　　　　　　　　　D. 工艺路线
5. 下列哪种说法是正确的?（　　）
   A. 物料清单低层次上的物料的毛需求产生高层次上的物料的计划订单
   B. 一个时区的预计库存量是上个时区的预计库存量加上本时区生产量减去本时区实际需求量
   C. 预计库存量是毛需求减去未完成订单量得到的结果
   D. 物料清单高层次上的物料的计划订单产生低层次上的物料的毛需求
6. 在如下关于计划订单和已下达订单的陈述中，哪一个是正确的?（　　）
   A. 计划订单是由人生成和管理的，而已下达订单是由计算机系统生成和管理的
   B. 计划订单是由计算机系统生成和管理的，而已下达订单是由人生成和管理的
   C. MRP 系统不能修改计划订单，但是能够修改已下达订单
   D. 只有在计划时界之内，MRP 系统才能够修改计划订单，而在计划时界之外，MRP 系统只能够修改已下达订单
7. 关于预计库存量的计算，下面哪项陈述是正确的?（　　）
   A. 在每个时区，将未完成订单减去毛需求
   B. 在每个时区，将毛需求减去未完成订单
   C. 在每个时区，将毛需求减去未完成订单加上到期的计划订单
   D. 在每个时区，将上个时区的预计库存量减去本时区的毛需求加上在本时区到期的计划订单
8. 如果一项物料的损耗率是 20%，那么，为了得到 200 件的计划接受量，计划订单下达量应当是多少?（　　）
   A. 200　　　　　　B. 220　　　　　　C. 250　　　　　　D. 280
9. 如下哪一项是 MRP 计算的结果?（　　）
   A. 能力需求　　　　B. 独立需求　　　　C. 净需求　　　　D. 提前期

10. 生产计划不能实现的原因是( )。
    A. 生产能力不足   B. 物料短缺
    C. 供应商交货不及时   D. 上述所有情况都有可能
11. 计划生产订单的完成日期和开始日期由什么确定？( )
    A. 该生产订单的物料清单
    B. 工艺路线文件中的准备时间和单件加工时间
    C. 每个工作中心前的工作数量
    D. 由 MRP 系统建立的计划
12. 如下哪一项陈述最好地表达了物料清单在运行 MRP 系统过程中的作用？( )
    A. 提供从毛需求到净需求的计算基础   B. 指导物料需求展开的过程
    C. 指导产品开发   D. 提供批量信息
13. 计算子装配件和零部件需求计划是谁的责任？( )
    A. 主生产计划员   B. 计划员   C. 生产经理   D. MRP 系统
14. 下面哪一项是物料需求计划的目标？( )
    A. 让工厂总有活干   B. 真实地反映物料需求
    C. 确定预测   D. 降低采购费用
15. 如下哪一项是 MRP 计算过程中所使用的库存数据？( )
    A. 计划订单下达   B. 毛需求
    C. 净需求   D. 计划接受量
16. 下面哪一项功能可以对给定的物料识别其需求的来源？( )
    A. 反查物料清单   B. 库存记录
    C. 需求反查报告   D. 工艺路线
17. 如果一份采购件的订单误期了，应当通过如下哪一项来确定哪些客户订单将要受到影响？( )
    A. 物料清单   B. 反查物料清单
    C. 工艺路线   D. 需求反查报告
18. 下面哪一项陈述是正确的？( )
    A. 反查物料清单和需求反查报告是同义语
    B. 反查物料清单指出对一项物料的毛需求来自哪里，而需求反查报告指明一项物料的父项物料
    C. 反查物料清单指出一项物料的父项物料，而需求反查报告指明对一项物料的毛需求来自哪里
    D. 反查物料清单在 ERP 系统中是至关重要的，而需求反查报告则不是至关重要的
19. 在下图中，每项物料的提前期都是一周。如果一份关于物料 A 的客户订单要求在第 5 周交货 50 件，那么物料 D 的计划订单下达应当在哪一周？( )

    A. 第 5 周   B. 第 4 周   C. 第 3 周   D. 第 2 周

20. 根据如下的缩排式物料清单，为了生产一个单位的 A，需要几个单位的零件 C？（　　）

层　次	零　件	每单位父项所用的数量
0	A	
1	B	2
2	C	2
2	E	2
1	C	4
1	G	4

　　A. 2　　　　　　B. 4　　　　　　C. 6　　　　　　D. 8

21. 下图是卡车的物料清单的一个分支。其中，所有子项与父项的数量比均为 1∶1。已知各子项的库存量如下：传动器为 5，齿轮箱为 16，齿轮为 8，齿轮锻坯为 45。如果要生产 100 辆卡车，那么对齿轮锻坯的净需求是多少？（　　）

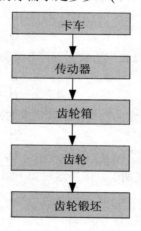

　　A. 100　　　　　B. 83　　　　　C. 75　　　　　D. 26

22. 根据下表信息，在第 1 时区开始时的现有库存量是多少？（　　）

固定订货批量：1000　　　　提前期：3

时　区		1	2	3	4	5	6	7	8
毛 需 求		250	500	200	350	400			
计划接受量			1 000						
预计可用量	?	300	800	600	250	850			
净 需 求						150			
计划订单接受						1 000			
计划订单下达			1 000						

　　A. 250　　　　　B. 300　　　　　C. 550　　　　　D. 1 000

23. 根据下表的信息，分别采用按需订货策略和订货批量为25的固定订货批量策略进行计算，在哪一个时区的计划订单下达量在两种情况下是相同的？（　　）

提前期：3

时　区	1	2	3	4	5	6	7	8
毛需求	15	10	20	0	15	25	0	15
计划接受量	25							
预计可用量　20								
净需求								
计划订单接受								
计划订单下达								

　　A. 第2时区　　　　　B. 第3时区　　　　　C. 第4时区　　　　　D. 第5时区

24. 已知某项物料在第1时区的预计库存量是95；在第2时区的毛需求是125，计划接受量是25。MRP计算得到该物料在第2时区的净需求是20。问该物料的安全库存量是多少？（　　）

　　A. 10　　　　　B. 15　　　　　C. 20　　　　　D. 25

25. 根据如下的缩排式物料清单，哪项物料是父项？（　　）

层　次	零　件	每单位父项所用的数量
0	A	
1	B	2
2	C	2
2	E	2
1	C	4
1	G	4

　　A. 只有A
　　B. 只有B、C和G
　　C. 只有A和B
　　D. 只有A、B、C和G

26. 在如下哪种情况下，物料需求计划(MRP)将产生一份计划订单？（　　）

　　A. 存在毛需求
　　B. 存在净需求
　　C. 产生了例外信息
　　D. 安全库存为零

27. 计划展望期短于一项物料的累积提前期会出现什么问题？（　　）

　　A. 将改善客户服务水平
　　B. 物料的累积提前期将缩短
　　C. 物料清单较低层次上的物料将无法计划
　　D. 物料清单较高层次上的物料将无法计划

28. 设某项物料的安全库存为0，在MRP计算预计可用量的过程中，第1项净需求何时出现？（　　）

　　A. 预计可用量变为0的时候
　　B. 预计可用量第1次出现负值的时候
　　C. 在下一个时区，预计可用量将小于毛需求的时候
　　D. 预计可用量小于订货批量的时候

29. 在下表中，第 1 时区的计划订单下达 100 属于如下哪一项？（   ）

提前期：2　　低层代码：2

时　区	1	2	3	4	5	6	7	8
毛　需　求	200	250	100	120				
计划接受量		200						
预计可用量	370	170	120	20				
净　需　求					100			
计划订单下达	100							

　　A. 计划订单　　　　　　　　　　　　B. 计划接受量
　　C. 确认的计划订单　　　　　　　　　D. 已分配量

30. 根据下表，下面哪项关于物料 400 在第 8 时区的预计可用量的数据是正确的？（   ）

物料代码：400　　提前期=2 周　　订货批量=25　　初始库存量=50

周	1	2	3	4	5	6	7	8
毛　需　求	20	20	35	20	50	10	25	10
计划接受量		40		25				
预计可用量								
计划订单到期								
计划订单开始								

　　A. 20　　　　　　B. 150　　　　　　C. 75　　　　　　D. 0

31. 在下表中，制造 1 单位 A，使用 1 单位 B。物料 B 的计划订单下达是（   ）

时　区	1	2	3	4	5	6	7	8	9
毛　需　求	10		15	10	20	5		10	15
计划接收量			14						
预计可用量15									
计划订单下达									

毛　需　求									
计划接收量									
预计可用量30									
计划订单下达									

物料 A 和物料 B 的提前期都是 2

　　A. 时区 2：1；时区 4：10；时区 5：15　　　B. 时区 1：5；时区 2：10；时区 4：15
　　C. 时区 3：3；时区 4：10；时区 5：15　　　D. 时区 3：5；时区 4：10；时区 5：15

32. 使用第 30 题的表。如果物料 B 的最小订货批量是 20，批量倍数是 10，那么物料 B 的计划订单下达是多少？（   ）

　　A. 时区 2：20；时区 5：10　　　　　　B. 时区 2：20；时区 5：20
　　C. 时区 3：20；时区 4：20　　　　　　D. 时区 3：10；时区 5：20

33. 使用第30题的表。如果物料B的最小订货批量是20，批量倍数是10，那么物料B在时区8的预计库存量是多少？（   ）

   A. 14　　　　　　　B. 20　　　　　　　C. 10　　　　　　　D. 16

34. 使用第30题的表。制造1单位A，使用1单位B。物料A和物料B均采用按需订货策略。如下哪一项关于物料B的计划订单下达的表示是正确的？（   ）

   A. 时区2：1；时区4：10；时区5：15　　　B. 时区1：5；时区2：10；时区4：15
   C. 时区3：3；时区4：10；时区5：15　　　D. 时区3：5；时区4：10；时区5：15

35. 使用第30题的表。制造1单位A，使用1单位B。如果物料A的订货策略为按需订货，物料B的最小订货批量是20，批量倍数是10，那么如下哪一项关于物料B的计划订单下达的表述是正确的？（   ）

   A. 时区2：20；时区5：10　　　　　　　B. 时区2：20；时区5：20
   C. 时区3：20；时区4：20　　　　　　　D. 时区3：10；时区5：20

第10章 能力需求计划——企业运营的核心

能力需求计划(capacity requirements planning, CRP)的对象是生产能力。CRP把物料需求转换为能力需求,把 MRP 的计划生产订单和已下达生产订单所需的能力,转换为每个工作中心在各个时区的负荷。

10.1 能力的概念

1. 可用能力

可用能力(capacity available)是指一个生产组织在一定时间内生产产品的能力。可用能力受以下因素影响。

(1) 产品规格。如果产品的规格改变,产品加工需要做的工作也将改变,因而将影响可生产的产品数量。

(2) 产品组合。每项产品所需的加工时间是不同的,如果产品组合改变,该产品组合总的加工时间也会改变。

(3) 工厂和设备。工厂和设备体现了生产产品所用的方法。工厂和设备变化了,生产方法也会改变,如使用速度更快的机器,或增加更多的机器,生产能力都会改变。

(4) 工作努力状况。这涉及生产的速度或节奏。如果员工改变工作节奏,或提高速度,生产能力也会改变。

2. 能力的度量

(1) 产出单位。如果在一个工厂或工作中心所生产的产品变化不大,则经常可以使用通用的产出单位来衡量所有的产品。例如,造纸厂用吨来度量能力,啤酒厂用桶来度量能力,汽车制造商用辆来度量能力。

(2) 标准工时。有些企业生产的产品多种多样,可能不存在一个适当的通用产出单位。在这种情况下,所有产品的通用单位就是时间。产品的工作内容表示为以某种制造方式生产一个产品所需要的时间。一个合格的操作工以正常的工作节奏完成一项作业所需要的时间,称为一项作业的标准工时。标准工时提供了度量能力的尺度和单位,也用于计划排产及负荷安排。

3. 确定可用能力

确定可用能力有两种方式,即度量和计算。

1) 度量能力

度量能力(measured capacity)也称为表现能力，是通过对历史数据的度量得到的，是实际表现的能力，是通过对历史数据的度量得到的，检查以前的生产记录，从中可得到工作中心可用能力的信息。通常表示为产出物料项目的平均数量与每个物料项目的标准工时的乘积。

【例10.1】在过去4周，一个工作中心分别生产120、130、150和140标准小时的产品。该工作中心的表现能力是多少？

$$表现能力 = \frac{120+130+150+140}{4} = 135(标准小时)$$

表现能力实际上取决于工作中心的利用率及效率，尽管它们没有直接出现在计算之内。

2) 计算能力

计算能力(calculated capacity)也称为额定能力，是在考虑工作中心利用率和效率的基础上计算出来的，其公式为

$$计算能力 = 可用时间 \times 利用率 \times 效率$$

其中，各因素的具体内容如下。

(1) 可用时间(available time)，是指一个工作中心可以使用的小时数。可用时间取决于机器数量、员工数量及作业时间。例如，一个工作中心有3台机器，每周工作5天，每天工作8小时，则一周的可用时间=3×8×5=120小时。

(2) 利用率(utilization)。可用时间是可以使用某个工作中心的最多小时数。然而，实际上不太可能在任何情况下都能使用这些时间。由于机器损坏、员工缺勤及缺少物料，都会导致停机现象。工作中心的实际使用时间占可用时间的百分比称为工作中心的利用率。利用率可以从历史记录中确定，或者通过工作抽样调查。计算公式为

$$利用率 = \frac{实际使用时间}{可用时间} \times 100\%$$

(3) 效率(efficiency)。一个工作中心，有可能用了100个小时，但所完成的标准小时数并不是100。员工或许比标准工作节奏做得更快或更慢，导致工作中心的效率多于或少于100%。计算公式为

$$效率 = \frac{完成的标准工时}{实际投入的标准工时} \times 100\%$$

【例10.2】某工作中心有4部机器，工作中心每周工作5天，每天工作8小时。该工作中心的利用率是85%，效率是110%，额定能力是多少？

可用时间=4×8×5=160(小时/周)
额定能力=160×0.85×1.10=149.6(标准小时)

10.2 工厂日历

能力需求计划所使用的日期标识要使用工厂日历，这是因为常规日历的月份天数参差不齐，假日也不规则，常使计划安排感到不便。工厂日历则只对工作日连续编号，越过周六、周日及节假日不进行编号。因此，当人们使用工厂日历来确定或标识日程计划时，只用简单的加减法就可以了。表10.1是一份工厂日历，其中的工作日编号从391~412。

表 10.1　一份工厂日历(8 月)

星 期 日	星 期 一	星 期 二	星 期 三	星 期 四	星 期 五	星 期 六
1	2　391	3　392	4　393	5　394	6　395	7
8	9　396	10　397	11　398	12　399	13　400	14
15	16　401	17　402	18　403	19　404	20　405	21
22	23　406	24　407	25　408	26　409	27　410	28
29	30　411	31　412				

10.3　生产排产方法

为了编制能力需求计划，计划人员必须拥有关于产品工艺路线、能力需要和工作中心的可用能力等信息。这些信息可以从已下达的生产订单、计算机计划生产订单、工艺路线文件、工作中心文件、工厂日历等文件中得到。

编制能力需求计划从生产排产开始。生产排产即编制工序计划，其目的是使得生产订单的生产能够满足交货日期，并最有效地利用制造资源。生产排产要为产品的每一道工序确定开始日期和完成日期。有很多生产排产方法可用于生产订单的排产，其中最基本的技术是向前排产、向后排产、有限负荷和无限负荷等。

1. 向前排产

向前排产(forward scheduling)，是对一个部件的工序排产，从订单收到这一天开始向前安排，而不管到期日是什么。图 10.1 中的第一条线展示了这种方法。向前排产方法的结果是产品在到期日期之前完成，这通常导致库存量的堆积。这种方法用来确定一个产品最早的交货日期。

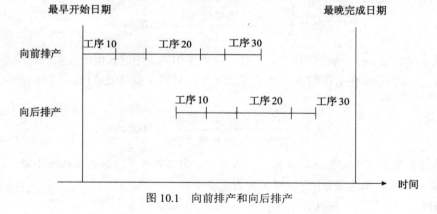

图 10.1　向前排产和向后排产

2. 向后排产

向后排产(backward scheduling)，是先考虑产品工艺路线中最后的工序，并安排在到期日那天完成，然后从最后的工序开始向后安排其他的工序。图 10.1 中第二条线展示了这种方法。向后排产方法按产品的需要来安排产品的可供性，它与 MRP 系统所使用的逻辑是相同的，因而在制品库存减少。

向后排产方法用来确定一份订单必须开始加工的时间。这种排产方法在制造业中广为使用，因为它有助于减少库存量。

3. 无限负荷

无限负荷(infinite loading)，是假定工作中心有无限的能力可供使用，不考虑还有其他的生产订单竞争使用同一能力。图 10.2 展示了无限能力负荷图，图中既有负荷过度，也有负荷不足。

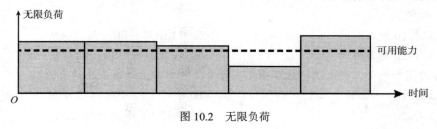

图 10.2　无限负荷

4. 有限负荷

有限负荷(finite loading)，是假设工作中心的可用能力是有限的。在安排一份生产订单时，如果工作中心在某个时区没有足够的可用能力，那么这份生产订单必须安排在另外的生产时区。使用有限负荷方法，工作中心的负荷一定不会超过它的可用能力。图 10.3 展示了有限负荷图。

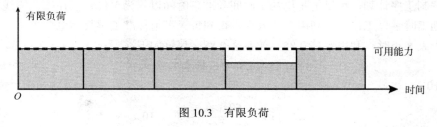

图 10.3　有限负荷

10.4　常用的排产方法——向后排产和无限负荷

向后排产和无限负荷的结合是能力需求计划中使用最多的方法。这种方法首先以向后排产的方法编制工序计划，即从订单交货期开始，减去传送、加工、准备和排队时间来确定工艺路线上各工序的开工日期。

1. 收集信息

编制工序计划首先要从生产订单、工艺路线和工作中心文件中得到有关信息。

(1) 从已下达订单文件得到订货量和交货期。例如，部件 A 订货量是 60，交货期是工厂日历第 420 天。

(2) 从工艺路线文件中获得加工次序、工作中心号、准备时间和单件加工时间。部件 A 订单需要在两个工作中心(分别是 1 号工作中心和 2 号工作中心)加工两道工序(工序 10 和工序 20)，如表 10.2 所示。

表 10.2　加工次序、工作中心、准备时间和加工时间

加工次序	工作中心	准备时间/小时	单件加工时间/小时
工序10	1	12	1.0
工序20	2	6	0.5

(3) 从工作中心文件获得 1 号工作中心的排队时间和传送时间均为 1 天，2 号工作中心的排队时间和传送时间分别为 2 天和 1 天。

2. 计算每道工序和每个工作中心的负荷

用从订单中得到的生产数量乘以从工艺路线文件中得到的单个零件每道工序的定额工时，对每道工序再加上标准准备时间。

例如，部件 A 订单计算如下：

工序 10 加工时间　　　　　　　　60×1 小时＝60 小时
工序 20 加工时间　　　　　　　　60×0.5 小时＝30 小时

将准备时间加到加工时间上，就可确定在每个工作中心上每道工序的负荷。

工序 10——工作中心 1：　　　　60 小时＋12 小时＝72 小时
工序 20——工作中心 2：　　　　30 小时＋6 小时＝36 小时

3. 计算每道工序的交货日期和开工日期

为了编排部件 A 的订单，使之在第 420 天完成，应该以交货日期减去传送、加工、准备和排队时间所需天数，从而得到订单到达加工该部件第一道工序的工作中心的工作日期。

4. 存储加工时间和准备时间

为了编制工序计划，可以把平均加工时间和准备时间以天为单位存储在工艺路线文件中。将每天计划工时乘以工作中心利用率和效率，得到每天可用标准工时数。

假设一天 8 小时，利用率是 0.85，效率是 0.88，计算如下：

$$8 \times 0.85 \times 0.88 = 6(标准工时/天)$$

工序 10：

$$加工时间 = \frac{60标准工时}{6标准工时/天} = 10天$$

$$准备时间 = \frac{12标准工时}{6标准工时/天} = 2天$$

工序 20：

$$加工时间 = \frac{30标准工时}{6标准工时/天} = 5天$$

$$准备时间 = \frac{6标准工时}{6标准工时/天} = 1天$$

该例以第 420 天作为工序 20 的完工日期，减去传送、加工、准备和排队时间得到抵达工作中心 2 的日期是第 411 天。这时，第 411 天就成为工序 10 的计划交货日期。重复以上过程计算工序 10 的开工日期，如表 10.3 所示。

表 10.3　工序计划

工序号	工作中心	到达工作中心日期	排队时间/天	准备时间/天	加工时间/天	传送时间/天	完工日期
10	1	397	1	2	10	1	411
20	2	411	2	1	5	1	420

10.5　编制工作中心负荷报告

当对所有的生产订单都编制了工序计划之后，就可以对各个工作中心按时区累计负荷，产生工作中心的负荷报告。工作中心的负荷报告显示在一定的时区内计划订单和已下达订单的能力需求。

为了按时区累计工作中心负荷，要对每个工作中心将所有订单所需的全部负荷定额工时加在一起。

例如，由前面的计算可知，在工作中心 2 部件 A 的订单需要 30 小时加工时间和 6 小时准备时间，即共 36 小时负荷。在工作中心 1，该订单需要 60 小时加工时间和 12 小时准备时间，即共 72 小时负荷。

为了制定工作中心 2 的负荷图，按时区将计划在工作中心 2 上加工的全部下达订单和计划订单的准备时间和加工时间加在一起，最终得到为满足生产计划所需的设备总工时或劳动能力总工时。表 10.4 是工作中心负荷报告的例子。表中的已下达负荷工时表示由已下达订单产生的负荷；计划负荷工时表示由计算机计划订单产生的负荷；总负荷工时是已下达负荷工时和计划负荷工时之和。

表 10.4 工作中心的负荷报告

工作中心号：2　　　　　工作中心描述：机床
劳动能力：180 小时/时区　设备能力：200 小时/时区

时区/周	1	2	3	4	5	总负荷
已下达负荷工时	75	100	120	90	100	485
计划负荷工时	150	0	40	50	140	380
总负荷工时	225	100	160	140	240	865
可用能力	180	180	180	180	180	
能力负荷差异	−45	80	20	40	−60	
能力利用率	125%	56%	89%	78%	133%	

工作中心能力＝180 小时。因为劳动能力小于设备能力，所以劳动能力即为工作中心可用能力。

能力负荷差异＝能力－总负荷

能力利用率＝总负荷/能力×100%

工作中心负荷报告多以直方图的形式表示，所以也称为负荷图。表 10.4 的负荷报告可以用图 10.4 表示。

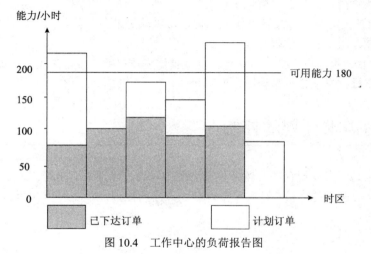

图 10.4 工作中心的负荷报告图

10.6　分析结果并反馈调整

超负荷和负荷不足都是应解决的问题。如果超负荷，则必须采取措施解决能力问题，否则不能实现能力计划；如果负荷不足，则作业费用增大。对于流程工业来说，设备不宜关闭，负荷不足则问题更显得严重。因此，必须对负荷报告进行分析，并反馈信息，调整计划。

根据工作中心负荷报告或负荷图，可以对工作中心的负荷和能力进行对比分析。如果有很多工作中心表现为超负荷或负荷不足，那么能力就不平衡了，必须分析原因，并进行校正。

引起能力不平衡的原因可能是主生产计划的问题，也可能是其他问题。

在制订主生产计划的过程中，已通过粗能力计划从整体上进行了能力分析和平衡。因此，在制订能力需求计划之前就会发现主要问题，但对计划进行详细的能力检查时，还会发现有些在粗能力计划中不曾考虑的因素在起作用。例如，主要的维修件订单未反映在主生产计划中；忽略了拖期订单；粗能力计划没有包括所有的关键工作中心等。

如果在主生产计划中忽略了一项影响能力的因素而造成能力不平衡，首先应做的事情就是调整能力或负荷以满足主生产计划对能力的需求，而不是修改它。只在确实没有办法满足能力需求时，才修改主生产计划。

1. 调整能力的措施

(1) 调整劳力。如果缺少劳力，则根据需要增加工人。如果劳力超出当前需要，则可安排培训，提高工人的技术水平；或重新分配劳力，把负荷不足的工作中心的劳力分配到超负荷的工作中心。

(2) 安排加班。加班是一种应急措施，不能长期采取这一方案。

(3) 重新安排工艺路线。一旦某个工作中心承担的任务超负荷，则可把一部分订单安排到负荷不足的替代工作中心，这样可以使两个工作中心的负荷水平都得到改善。

(4) 转包。如果在相当长的时间超负荷，可以考虑把某些瓶颈作业转包给供应商。

2. 调整负荷的措施

(1) 重叠作业。为了减少在工艺路线中两个相连的工作中心的总的加工时间，可以在第一个工作中心完成整个批量的加工任务之前，把部分已完成的零件传给第二个工作中心。

(2) 分批生产。将一份订单的批量细分成几个小批量，在同样的机器上同时安排生产。这种方法不能降低负荷，而是将负荷集中在更短的时间内。

(3) 减少准备提前期。将准备过程规范化，可以减少准备时间，从而降低负荷，于是可以把节省下来的能力用于加工过程。

(4) 调整订单。考虑可否把一份订单提前或推迟安排；或者可否先完成一份订单的一部分，其余部分推迟安排；有些订单是否可以取消等。

10.7　能力需求计划的控制

控制能力是为了发现现存的问题并预见潜在的问题，以便采取措施。为了保证能力计划的执行，必须做好日常的能力检查，其主要包括3方面的报告，即投入/产出报告、劳力报告和设备性能分析报告。

1. 投入/产出报告

投入/产出报告是一种计划和控制报告,它显示出各工作中心计划的投入和产出与实际的投入和产出的偏差,从而可以对能力需求计划进行度量,可以发现能力需求计划在何处未得到执行,以及为什么未得到执行。利用投入/产出报告可以在问题明显暴露之前就发现它们,在严重地影响计划执行之前就解决它们。投入/产出报告包含以下几类信息。

(1) 计划投入——安排到工作中心的计划订单和已下达订单。
(2) 实际投入——工作中心实际接收的任务。
(3) 计划产出——计划完成的任务。
(4) 实际产出——实际完成的任务。
(5) 与计划的偏差——投入偏差和产出偏差。
(6) 允许范围——允许的偏差程度。

表 10.5 是一份投入/产出报告。

表 10.5 投入/产出报告

周	1	2	3	4
计划投入	260	260	260	260
实际投入	260	255	260	
累计偏差	0	−5	−5	
计划产出	260	260	260	260
实际产出	255	250	240	
累计偏差	−5	−15	−35	

投入/产出报告中,必须对比计划的投入产出和实际的投入产出。表 10.5 显示出计划投入和计划产出从第 1 周到第 4 周都是 260 标准工时,从第 1 周到第 3 周,实际投入比计划少 5 标准工时;而实际产出连续减少,累计负偏差达到 35 标准工时。这样,报告可以提前发出关于能力问题的警报。假设允许的累计产出偏差为±20 标准工时,第 4 周则需要采取纠正措施。

2. 劳力报告

劳力报告反映出勤情况、加班情况和劳动状况。因为人力的利用率和工作效率在一定程度上影响着现有能力,所以要通过劳力报告来记录和分析,以便发现问题。劳力报告包含以下几类信息。

(1) 出勤记录。缺席多,必定影响能力;人员流动大,效率必定降低;生产人员被安排做非生产工作,能力也会减少。
(2) 加班。大量或长期的加班,会降低生产率。
(3) 劳动状况。记录实际效率是否符合计划的需求。

3. 设备性能分析报告

除了通过劳力报告对劳力进行分析和控制之外,还应对设备性能加以检查、记录和定期分析,以便发现潜在的问题。应检查和记录的项目有:第一,维修历史,记录维修机器的原因和时间,特别应记录和分析非计划维修,找出潜在的原因;第二,停机时间,停机时间长说明机器或机器的检修有问题;第三,预防性维修规程,检查预防性维修规程,保证适当的维修,设备越陈旧,维修应越频繁,否则往往会增加停机时间。

思考题

1. 什么是工作中心的可用能力？可用能力要受到哪些因素的影响？
2. 什么是工作中的可用时间？
3. 什么是工作中心的利用率？如何计算工作中心的利用率？
4. 什么是工作中心的效率？如何计算工作中心的效率？
5. 什么是额定能力？如何计算额定能力？
6. 什么是表现能力？如何计算表现能力？
7. 什么是工厂日历？为什么要使用工厂日历？
8. 能力需求计划的输入数据有哪些？
9. 基本的生产排产方法有哪些？常用的生产排产方法是什么？
10. 如何编制工序计划？
11. 如何编制工作中心负荷报告？
12. 如何进行生产能力和负荷的调整？
13. 如何控制能力需求计划？
14. 什么是投入/产出报告？它的作用是什么？
15. 劳力报告的内容是什么？它的作用是什么？
16. 设备性能分析报告的内容是什么？它的作用是什么？

练习题

1. 解决排产问题的第 1 个步骤是(　　)。
   A. 减少主生产计划量，直到供需达到平衡
   B. 检查物料清单的上一层，解决可能存在的问题
   C. 在问题出现的层次上解决问题
   D. 以上说的都不对
2. 工作中心的负荷由什么确定？(　　)
   A. 销售计划或预测
   B. 把所有已经下达的生产订单的工艺路线中所指出的能力需求按时区累加
   C. 把所有已经下达的和计划的生产订单的工艺路线中所指出的能力需求按时区累加
   D. 关键工作中心前的排队数量
3. 控制工作中心负荷的最好方法是什么？(　　)
   A. 生产派工单　　　　　　　　　B. 投入/产出报告
   C. 新订单下达的报告　　　　　　D. 车间主任的建议
4. 能力计划的目的是(　　)。
   A. 确定负荷没有超过生产能力
   B. 确定哪份客户订单可以按时完成，哪份不能
   C. 对物料需求做出计划使得和生产能力相吻合
   D. 做出排产计划以支持客户订单和主生产计划，使得工作中心不会出现超负荷或能力闲置
5. 某工作中心共有 4 台机器，每周工作 5 天，每天 1 班，每班 8 小时，效率为 90%，利用

率为 90%。实际产出如下：第 1 周产出 160 标准小时，第 2 周产出 140 标准小时，第 3 周产出 150 标准小时，第 4 周产出 150 标准小时。那么，下面哪一项关于表现能力的表述是正确的？（　　）

  A. 130 标准小时   B. 144 标准小时
  C. 150 标准小时   D. 160 标准小时

6. 某工作中心共有 4 台机器，每周工作 5 天，每天 1 班，每班 8 小时，效率为 90%，利用率为 90%。实际产出如下：第 1 周产出 160 标准小时，第 2 周产出 140 标准小时，第 3 周产出 150 标准小时，第 4 周产出 150 标准小时。下面哪一项关于额定能力的表述是正确的？（　　）

  A. 130 标准小时   B. 144 标准小时
  C. 150 标准小时   D. 160 标准小时

7. 下面哪一项排产系统是根据订单的完成日期首先对工艺路线上的最后一道工序进行排产？（　　）

  A. 向前排产   B. 向后排产
  C. 无限能力排产   D. 有限能力排产

8. 一个工作中心由两台机器组成，每天工作 8 小时，每周工作 5 天，利用率为 80%，效率为 90%，每周的额定能力是多少（用整数小时表示）？（　　）

  A. 80 小时   B. 58 小时
  C. 40 小时   D. 30 小时

9. 如下哪条术语表示了工作中心产生的标准小时与实际工作小时的比率？（　　）

  A. 效率   B. 有效性   C. 利用率   D. 可承诺量

10. 根据下面的工艺路线，计算第 561 号生产订单的完成日期，不足一天的按一天算。假定每周工作 7 天，每天工作 8 小时，那么下面列出的完成日期哪一个是对的？（　　）

生产订单号：561   生产数量：100   物料代码：375   开始日期：4/15

序号	工序	工作中心	单件加工工时	加工总工时	开始日期	完成日期
1	10	250	0.24	24		
2	20	329	0.10			
3	30	505	0.36			

  A. 4/24   B. 5/5   C. 4/20   D. 4/28

11. 在车间作业中，下面哪一项提前期的构成元素通常占用了最多的时间？（　　）

  A. 加工时间   B. 排队时间
  C. 准备时间   D. 搬运时间

12. 能力需求计划的主要目的在于评价如下哪些因素？（　　）

  A. 负荷和提前期   B. 只有负荷
  C. 负荷和能力   D. 提前期和能力

13. 下面哪一项是能力需求计划的直接输入？（　　）

  A. 工作中心负荷报告   B. 客户订单
  C. 工艺路线数据   D. 物料清单

14. 如下哪些是增加能力的方法？（　　）

  A. 增加班次   B. 安排加班
  C. 增加设备   D. 以上所有各项

15. 如下哪一项关于能力需求计划(CRP)的陈述是正确的？（　　）
    A. CRP 对每个工作中心负荷和能力的匹配情况提供时段式的可见性
    B. CRP 所需要的计算机处理时间很少
    C. CRP 能够清楚地表示出修订主生产计划对 ATP 的影响
    D. CRP 在任何生产环境中的应用都没有区别
16. 如下哪一项用于确定物料需求计划的可行性？（　　）
    A. 资源需求计划　　　　　　　　B. 粗能力计划
    C. 能力需求计划　　　　　　　　D. 工作中心能力控制
17. 下面哪一项是 CRP 的输出？（　　）
    A. 工艺路线数据　　　　　　　　B. 工作中心负荷报告
    C. 预防性维修计划　　　　　　　D. 派工单
18. 如下哪一项是关于无限负荷排产的正确陈述？（　　）
    A. 在排产过程中，不允许累计的负荷超过能力
    B. 无限负荷排产支持向前排产，但是不支持向后排产
    C. 无限负荷排产比有限负荷排产更复杂
    D. 在每个时区对工作中心累计负荷，而不考虑工作中心的能力
19. 一道工序的准备时间是 2 小时，每件加工时间 10 分钟，该工序加工 100 件需要多长时间？（　　）
    A. 130 分钟　　　　　　　　　　B. 1 000 分钟
    C. 1 100 分钟　　　　　　　　　D. 1 120 分钟
20. 在大多数情况下，如下哪一项是为满足短期需求而增加能力的方法？（　　）
    A. 雇用另外的工人　　　　　　　B. 加班
    C. 获取更多的设备　　　　　　　D. 转包

第 11 章 采购作业管理——增值从这里开始

按 ERP 的逻辑流程,采购作业管理属于计划执行层。

主生产计划给出了最终产品或最终项目的生产计划,经过物料需求计划按物料清单展开得到零部件直到原材料的需求计划。其中,关于外购件的计划采购订单要通过采购作业管理来实现。

制造业的一个共同特点就是必须购进原材料才能进行加工,必须购进配套件、标准件才能进行装配。生产订单的可行性在很大程度上要靠采购作业来保证;企业生产能力的发挥,在一定程度上也要受采购工作的制约。为了按期交货满足客户需求,第一个保证环节就是采购作业。采购提前期在产品的累计提前期中占很大的比例,不可轻视。

外购物料的价值和费用在很大程度上影响着产品成本和企业利润。在库存物料价值上,外购物料所占的比例也很高,因此采购作业管理直接影响库存价值。

一个管理得好的 ERP 系统可以极大地提高采购工作的效率。过去,大多数采购人员的时间花在了在短于提前期的时间内采购物料,对已经过期的采购订单催货,把已经发出的采购订单日期修改提前等活动上。使用一个有效的 ERP 系统,这些时间都可以节省下来去做更有意义的工作。原因在于有了一份有效的采购计划,催货将成为一种例外情况,而不再是日常工作。这使得采购人员可以把采购工作做得更高效,从而节省更多的时间和精力做好商务谈判、价值分析、降低成本等工作。

11.1 采购作业管理的工作内容

1. 货源调查和供应商评审

建立供应商档案(供应商主文件),记录以下有关信息:
(1) 供应商代码、名称、地址、电话、状态(已得到批准或试用)、联系人;
(2) 商品名称、规格、供方物料代码;
(3) 价格、批量要求、折扣、付款条件、货币种类;
(4) 发货地点、运输方式;
(5) 供应商信誉记录,包括按时交货情况、质量及售后服务情况;
(6) 供应商技术水平、设备和能力。

2. 选择供应商和询价

查询档案记录，选择适当的供应商，并就商品价格、技术和质量条件和供应商进行洽谈。

3. 核准并下达采购订单

(1) 根据 MRP 所产生的计划采购订单，核准采购的必要性和采购条件的正确性。

(2) 与供应商签订供货协议、确定交货批量和交货日期；确定收货地点、运输和装卸方式、明确责任；确定付款方式、地点、银行账号。

4. 采购订单跟踪

采购员的一项职责就是订单跟踪，以确保供应商能够按时发货。根据与供应商的关系及供应商执行供应商计划状况的不同，跟踪的程度会有很大不同，有的可能需要跟踪得很细，有的也许完全不需要跟踪。如果需要跟踪，可以在供应商计划中设置一个跟踪日期。对于采购订单上的每个行物料设置一个跟踪日期，到了这个日期，系统会对采购员或供应商计划员给出提示信息。如果还需要再次跟踪，那么采购员或供应商计划员应当重新设置这个日期。

5. 到货验收入库

到货验收入库包括验收报告登录、库存事务处理、退货、退款、补充货品、返工处理。

6. 采购订单完成

采购订单完成包括采购订单费用结算，费用差异分析，供应商评价并登录，维护采购提前期数据，维护订货批量调整因素。

11.2 供应商计划

按现代企业的经营观点，企业同供应商的关系不再是讨价还价的关系，而是一种合作伙伴关系，双方建立比较长期的供求协定，互惠互利，按照滚动计划的方法，近期的采购条件比较具体详细，远期的条件可以比较笼统，但有一个控制范围。把长期协定(半年至一年)和短期合同(月)结合起来，一次签约，分期供货，这就是所谓采购计划法或称供应商计划。

供应商计划和车间计划一样，也是 ERP 的执行系统的一部分。车间计划是车间控制系统的一部分，用来维护生产订单的日期。供应商计划是采购系统的一部分，用来维护采购订单的有效日期。

使用 MRP，能很便捷地向供应商提供一份 6 个月到一年的采购计划。而且，在 MRP 环境下，定期更新这些计划从而保持这些计划的有效性也是不成问题的。即使一个企业不做供应商计划，它的供应商也要做超出它所报的提前期的计划。只不过这样的计划基本上是基于预测，可能很不准确。有了供应商计划，供应商可以提前看到尚未下达的计划采购订单，这使得供应商可以提前做好物料和能力的准备，一旦订单下达，则可以更好地履行计划。

可以把供应商计划的展望期分为 3 个时域：在最近的第 1 时域中，是已经下达的采购订单；在稍远一些的第 2 时域中的订单，在数量和日期上可能还会有些微调；在第 3 时域中的计划订单仅仅向供应商提供参考信息。3 个时域的划分对于不同的公司、不同的供应商和不同的物料都会很有很大的不同，但是基本思想是一样的。

如果没有供应商计划及相应的工作环境，那么当提前期发生变化时就要出现问题。例如，一项物料的提前期从 10 周变为 15 周，那么 5 周的订单已经来不及下达了，供应商也无法对这些订单按时发货。如果使用供应商计划，供应商可以预先知道客户的需求，如果它的提前期改变，则应当提前对供货计划做出安排。

在有些情况下，甚至可以为供应商做能力需求计划，特别是在供应商本身没有 ERP 系统的情况下，这样做是很有用的。但是，对于供应商来说，如果它的客户有的提供能力需求计划信息，有的不提供，其就很难有效地使用这些信息。

一份采购计划，如图 11.1 所示。

图 11.1 采购计划

其中，最初的一个月(第 1 时域)以周为时区，其数量已经确定。供应商要确保每周提供这些物料。第 2 个月(第 2 时域)仍以周为时区，其数量还可以有细微的调整，但不能取消。对任何取消物料需求的计划改变，供应商将不承担所造成的损失。以后的 4 个时区(第 3 时域)按月表示，每个月包括 4 周，在这些时区内，采购员仅要求供应商确认有能够满足采购需求的物料和能力。

这份逐步按周展开的计划可以看作一个采购订单的发放计划，其中包括了已经向供应商下达的采购订单，而且向前看，超出供应商所报的提前期，显示了未来的计划采购订单。这使得供应商能够看到未来的需求，从而可以提前做好准备。

采购订单是一份合同连同执行合同的计划。合同无须频繁改变，计划至少按周检查以保持与实际的需求一致。如果使用这种方法来处理和供应商之间的业务联系，那么当供应商声明提前期从 6 周增加到 8 周时，则无须向供应商提供新的信息。因为已经提供了 6 个月甚至更长的采购计划，远远超过了供应商所报的提前期。

11.3 供应商谈判

使用了 ERP 系统，对采购工作来说，最大的改善将出现在供应商谈判、价值分析和降低采购成本方面。在没有 ERP 系统的公司里，关于采购作业的准确信息既不容易获取，也不容易更新。有了 ERP 系统，这样的信息则随时可以得到。MRP 系统所产生的计划采购订单信息说明了应当采购什么，以及什么时候采购，而每次运行 MRP，这些信息都会得到更新。这些信息可以作为供应商谈判、价值分析和降低采购成本等工作的基础，通常的做法是把这些信息提取出来，做成一份供应商谈判报告，报告中显示未来一个季度、半年或一年的计划采购订单。根据这样的报告，采购员可以更好地关注采购费用多的物料及价格差异大的物料。表 11.1 是一份供应商谈判报告，报告中显示了下个季度应当下达的计划采购订单，其中按一年中的最大采购费用列出采购物料项目。

表 11.1　供应商谈判报告 —— 未来 12 周内要下达的采购订单

报告日期：4/2/2014

物料号	计划订单量	年计划订单总量	计划订单下达日期	成本/元	差异/元	预计年采购费用/元	预计年差异/元
G391	3 000	30 000	4/29/2009	60.00	9.00	1 800 000	270 000
K392	1 500	12 000	5/3/2009	70.00	3.00	840 000	36 000
L138	10 000	100 000	4/7/2009	8.00	0.50	800 000	50 000

11.4　覆盖外部工序的采购订单的控制

在很多情况下，生产订单包含外加工工序。例如，一个零件在公司内部经过机械加工工序之后，送到公司外面去电镀，然后再回来继续进行其余的机械加工。在这种情况下，车间控制系统包含了一份车间订单和一份覆盖了内部工序和外部工序的工艺路线。采购系统应当提供一种方法来存储和维护一份附加的采购订单来记录外部工序的采购。

必须以和处理普通采购订单稍微不同的方式来处理覆盖外部工序的采购订单。这类采购订单和普通采购订单的区别是，它们直接和车间控制系统中的生产订单联系在一起，当重排一份生产订单时，所有工序的完成日期也必须重排，其中也包括了外部供应商的工序。系统会把外部供应商工序的新的完成日期和相应的覆盖外部工序的采购订单的完成日期进行比较，如果发现不同，系统将会给出例外信息。

对于覆盖外部工序的采购订单的物料接收处理过程也和普通的物料接收事务处理过程有所不同。后者是接受入库，而前者更像是车间计划与控制过程中的工序完成，这种事务处理标记外部工序的完成，但是不更新物料的库存余额，物料直接送到工艺路线中的下一道工序。

思考题

1. 采购作业管理的工作内容是什么？
2. 什么是供应商计划？它的基本内容和作用各是什么？
3. 什么是供应商谈判报告？它可以为采购人员提供什么帮助？
4. 如何处理覆盖外部工序的采购订单？

练习题

1. 下面哪一项陈述是最好的？（　　）
    A. 制造业的一个共同特点是必须购进原材料才能进行加工
    B. 生产计划的实现要受到采购作业的约束
    C. 采购物料的价值和采购费用在很大程度上影响产品的成本和企业的利润
    D. 以上说的都对
2. 如下哪一项关于供应商计划的陈述是不正确的？（　　）
    A. 和供应商建立长期的合作关系，互惠互利
    B. 供应商计划近期的采购信息比较具体，远期的采购信息比较概括

C. 便于催货或改变采购计划
D. 便于建立供应链
3. 如下哪一项不属于采购作业管理的工作内容？（　　）
   A. 货源调查和供应商评审　　　　B. 采购订单跟踪
   C. 到货验收入库　　　　　　　　D. 制订采购计划
4. 下面哪一项关于供应商计划的陈述是正确的？（　　）
   A. 供应商计划的展望期分为 3 个时域。在最近的第 1 时域中，计划订单仅仅向供应商提供参考信息。在稍远一些的第 2 时域中的订单，在数量和日期上可能还会有些微调。在第 3 时域中是已经下达的采购订单
   B. 供应商计划的展望期分为两个时域。在近期的第 1 时域中，是已经下达的采购订单。在远期的第 2 时域中的计划订单仅仅向供应商提供参考信息
   C. 供应商计划的展望期分为 3 个时域。在最近的第 1 时域中，是已经下达的采购订单。在稍远一些的第 2 时域中的订单，在数量和日期上可能还会有些微调。在第 3 时域中的计划订单仅仅向供应商提供参考信息
   D. 供应商计划的展望期分为两个时域。在近期的第 1 时域中的计划订单仅仅向供应商提供参考信息。在远期的第 2 时域中，是已经下达的采购订单

第12章 生产活动控制——增值在这里实现

按 ERP 的逻辑流程，生产管理或称生产活动控制(production activity control，PAC)，属计划执行层。

主生产计划给出了最终产品或最终项目的生产计划，经过物料需求计划按物料清单展开得到零部件直到原材料的需求计划，即对自制件的计划生产订单和对外购件的计划采购订单，然后通过生产活动控制和采购作业管理来执行计划。生产活动控制的方法随生产类型的不同而不同，下面先从制造业的生产类型谈起。

12.1 制造业生产类型

关于制造业生产过程的组织方式和技术，从大的方面来说可以分为两类，即离散型生产和流程型生产。

12.1.1 离散型生产

离散型生产(discrete manufacturing)，是以离散的子项单位来制造产品，而这些子项又是以离散单位采购来的，子项和产成品都有它们自己的不同形状。离散型生产通过机械加工、制造和装配零件达到产品增值的目的，在制造过程开始时所有物料通常已经备齐。这个过程生成一个输出单位，即一个完整的子装配件或产成品。

在离散制造业中，通常可有多种增加能力的方法。例如，雇用更多的工人，购买或租赁更多的机器，或者把某些作业转包给外部供应商。由于这种灵活性，在 ERP 软件包中提供无限能力计划的功能，这对于离散制造业是可以接受的。离散制造企业所使用的原材料和采购件具有准确和一致的规格。因此，离散 ERP 软件包中的库存控制模块只需要按物理单位处理库房中物料的数量即可。

离散型生产分为车间任务型生产和重复生产，后者用连续的或流水线的方式制造离散零件和装配件。

1. 车间任务型生产

车间任务型生产(job shop manufacturing)的特点是，每项生产任务仅要求整个企业组织的一小部分能力和资源。另一个特点是，将功能类似的设备按空间和行政管理的方便建成一些生产组织(车间、工段或小组)，如车、铣、磨、钻和装配等。在每个部门，工件从一个工作中心到另一个工作中心进行不同类型的工序加工，常常基于主要的工艺流程来安排生产设备的位置，以使物料的传输距离最小。对于车间任务型生产的组织方式，其设备的使用是灵活的，工艺路线也可以是灵活的。在以车间任务型方式组织生产时，生产计划的编制和管理必须处理大量的生产任务，常通过订单的编制、发放和监控来组织车间任务的生产。订单是按确定的批量、生产提前期、物料清单及库存状态制定的。在这种生产组织方式中，库存管理包括原材料、外购件、在制品、成品、半成品的管理，计划并保证生产物料的可用性是管理的关键。

2. 重复生产

重复生产(repetitive manufacturing)指的是大批量生产。重复生产具有如下几个特点。
(1) 客户订单批量大，且有重复性。
(2) 对一个特定产品的生产，所需的加工能力和工装设备是专门设定的。
(3) 工艺路线是固定的，工作中心或设备按加工的先后顺序排列，通常表现为生产线。
(4) 加工的零部件以流水方式通过生产线。
(5) 各个工作中心之间生产率的平衡比车间任务型生产更为重要，因为它将确保流水生产的顺利进行。各个工作中心的生产率通常是设计所需生产设备时所要考虑的一个重要因素。
(6) 排队和等待时间短。
(7) 与车间任务型的生产方式相比，在制品库存也比较少。

12.1.2　流程型生产

流程型生产(process manufacturing)，是以不同的成分来制造产品，这些成分可能是液体、气体或粉末，它们没有自己的固定形状，而是取容器的形状。产成品也可能取容器的形状。

流程型生产通过能源、设备和其他资源来混合或分离各种成分并引起化学反应，从而达到增值的目的。生产的过程由多个步骤或阶段组成，每个阶段都可以要求输入某些成分或资源。流程型生产的产品结构是发散的，即在目标产品产出前的每个阶段都可以有多项产出，如联产品、副产品、可循环使用的物料及废料等，如图 12.1 所示。

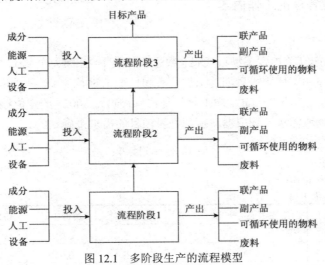

图 12.1　多阶段生产的流程模型

图中，联产品是两个或多个近似等值且一同产生的产品。通常，联产品之一被标识为生产过程的目标产品，而这种选择经常是任意的。副产品是在生产过程中附带产生且有某些残留价值的产品。对于联产品、副产品及其他产出的复杂、多阶段的过程，要求不同的数据结构。这个数据结构必须把物料清单(在流程工业中，通常称为公式或配方)和多阶段的过程集成在一起，能够表示与生产过程的不同阶段相关联的投入和产出。

流程制造业必须在固定能力的限制下工作，除了建立另外的工厂，一个流程制造企业几乎没有办法来增强能力。因此，流程制造企业要求通过有限能力计划和排产功能来对其固定的能力的使用进行优化。例如，对一组在同一条生产线上生产的产品，应有计算其最优调度序列的功能。

由于流程制造企业经常使用自然资源作为原材料，所使用的物料可能覆盖一个相当宽的规格范围，难以控制成分的一致性。对于食品和饮料工业，尤其如此。因此，对于流程制造业来说，库存控制模块必须存储物料的物理单位和效能单位两种信息，如表12.1所示。

表 12.1　物料的物理单位和效能单位

物料	效能/%	物理单位/千克	效能单位/千克
批号A	20	1 000	200
批号B	25	1 000	250

在表中，批号A和批号B的物理单位同样多，但批号B的效能单位却比批号A多50千克(效能单位是效能百分比与物理单位量的乘积)。如果一个配方要求100个效能单位的物料，那么仓库保管员可以提供500个物理单位的批号A物料，也可以提供400个物理单位的批号B物料。于是，库存分配逻辑必须考虑每批物料的效能，并告诉仓库保管员应当发放多少物理单位。

12.2　车间作业管理

车间作业管理根据零部件的工艺路线来编制工序排产计划。在此阶段，要处理相当多的动态信息，反馈是重要的工作，因为系统要以反馈信息为依据对物料需求计划、主生产计划、生产规划乃至经营规划做必要的调整，以便按照企业的基本方程，实现供需平衡。

12.2.1　车间作业管理的工作内容

1. 检查计划生产订单

MRP为计划生产订单指定了物料代码、数量和计划下达日期，再经过能力需求计划，则进一步指明了加工工序、工序完成日期、工作中心和标准工时。

例如，表12.2是一份生产订单，加工对象是物料代码为80021的定位栓，需求日期是第412个工作日。这是由物料需求计划根据其上层物料项目的需求来确定的。

表 12.2　生产订单

生产订单号：18447
物料代码：80021(定位栓)
数量：500　　　需求日期：412　　　下达日期：395

工　序	部　门	工作中心	说　明	准备工时	单件工时	标准工时	完成日期
10	08	1	下料	0.5	0.010	5.5	402
20	32	2	粗车	1.5	0.030	16.5	406
30	32	3	精车	3.3	0.048	27.3	410
40	11		检验				412

表 12.2 所表示的这些信息是存储在计算机中的,这些计划的完工日期并不出现在发向车间的文档材料中。因为物料需求计划尚需不断地检查这些需求日期,看看是否发生变化。例如,定位栓的父项物料还需要某种铸件才能构成,而铸件的质量出了问题,最早于第 422 个工作日才能得到一批新的铸件。于是必须改变主生产计划来指明这一点,在计算机中关于定位栓的生产订单也将给出一个新的完成日期,即 422,而工序 30 的完工日期改为 420,工序 20 的完工日期改为 416。所以,在计划生产订单正式下达投产之前,还必须检查物料、能力、提前期和工具的可用性,并解决可能出现的物料、能力、提前期和工具的短缺问题。

2. 执行生产订单

执行生产订单的工作是从得到计划人员下达的生产订单开始,下达生产订单就是指明这份生产订单已经可以执行了。具体来说,就是这份订单的完工日期、订货数量已经确定,并指明了零件的加工工序和标准工时,可以打印订单和领料单,可以领料,可以下达派工单,也可以做完工入库的登记。

当多份生产订单需要在同一时区内在同一工作中心上进行加工时,必须要向工作中心指明这些订单的优先级,说明各生产订单在同一工作中心上的优先级是工作中心派工单的作用。执行生产订单的过程,除了下达生产订单和工作中心派工单之外,还必须提供车间文档,其中包括图纸、工艺过程卡片、领料单、工票、某些需要特殊处理的说明等。

3. 收集信息,监控在制品生产

如果生产流程正常进行,那么这些订单将顺利通过生产处理流程。但十全十美的事情往往是很少的,所以必须对工件通过生产流程的过程加以监控,以便了解实际上正在发生什么,为此要做好以下工作。

(1) 通过投入/产出报告显示能力计划的执行情况。
(2) 监控工序状态、完成工时、物料消耗、废品率。
(3) 控制排队时间、投料批量和在制品数量。
(4) 预计是否出现物料短缺或拖期现象。

4. 采取调整措施

根据监控的结果,如果认为将要出现物料短缺或拖期现象,则应采取措施,如重新调整不同订单的工序优先级,或通过加班、转包或分解生产订单来调整能力及负荷,以满足最后交货日期的要求。

若经过努力发现仍然不能解决问题,则应给出反馈信息,要求修改物料需求计划,甚至修改主生产计划。

5. 生产订单完成

统计实耗工时和物料、计算生产成本、分析差异、执行产品完工入库事务处理。

12.2.2 工序优先级的确定

多项物料在同一时区分派在同一个工作中心上加工,需要确定这些物料的加工顺序,即工序之间相对的优先顺序。实质上这是一个核实是否有足够提前期的问题。

下面介绍几种确定优先级的常用方法。

1. 紧迫系数

紧迫系数(critical ratio,CR)是交付日期与提前期的比值,用于确定优先级。其计算公式为

$$CR = \frac{需用日期 - 今日日期}{剩余的计划提前期}$$

公式将剩余时间与需要加工的时间(计划提前期)对比，可出现以下4种情况。

(1) CR＝负值　　　　　　　　　　说明已经拖期
(2) CR＝1　　　　　　　　　　　　剩余时间恰好够用
(3) CR＞1　　　　　　　　　　　　剩余时间有余
(4) CR＜1　　　　　　　　　　　　剩余时间不够

很明显，CR值小者优先级高。一项物料在加工完成后，其余物料的CR值会发生相应的变化，要随时做出调整。

2. 最小单个工序平均时差

最小单个工序平均时差(least slack per operation，LSPO)也称缓冲时间或宽裕时间。其计算公式为

$$LSPO = \frac{加工件计划完成日期 - 今日日期 - 尚需加工时间}{剩余工序数}$$

式中，尚需加工时间指剩余工序的提前期之和。很明显，LSPO值越小，则剩余未完工序可分摊的平均缓冲时间越短，优先级越高。

3. 最早订单完工日期

最早订单完工日期(earliest due date)要求完工日期越早的订单优先级越高。使用这条规则时，对处于起始工序的订单要慎重，有必要用LSPO规则复核。本规则比较适用于判断加工路线近似的各种订单，或已处于接近完工工序的各种订单。

前两种判断优先级的方法不如第三种方法明确，有时按正确的相对优先级工作着(最紧迫的先做，然后做紧迫程度稍低的)并不意味着满足完成日期。一个工作中心可能在以正确的相对优先级工作着，但实际上它所做的工作已经落后于计划一周了。所以，指明相对优先级的同时，还要指明要满足的完成日期。

在一份生产订单经过每个工序的过程中，如果它已经落后于计划，这将使得这份订单将以高优先级出现在派工单中，于是这份订单将会被加快处理，这有助于弥补已经落后于计划的时间。但是，如果一份订单已经落后于计划5天，而且应当明天入库，那么车间人员应当通知计划人员这份生产订单无法按时完成，以便于计划员采取相应的措施。

确定工序优先级的规则很多，但必须简单明了，便于车间人员使用。

12.2.3 派工单

派工单就是按优先级顺序排列的生产订单一览表。当生产订单下达后，订单信息进入车间订单文件，车间订单文件记录了所有已下达但尚未完成的生产订单。每天的派工单要列出在每个工作中心或部门加工的作业，也列出未来几天将要到达工作中心的作业单。使用派工单，可以按部门或者按工作中心和工序来显示车间计划，而不仅仅是显示生产订单及其日期。派工单是车间调度最有用的形式，为在计划员和车间之间就优先级进行交流提供了一种方法。

派工单中列出工序的开始日期、完成日期，以及作业订单完成日期。工序开始日期用来确定作业的加工顺序，工序完成日期和订单完成日期都是非常重要的信息，这些日期都是车间管

理人员要满足的。

有些公司的派工单是按部门而不是按工序描述的。在这种情况下，派工单中列出部门的开始日期和完成日期及生产订单完成日期，这对于在一个部门中连续完成几道工序而每道工序的加工时间都很短的情况是更适当的。这种情况的一个例子是木器家具制造公司，刨平、打磨、黏合等所有工序在几个小时里完成。

根据车间文件和工艺路线信息，以及所使用的调度原则，每天由计算机为每个工作中心生成一份派工单，说明各生产订单在同一工作中心上的优先级，利用硬拷贝或计算机屏幕显示方式，在每个工作日一开始送达车间现场，向工长指明正确的作业优先级。

在派工单中包括生产订单的优先级、物料存放地点、数量及能力需求的详细信息，所有这些信息都是按工序排列的。另外，派工单也向车间人员提供了对照计划度量生产过程的手段。表 12.3 是一个派工单的例子。

表 12.3 派工单

工作中心：3001，冲压
今天日期：395
优先级：工序完成日期

物料号	订单号	单完成日期	工序号	工序描述	工序日期 开始	工序日期 完成	工时 准备	工时 加工	剩余数量	上道工序 号	上道工序 工作中心	下道工序 号	下道工序 工作中心
已经到达此工作中心的作业													
L930	1326	405	10	冲压	391	393	0.0	4.0	1 500			20	4 510
K421	2937	403	5	冲压	392	393	2.0	6.0	2 000			10	3 888
D430	2566	401	10	冲压	397	398	1.0	1.0	500	5	3 000	20	4 566
N862	3752	402	20	冲压	399	400	0.5	3.5	1 000			30	4 000
在未来3天内将要到达此工作中心的作业													
K319	2597	403	15	冲压	397	398	1.0	3.0	800			20	4 510
B422	3638	412	20	冲压	398	399	2.0	20.0	10 000	10	3 000	30	9 500

表 12.3 中的派工单给出了物料号、生产订单号、工序号及每项作业的加工数量、生产准备工时和加工工时等信息。其中，生产准备工时指一个工作中心从生产一种项目转换到生产另一种项目所需的时间；加工工时指实际加工生产指定数量的物料项目所需的时间。此外，还提供了上道工序和下道工序的信息。

12.3 重复生产管理

重复生产是车间任务型生产的一种特殊形式，其主要特点是产出率均衡，工艺路线固定。重复生产管理的特点如下。

（1）物料移动采用拉式，即下道工序需用物料时向上道工序领取。

（2）物料消耗的统计则采用倒冲法，即在完成成品总装或组件分装以后，根据父项的完成数量及物料清单计算出每种子项物料的使用量，并从库存记录中减除。但对于价值比较高的零部件仍然采取领料的方法，即凭领料单领料同时减除库存记录，然后再使用。

（3）生产线上生产率最低的工作中心确定了生产线的生产率。

(4) 只在生产线的某些关键点上报告反馈信息，而不要求生产线上的每个操作工都给出反馈信息。

12.4 流程制造业生产管理

12.4.1 流程制造业生产管理的特性

流程制造业生产管理具有如下几个特性。

(1) 流程制造业是连续的流动生产，即一系列批量紧跟着加工，物料流经一系列阶段。其所有产品的工艺路线类似。在增值的计划过程中，流程和能力起决定作用。

(2) 流程制造业面向库存，根据库存情况预测组织产品的生产。

(3) 流程制造业产品的生产呈阶段性，产品的结构呈发散性，在产品生产的任何阶段上都可以有能源、机械及原材料的投入，也可以有副产品、联产品及中间形态产品的产出。

(4) 可采用流程列车的方式，将流程制造业的产品生产过程描述为一系列阶段(见图 12.1)，每个阶段可以在一定程度上独立计划，阶段又可以由若干步骤组成。

(5) 流程制造业可以以排产计划作为授权生产的依据，而不必使用生产订单。

12.4.2 流程排产

对于流程制造业来说，ERP 的计划层次有不同的特点，如图 12.2 所示。对照图 2.4，ERP 最大的不同在于主生产计划和能力需求计划的合一，即排产计划，而物料需求计划不再作为能力需求计划的输入，只产生外购物料的采购订单信息。

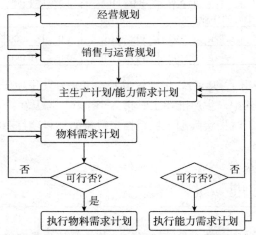

图 12.2 ERP 关于流程制造业的计划层次

排产的计算可以使用处理能力优先的排产过程或物料计划优先的排产过程。处理能力优先的排产过程是指首先按照设备的处理能力排产，然后检查相应于排产的产出量是否在事先指定的最大值和最小值范围内，如果突破了事先指定的范围，则对排产进行调整。物料计划优先的排产过程在逻辑上类似于离散制造业的排产过程，首先做出物料需求计划，然后检查是否有和物料计划相匹配的足够的处理能力，如果没有足够的处理能力，则相应地调整物料计划。

可以使用向后排产、向前排产或混合排产方法为流程队列做排产计划。

12.4.3 流程制造业 ERP 系统功能特性

1．和物料管理相关的功能

(1) 批号跟踪，且把效能和批号相联系。由于所使用的基础原料的规格不一致，物料的管理既要使用物料的物理单位，又要使用物料的效能单位。所以，物料分配逻辑必须通过批号跟踪技术区分每批物料的效能，并根据物料效能分配物料的数量。

(2) 根据效能终止日期的早晚分配物料。物料的效能常有一个终止日期，必须在这个日期之前使用这种物料。

(3) 防止在一个特定日期之前使用某种物料。在流程制造业中，常有这样的情况，某种物料在产出之后必须在某种条件下搁置一段时间才可以使用。这时，就必须为这种物料制定一个可用日期。

(4) 为每项物料定义存储要求(温度、相对湿度等)。

(5) 为存储罐定义高度和物料数量的转换。在流程制造业中，物料常装在存储罐内，而存储罐的截面大小有时上下不一致。在盘点过程中，测得罐中物料的高度是比较容易的，但是如何把这个高度转换成为由物料的计量单位表示的数量，则需要另外计算。所以，这种转换功能很重要。

2．和生产管理相关的功能

(1) 定义物料的兼容性代码。通过这种代码可以确定哪些产品可以存放在同一个容器内，或在同一条生产线上生产而不必清洗存储罐或流程导管。

(2) 为物料定义度量单位转换因子。

(3) 有限能力计划和排产。一般来说，流程制造业必须在固定能力的限制下工作。因此，流程制造业要求有限能力计划和排产功能，对其固定能力的使用进行优化，特别是对于瓶颈资源。

(4) 计算最优调度序列。对于在同一生产线上产出的一组产品计算最优调度序列的功能，这个序列使得产品更换成本最小。

(5) 根据流程导管的限制确定批量。

(6) 实时控制数据接口。将过程控制条件和生产流程相联系，直接记录流程处理数据，例如温度、压力、时间等。在流程制造业中，很多时候不但对所使用的原材料和设备有严格要求，而且对温度、压力和处理时间等环境条件指标也有严格的要求。

(7) 库存"前冲"接收。即虽然目标产品的生产过程尚未完成，但是可以根据某个生产阶段的完成，自动接收这个阶段所产生的联产品和副产品入库。

(8) 分析和跟踪流程各个阶段的产出量。在流程的各个阶段，把实际产出量和计划产出量进行对比和分析。

3．和成本核算相关的功能

(1) 计算生产过程产出的副产品、联产品，以及可循环使用物料的价值。

(2) 计算生产过程产出的废料的处理成本。

4．和销售订单承诺相关的功能

在对客户订单进行承诺时，不但要考虑可承诺量，还要考虑可承诺能力。因为对于流程制造业来说，能力的限制比离散制造业更为重要。

思考题

1. 制造业有哪些生产类型?
2. 流程型生产和离散型生产各有什么特点?
3. 流程型生产和离散型生产的主要区别是什么?
4. 车间任务型生产和重复生产各有什么特点?
5. 如何判断企业的生产类型?
6. 车间作业管理包括哪些工作内容?
7. 什么是派工单?它的作用是什么?
8. 当多项物料在某一时区分配到同一工作中心上加工时,应当如何确定作业的优先级?
9. 重复生产的物料移动方式和物料消耗统计采用什么方法?
10. 流程制造业所需要的 ERP 功能和离散制造业的有什么不同?

练习题

1. 下面哪一项活动关注生产过程中最短期的计划?(   )
   A. 生产规划   B. 主生产计划
   C. 物料需求计划   D. 生产活动控制
2. 下面关于车间任务型生产、重复生产和流程型生产的陈述,哪一个是正确的?(   )
   A. 车间任务型生产通过能源、设备和其他资源来混合或分离各种成分并引起化学反应,从而达到增值的目的。重复生产的加工能力和设备是专门设定的,工艺路线是多变的。流程制造业将功能类似的设备按空间和管理的方便组成车间或小组,工艺路线是固定的
   B. 车间任务型生产通过化学反应得到产品,工艺路线是固定的。重复生产的加工能力和设备是专门设定的,工艺路线是多变的。流程制造业通过机械加工达到增值的目的,加工的零部件以流水方式通过工作中心
   C. 车间任务型生产将功能类似的设备按空间和管理的方便组成车间或小组,工艺路线是多变的,每项生产任务仅要求企业组织的部分资源。重复生产的加工能力和设备是专门设定的,工艺路线是固定的,加工的零部件以流水方式通过流水线。流程制造业通过能源、设备和其他资源来混合或分离各种成分并引起化学反应,从而达到增值的目的
   D. 车间任务型生产的加工能力和设备是专门设定的,工艺路线是固定的,加工的零部件以流水方式通过流水线。重复生产将功能类似的设备按空间和管理的方便组成车间或小组,通过化学反应达到增值的目的。流程制造业通过能源、设备和其他资源来进行机械加工,每项生产任务仅要求企业组织的部分资源
3. 流程型生产和离散型生产的区别在于(   )。
   A. 流程型生产是面向订单装配的,离散型生产是面向库存生产的
   B. 生产过程中增值的方法不同,增加生产能力的灵活性不同,物料的效能一致性不同
   C. 生产过程中成本核算的方法不同,增值的方法不同,物料的效能一致性不同
   D. 离散型生产过程中可以出现联产品和副产品,流程型生产过程中只出现在制品

4. 派工单是( )。
   A. 车间领料单
   B. 按优先级顺序排列的生产订单一览表,每天发到工作中心,指明生产订单的优先级、要加工的物料数量及能力需求的详细信息
   C. 生产订单
   D. 详细描述一项物料的制造过程的文件,包括要进行的加工及其顺序、涉及的工作中心及准备和加工所需的工时定额
5. 确定工序优先级的方法有哪些?( )
   A. 面向库存生产、面向订单生产、面向订单装配
   B. 订货点法、按需订货、经济订货批量
   C. 毛需求、净需求、安全库存
   D. 紧迫系数法、最小单个工序平均时差法、订单的最早完成日期法

第13章 财务管理和成本管理

13.1 财务管理

13.1.1 财务管理业务概述

1. 企业经营活动循环

企业是以盈利为目的的经济组织，它的全部活动就是利用所占有的资源来获得最大的回报。为了达到这样的目的，企业先要获得所需要的资本，资本来源于所有者的投资及向债权人的举债。

在获得了所需的资本以后，企业会利用这些资本采购所需的设备和原材料，因而要向供应商支付现金(包括银行存款)，或者形成应付账款，在以后用现金偿还。企业还要雇用人力，为此需要向员工支付工资。这个过程是周而复始、不断重复的，从而构成一个循环，即采购付款循环。

企业利用购入的设备、原材料和雇用的人力资源来生产产品，这个过程是一边消耗资源，一边形成产品的过程。这个过程也是周而复始的循环过程，即生产循环。

企业生产出产品后，要想方设法把它们卖出去，以获得利润。企业卖出产品会收到现金，或形成应收账款，在以后以现金的形式收回。这也是一个不断循环的过程，即销售收款循环。

企业的全部经营活动实际上就是这几个循环的不断重复，它们又构成了一个大循环，称之为企业的经营活动循环。

2."会计凭证—会计账簿—财务报表"循环

企业的经营活动离不开财务管理活动。和企业的经营活动相融合，企业的财务管理活动构成一个"会计凭证—会计账簿—财务报表"循环，而ERP系统财务管理的功能就是这个循环的模拟。要了解ERP系统财务管理的功能，就要先了解财务管理的"会计凭证—会计账簿—财务报表"循环。

在企业的经营活动中，每一项经济业务都必须有原始凭证。原始凭证审核无误则可作为编制记账凭证的依据，然后根据记账凭证将经济业务活动记入相应的账目。虽然通过所有的账目已经记录了所有经济业务的发生和完成情况，但还不能直观地从中获取有关的信息，来满足投资者、债权人、银行、供应商等企业外部的利害关系集团和个人，以及企业管理者了解企业财务状况、经营成果和经济效益的需求，为此必须编制财务报表。为了改善企业的经营状况，还要进行财务分析。

1) 会计凭证

会计凭证的收集、制作和管理是财务管理工作的重要内容。凭证分为原始凭证和记账凭证。

(1) 原始凭证。原始凭证又称原始单据，是经济业务发生或完成时取得或填制的，用以记录、证明经济业务已经发生或完成的原始证据，是进行会计核算的原始资料。原始凭证记载着大量的经济信息，与记账凭证相比，具有更强的法律效力。原始凭证按其形成的方式，分为外来原始凭证和自制原始凭证。前者如购货时取得的发票，后者如原材料入库时由仓库保管人员填制的入库单，商品销售时由销售部门开出的提货单等。

(2) 记账凭证。记账凭证是会计人员根据审核后的原始凭证进行归类、整理，并确定会计分录而编制的凭证，是据以登录账目的依据。记账凭证记载的是会计信息。从原始凭证到记账凭证是经济信息转换成会计信息的过程，是一种质的飞跃。记账凭证要根据原始凭证所反映的经济业务，按规定的会计科目和复式记账方法编制会计分录，用来指明经济业务应当归类的会计科目和记账方向，作为记账的依据。

记账凭证分为收款凭证、付款凭证和转账凭证。收款凭证是用以反映货币资金收入业务的记账凭证，根据货币资金收入业务的原始凭证填制而成。付款凭证是用以反映货币资金支出业务的记账凭证，根据货币资金支出业务的原始凭证填制而成。转账凭证是用以反映与货币资金收付无关的转账业务的凭证，根据有关转账业务的原始凭证或记账凭证填制而成。

2) 根据凭证记账

(1) 记账。从原始凭证到记账凭证，按照一定的会计科目和复式记账法，大量的经济活动信息转化为会计信息记录在记账凭证上。但是，这些记录在会计凭证上的信息还是分散的、不系统的。为了把分散在会计凭证中的大量核算信息加以集中归类反映，为经营管理提供系统、完整的核算资料，并为编制会计报表提供依据，就必须设置和登记账簿。记账以记账凭证为依据，按照时间的顺序，既要记入总账，又要记入明细账。根据复式记账法的要求，借贷的规则是有借必有贷，借贷必相等。

(2) 对账。对账就是在有关经济业务入账以后，进行账簿记录的核对。对账分为日常对账和定期对账两种。日常对账是指会计人员在编制会计凭证时对原始凭证和记账凭证的核对，以及在登记账簿时对账簿记录和会计凭证的核对。定期对账是指在期末结账前，对凭证和账簿记录的核对。做到账证相符、账账相符、账实相符。

(3) 结账。结账就是在会计期末计算并结转各账户的本期发生额和期末余额。各会计期间内所发生的经济业务，于该会计期间全部登记入账并对账以后，就可以通过账簿记录来了解经济业务的发生和完成情况了。但是，管理上需要掌握各会计期间的经济活动情况及其结果，并编制各会计期间的财务报表，而根据会计凭证将经济业务记入账簿后，还无法直观地从中获取所需的各种信息资料，必须通过结账的方式把各种账簿记录结算清楚，以提供所需的各项信息资料。

会计期间一般实行日历制。月末进行计算，季末进行结算，年末进行决算。结账于各会计期末进行，所以可以分为月结、季结和年结。

3) 财务报表

财务报表是会计核算工作的结果，是反映会计主体财务状况、经营成果和财务状况变动情况的书面文件，也是会计部门提供会计信息的重要手段。因此，财务报表必须数字真实、计算准确、内容完整、编报及时。

财务报表所提供的会计信息，是投资者、债权人、银行、供应商等会计信息使用者了解企业的财务状况、经营成果和经济效益，进而了解投资风险和投资报酬，贷款或借款能否按期收回等情况的主要来源；是投资者进行投资决策、贷款者进行贷款决策、供应商决定销售策略的重要依据；是国家经济管理部门制定宏观经济管理政策和经济决策的重要信息来源。财务报表所提供的会计信息，还是企业内部管理人员了解企业经营状况和经营成果的重要经济信息来源。企业决策者可以根据报告所反映的情况总结经验，制定改善经营管理的措施，不断提高企业的经济效益。

(1) 财务报表的组成。财务报表主要包括对外报送的财务报表和财务情况说明书。

对外报送的财务报表由主表、附表和报表附注3部分组成。其中，主表包括资产负债表、损益表和现金流量表。附表根据各行业的特点编制，工业企业的附表包括利润分配表和主营业务收支明细表；商品流通企业的附表包括利润分配表和商品销售利润明细表。报表附注是为了帮助会计报表阅读者理解报表的内容而对表内有关项目和一些表外项目所做的解释。

财务情况说明书是为了了解和评价企业财务状况和经营成果所提供的书面资料，主要说明企业的生产经营状况、利润实现和分配状况、资金增减和周转情况、纳税情况，以及主要的会计处理方法等。

(2) 主要财务报表。资产负债表、损益表和现金流量表都是主要的财务报表。

资产负债表是反映企业在某一个特定日期资产、负债和所有者权益构成情况的财务报表。它是根据"资产＝负债＋所有者权益"这一基本公式，依照一定的分类标准和次序，把企业在某一个特定日期的资产、负债和所有者权益项目予以适当的排列编制而成。

损益表是反映企业在一定会计期间内的经营成果的会计报表。它根据"收入－费用＝利润"这一公式，依据一定的标准和次序，把企业一定时期内的收入、费用和利润情况项目予以适当的排列编制而成。

现金流量表是反映企业一定期间经营活动、投资活动与筹资活动现金流入和现金流出的会计报表，从动态上反映现金的变动情况。通过现金流量表能评估企业未来取得现金的能力和偿还负债的能力，以及企业财务管理水平和制订运营资金计划、加强财务管理和用好企业的运营资金的能力。

4) 财务分析

财务分析的对象是财务报表，主要是资产负债表和损益表。从这两种财务报表中着重分析公司的收益性、安全性、成长性和周转性几个方面的内容。

(1) 公司的获利能力。公司利润的高低、利润额的大小，是企业是否有活力、管理效能优劣的标志。投资者首先要考虑选择利润丰厚的公司进行投资。所以，分析财务报表，先要着重分析公司当期投入资本的收益性。

(2) 公司的偿还能力。分析公司的偿还能力目的在于确保投资的安全性。具体从两个方面进行分析：一是分析其短期偿债能力，看其有无能力偿还到期债务，这要从检查分析公司资金流动状况来做判断；二是分析其长期偿债能力的强弱，这要通过分析财务报表中不同权益项目之间的关系、权益与收益之间的关系，以及权益与资产之间的关系来进行检测。

(3) 公司扩展经营的能力。分析公司扩展经营的能力，即进行成长性分析，这是投资者进行长期投资决策时最为关注的重要问题。

(4) 公司的经营效率。分析公司的经营效率主要是分析财务报表中各项资金周转速度的快慢，以检测公司各项资金的利用效果和经营效率。

13.1.2 ERP 系统财务管理功能概述

财务管理是 ERP 系统的重要组成部分。ERP 系统中的财务部分一般分为财务管理和会计核算两方面的功能。会计核算是财务管理的基础。作为 ERP 软件系统的一部分，财务模块通过和其他模块之间的接口，将生产活动、采购活动和销售活动输入的信息自动过入财务模块，更新总分类账和明细分类账中的数据，进而更新会计报表，从而实现生产、采购和销售活动与财务管理活动的集成，实现物流、资金流和信息流的集成。

1. 总账模块

总账模块的功能是处理记账凭证录入，输出日记账、明细账及总分类账，编制主要会计报表。总账模块是财务管理的核心，应收账、应付账、固定资产核算、现金管理、工资核算等模块都是以总账模块为核心来传递信息的。为了适应企业集团会计核算的需求，总账模块还提供了合并报表的功能。

2. 应收账款模块

应收账款是企业由于销售商品或提供服务而产生的应当向客户收取的款项。在 ERP 系统中，应收账模块包括以应收账款为主的所有应收款项。其功能包括发票管理、客户信息管理、收款管理、账龄分析等功能。该模块和客户订单、发票处理业务相联系，在相关的事务处理中自动生成记账凭证，导入总账。

3. 应付账款模块

应付账款是企业由于购买商品和服务而应当付给供应商的款项。在 ERP 系统中该模块包括了以应付账款为主的所有应付款项。其功能包括发票管理、供应商信息管理、支票管理、账龄分析等。该模块和采购模块、库存管理模块集成，从采购模块和库存管理模块中取得数据。

4. 现金管理模块

现金管理模块的主要功能是对现金流的控制及零用现金和银行存款的核算。其功能包括票据管理和打印、付款维护、银行存款清单打印、付款查询、银行查询、支票查询等和现金有关的功能。此外，该模块应和应收账、应付账、总账等模块集成，可以自动生成凭证，导入总账。

5. 固定资产核算模块

固定资产核算模块对固定资产的增减变动及折旧的计提和分配进行核算。其功能包括登录固定资产卡片和明细账、计提折旧、编制报表，以及自动编制转账凭证并转入总账。该模块应和应付账款、成本、总账模块集成。

6. 工资核算模块

工资核算模块处理企业员工的工资结算、分配、核算，以及各相关费用的计提。其功能包括工资登录、打印工资清单及各类汇总报表，计提各项与工资有关的费用，生成凭证，导入总账。这一模块应当和总账模块、成本模块集成。

7. 成本核算模块

成本核算模块依据物料清单、工作中心、工艺路线、采购管理等方面的信息对产品的成本进行核算。

13.1.3 ERP 系统中财务管理业务流程

ERP 系统深刻把握了企业经营活动的本质，有效地实现了财务管理和生产管理、采购管理、销售管理、库存管理功能的集成,将数据的采集延伸到生产、采购、销售和库存管理等环节。ERP 系统是一个以计划为主导的信息系统,它的计划和控制功能是伴随着企业的生产经营活动而展开的,这是一个循环往复的过程,ERP 系统的计划执行过程,就伴随着企业的物流和资金流过程。ERP 系统的计划与控制就是通过对信息流的控制,实现对物流和资金流的控制。

ERP 系统的执行过程是从采购活动开始的。采购部根据物料需求计划采购物料,物料采购回来以后,经质检部门验收入库,录入库存系统。此时,库存增加,同时应付账款也增加(或现金减少)。通过 ERP 系统的会计界面,生成会计凭证,过账后在总账系统中同时更新应付账款和存货账户,从而在采购付款循环中实现了物流和资金流的统一。

生产车间根据生产订单从仓库中领取原材料,此时的存货减少,而在制品增加,即生产成本增加。通过 ERP 系统的会计界面生成会计凭证,过入总账,更新相应的会计科目数据。加工完成,生产出可以向客户销售的产品并入库,通过 ERP 系统的会计界面,生成会计凭证,过入总账,减少总账模块中生产成本账户的金额,增加存货账户的金额,实现了生产循环中物流和资金流的统一。

销售部门接到客户的订单,通知仓库按照订单向客户发货,库存减少的同时,应收款增加。通过 ERP 系统的会计界面,生成会计凭证,过账后即可更新应收账款和存货有关账户的金额。当收到客户付来的货款时,可通过 ERP 系统的会计界面生成收款凭证并过账,总账系统中的现金和应收账款两个科目的数据同时更新,从而在销售和付款循环中实现了物流和资金流的统一。

利用 ERP 系统的财务管理功能进行对账和结账及编制财务报表,比起传统的手工操作,大大提高了效率,可以更准确、及时地完成这些重要的财务活动。

ERP 系统是一个集成系统,如图 13.1 所示。

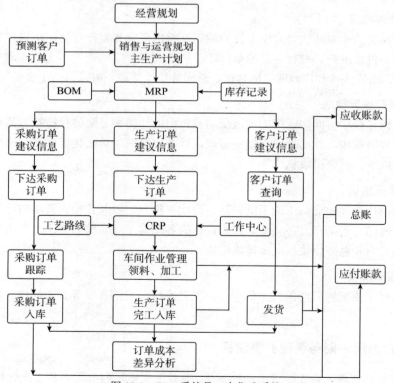

图 13.1 ERP 系统是一个集成系统

13.2 成本管理

产品成本是生产过程中各种资源利用情况的货币表示,是衡量企业技术和管理水平的重要指标。企业要使自己的产品占领市场,就必须对其成本进行控制,否则就会失去市场竞争力,从而影响到企业的生存和发展,所以成本控制是每个企业都必须关心的事情。企业通过对成本的计划、控制和分析,来优化资源的利用,降低成本,提高效益。

ERP 为企业的成本管理提供了工具,把财务和成本管理纳入系统中,是 ERP 发展过程中一个重要的标志。ERP 系统的成本管理功能对于企业是非常重要的,因此必须了解 ERP 系统中的成本计算方法和相关的概念。

13.2.1 成本管理的基本概念

1. 财务会计和管理会计

会计是以货币作为反映方式,采用专门方法,对经济业务进行核算和监督的一种管理活动或经济信息系统。现代会计学把主要为企业外部提供财务信息的会计事务称为财务会计,而把主要为企业内部提供财务信息的会计事务称为管理会计。

财务会计的主要目的在于为企业外部的利害关系集团和个人(国家经济管理部门、股东、领导部门等)提供全面反映企业财务状况、经营成果和财务状况变动的信息。这些信息高度综合,但详细程度不能满足决策的需要。财务会计所报告的信息反映已经发生的情况,所遵循的约束条件是外部强制的标准、会计原则、方法及程序,时间范围可有月、季、年的不同规定。

管理会计是 20 世纪 50 年代发展起来的一门新学科,是现代管理学的重要组成部分。管理会计的主要目的在于为企业内部各级管理部门和人员提供进行经营决策所需的各种经济信息。这些信息要满足特定的要求,详细到可供计划、控制和决策使用。提供信息的范围可根据需要而有极大的伸缩性(时间单位可从小时到年),所提供的信息既有历史信息,也有预测信息。管理会计所遵循的约束条件是以满足成本/效益分析的要求为准,无外部的强制约束。

ERP 的成本管理是按照管理会计的原理,对企业的生产成本进行预测、计划、决策、控制、分析与考核。有些人认为引进的 ERP 软件的成本管理部分不符合中国国情,其原因之一就是未能区分上述两种不同的会计范畴。人们所想到的往往是成本管理模块的功能不符合上级机关要求的报表格式,而较少想到它所提供的功能是一个非常有力的管理工具。随着会计制度的改革和 ERP 的进一步发展和应用,其优越性将会变得更加明显。

2. 标准成本体系

标准成本体系是 20 世纪早期产生并被广泛应用的一种成本管理制度。标准成本体系的特点是事前计划、事中控制、事后分析。ERP 采用的是标准成本体系。

在成本发生前,通过对历史资料的分析研究和反复测算,制定出未来某个时期内各种生产条件(如生产规模、技术水平、能力利用等)处于正常状态下的标准成本。标准成本是进行成本控制的依据和基础。

在成本发生过程中,将实际发生的成本与标准成本进行对比,记录产生的差异,并做适当的控制和调整。

在成本发生后,对实际成本与标准成本的差异进行全面的综合分析和研究,发现问题,解决问题,并制定新的标准成本。

传统的手工管理的成本会计往往局限于事后算账；标准成本体系则将成本的计划、控制、核算、分析和改进有机结合，形成一个成本管理的科学过程。

3. 责任会计制

管理会计的重要内容之一是责任会计制，而建立责任中心则是体现责任会计制的主要内容。责任中心即企业内部负有特定管理责任的部门或单位，按所负责任和控制范围的不同分为成本中心、利润中心和投资中心。其中，成本中心和利润中心是制造业的主要责任中心。

(1) 成本中心。成本中心是以达到最低成本为经营目标的组织单位，它是成本的积累点。企业的分厂、业务部门、车间、班组、工作中心，甚至个人，只要发生费用支出的，都可以根据需要定义为成本中心。几个成本中心可以形成成本中心组。

(2) 利润中心。利润中心是以获得最大利润为经营目标的组织单位，它有权对影响利润的因素做出决策，如选择市场或货源。利润中心必须是独立核算、有收入来源的部门或单位，如分厂、事业部等。一个企业可有多个利润中心，利润中心之下还可以设立一个或多个小规模的利润中心。

4. 成本计算方法

产品成本的计算方法按其所包括的范围可区分为完全成本法、变动成本法和制造成本法。

完全成本法，亦称为吸收成本法，是指在计算产品成本和存货成本时，把所消耗的直接材料、直接工资、制造费用、管理费用等全部包括在内的计算方法，它是财务会计一般的做法，也是我国传统上所采用的成本计算方法。

变动成本法，亦称为直接成本法，是指在计算产品成本和存货成本时，只包括产品在生产经营过程中的变动费用(如直接材料、直接工资、变动的制造费用等)，而把固定制造费用全数以"期间成本"计入本期损益，作为产品销售利润的减除项目。

制造成本法与完全成本法不同。使用制造成本法计算产品成本和存货成本时，只包括直接材料、直接工资和制造费用，而把管理费用、销售费用、财务费用作为期间费用处理，在发生期内全数列入当期损益，作为产品销售利润的扣除。

制造成本法与变动成本法也有不同。制造成本法不要求把制造费用再区分为变动制造费用和固定制造费用，而是将制造费用按照一定分配标准计入产品成本和存货成本。

我国企业会计准则规定，企业应当采用制造成本法，也就是改革传统的成本核算办法，由完全成本法改为制造成本法，产品成本核算到制造成本为止，销售费用、管理费用、财务费用不再摊入产品成本，而是作为期间费用直接计入当期损益。

5. 成本项目的分类

成本项目的分类要根据管理上的要求来确定，一般可分为直接材料费、直接人工费和制造费用。

1) 直接材料费

直接材料费是指直接用于产品生产，构成产品实体的原料、主要材料、外购半成品，以及有助于产品形成的辅助材料和其他直接材料所产生的费用。直接材料费的计算方法有如下几种。

(1) 移动加权平均法。每当有材料入库时，就重新计算一次材料存货的价格。其公式为

材料价格＝(最近库存材料金额＋本次购进材料金额)/(最近库存材料数量＋本次购进材料数量)

(2) 先进先出法。假定先入库的材料先出库使用。所以，材料的价格是最先入库的材料价格。

(3) 后进先出法。假定后入库的材料先出库使用。所以，材料的价格是最后入库的材料价格。

(4) 个别认定法，又称批量法。该方法一般用于物料的批次管理。

2) 直接人工费

直接人工费是指直接参加生产的工人工资，以及按生产工人工资总额和规定的比例计算提取的职工福利费。

3) 制造费用

制造费用是指企业各生产单位为组织和管理生产而发生的各项间接费用，包括管理人员工资和福利费、车间房屋建筑和机器设备的折旧费、租赁费、修理费、办公费、水电费、燃料费、动力费、机物料消耗费用、劳动保护费等。

直接材料费和直接人工费都是直接成本，它们可以根据材料费用和人工费用发生的原始凭证加以汇总和分配后直接计入各成本对象的成本中。而制造费用是一种间接成本，当制造成本发生时，一般无法直接判定它所属的成本计算对象，因而不能直接计入所生产的产品成本中去。通常的做法是，先按费用发生的地点进行归集，再采用一定的方法在各成本计算对象间进行分配，然后才能计入各成本计算对象的成本中。

在制造费用中，与产量有直接关系的称为可变制造费用，如燃料与动力消耗、机物料消耗等；与产量无直接关系的称为固定制造费用，如管理人员工资、办公费、修理费、折旧费、采暖费、照明费等。

6. ERP 系统中基本的成本类型

为便于计划、监控、分析和维护产品成本，在 ERP 软件系统中通常设置 4 种基本的成本类型。

(1) 标准成本(standard cost)是成本管理中的计划成本，是经营的目标和评价的尺度，反映了在一定时期内要达到的成本水平，有其科学性和客观性。标准成本在计划期(如会计年度)内保持不变，是一种冻结的成本，作为预计企业收入、物料库存价值及报价的基础。

制定标准成本时，应充分考虑到在有效作业状态下所需要的材料和人工数量、预期支付的材料和人工费用，以及在正常生产情况下所应分摊的制造费等因素。标准成本的制定，应有销售、生产、计划、采购、物料、劳动工资、工艺、车间、会计等有关部门的人员参加，共同商定。标准成本制定后，企业要定期进行评价和维护。

(2) 现行标准成本(current standard cost)也称为现行成本，类似于人们常说的定额成本，是一种当前使用的标准成本，或者将其看作标准成本的执行成本。现行成本反映的是生产计划期内某一时期的成本标准。在实际生产过程中，产品结构、加工工艺、采购费用和劳动生产率等因素会发生变化，因而也会导致成本数据发生变化。为了使标准成本数据尽量接近实际，可对现行标准成本定期(如 3～6 个月)进行调整，而标准成本保持不变。

现行标准成本的制定方式与标准成本类似，只是有些数据采用的是现行的成本数据。

(3) 模拟成本(simulated cost)。ERP 系统的特点之一就是运用其模拟功能，回答"如果……将会……"的问题。例如，想要知道产品设计变更、结构变化或工艺材料代用所引起的成本变化，则可通过 ERP 的模拟功能来实现。为了在成本模拟过程中不影响现行数据，所以设置模拟成本。这对于产品设计过程中进行价值分析也是有用的。

在制定下一个会计年度的标准成本之前，先把修订的成本项目输入模拟成本系统，经过多次模拟运行比较，审定后再转换到标准成本系统。

模拟成本的制定方式与标准成本类似。现行标准成本和模拟成本均可在标准成本的基础上通过复制和转换来建立。在复制、转换后进行必要的修改，这样可以大大减少重复的工作量。

(4) 实际成本。实际成本是在生产过程中实际发生的成本，主要来自各部门的反馈信息，如工票、领料单、采购发票等。

13.2.2 ERP 系统中的成本计算

ERP 成本计算的基本数据包括采购成本、材料定额、工时定额及各种费率等。它们分别记录在物料主文件、物料清单、工作中心和工艺路线等文件中。这些基本数据有些是数量性数据，如工时定额、材料定额；有些是价格性数据，如采购成本和各种费率。这些基本数据的准确性是成本计算准确性的保证。

ERP 成本计算方法采用滚加法，是按物料清单所规定的物料之间的层次、需求关系和制造过程，从产品结构的最低层次开始向高层逐层累计。成本的发生和累计与生产制造过程同步，随着生产制造过程的进行，在材料信息和生产计划信息动态产生的同时，成本信息也随之产生，使得在计划、控制物流的同时，也控制了资金流，做到了物流、信息流和资金流的统一。

采用滚加法进行成本计算时，滚加的结构和依据就是产品的物料清单。在物料清单中，处于各个不同层次的物料项目的成本都包含两部分，即本层发生的成本和低层累计的成本。

在一个典型的产品物料清单中，最底层的物料项目都是外购件，即原材料或标准件，它的材料费(采购件费)和采购间接费(采购部门的管理费、运输及保管费等)之和组成产品成本中的直接材料费，其中

$$采购间接费 = 采购件费 \times 采购间接费率$$

此时尚未发生加工成本。进入上一层以后，如果发生加工装配作业，则发生这一层的直接人工费和制造费，它们的计算公式为

$$直接人工费 = 工作中心记录的人工费率 \times 工艺路线记录的工时数$$
$$制造费 = 工作中心记录的制造费率 \times 工艺路线记录的工时数$$

这里的制造费包括可变制造费和固定制造费，它们可有不同的费率，但计算公式相同。直接人工费和制造费之和称为加工成本，是物料项目在本层的增值，也称为增值成本。再将加工成本同低层各项成本累加在一起，则组成滚加至本层的物料项目成本。如此逐层由低向高累加，最后到顶层组成最终产品的成本。每一层的成本均由本层增值成本和低层累计成本两部分组成。成本滚加的过程，如图 13.2 所示。

滚加法对于成本的分解较细，便于企业按不同要求进行汇总，对于实行各种成本计算方法(如品种法、分步法、分批法)都很方便。

如前所述，制造费用是一种间接成本，当其发生时尚不能直接判定所属的成本计算对象。因此，要对制造费用先行归集，再定期分摊。这样一来，在进行产品成本计算时，制造费用的计算和分摊都有某种程度的滞后。为了避免这种情况，使得在成本滚加的过程中，制造费用的计算能和直接费用的计算同步进行，应事先指定制造费率。有了制造费率才能把制造费用分摊到工作中心上去。分摊之前先要确定工作中心的能力水平，一般用正常生产条件下的能力小时数来表示。制造费率是在一定产量规模、能力水平和效率的条件下预先制定的，条件发生变化时应进行修订。制造费率的公式为

$$制造费率 = \frac{预计某个时期的制造费总额}{预计该时期完成的工时}$$

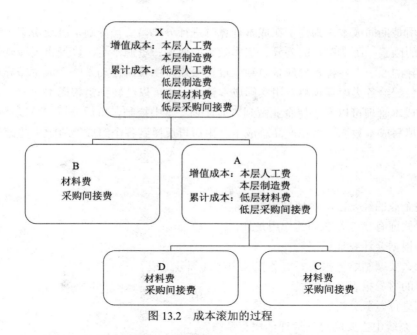

图 13.2 成本滚加的过程

固定制造费和可变制造费的费率是分别计算的。划分这两种制造费的方法很多，基本上是取历史上两个产量差别较大的时期的制造费总额之差除以产量之差，从而求出单位产量的可变制造费，再计算计划期内的可变制造费和固定制造费。

13.2.3 成本差异分析

实际成本与标准成本之间的差额，称为成本差异。成本差异分析是 ERP 成本管理的重要内容。

实际成本低于标准成本的差异，称为有利差异，即成本节约，用负数表示，记在有关差异账户的贷方；反之，称为不利差异，即成本超支，用正数表示，记在有关差异账户的借方。不论差异是正值还是负值，只要超过了规定的容差限度，都要进行差异分析。有时出现负值不一定是好事，因为在某项差异上出现负值可能导致另一项差异出现更大的正值。

1. 直接材料成本差异

直接材料成本差异等于材料的实际用量与实际价格的乘积减去标准用量与标准价格的乘积所得的差。造成这种差异既有价差的原因，也有量差的原因。例如，采购价格和运输费用的变化、材料代用或变更、自制件改外购件等皆为价差原因；材料报废或损耗、材料利用率变化、产品结构变化等均为量差原因。

2. 直接人工成本差异

直接人工成本差异等于工人的实际出勤工时与实际工资率的乘积减去标准工时与标准工资率乘积所得的差。造成这种差异的原因有工作中心和工人等级或工资的变动、设备故障、停电、缺料或任务不足，工作效率、加工工艺或投料批量的变化等。

3. 制造费差异

制造费差异的公式为

$$制造费差异 = (实际工时 \times 实际制造费率) - (标准工时 \times 标准制造费率)$$

在上述公式中，如果计算可变制造费差异，则用可变制造费率；如果计算固定制造费差异，则用固定制造费率。

制造费用是期间成本，为便于在成本计算时进行分摊，要预先确定制造费率。预定制造费率带有人为的因素，制造费率的差异、工作效率的变化、资源不足，以及市场疲软均可以是产生制造费差异的原因。各种差异应各自独立设置账户，由系统自动入账。成本差异可以按标准成本的比例分配给各类库存物料，用实际成本计价，也可以结转到销售成本。

ERP 的成本管理可以真正使企业做到事前计划、事中控制、事后分析，可以从根本上改变有些企业为填写成本数据，而在产品总成本产生后再反摊到各个组成物料上去的做法。

思考题

1. 简述企业的经营活动循环过程。
2. 会计凭证有哪些？它们的作用是什么？
3. 如何根据会计凭证记账？
4. 为什么要编制财务报表？财务报表由哪几部分组成？
5. 主要的财务报表有哪些？
6. 如何进行财务分析？
7. ERP 系统中主要的财务管理模块有哪些？
8. 简述 ERP 系统中的财务管理业务流程。
9. 什么是财务会计？它有什么特点？
10. 什么是管理会计？它有什么特点？
11. 什么是标准成本体系？
12. 什么是成本中心？什么是利润中心？
13. 产品成本的计算有哪些方法？
14. 按照我国企业会计准则的规定，企业应当采用哪种产品成本计算方法？
15. 如何对产品成本项目进行分类？分为哪些类？各包括哪些费用？
16. 在 ERP 系统中通常设置哪些成本类型？
17. ERP 系统如何进行成本计算？
18. 什么是成本差异？有哪些成本差异？
19. 成本差异是如何形成的？如何处理成本差异？

练习题

1. 下面哪些关于财务会计的陈述是正确的？（　　）
   Ⅰ. 主要目的在于为企业外部的利害关系集团和个人提供全面反映企业财务状况、经营成果和财务状况变动的信息
   Ⅱ. 这些信息要详细到可供计划、控制和决策使用
   Ⅲ. 所报告的信息反映已经发生的情况
   Ⅳ. 所遵循的约束条件是外部强制的标准、会计原则、方法及程序
   A. Ⅰ和Ⅱ　　　　　　　　　　　B. Ⅱ和Ⅲ
   C. Ⅱ和Ⅳ　　　　　　　　　　　D. Ⅰ、Ⅲ和Ⅳ
2. 下面哪些关于管理会计的陈述是正确的？（　　）
   Ⅰ. 主要目的在于为企业内部各级管理部门和人员提供进行经营决策所需的各种经济信息

Ⅱ．这些信息要详细到可供计划、控制和决策使用
Ⅲ．所提供的信息既有历史信息，也有预测信息
Ⅳ．所遵循的约束条件是外部强制的标准、会计原则、方法及程序
A．Ⅰ和Ⅳ
B．Ⅰ、Ⅱ和Ⅲ
C．Ⅱ和Ⅳ
D．Ⅰ、Ⅲ和Ⅳ

3. 在 ERP 软件系统中通常设置哪些成本类型？（　　）
   A．标准成本
   B．标准成本和现行标准成本
   C．标准成本、现行标准成本和实际成本
   D．标准成本、现行标准成本、模拟成本和实际成本

4. 产品的成本由哪些项目构成？（　　）
   A．直接材料费和销售费
   B．直接材料费、直接人工费和制造费
   C．直接人工费和销售费
   D．直接材料费、制造费和销售费

第14章 ERP 应用综合模拟案例

本章提供一个 ERP 应用的综合模拟案例。案例以脚踏车产品族的单轮脚踏车作为模拟产品，首先建立了为应用 ERP 所需的基础数据，然后是企业经营运作过程的模拟，包括销售与运营规划、接收客户订单、制订主生产计划、MRP 展开并生成采购订单和生产订单、下达采购订单、下达生产订单、采购订单接收入库、生产订单完工入库、客户订单发运、产品成本核算，基本上涵盖了企业经营运作的全过程。这个综合模拟实例可以使用某种 ERP 软件上机实习，也可以手工计算。通过这个综合模拟实例，可以把前面所学的知识联系起来，切实从整体上体会、理解和掌握 ERP 的知识体系。

14.1 建立基础数据

1. 物料基本信息

A 公司生产单轮脚踏车、双轮脚踏车和三轮车。在整个模拟过程中，我们将以单轮脚踏车为例。

单轮脚踏车的结构，如图 14.1 所示。单轮脚踏车由车轮组件、车座和车座架装配而成。其中，车轮组件需要由采购来的零部件脚蹬、轮胎和瓦圈装配而成，车座架由采购件镀铬铝管加工而成，车座是采购件。ERP 的计划功能将对在本公司加工或装配而成的物料生成生产订单，对于采购件生成采购订单。

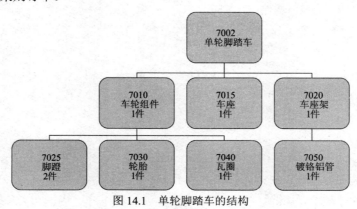

图 14.1　单轮脚踏车的结构

在图 14.1 所示的产品结构中所涉及的各种物料的基本信息，如表 14.1 所示。

表 14.1　单轮脚踏车物料信息

物料代码	物料名称	度量单位	制造或购买信息
7002	单轮脚踏车	辆	制造物料 计划每次生产出一周的供应量，最少生产30辆。一周供应量的生产提前期为2个工作日
7010	车轮组件	件	制造物料 计划每次生产出两周的供应量，最少生产50件。两周供应量的生产提前期为3个工作日
7015	车座	件	采购物料 从B公司购进，采购提前期3天。每两周交货一次，不另收费
7020	车座架	件	制造物料 计划每次生产出两周的供应量，最少生产50件。两周供应量的生产提前期为3个工作日
7025	脚蹬	件	采购物料 从B公司购进，采购提前期3天，最小订货量100件，供应商按每箱50件进行包装。每两周交货一次，不另收费
7030	轮胎	件	采购物料 从C公司购进，采购提前期3天，最小订货量100件，供应商按每箱25件进行包装。每两周交货一次，不另收费
7040	瓦圈	件	采购物料 从B公司购进，采购提前期2天。每两周交货一次，不另收费
7050	镀铬铝管（长60cm）	件	采购物料 从D公司购进，采购提前期1天，最小订货量25件，供应商按每箱25件进行包装。每两周交货一次，不另收费

2. 物料主文件

为了能够让 ERP 系统使用以上的物料信息，必须为 ERP 系统建立物料主文件。通常，物料主文件中有很多信息。为了简化，我们只建立最基本的 7 条信息，即物料代码、物料名称、度量单位、订货策略、订货批量、批量调整因子和提前期。其中，物料代码、物料名称、度量单位和提前期信息可以从表 14.1 中最后一列关于制造或购买信息的描述中直接获取，但是要获取关于订货策略、订货批量、批量调整因子的信息却要进行简单的分析。现在以 7002 和 7025 为例，分析情况如下。

(1) 7002。

表 14.1 中对于 7002 关于制造或购买信息的描述是"计划每次生产出一周的供应量，最少生产 30 辆"。由此得出，订货策略是时区订货策略，即每次订货满足固定数量的时区内的需求。订货策略既然是时区订货策略，那么订货批量就要由固定的时区数来确定。从上面的描述可知，这个固定的时区数是一周。在本章的综合模拟案例中，将以"天"作为计划时区单位。由于 ERP 的计划通常采用工厂日历，而工厂日历中是不出现节假日的，所以一周即是 5 天。"最少生产 30 辆"指明"最小订货量"是 30 。

(2) 7025。

表 14.1 中对于 7025 关于制造或购买信息的描述是"从 B 公司购进，采购提前期 3 天，最

小订货量 100 件，供应商按每箱 50 件进行包装。每两周交货一次，不另收费"。由"每两周交货一次，不另收费"可以得出，订货策略是时区订货策略，批量的天数是 10 天。最小订货量已经明确指明是 100 件，而"供应商按每箱 50 件进行包装"意味着订货批量必须是 50 的倍数，即批量倍数是 50。

对其他物料也可以进行类似的分析，于是得到表 14.2 所示的物料主文件，其中包括了单轮脚踏车及制造这种脚踏车所需的所有物料。

表 14.2 物料主文件

物料代码	物料名称	度量单位	订货策略	批量天数	批量调整因子	提前期
7002	单轮脚踏车	辆	时区批量	05天	最小批量：30	2天
7010	车轮组件	件	时区批量	10天	最小批量：50	3天
7015	车座	件	时区批量	10天		3天
7020	车座架	件	时区批量	10天	最小批量：50	3天
7025	脚蹬	件	时区批量	10天	最小批量：100 批量倍数：50	3天
7030	轮胎	件	时区批量	10天	最小批量：100 批量倍数：25	3天
7040	瓦圈	件	时区批量	10天		2天
7050	镀铬铝管（长60cm）	件	时区批量	10天	最小批量：25 批量倍数：25	1天

3. 物料清单

在 ERP 软件系统中建立单轮脚踏车的物料清单，只需要将图 14.1 所示的架构转换成软件系统所要求的文件就可以了。如果是手动进行成本模拟过程，则图 14.1 即可用作物料清单。在下面的讨论中，我们就以图 14.1 作为单轮脚踏车的物料清单。

4. 工作中心

为简化，只设一个工作中心，编号为 01，所有的装配制造工序都在工作中心 01 进行。该工作中心的工时费率是每小时 100 元，制造费(装配制造间接费)率是每小时 40 元。

5. 工艺路线

为 7002、7010 和 7020 建立工艺路线，如表 14.3～表 14.5 所示。工艺路线中只有一道工序，只用到工作中心 01。

表 14.3 物料 7002 的工艺路线

物料编码：7002　　　　物料名称：20英寸单轮脚踏车

工序	工作中心	工序描述	每件加工时间/小时
1	01	装配	0.2

表 14.4 物料 7010 的工艺路线

物料编码：7010　　　　物料名称：车轮组件

工序	工作中心	工序描述	每件加工时间/小时
1	01	装配	0.2

表 14.5 物料 7020 的工艺路线

物料编码：7020　　　　物料名称：车座架

工　序	工作中心	工序描述	每件加工时间/小时
1	01	制造	0.1

6. 库存主文件

假定 A 公司只有一个仓库，编号 01，仓库中有若干库位，分别存放不同的物料。库位主文件如表 14.6 所示。

表 14.6 库位主文件

编　号	库　位	存放的物料	物料数量
01	01	7002	
01	02	7010	
01	03	7015	
01	04	7020	
01	05	7025	
01	06	7030	
01	07	7040	
01	08	7050	

7. 客户主文件

为简化，假定只有客户 E。客户 E 的主文件如表 14.7 所示。

表 14.7 客户主文件

客户代码	名　称	总部地址	收货地址	付款地址	付款联系人	付款联系人电话
001	E	略	略	略	略	略

注：客户的总部地址、收货地址和付款地址可以是同一个地址，也可以是不同的地址。

8. 供应商主文件

供应商主文件如表 14.8 所示。其中有 3 家供应商，即供应商 B、供应商 C 和供应商 D。

表 14.8 供应商主文件

供应商代码	名　称	总部地址	发货地址	收款地址	收款联系人	收款联系人电话
001	B	略	略	略	略	略
002	C	略	略	略	略	略
003	D	略	略	略	略	略

注：供应商的总部地址、发货地址和收款地址可以是同一个地址，也可以是不同的地址。

14.2　建立销售与运营规划

1. 建立产品族物料清单

如前所述，A 公司生产单轮脚踏车、双轮脚踏车和三轮脚踏车。这些产品形成一个产品族，这个产品族的物料清单如图 14.2 所示。其中的百分比是根据销售的历史数据确定的。

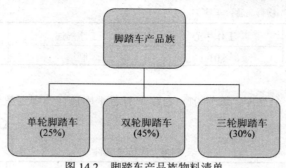

图 14.2　脚踏车产品族物料清单

2. 建立产品族销售规划

销售规划是在市场部门所做的销售预测的基础上，经由企业高层领导主持的销售与运营规划会议确定的。具体数据略。

3. 建立产品族生产规划

表 14.9 给出了脚踏车产品族的生产规划。其中的生产规划数据是根据销售规划的数据，并考虑生产能力和库存的合理性而得出的，也要经由企业高层领导主持的销售与运营规划会议批准。

表 14.9　脚踏车产品族的生产规划

当前日期：2021 年 6 月 30 日　　　　　　　　　　　　　　　　　　　　　　　　　　　　　　单位：辆

月　份	6	7	8	9	10	11	12	1	2	3	4	5
生产规划	640	640	600	800	800	960	1 000	1 000	1 000	1 000	1 000	1 000

14.3　建立生产预测

根据表 14.9 所示的脚踏车产品族生产规划和图 14.2 所示的产品族物料清单，得出单轮脚踏车的生产预测，如表 14.10 所示。计算的方法是将产品族的生产规划数据乘以产品族物料清单中相应于单轮脚踏车的百分比。例如，6 月的生产预测是 640×25%＝160(辆)。

表 14.10　单轮脚踏车产品族的生产预测

当前日期：2021 年 6 月 30 日　　　　　　　　　　　　　　　　　　　　　　　　　　　　　　单位：辆

月　份	6	7	8	9	10	11	12	1	2	3	4	5
生产预测	160	160	150	200	200	240	250	250	250	250	250	250

14.4　接收客户订单

销售部门接到来自客户 E 关于单轮脚踏车的订单，订单编号 E001，要求在 2017 年 7 月 11 日交货 35 辆。销售部门已经对客户订单 E001 做出按时供货的承诺。

14.5 制订主生产计划

制订单轮脚踏车的主生产计划如表 14.11 所示(限于版面，只显示了 6 月和 7 月的一部分计划)。其中，生产预测是将表 14.10 中的生产预测 160 按 4 周分配得到的，例如，40＝160÷4。

表 14.11 单轮脚踏车的主生产计划

初始库存量：80　　订货策略：时区批量　　批量天数：5天　　最小批量：30　　提前期：2天

时区	0627	0628	0629	0630	0701	0704	0705	0706	0707	0708	0711	0712	0713	0714	0715	0718
生产预测	40					40					40					40
客户订单											35					
总需求	40					40					40					40
主生产计划											40					40
预计可用量	40	40	40	40	40	0	0	0	0	0	0	0	0	0	0	0
ATP																
主生产计划下达									40					40		

注：表中总需求新的值选取生产预测和客户订单二者中的较大值。

14.6 MRP 计算、生成采购订单和生产订单

MRP 的计算要对图 14.1 所示的物料清单中的所有物料进行计算。为简化计算，本节只考虑从 7002 到 7010 再到 7025 的一个分支，如表 14.12 所示。

如果使用某种 ERP 软件系统，则可以运行 MRP，对模拟实例所涉及的所有物料进行全面计算。

表 14.12 MRP 的计算、生成生产订单和采购订单

时区	0627	0628	0629	0630	0701	0704	0705	0706	0707	0708	0711	0712	0713	0714	0715	0718
7002	初始库存量：80　订货策略：时区批量　批量天数：5天　最小批量：30　提前期：2天															
主生产计划下达									40					40		
7010	初始库存量：0　订货策略：时区批量　批量天数：10天　最小批量：50　提前期：3天															
毛需求									40					40		
计划订单									80							
计划订单下达					80											
7025	初始库存量：0　订货策略：时区批量　批量天数：10天　最小批量：100　批量倍数：50，提前期：3天															
毛需求					160											
计划订单					200											
计划订单下达			200													

14.7 下达采购订单、接收采购订单入库

ERP 系统会在 6 月 29 日向采购计划员发出关于下达编码为 7025 的物料(脚蹬)采购订单的建议信息，采购数量为 200 件。采购计划员认为建议合理，予以采纳。于是向供应商 B 下达采购订单，采购脚蹬 200 件。

按计划，将于 7 月 4 日收到 B 公司发来脚蹬 200 件，经检验合格，存于库位 0105。

假定脚蹬的采购价格是每件 10 元。

财务部门的应付账款人员得到仓库的收货信息并收到供应商寄来的付款通知单，则按照和供应商的约定条款进行付款。

14.8 下达生产订单、接收生产订单入库

1. 车轮组件(7010)

ERP 系统会在 7 月 4 日向生产计划员发出关于下达编码为 7010 的物料(车轮组件)生产订单的建议信息，生产数量为 80 件。生产计划员认为建议合理，予以采纳，于是向车间下达生产订单，组装车轮组件 80 件。

车间将从仓库领取脚蹬(7025)160 件、轮胎(7030)80 件、瓦圈(7040)80 件，组装成车轮组件 80 件。

按计划，80 件车轮组件的组装任务将于 7 月 7 日完成，经检验合格，存入库位 0102。

2. 单轮脚踏车(7002)

ERP 系统会在 7 月 7 日向生产计划员发出关于下达编码为 7002 的物料(单轮脚踏车)生产订单的建议信息，生产数量为 40 件。生产计划员认为建议合理，予以采纳，于是向车间下达生产订单，组装单轮脚踏车 40 辆。

车间将从仓库领取车轮组件(7010)40 件、车座(7015)40 件、车座架(7020)40 件，组装成单轮脚踏车 40 辆。

按计划，40 辆单轮脚踏车的组装任务将于 7 月 14 日完成，经检验合格，存入库位 0101。

14.9 向客户发货

ERP 系统会在 7 月 11 日向销售部门的发货人员发出关于客户订单 E001 的发货建议信息，建议向客户 E 发运单轮脚踏车 35 辆。销售部门的发货人员认为建议合理，经财务部门批准，从仓库 0101 库位提取单轮脚踏车 35 辆，按照客户主文件中记录的收货地址，发运给客户 E。财务部门的应收账款人员按照客户主文件中记录的付款地址和付款联系人向客户 E 寄出收款通知单，并按照客户主文件中记录的联系电话通知客户 E 的付款联系人，要求付款。

14.10 产品成本核算

按照 ERP 的滚加法来计算单轮脚踏车的成本的过程，如图 14.3 所示。

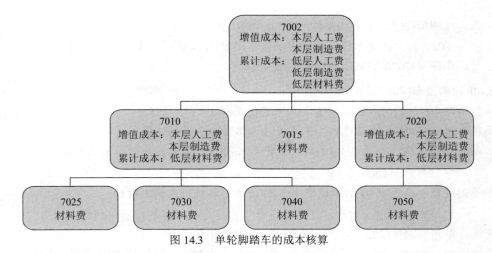

图 14.3 单轮脚踏车的成本核算

已知所有采购件的材料成本(含采购件费和采购间接费)，如表 14.13 所示。

表 14.13 采购件的材料成本

物料代码	物料名称	度量单位	采购成本/元
7015	车座	件	22
7025	脚蹬	件	15
7030	轮胎	件	30
7040	瓦圈	件	25
7050	2英尺的镀铬铝管	件	9

注：1 英尺=0.3048 米。

下面来计算制造件的成本。

1. 车轮组件(7010)的成本

车轮组件(7010)的成本＝增值成本＋累计成本

车轮组件(7010)增值成本＝本层直接人工费＋本层制造费

本层直接人工费＝工作中心 01 的人工费率×7010 工艺路线中记录的工时数
$$=100\times 0.2=20(元)$$

本层制造费＝工作中 01 的制造费率×7010 工艺路线记录的工时数
$$=40\times 0.2=8(元)$$

所以，车轮组件(7010)增值成本＝20＋8＝28(元)。

车轮组件(7010)累计成本，等于 7025、7030、7040 三项采购件的采购成本之和，即 15×2＋30＋25＝85(元)。

于是，车轮组件(7010)的成本＝28＋85＝113(元)。

2. 车座架(7020)的成本

车座架(7020)的成本＝增值成本＋累计成本

车座架(7020)的增值成本＝本层直接人工费＋本层制造费

本层直接人工费＝工作中心 01 的人工费率×7020 工艺路线中记录的工时数
$$=100\times 0.1=10(元)$$

本层制造费＝工作中 01 的制造费率×7020 工艺路线记录的工时数
$$=40\times 0.1=4(元)$$

所以，车座架(7020)的增值成本＝10＋4＝14(元)。

车座架(7020)的累计成本等于 2 英尺的镀铬铝管(7050)的采购成本，即 9 元。

于是，车座架(7020)的成本＝14＋9＝23(元)。

3. 单轮脚踏车(7002)的成本

单轮脚踏车(7002)的成本＝增值成本＋累计成本

单轮脚踏车(7002)的增值成本＝本层直接人工费＋本层制造费

本层直接人工费＝工作中心 01 的人工费率×7002 工艺路线中记录的工时数

$$=100×0.2=20(元)$$

本层制造费＝工作中 01 的制造费率×7002 工艺路线记录的工时数

$$=40×0.2=8(元)$$

所以，单轮脚踏车(7002)的增值成本＝20＋8＝28(元)。

单轮脚踏车(7002)的累计成本等于 7010、7015、7020 三项物料的成本之和，即 113＋22＋23＝158(元)。

因此，单轮脚踏车(7002)的成本＝28＋158＝186(元)。

思考题

1. 在本章案例中装配了 40 辆单轮脚踏车，但是只向客户发货 35 辆，余 5 辆存于仓库中，这 5 辆单轮脚踏车的库存目的是什么？

2. 在本章案例中，和第 1 题中的 5 辆单轮脚踏车具有相同库存目的的物料库存还有哪些？

第15章 ERP 转变企业的经营机制

ERP 系统的应用促进企业的经营机制向精细化的方向转变，本章我们会从几个方面来讨论这个问题。

15.1 市场销售工作的转变

1. ERP 为市场销售管理提供了工具

许多企业只把 ERP 作为生产和库存控制技术，而不是作为企业整体计划系统来使用。市场部门往往认为 ERP 是"他们的系统"而不是"我们的系统"。事实上，ERP 为市场部门和生产部门提供了从未有过的联合机会，在成功地运用 ERP 的企业中，市场部门不但负有向 ERP 系统输入信息的责任，而且可把 ERP 系统作为他们极好的沟通工具。只有当市场部门了解生产部门能够生产什么和正在生产什么，而生产部门也了解市场需要什么的时候，企业才能够生产出适销对路的产品。

要提高市场竞争力，既要有好的产品质量，又要有高水平的客户服务，这就要求企业有好的计划，尽量缩短产品的生产提前期，迅速响应客户需求，并按时交货。这需要市场销售和生产制造两个环节很好地协调配合。但是，在手工管理的情况下，销售人员很难对客户做出准确的供货承诺。究其原因，一方面是由于企业缺少一份准确的主生产计划，对正在生产什么及随时发生的变化缺乏认知，很难做出准确及时的反映；另一方面是由于部门之间的通信不通畅，供货承诺只能凭销售人员的经验做出，所以按时供货率得不到保证，这在激烈的市场竞争中是非常不利的。使用 ERP，供货承诺问题可以得到很好的解决。根据许多 ERP 用户的报告，客户服务水平得到了极大的提高，其原因在于，通过 ERP 市场销售和生产制造部门既可以在决策级又可以在日常活动中有效地进行协调。通过 ERP 的模拟功能，市场销售部门可以清楚地了解生产制造过程，从而可以对客户的需求迅速地给出准确的回答，客户所得到的日期，即是可靠的交货日期。

利用在主生产计划产生的可承诺量信息，可以有效地支持对客户订单的承诺。一般的 ERP 商品软件都会有一个用于客户订单录入的屏幕，只要在此屏幕上录入客户对某种产品的订货量和需求日期，就可以通过某种功能键得到信息。例如，客户需求可否按时满足；如不能按时满足，那么在客户需求日期可提供的数量是多少，以及不足的数量何时可以提供等。这样，在做出供货承诺时,就可以做到心中有数。

2. ERP 可弥补预测的不足

预测作为向经营规划、销售与运营规划和主生产计划提供信息的环节是十分重要的。如果没有可靠的预测工作,那么生产和计划工作将是很困难的。

在面向订单装配的企业中,产品的可选项很多,由这些可选项的组合所构成的产品数成千上万。例如,某企业生产各种类型的加速器,它们是由许多不同的发动机、控制器、支架等组合而成的。当在收到客户订单后,可以按客户需求装配。因此,企业要预测恰当种类和数量的发动机、控制器和支架,应当先对"加速器"这一产品族进行预测,再通过计划物料清单把对加速器产品族的预测转换到发动机、控制器和支架等可选项上。

有很多方法可用于产品族预测,但各种预测方法的结果都不一定是准确无误、完美无缺的,而 ERP 的意义就在于可以及时调整计划以反映真实发生的情况,来弥补预测的不足之处。通过定期地进行检测,找出不准确的原因并不断调整。通过对预测进行检测,可以使预测的准确性得到改善。建立一套定期检测的制度,远比具体的检测更有意义。

3. ERP 模拟和市场策略

从长远来看,生产部门必须设法得到物料、人力和设备,去生产市场需要的产品。从短期来说,市场部门必须致力于推销生产部门可以生产的产品,这就意味着部门之间必须有很好的合作。ERP 系统为此提供了工具,即 ERP 的模拟功能。它使得生产部门和市场部门的人员能够在一起制定长期和短期的市场策略。

在制造企业中,管理人员往往想知道,如果在主生产计划中做某些改变将会如何。这时,就可以利用 ERP 来模拟这些改变将要产生的影响,如人力需求、设备需求、零部件需求、产品库存、产品交付时间,以及未完成的订单等。还可以预测这类变化对企业总体财务目标、销售与运营规划以及公司高层领导所关心的获利能力的影响。

在制造企业中,还经常需要模拟在产品族发生变化的情况下产品生产的时间。例如,"要改变产品的某种配置,最短需要多长时间?"这是可以通过 ERP 的模拟功能来回答的一个典型问题。在一个生产大型清扫机的公司中,市场部门根据预测,希望尽快改变产品中汽油发动机和柴油发动机的比率。这种比率目前是 2∶1,市场部门希望在一个月内市场部门所发运的产品中将此比率变为 1.1∶1。这听起来似乎只是一个更换发动机的问题,但事实并非如此。一个发动机的改变要涉及大量其他零件的改变,其中既包括自制件,又包括采购件。通过 ERP 的模拟功能,很快得到了答案:立即可以把现有比率改为 1.5∶1,而 6 周之后,可以改为 1.1∶1。

有了可靠的生产信息,市场部门可以制定正确的市场策略。事实上,如果生产部门不能生产市场所需的产品,那么市场销售部门也是有责任的。以 ERP 作为通信的工具,使得市场销售部门、生产部门、工程部门和财务部门能够彼此协调,作为一个整体而更好地工作,以满足客户的需求。这对于企业有重要的意义,因为满足客户需求是企业中每个部门乃至每个员工的共同目标。

15.2 生产管理的转变

1. 实现生产管理专业化

过去,生产部门没有专业化管理工具,市场销售部门经常批评生产部门不能完成任务;财会部门批评生产部门库存太多,成本变化太大,而且拿不出企业运营所需要的可靠数字;工程部门认为生产部门组织混乱，活动非专业化；计算机系统人员也对生产部门有不好的看法，因为每当问生产部门的管理者希望计算机为他们做什么，他们都很难说清楚。

反过来，生产部门也对其他部门也不满。他们抱怨市场销售部门预测不准，接受订单不负责任，使得他们来不及生产；抱怨工程部门所做的工程改变和新产品引入使他们手忙脚乱；对于财务部门，他们更是无奈，因为财务以数据来指责他们出现的问题，但生产部门往往不知道这些财务数字是从哪里得来的。

企业在组织生产的过程中，每天都会提出一些问题，诸如，我们能在更短的提前期内发运这批货物吗？我们可以完成本月的发运预算吗？为什么对客户服务不能搞得更好呢？为什么有如此多的加班呢？下几个月我们可以增加或减少人力吗？为什么库存如此之高？为什么出现这么多的废品？我们可以按时引入这项新产品吗？如果对其他客户已做的承诺不变，我们还能再满足这个客户增加的需求吗？为什么不能把我们的效率再提高一些呢？为什么我们的未完成订单增加而同时库存也增加呢？没有一个有效的计划，生产部门对以上这些问题，以及其他一些类似的问题是很难回答的。

ERP 的出现，实现了生产管理的专业化，使得生产管理人员不再只是依靠从实际工作中摸索经验，而是有了完整的知识体系。

2. 为生产管理专业化提供了工具

在闭环 MRP 环境下，在制定销售与运营规划时先要通过资源计划来估算为生产一定数量的某类产品所需的资源，以保证销售与运营规划的合理性。

在制订主生产计划时又要通过粗能力计划来指出在关键的工作中心上所需的标准工时数，以保证主生产计划是切实可行的。主生产计划作为 MRP 的关键输入，指出将要生产什么产品或最终项目。它的切实可行性在任何时候都是非常重要的。在有效的管理之下，MRP 可以预见物料短缺，从而生产部门的人员可以防止其发生；如果主生产计划不切合实际，那么缺料单就会重新出现。

生产控制部门或计划部门还可以用物料需求计划对非独立需求物料生成生产订单或采购订单，根据这些订单来更新车间派工单和供应商计划中的优先级，并对能力需求计划提供信息。

当技术工人难以找到时，能力需求计划作为一项管理工具显得非常重要。有的企业根据客户订单接受量来安排生产能力，但是在积压的订单越来越多时重新安排能力也已经来不及了。有了 ERP 系统，情况就不同了。例如，一家公司从 ERP 系统中得到信息：在 8 月之前应在几个关键的工作中心上增加能力。虽然此时订单接受量并未提高，但市场部门预测 8 月将有产品需求高峰，这已通过主生产计划反映在能力需求计划上了。于是，企业增加了人员，提高了生产率，因此在 8 月的市场竞争中获益巨大。

能力需求计划的另一个应用是设备计划。过去的典型做法是由人提出关于新设备的资金预算要求，但分析论证往往难以全面。有了 ERP 系统，就可以使用其能力计划程序，通过大量的模拟来测试各种不同的计划所产生的影响，从而确定最好的设备投资方式。

投入/产出报告是普遍采用的能力控制手段。这些报告把每个工作中心产出的实际标准工时和能力计划相比较，并比较标准工时的投入量和产出量。这样，如果某个工作中心落后于它的计划产出，则很容易看出其原因是否是由于它前面的某个工作中心对它的投入不足，以便采取相应的措施。

派工单是车间作业的计划调度工具。每天发到每个工作中心，告诉工长们下一步应当做什么。

在制造企业中，最难于控制的对象是在制品。在制品是指从原材料投入到成品入库为止，处于生产过程中尚未完工的所有毛坯、零件、部件，以及全部加工完毕等待检测和验收的产品的总称。在制品是企业生产过程连续进行的必然结果,也是生产过程连续进行的必要条件。保持一定数量的在制品是正常生产的客观需要,它可以防止当某个工作中心上的投入出现波动时,该工作中心上没有工作可做。但是,在制品是要占用资金的,过多就会影响资金的周转和生产经营的效果。因此,必须合理地确定各种在制品的数量。在制品数量是依每个工作中心的投入量和产出量为转移的。在一个没有 ERP 的工厂里,在制品往往堆满车间。使用 ERP 系统,可以通过每个工作中心来确定在制品水平。通过测量在某个时区内每个工作中心上的在制品数量,把高水平和低水平进行比较,从而可以确定实际需要的变化量和排队数量,然后可以形成用于闭环 MRP 系统的反馈信息。

ERP 提供了生产计划和控制管理的工具,但决定的因素还是使用这些工具的人。人们必须学会根据正规的计划和控制工具来进行工作。

在制造企业中,有一种说法是"每个人的错误都终止于生产第一线",或者换句话说,"工长们是每个糟糕的计划的最终替罪羊"。工长们应该做的工作是对工人的教育培训和监督管理,确保机器、工具正常工作,确保每项操作都能有效进行,提供所需要的生产能力,执行有效的计划。但在传统企业中,工长们却用大部分时间"救火",补救糟糕的计划,所以,以上这些工作难以做好。使用 ERP 系统,工长们就可以有时间来做好这些工作了。在 ERP 系统中,工长们用得最多的工具是派工单、能力计划和投入/产出报告。一旦 ERP 系统真正运行起来,将会帮助工长从随时准备应付可能出现的物料短缺和能力短缺的被动局面中摆脱出来,使他能够有时间思考、执行计划、进行监督和管理,从而把工作做得比以前任何时候都好。对于生产车间来说,最重要的是让工长们知道,每天的派工单是根据物料需求计划产生的,按照派工单工作就可以防止物料短缺,而不是等物料短缺发生时才发现。这样,工长们就能按照派工单进行工作,从而只遵循一个计划。

3. 利用 ERP 的模拟功能

生产部门面临的一个棘手的问题,就是向其他人员,特别是市场销售人员提供准确的信息。使用 ERP 系统,可以通过模拟来回答"如果……将会怎样"的问题。下面给出例子进行说明。

【例 15.1】在一家制造标签机的企业中,总经理问生产部门能否在 12 月 31 日之前制造并发运一批用于牛奶纸箱的标签机。由于这是一项利润可观的订货,所以必须承接下来,于是在常规的 MRP 运行之间,他们增加了一次 MRP 的运行,对所提出的问题产生的影响进行了模拟,模拟结果告诉他们需要额外采购哪些物料,需要增加什么能力,他们再把这些和 MRP 常规运行所产生的能力计划进行比较。最后,生产部门的经理得了结论:"要完成此项新任务,必须减少 1 月机器 X 的发货计划;此项新任务将使一个数控机床中心超载,不过可以通过转包来解决。2 月之前可以恢复机器 X 的生产计划。"

这是一个以事实为根据的计划过程。其中有 3 件重要的事情非常值得注意。首先,生产部门经理如果心中无数,则往往被动地承诺某些紧急任务,而且只能把其他任务推到一边。其次,计划和借口的不同。如果生产部门经理事先经过分析,得出"我们可以完成此项任务,但在 1 月必须减少机器 X 的发货预算"的结论。那么,这是一项计划。然而事实是,生产部门被动地接受了紧急任务,虽完成了,但影响了 1 月机器 X 的发货预算。那么当 2 月总经理询问原因时,生产经理同样的回答将只能被视作一个没有做好工作的借口。再次,MRP 有助于把改变计划的影响局限在某个范围之内。没有 MRP,这项紧急任务也可以完成,但可能不只是把机器 X 的生产计划推迟,而是可能影响到许多产品的生产计划。这是生产部门经常出现的情况,一项紧急任务完成了却受到了责备,因为许多其他工作未能按计划完成。运用 ERP 的模拟功能可以把影响范围减至最小。

ERP 的模拟功能既为企业高层领导提供了决策的工具,也为生产部门提供了回答"如果……将会怎样"一类问题的工具。

4. ERP 和质量管理

ERP 系统可以为质量管理人员提供多方面的帮助。

(1) ERP 能对即将进行的检验工作产生一份派工单,从而质量管理人员可以知道应当先做什么,后做什么。

(2) ERP 有比较长的展望期,使质量管理人员可以了解未来计划中的作业情况,特别是特殊加工问题,从而可以帮助质量管理人员判断可能出现的问题。

(3) 按计划组织生产可以减少由于物料代换或紧急加班造成的质量问题。

(4) 由于生产管理人员有更多的时间关注质量问题,他们可以提出更有效的解决办法。

(5) 因为在 ERP 系统中强调文档的准确性,使得在开始制造产品时,即得到正确的数据,这为质量管理人员的工作带来极大的便利。

(6) ERP 系统的运行,使得企业的整体协作精神加强,使得其对每项工作从一开始就关注如何做好。

(7) 有些 ERP 商品软件中具有质量管理模块,从而为进行统计质量控制等质量管理活动提供了方便。

质量控制人员可以从 ERP 系统获得很多帮助,同时他们也可以为 ERP 系统的成功做出贡献。好的质量检测工作产生准确的数据,而准确的数据则有助于 ERP 系统产生高质量的信息。

15.3 采购管理的转变

1. 确定采购计划

在使用 ERP 系统以前,采购人员有一个很难处理的问题,被称为"提前期综合征",即当供应商的未完成订单增多时,他们将对客户报较长的提前期。而这样一来,客户为满足提前期中的物料需求,就会订购更多的物料。这就导致供应商积压订单的进一步增加及提前期的再次延长。使用 ERP 系统,企业能够很容易地制订一个 6 个月到 1 年的采购计划。

在建立采购计划之前,先对供应商进行培训,告诉供应商在 ERP 环境下遵守"沉默即赞成"的原则,也就是说,如果供应商发现他不能按时供货,则应提前向客户发出通知,否则即认为他能按时发货。使用了 ERP 系统,供应商按时供货率可以达到 98%以上。当供应商得到了有效的需求日期时,大多数都会努力工作来完成计划。事实上,客户对供应商的抱怨越多,往往越说明他们自己的计划差,而客户能够对供应商的按时供货率感到满意,往往也说明他们自己的计划做得好。

2. 信息共享

随着计算机能力的增强,把供应商看作"外部工厂"的思想越来越重要。这就必须为供应商提供制订其能力需求计划的信息。使用 ERP 系统,能够以相当长的展望期来做到这一点。有的企业在几个月前就把预期计划转化为供应商工作中心上的标准工时。显然,这意味着供应商的工艺线路已经存储在客户的计算机文件中,这对于自己没有计算机系统的小供应商来说是特别适合的。还有的企业甚至为其供应商发放日常派工单。过去只发给自己车间的派工单,现在也发给供应商,以保证供应商计划的及时更新。这意味着供应商的工作中心数据均按工艺存储在客户的计算机文件中。

向供应商提供有效的需求日期是一件非常重要的事情。然而，在手工管理的环境下，采购部门所使用的"预定日期"往往并不表示真正的需求日期，所以不可避免地要出错。有效的需求日期也为做好某些以前特别难做的事情奠定了基础。例如，检测供应商的按时交货率就是如此。在非正规系统之下，预定日期可能从开始就是错误的，而且随着时间的推移会变得毫无意义。因此，不能按这样的日期检测供应商的工作。使用 ERP 系统，供应商的按时供货率可以明确地按计划日期进行检测，而且这已在许多企业中成为现实。

3. 降低采购成本

有许多途径可以降低采购成本，但最重要的是和供应商的明智合作。例如，现在很多企业和供应商共同设计了供应商管理的库存，库存位置在企业，但由供应商管理。客户使用了物料之后再付款。初看起来，这似乎是把库存负担转嫁到了供应商身上，但由于供应商有了稳定的客户订单，从而使稍高的库存投资获得了相应的利润。

综上所述，可以得到一个明确的启示：如果客户和供应商能够很好地合作，他们就能找到使双方都能获益的合作方案。

【例 15.2】 某制造业公司产品成本利润结构，如图 15.1 所示。从图中可以看到，每 100 万元销售收入的采购成本是 60 万元，生产成本和销售费用 35 万元，利润 5 万元。在这种情况下，如果能够把采购成本降低 5%，结果将会如何？

如果把采购成本降低 5%，则采购成本将会降低为 57 万元，生产成本和销售费用不变，于是利润变成了 8 万元，利润增加 60%。如果成本结构不变，要想获得 8 万元的利润，就必须再增加 60 万元的销售额，这显然要吃力多了。

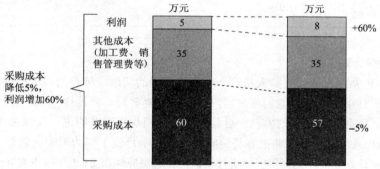

图 15.1 某制造业公司产品成本利润结构

4. 改善通信方式

ERP 的应用还可以对客户和供应商之间的关系产生影响。客户和供应商之间进行通信的传统过程，如图 15.2 所示。

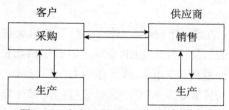

图 15.2 客户和供应商通信的传统过程

假定客户的生产控制部门希望把预计在第 4 周收到的 200 件物料的订货提前到第 3 周。这个信息首先传递到他们的采购部门，由采购人员把此信息传递到供应商的销售部门，再由销售部门把此信息传递给他们的生产控制部门。供应商的生产控制部门人员说："我们不能提前一周给他们 200 件，他们真正需要多少呢？"再沿原来的路线把此信息返回到客户的生产控制人员。生产控制人员告诉采购人员："有 50 件我们就可以维持下去了。"采购人员又把此信息传给供应商的销售人员，然后再传递给他们的生产控制人员。生产控制人员确认他们可以做到，于是再把这个确认信息通过销售人员和采购人员传递给客户的生产控制人员。这实在是一个非常烦琐的过程。

那么，为什么在客户的采购部门和生产控制部门之间必须有一个对应关系呢？原因就在于采购人员不能给出真正的需求日期，而必须由生产控制人员来提供。

通过使用 ERP 系统，情况就得到了改善。前面提到的供应商计划成了客户和供应商双方的生产控制人员直接通信的工具。而采购人员则可以从烦琐的事务中解脱出来，有了更多的时间去选择供应商，进行合同谈判、价值分析，和工程部门讨论标准化问题等，从而帮助他们提高采购工作的水平。

15.4　财务管理的转变

1. 发挥财务管理的计划和控制作用

过去的会计仅仅面向历史，起着记录的作用，反映企业所走过的道路。虽然也试图通过成本核算对生产管理加以控制，然而多数企业做不到。主要的问题在于，生产管理所使用的数据是不准确的，而财务人员又必须使用这些数据来进行核算，因而自然导致更大程度的失真。

财务主管最担心的一件事就是库存盘亏，即通过年终盘点，发现账上记录的库存物料根本不存在或严重短缺。这种情况在企业中屡见不鲜，为什么会出现这种情况呢？主要的原因在于不能及时地收集、传递和记录物料流动的信息。

有了 ERP 系统，企业就可以把生产和财务管理集成在一起。在 ERP 系统中，库存记录的准确性可达到 95%以上。由于库存记录是准确的，根据库存记录和预先规定的成本数据，核算库存价值则是非常容易的事。ERP 系统需要有好的物料控制作为基础，这对财务人员的工作自然大有好处。如果生产管理系统行之有效，财务人员完全可以利用它作为建立一个有效的财务系统的基础。在成功地运行 ERP 的企业中，财务管理人员可以很容易地获得生产方面的准确数据，从而提高工作效率。

计划人员应当对他们所管辖的生产线的库存水平及有关数据的准确性负责。车间主任和工长们应该对自己的部门所处理的物料数量及其价值负责。财务人员也不再游离于生产经营活动之外，而是越来越成为企业生产经营管理队伍中协调工作的一部分。ERP 将生产系统与财务系统集成为一体。

2. ERP 的货币表现形式

过去，生产人员往往不知道财务人员的数字是从哪里来的，更不明白为什么与他们掌握的数据不一致。而财务人员同样沮丧，因为他们呈报给上级领导的关于计划完成情况的数据经常与生产实际数据不符。从根本上讲，生产人员与财务人员有着基本相同的处理逻辑。任何一位做过现金流计划的财务人员，都会熟悉物料的现有量、毛需求、计划接收量、预计可用量之类的术语。无论以物料计量单位表示也好，用货币单位表示也好，制造企业经营运作的基本逻辑是一样的。

在前面的章节中,我们曾经讨论过闭环 MRP 的 7 个基本报告,即销售与运营规划、主生产计划、物料需求计划、能力需求计划、投入/产出控制、派工单、采购计划。事实上,财务管理所需的各种报告均可以从闭环 MRP 系统的这些标准报告中得到。例如,企业的经营规划和销售与运营规划的区别不过在于前者是以货币数量表示,而后者是以产品数量表示。如果销售与运营规划是切实可行的,而且成本核算准确,那么销售与运营规划数据及产品成本数据应当成为经营规划的依据,从而经营规划也是切实可行的。

将主生产计划按成本核算,在面向库存生产的企业中,可以作为库存投资计划的基础,在面向订单生产的企业中,可以作为发货预算的基础。

将物料需求计划按成本核算并按产品族汇总,可以产生如下以货币单位表示的信息:按产品族划分的现有库存量;为支持销售与运营规划,将要消耗多少物料;为支持销售与运营规划,应采购多少物料;在未来的几个月中,预计库存量是多少;需要制造什么,这反映在车间作业计划中,作为能力需求计划的输入信息并很容易转换成人工费。

从生产的角度看,物料需求计划的输出是已下达的和计划下达的生产订单,即车间作业计划。通过能力需求计划过程,就可以得到在各个时区对各工作中心的标准工时需求。通过工时费率换算则可进一步得出在各个时区各产品族的人工费。

根据以上信息,管理人员可以看到在不同的时区为满足给定的销售与运营规划所需要的材料费及人工费开销。为了做出准确的现金流计划,还可以考虑应付款的付款期限,并据以适当调整现金流计划。从投入/产出控制报告可以得到按工作中心分别列出的以时间和货币单位表示的标准工时输出报告。对产生派工单的未完成订单核算成本即可得出当前在制品的价值。工时报告和派工单结合在一起,可以作为工时效率考核报告的基础。对采购计划进行成本转换之后,可以清楚地了解到每个供应商在不同时区分别需要发来多少价值的物料才能满足预定的计划。企业经营中一个非常重要的问题是库存价值的计算。如果库存记录的准确性足以支持 ERP 系统,那么通过成本转换,库存价值的计算是非常容易实现的。

当生产经营系统能够正常运行时,很容易驱动财务管理系统正常运行。由于生产经营系统比以往任何时候都更为有效可信,所以财务管理系统将会得到一套比以往任何时候都更为有效的数据作为工作的基础。货币是企业经营的语言,当生产经营系统和财务系统用相同的语言来沟通时,企业中和谐的局面就出现了。

3. 确定合理的库存投资水平

使用 ERP 系统,可以很容易地回答如何确定合理的库存投资水平的问题。

(1) 计算一个产品族的所有子项的现有库存余额的成本,即可得到为支持生产规划所需的现有库存的金额。

(2) 计算所有子项的需求量的成本,可以表明在各个时区中将要消耗的物料金额。

(3) 计算计划接收量的成本,可以表明进货价值。

(4) 将自制件计划接收量汇总,即可获得在制品的库存价值。

(5) 计算预计可用量的成本则按时区表明了所需要的物料金额,而这正是"合理"库存的金额。

有了 ERP 这一工具,库存投资水平已成为一个过时的概念。我们应当使用库存流量的概念来考虑问题。由于可以用具有合理数据的计划来监控实际库存价值,使真正驾驭库存投资变得容易。

4. 标准成本和决策模拟

标准成本是 20 世纪初出现的一种技术，其目的在于更好地衡量生产执行情况，从而更有效地控制生产。过去，企业一直很难计算产量的变化对标准成本的影响，标准成本系统是一个在动态环境下运作的静态系统，在实际使用中，为了应对各种变化，财务人员往往将其复杂化。当把标准成本置于 ERP 系统时，情况就不同了。因为，ERP 是一个模拟系统，财务数据进入系统后，很容易计算出各种变化的影响，这就大大简化了标准成本方法的使用。

有了 ERP 系统，可以通过其模拟功能有效地利用标准成本方法来进行自制或外购的决策。例如，以下两个问题均可通过 ERP 的模拟功能来进行决策：如果外购某些物料，对内部产品的成本有何影响？如果外购某种物料，产量的变化对整个利润率会有什么影响？

制造费用在标准成本中占很大的部分，制造费率的使用会对成本的计算有很大影响。因此，借助于标准成本进行决策时，要切记标准成本和产量的关系。任何影响到产量的决策，必须在模拟这种改变对整个企业利润率的影响之后，才可慎重地做出。

一家公司运行 ERP 系统获得了成功，已将生产系统和财务系统集成为一体。该公司计算标准成本的方法如下。

- 根据销售与运营规划编制主生产计划，进而生成物料需求计划和能力需求计划。
- 根据采购成本和物料需求计划，计算出每项物料、每个产品族及合计的材料成本。
- 根据人工费标准及按工作中心列出所需能力工时数的能力需求计划，计算出每项物料、每个工作中心、每个产品族，以及合计的人工成本。
- 按计划生产率分摊制造费用，计算出制造费率，进而计算出产品总成本。
- 反复进行计算，测试产量改变对产品成本的影响。

该公司在进行年度预算的过程中，能够编制出标准成本，在修订销售与运营规划时，重新审核标准成本。

使用 ERP 这个决策模拟工具，管理人员对于如下问题可以获得真实可信的答案。
(1) 根据发货计划的产品组合，能够获得预期的收入吗？
(2) 根据发货计划的产品组合，能够实现预期的利润计划吗？
(3) 按照计划的产量，各生产线的利润率各是多少(对于不同产量的间接费用分摊对利润率有重要影响)？
(4) 对于预定的产品组合，采购材料开支和人工费开支将是多少？
(5) 能否为明年的经营规划奠定基础？

这里所列出的仅是可能需要回答的一部分问题。通过 ERP 系统，还可以获得许多其他问题的答案。

15.5 工程技术管理的转变

在 ERP 环境下，工程技术部门在准备和维护基本数据方面的作用是至关重要的。工程技术数据将成为企业运营的控制信息，通过 ERP 系统用于企业的运营。没有工程技术部门的积极参与，ERP 几乎不可能有效工作。而同时，工程技术部门也可以从 ERP 系统的运行中获得极大的好处。

在前面的章节中，我们曾讨论过利用虚项和模块化的方法重构物料清单的问题。物料清单是 ERP 计划的基础，物料清单的重构，从本质上说是在 ERP 环境下工程技术管理的一种转变。除此之外，工程技术管理还有一些其他的转变，表现在诸如工程改变的控制、新产品的引入，以及工程计划等方面。

1. 有效地控制工程改变

企业为了赢得市场竞争，就要不断地改进产品，以适应市场的需求。于是，物料清单也要随之改变。因此，物料清单是一种动态文件，它反映了产品的动态性质。通常所说的工程改变，确切来说，就是物料清单的改变。

物料清单是整个企业的文件，各个部门都要使用它。相应地，对物料清单的改变要求也可以来自各个部门。每个部门都可以从他们的工作实际出发提出改变物料清单的建议，但是物料清单的改变必须有效地控制，否则会引起一系列问题。例如，库存物料大量废弃，配套物料短缺，生产率降低，拖延向客户的交货期，产品质量降低，维修服务困难，成本核算错误等。

为了有效地控制工程改变，必须制定相关的控制策略。物料清单的改变有 3 种基本的类型。

(1) 立即型。这种类型的改变通常是由产品问题引起的，要立即着手进行。立即型改变的代价常常是非常高的，但是最容易处理，只需将所有旧物料予以报废并在物料清单中代之以新物料即可。

(2) 时界型。给出一个时间界限，过了界限，旧的物料由于某种原因将不能再用，例如被某一条法律所禁止。时界型改变也是比较简单的，利用物料清单中子项物料的生效日期和失效日期信息，ERP 系统很容易做出计划，使得在给定的日期旧物料失效，新物料生效。

(3) 逐渐型。逐渐废弃某种物料，即用完现有量，则不再使用该物料，而使用新物料。逐渐型改变是最难于处理的物料清单改变方式。ERP 系统控制逐渐型工程改变有如下三种最常用的方法：①工程改变的有效日期。估计旧物料用完的日期，以此日期作为工程改变的有效日期。从这个日期开始，计算机系统改变从旧物料到新物料的计划。②虚项技术。使用这种方法是把即将被取代的旧物料看作虚项，同时将新物料作为其子项置于物料清单的低层。这样就先用旧物料来满足需求，当旧物料用完时则越过旧物料而为新物料做计划。在这种情况下，新旧物料同时包含在物料清单中，所以，在计算产品成本时要格外注意，以免发生错误。③订货批号控制。使用这种方法，把一项工程改变和一个特定的批号相联系。通过新的批号指定新的产品结构。此时，两种产品结构可以同时存在，直至旧物料用完，则废弃原来的产品结构。

ERP 系统能够提供技术工具来计划和监控工程改变，并可模拟工程改变带来的各种影响。但是为了做出工程改变的决策，还应有一个由主生产计划、采购、销售、工具、生产和财务等各方面的人员组成的工程改变小组来对实现工程改变负责。因为任何工程改变都是在采购、销售、工程、生产和财务目标之间的一个折中方案的结果。此外，还应制定工程改变工作准则和规程，用来阐明谁可以请求物料清单的改变，谁可以批准这样的改变，以及如何就物料清单的改变在有关部门之间进行通信，从而使得对物料清单改变的计划和控制有章可循。

2. 新产品引入

激烈的市场竞争，逼迫人们去求新，把创新精神融汇在新产品中，投入市场去赢得竞争。新产品引入意味着企业准备更好地满足客户需求，从而也更多地增加收入。可以说，新产品是企业的命脉。但是，对于大多数企业来说，新产品引入都是棘手的问题。这有两方面的原因：首先，新产品引入带来工艺和材料的改变，这增加了生产部门的困难，因为企业可能多年来都在生产着自己熟悉的产品。其次，新产品引入意味着大量额外的工作和交货的压力，并且出现新问题。但是，既然 ERP 系统可以管理成熟产品的生产，那么为什么不能管理新产品的引入呢？

所以，管理新产品的第一步是把新产品引入纳入 ERP 系统中。一项新产品往往是在成熟产品的基础上增、删、改而得到的。如果对成熟产品可以很好地管理，那么对新产品也可以。

典型的新产品开发的过程如下。第一步是研究和开发，产生一个试验模型。这是一个比较粗糙的工程阶段，随时都可能出现变化。第二步是设计模型，新产品开始成型。第三步是生产模型，为试投产做准备。第四步是试投产，确定是否可以真正生产这种新产品，试销售看是否满足市场需求。根据客户的反馈信息，进一步改进设计，形成成熟的产品。在实际生产活动中，这些过程往往是重叠的。在设计模型完成之前，可能就应订购试投产所需的物料，而且希望尽早得到客户的反馈信息。这实际上相当于同时生产许多"不同"的产品，这就需要通过大量的通信，使各部门了解共同的目标是满足市场部门的交货承诺，并把代价减至最小。

这里有两个问题：一是如何使用物料清单来帮助处理这个过程？二是在哪一点上纳入 ERP 系统。基本的思想是，从初始的试验模型开始就应把新的物料清单纳入 ERP 系统中。

开始，我们只需要两个物料代码：一个用来标识新产品，另一个用来标识要用在新产品中的物料，不需要完整的物料清单来开始新产品的计划，物料清单可以逐步完善。

因为每个阶段——试验模型、设计模型、生产模型和试投产通常都有很大的差别，所以可以用不同的父项物料代码来标识和计划新产品。

随着产品的逐步完善，物料清单也逐步完善。可能需要增加一些子装配件，但尚不清楚其确切的结构，则可在物料清单中引入虚拟物料代码。例如，新产品需要有一个框架装配件，但在开始时尚不清楚将是什么样子，于是赋予这个框架装配件一个虚拟代码。如果已知这个框架装配件应包括某些零部件，则应把它们包括在物料清单之内，随着对框架装配件了解的逐步明确，则不断地把新的零部件加到物料清单中去。当最后成型时，则从物料清单中删去虚拟的物料代码，代之以实际的物料代码。

在产品开发的早期阶段，工程技术人员需要非常自由地考虑问题，但又要纳入正规的计划系统。通常的物料清单改变规程需要修改以适应新产品开发阶段的情况。最好的方法是让产品开发工程师负责此阶段的工程改变工作。事实上，这些工程师相当于承担了物料清单改变小组的相应职责。

在新产品引入的过程中，ERP 系统可以提供很多协助功能。尽早地使用系统，可以充分、详细地记录产品的开发过程，这对工程技术部门及生产部门都是很有帮助的。通过在新产品引入的早期使用正规系统，所有为生产所必需的文件都和实际产品并行地受到检验。另外，ERP 系统可以立即开始计划所需要的物料，必要时可以自动产生取消某些准备下达的生产订单和采购订单的通知，从而防止物料废弃。

3. 工程计划

在制造企业中，制定工程计划也是棘手的问题之一。现在已有许多关于工程计划的技术，但是，在任何一种存在一系列相互依存的事件需要计划和控制的情况下，ERP 均是一种可以采用的计划方式。把工程计划和企业的其他方面一同纳入 ERP 系统，使用统一的计划来进行管理，比起使用计划评审法或关键路径法有更多的优点。

ERP 系统并不理会一个代码是代表一个零部件还是一项任务。所以，ERP 可以用于工程计划——既可以用来计划工程活动，也可以用来计划工程活动所需的物料和能力。

在有较多的工程改变和新产品引入，以及产品结构复杂多变的企业中，均可通过 ERP 系统产生有效的工程计划。

人们认识到，客户是生产部门的客户，而生产部门是工程部门的客户，他们各自有着应当满足的计划。既然可以按计划检查生产方面的工作，自然也可以按计划检查工程技术方面的工作。

4. 新的责任和新的工具

建立和维护准确且统一的物料清单，为运行和管理 ERP 系统提供控制信息是工程技术部门的重要责任。但是 ERP 系统不仅仅向工程技术部门提出了新的责任，也为工程技术部门提供了新的工具，带来了巨大的便利，二者相辅相成。在 ERP 环境下，工程技术部门可以很容易地得到准确的数据来维护产品的结构并做好工程计划，使得工程改变和新产品的引入进行得井井有条。

从工程技术的观点来看，ERP 系统的最大优点之一就是便于进行信息检索。工程部门能够以标准形式、反查形式和制造形式等不同形式从统一的数据库中得到物料清单。

一旦企业在经营管理中使用统一的物料清单，那么许多工程技术任务就变得更易于管理。例如，在汽车工业中，结构控制是非常重要的。当制造商发现了产品中的一个问题时，就必须追踪找出每辆可能含有同样问题的汽车。有了统一的物料清单，客户服务人员就能准确地知道在给定的时间按给定的系列号生产的每辆汽车所使用的零部件，从而使客户服务的追踪能力得到提高。

若工程技术部门能够与采购、生产、销售和财务等部门密切合作，甚至在产品设计阶段就开始这种合作，那么就会极大地提高企业的效益。工程技术部门可以和生产部门及采购部门合作做好产品标准化的工作，这样既可以减少需要计划的项目，减少安全库存量，又可以使客户服务工作更加容易做且提高质量。

通过运行 ERP 系统，使工程技术部门成为制造企业经营整体中的一个不可缺少的组成部分，和其他部门密切配合，为实现企业的整体目标发挥极其重要的作用。

思考题

1. ERP 系统如何促进市场销售工作的转变？
2. 为什么 ERP 可以弥补预测的不足？
3. ERP 的模拟功能对指定市场策略有什么帮助？
4. 某企业根据市场预测做了季度计划和月度计划，可是当接到客户订单时，面对客户的订货数量和交货日期，对客户的供货承诺还是没有把握。ERP 在这方面能够起作用吗？
5. ERP 系统如何促进生产管理的转变？
6. ERP 系统为生产管理提供了哪些工具？
7. 举例说明在生产控制过程中如何利用 ERP 的模拟功能。
8. ERP 系统对产品质量的提高可以起到什么作用？
9. ERP 系统如何促进采购管理的转变？
10. ERP 系统如何促进财务管理的转变？
11. 如何及时做好财务分析？如何真正地发挥财务管理的计划、控制和分析的作用？
12. 如何从 ERP 系统中获得以货币单位表示的企业经营运作的数据？可以获得哪些数据？
13. 如何确定合理的库存投资水平？
14. ERP 系统如何促进工程管理的转变？
15. 如何控制工程改变？

练习题

1. ERP 系统的哪些功能为市场销售部门和生产部门的协调工作提供支持？（   ）
   A. 主生产计划和 ATP 数据　　　　B. 库存管理功能
   C. 能力计划功能　　　　　　　　D. 安全库存

2. 下面哪些功能不是 ERP 为生产管理专业化提供的工具？（   ）
   A. 主生产计划　　　　　　　　　B. 物料需求计划和能力需求计划
   C. 投入/产出报告和派工单　　　　D. 安全库存

3. 为什么通过 ERP 系统可以解决"提前期综合征"？（   ）
   A. 供应商计划使得供应商了解企业的未来需求，从而有时间做好供货准备
   B. ERP 系统使得供应商对企业的采购订单更重视了
   C. 供应商之间的竞争更激烈了
   D. 供应商增加了安全库存

4. 下面哪一项陈述是不正确的？（   ）
   A. 有效的生产管理系统是有效的财务管理系统的基础
   B. 主生产计划核算成本可以作为库存投资或发货预算的基础
   C. 从投入/产出报告可以得到各工作中心的以货币单位表示的工时输出报告
   D. 根据应收款计划可以制订产品的发货计划

5. 下面关于工程改变的陈述，哪些是正确的？（   ）
   A. 对于立即型工程改变，只需将物料清单中的旧物料报废并代之以新物料即可
   B. 时界型工程改变可利用物料清单中子项物料的生效日期和失效日期来实现
   C. 处理逐渐型工程改变的最好的方法是利用虚项技术
   D. 以上陈述都是正确的

第16章 ERP 软件系统选型

工欲善其事，必先利其器。ERP 的理论必须有一套好的软件系统作为载体，才能在企业中得到应用，所以 ERP 软件系统选型问题是非常重要的。

16.1 商品软件的选型

每个实施 ERP 的企业都必须有一套软件系统。从 ERP 的发展过程来看，软件系统的实现有两种方法，即自行开发软件和购买现成的商品软件。

自行开发一套 ERP 软件，一般至少要用 2~3 年的时间，而且往往着眼于当前的业务环境和需求，其管理思想的体现只能取决于当前的管理人员和软件开发人员。因而往往起点较低，可能经不起时间的考验，一旦业务发展突破原有框架，软件很可能不再适用。因此，自行开发软件有明显的缺点，总结起来有 3 条，即耗时过长、未必成功且起点较低。

有鉴于此，在 20 世纪 80 年代以后，无论是国内还是国外，实施应用 ERP 的企业几乎都是购买商品软件系统。但是，购买现成的商品软件也不是一件简单和十全十美的事情。购买现成的商品软件可能出现的问题有：由于商品软件的通用性，系统可能过于复杂，通常会比企业具体的需求复杂得多，这既造成使用上的困难，而且价格也会更高；可能需要进行二次开发来修改或扩充系统的功能；可能难以连接企业已有的程序；可能存在故障隐患。

鉴于购买商品软件可能出现的问题，如何选择商品软件就成了十分重要的问题。下面的建议，可供决定购买 ERP 商品软件的企业参考。

16.1.1 选择商品软件的原则

1. 选择一个实用的和适用的软件产品

在实践中，有些企业往往盲目地去追寻"最好的"软件产品，花费了很多时间和精力，却达不到想要的效果。企业中负责选择软件的人员也往往根据个人对软件产品的好恶形成不同的意见，争来争去，难以决定，既浪费了时间和金钱，又错失了许多机会。商品软件选择的目标，应当是针对本企业的实际情况选择一个最为实用和适用的软件产品。

2. 产品的功能和技术应满足当前需求和未来发展

在选择软件产品时，既要考虑软件的功能又要考虑软件的技术，既要考虑当前需求，又要考虑未来需求。然而，现实中这些需求往往是相互矛盾的。为了解决这些矛盾，企业可参考四区域技术功能矩阵(见图 16.1)进行综合考虑。该矩阵由直角坐标系中的四个区域构成，纵坐标表示功能的完备程度，横坐标表示技术水平的高低。根据各种 ERP 软件产品的功能和技术水平，把它们分别放置在不同的区域中。区域 I 称为保持优势(remain)区域，该区域内的软件在功能和技术两方面都是很好的，是 ERP 软件产品的市场领导者；区域 II 称为有待加强(reinforce)区域，该区域内的软件产品技术先进，但功能尚有待完善和加强；区域 III 称为重新构造(rebuild)区域，该区域的软件产品功能比较强，但技术已显得落后，从长远来看这些软件是没有生命力的，所以必须用新技术来重新构造；区域 IV 称为重新考虑(review)区域，该区域的软件产品在技术和功能两方面都比较差，当今的主流软件几乎没有在此区域的，已经购买了这类软件的用户要重新认真考虑，继续投资是否明智。

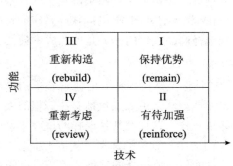

图 16.1　四区域技术功能矩阵

从这个矩阵可以看出，凡是落在区域 IV 中的软件产品是不可选择的；落在区域 III 中的软件产品是尽量不要选择的，因为这类软件虽然可以满足当前需求，但从长远来看是没有生命力的；落在区域 II 中的软件产品是可供选择的重点考虑对象；落在区域 I 中的软件产品一般都是价格昂贵的，中小企业往往难以承受，在选择时要根据企业的投资情况综合考虑。

3. 要选择有成功用户先例的软件产品

实施 ERP 是企业的大事——既要做出较大的投资，又要成为企业的重要资源。所以，不要贸然选择那些未经实践证实的软件产品。已成功实施 ERP 软件的用户验证了软件产品及其相关服务的有效性，可作为企业选择软件时的参考。

4. 不要操之过急

在开始选择商品软件之前，首先应当了解 ERP 的相关知识，如什么是 ERP、成本如何、效益如何、如何实施、如何管理等一系列问题。在完全明白这些后再去选择软件系统。对于首次实施 ERP 的企业来说，最容易犯的错误就是在没有完全了解的情况下，就去选择软件系统。而在这种情况下做出的决定往往是错误的。所以，企业在选择 ERP 系统时，不能操之过急，要经过深入的研究，找到与企业实际情况相配的系统。

5. 不要拖延太久

世上没有十全十美的软件产品，不要因为过分的挑剔而延误了 ERP 的实施。一般来说，软件产品都有自己的市场定位，企业应根据自身的实际情况(需求和资金)，确定对商品软件的选择范围，在 3~4 个月内，认真考察 5~6 个商品软件，应当能够做出决定。

6. 对软件做修改或扩充及与现有系统相连接

ERP 不是一个简单的计算机项目，它涉及企业运营的各个方面。通常，企业所需要的功能与商品软件所提供的功能往往不尽一致,企业不可能原封不动地使用现成的商品软件来实现希望的所有功能,必须在一定程度上对系统进行修改或者做用户化开发。企业应确定哪些修改或扩充是必须做的,以及由谁来承担这样的工作,并计算成本和考虑所需时间。

7. 要保留原有系统中好的部分

有些企业原本在某些业务环节中有很好的应用程序,如有的企业有很好的车间生产控制系统。如果所选择的商品软件系统中车间生产控制系统不如原有的好,则应保留原有的系统,开发相应的接口与商品软件连接,而不应盲目地抛弃原有系统。

8. 根据性能价格比来评价软件系统

不同的商品软件往往有不同的功能、性能和可选特征,也有不同的价格,因此必须综合考虑。性能价格比是一个很好的指标,在根据企业需求确定了软件系统的性能之后,可以通过以下 4 项之和来计算软件的初始成本(不计维护成本):软件系统的价格、软件修改的成本、接口成本、推迟实施的成本。正确选择商品软件的任务是使总成本最低。

9. 软件选型队伍的组织

组织一个精干、高效率的软件选型队伍,对于正确地选择 ERP 软件产品是非常重要的。这里有几点应当引起注意:在软件选型队伍中应当包括有决策权的人,以便于决策;软件产品的选型队伍应当和将来的实施队伍一致,这样在软件选择的过程中,就能考虑到实施的要求,对问题的处理能够更全面;IT 部门应参与软件的选择,从技术上对软件进行评价,对选择过程中的不同意见起到平衡的作用,且能保证所选择的软件能够与已有的系统兼容。

10. 做好资金准备

购买 ERP 商品软件系统需要一笔较大的投资,在开始选择软件产品之前,应当先做好预算并得到批准,以保证选购商品软件的活动正常进行。

16.1.2 选择商品软件的方法

面对商品软件系统各种各样的功能和模块,应把目光集中在最本质的地方。选择 ERP 商品软件,要从以下 5 个方面进行考察。

1. 考察软件的功能

有些企业在考察软件产品的功能时常常是列出企业所需要的功能,然后一一衡量软件产品的功能。这种做法的缺点是:没有考察系统的内在逻辑,而正是这种内在的逻辑才能使系统的各项功能很好地运行起来;所列出的功能也很容易使不同的人有不同的理解;另外,用这种方法选出的软件往往比较复杂。好的方法是把企业的实际需求和 ERP 的标准逻辑相结合,作为考察软件产品功能的依据。应了解系统的内在逻辑,以及为了使系统付诸使用必须要做哪些用户化工作,这些工作能否在所要求的时间内完成。

另外,还应考察软件功能的合理性,如模拟现实的能力;软件的连通性,是否具有数据接口和程序接口,以便于二次开发;软件的输出报告是否满足企业的要求;软件的运行时间和响应时间;软件的兼容性;以及软件是否简明、易学、易用等。

2. 考察软件的技术

从系统的角度考虑,所用的技术是否具有先进性,如客户机/服务器体系结构、图形用户界面、计算机辅助软件工程、面向对象技术、关系数据库、第四代语言、数据采集和外部集成等都可作为考察的对象。

系统的开放性也是应当考虑的问题。在实施应用 ERP 的过程中，用户化的开发往往是不可避免的。可能在实施 ERP 系统之前，企业在某个方面已拥有成熟的子系统，实施 ERP 时，企业希望保留这样的子系统；随着形势的发展，企业可能要开发某个子系统。在这些情况下，都需要把这些子系统与 ERP 系统连接起来，实现数据共享。还有的时候，需要把 ERP 系统中的数据成批地提取出来进行处理，或者把一批数据输入 ERP 系统内。凡此种种，都需要 ERP 系统具有在程序级或数据级上的开放性。

用户还应考察软件在使用上是否友好，如软件汉化的质量、软件的输出报告是否满足企业的要求等。

另外，软件的文档对于软件的应用是非常重要的。软件文档包括使用手册、帮助文件和培训教材。要考察软件文档是否齐全及汉化的质量，还要考察文档组织的逻辑性，是否有有效的索引，是否叙述清楚、简明、易读。

3. 考察供应商的技术支持能力

一般来说，企业不但要购买供应商的 ERP 软件，还要购买他们的服务。因为经验表明，没有专业人员的帮助，一个没有经验的企业几乎是不可能把 ERP 项目实施成功的。所以，虽然企业最终应当立足于依靠自己的力量去使用和维护软件系统，但是在开始阶段，供应商所提供的培训、实施咨询和技术支持对于顺利地实施 ERP 项目是非常重要的。因此，企业要考察供应商的技术支持能力，特别是供应商的实施顾问、培训教师及其他技术人员的资历和经验，这对于成功地实施和应用 ERP 系统是非常重要的。从这一点考虑，最好直接从软件开发商那里购买软件和服务。

4. 考察 ERP 软件供应商的经济实力

实施应用 ERP，就要和软件供应商进行很长时间的合作。所以，在进行软件选型时考察 ERP 软件供应商的经济实力是非常重要的。通过考察软件供应商的经济实力，可以确定该供应商是不是一个可以长期合作的对象。

5. 考察供应商的用户

通过考察供应商的用户群落，特别是本企业的同行业用户，可以了解用户对软件的使用情况和满意程度，知晓供应商对用户的培训、实施指导与帮助是否得力，明确供应商对用户的技术支持是否及时有效，掌握供应商为用户提供产品和服务的成功率等。如果用户的反映比较好，至少说明供应商的软件和服务比较到位。

不同的用户可能会有不同的需求，对上述 5 个方面的考察也有不同侧重。具体的做法是：根据企业的需求综合考虑，进行分解，设定适当的权重，形成一个软件产品选型评价指标体系，然后进行综合评价。

16.1.3 签订合同

在确定了所要购买的商品软件之后，签订合同时应注意以下几个方面的问题。

(1) 在所签的合同中一定要反映本企业对软件产品的评价和要求。

(2) 要有准备，企业的谈判代表在软件评价和选择阶段就应尽早阅读供应商起草的合同。

(3) 在合同中一定要包括处理故障隐患的条款，应当尽可能详细、清楚地规定排除故障的责任、时间及惩罚方式等。如果软件供应商拒绝承担迅速地排除故障的责任，则可能表明他们对自己的产品或排除产品故障的能力缺乏信心。

(4) 关于供应商的义务及相关的日期，一定要通过明确的语言在合同中表述清楚，避免使用模棱两可或含糊不清的语言。

(5) 购买过程中发生的任何事项都要以书面形式在合同中表达清楚。

(6) 要有一个合理的付款日程表。

(7) 如果合同中包括惩罚条款，则必须和付款日程表相结合。

(8) 关于软件的维护，一般一次只签订一年的合同，以便规范供应商的服务质量。

16.2 控制对软件的修改

以上我们谈了关于软件选型的问题，其中我们谈到对软件的修改。但是，过多的修改会破坏 ERP 项目的实施。那么，如何防止过多的修改呢？这是一个非常重要的实际问题。有 3 方面的工作可以帮助解决软件修改过多的问题，即教育、标准和管理。

1．教育

如果一个企业对员工做了较好的 ERP 项目实施前的培训，则可把修改软件的要求减至最少。因为用户理解了 ERP 的逻辑之后，就可以帮助他们在 ERP 的总体框架内来考虑如何解决问题。再加上标准软件的功能较为完善，使得用户对 ERP 的了解和要求都可以在软件上得到反映。这样，修改软件的要求自然减少，可通过有效的管理来控制仍然出现的修改软件的要求。

2．标准

项目实施过程中的关键人员，特别是指导委员会和项目组的成员，对于修改软件的要求应当坚持两条原则：一是抵制；二是区分系统的两类功能，采取不同的处理方式。如果一项修改软件的要求对于企业的运营和 ERP 的实施都不是本质的，则应予以抵制。因为任何修改都会推迟 ERP 项目的实施，提高成本费用，减少成功的机会。要区分系统的两类功能。ERP 系统的功能可以分为两类，一类是必须由计算机来做的，另一类是手工方式的自动实现。前者如 MRP、CRP 及车间作业管理等，它们必须由计算机来完成，因为所涉及的计算量太大，使得无法以手工方式来完成。后者如自动打印采购订单、工资单，以及总账和账单的生成等，均可以手工方式完成，但使用计算机可以提高工作效率并改进工作质量。对于一个企业来说，从 ERP 系统获得的最大效益还是来自那些必须由计算机完成的工作。

3．管理

在区分了 ERP 系统的两类不同的功能之后，可以通过以下方法有效地控制对软件的修改。

(1) 对于在软件选型阶段已经估计到、已经有预算的修改，可以按照计划去做。

(2) 对于新出现的修改软件的请求，要首先递交 IT 部门进行工作量的估算，以确定是较大的修改还是较小的修改。这个界限对于不同的企业可能是不同的。对于较小的修改，项目小组可以决定是否接受（立即去做）、拒绝（没有必要）或推迟。

(3) 对于一项较大的修改，项目小组要进行审查并提出建议。这里要考虑的关键问题是：这项改变对于企业的经营和 ERP 的运行是否必要？是否一定要由计算机来做？如果两个问题的回答都是肯定的，则应立即做，或尽快做。如果所请求的修改是好的但不是紧急的，则应当推迟。然后，项目小组把此项请求连同小组的建议提交给指导委员会去做出决定。

按照以上方式处理问题，软件的修改可以得到有效的控制。

思考题

1. ERP 离不开计算机软件。那么，企业应当自行开发软件还是购买现成的商品软件呢？
2. 如何估算购置 ERP 软件系统的成本？
3. ERP 软件选型的基本原则是什么？
4. 如何进行需求分析？应注意哪些问题？
5. 如何考察 ERP 软件产品的功能？
6. ERP 软件选型涉及产品的功能和技术，如何在二者之间做出权衡？
7. 如何考察 ERP 软件供应商？
8. 在软件选型的过程中，如何避免做"第一个吃螃蟹的人"？
9. 软件系统的选型应当由哪些人来做？
10. 如何与软件供应商签订合同？
11. 如何控制对软件的修改？

练习题

1. 下面哪一项关于 ERP 软件选型原则的陈述是正确的？（   ）
   A. 选择一个最好的软件产品；选择具有最新技术的软件；不应过多关注软件成本，应当当机立断，不要拖延
   B. 选择一个实用的和适用的软件产品；兼顾软件产品的功能和技术，既要满足当前的需求，又要考虑未来的发展；要选择有成功用户先例的软件产品；考虑软件产品的性能价格比；既不要操之过急，也不要拖延太久
   C. 选择最好的软件产品；功能一定要齐全；选择最新的软件产品，敢于做"第一个吃螃蟹的人"；成本要低
   D. 自行开发软件系统，针对性强，成本也低

2. 下面哪一项关于 ERP 软件选型做法的陈述是正确的？（   ）
   A 考察软件的功能和技术，考察供应商的技术支持能力和经济实力，考察供应商的用户
   B. 考察软件的功能和技术，考察供应商的用户
   C. 考察供应商的技术支持能力和经济实力，考察供应商的用户
   D. 考察软件的功能和技术，考察供应商的技术支持能力和经济实力

第 17 章 ERP 的实施与运行管理

当一个企业购买了 ERP 软件后,重要的问题就是如何把这套软件有效地使用起来,这就是所谓 ERP 系统的实施。ERP 系统的实施是企业的大事,关系到 ERP 系统应用的成败。在 ERP 系统实施的过程中,需要解决的问题很多,要涉及企业运营的各个环节及所有的部门和员工,特别是要涉及人的思维方式和行为方式的改变,是一项复杂的系统工程,必须精心组织。业界人士常说,ERP 的成功是三分软件、七分实施,这种基于实践经验的议论反映了实施的重要性,是很有道理的。

数十年来,人们在 ERP 的实施应用领域做了广泛、深入的实践,积累了丰富的经验。许多先行者在这方面也做了很好的总结工作,从而形成了一套标准的实施方法,称为 ERP 实施的可靠路线。

本章介绍 ERP 实施的可靠路线和相应的检测方法,以及 ERP 运行管理的方法,并结合我们的实践经验讨论企业高层领导的作用、工作方针和工作规程问题,以及 ERP 系统实施应用过程中其他常见的问题。

17.1 企业高层领导的作用

经验表明,企业高层领导对 ERP 系统的重视、期待和参与程度是 ERP 系统获得成功的关键因素。因此,在 ERP 实施和应用过程中,企业高层领导的作用是非常重要的。其重要性体现在 6 个方面,其中任何一个方面出现问题都足以导致项目失败。

1. 项目投资

在全球化市场中,企业面对严峻的竞争形势,越来越多的企业高层领导认识到,只有下决心从根本上提高企业的管理水平,提高企业对瞬息万变的市场的应变能力,才是赢得竞争的根本措施。而 ERP 可以在企业提高管理水平、赢得竞争的过程中大有作为。项目投资的决策必须由企业高层领导做出,因此高层领导必须了解 ERP,愿意并期待将 ERP 作为管理工具来全面提高企业的经营管理水平,只有这样才有可能做出科学的决策。

2. 人的思维方式和行为方式的改变

ERP 不是一个单纯的计算机系统,而是一个以计算机为工具的人的系统。在这一点上,人的作用无论如何强调都不过分。要使 ERP 系统真正有效地发挥作用,必须涉及人的思维方式和行为方式的改变，即企业的员工，包括企业的高层领导，愿意并学会而且习惯于用工具进行管理，而不再凭经验和感觉。这就要求企业从上到下形成一种共识：要下决心成功地实施 ERP 系统，并把它作为企业整体的管理工具，要有充分的思想准备去改变企业中原有的一切不合理的因素，包括人们的思维方式和行为方式。然而，人的思维方式和行为方式的改变是非常困难的，所以必须要由高层领导下决心。

经验表明，ERP 系统实施和运行管理中出现的许多问题，归根结底是人的问题，而人的问题只能通过教育和培训来解决。为了转变人们的思维方式和行为方式，形成企业整体的共识，企业高层领导必须抓好教育和培训工作。ERP 为企业的各个层次提供的管理工具往往是企业从未有过的，所以必须通过教育和培训让人们增加知识并改变原有的工作习惯和方式。

3. 第二位的优先级

ERP 项目的实施在企业的各项工作中必须具有第二位的优先级。否则，因为企业中的工作很多，每个人都在忙原有的工作，ERP 项目的实施将被拖得遥遥无期。为了保持 ERP 项目的高优先级，企业高层领导必须有明确的认识和决心。

4. 协调推进项目的发展

ERP 系统的实施是企业的大事，必须精心组织。要成立 ERP 项目实施小组和指导委员会，在不同的层次上推进 ERP 项目的进展。

ERP 系统的实施涉及企业运营的各个环节和所有的员工，部门和人员之间的协调十分重要。然而，在很多企业中常见的现象是：市场人员、生产计划人员、机械设计人员和工人都认为库存管理是其他人的事情，与自己无关；生产控制人员、财务人员都认为质量控制是其他人的事情，与自己无关；计算机程序员、电话接线员都认为客户服务是销售人员的事情，与自己无关。这些现象导致企业的各个部门呈现分割，甚至竞争的局面，而不是为了统一的目标相互配合。实际上，库存管理、质量控制和客户服务都是涉及企业中从高层领导到广大员工的每一个人的事情，ERP 的实施更是如此。员工队伍的协调一致，既是提高生产率所必需的，也是实施 ERP 所必需的。为此，在 ERP 实施过程中，企业高层领导必须下决心保持员工队伍的协调一致，如果出现问题，则应排除障碍来保证项目的进展。

5. 对项目的实施负最终责任

如果没有企业高层领导的正确决策、大力支持、对项目成功的殷切期望和积极参与，ERP 项目的实施和应用是不可能成功的。因此，企业的高层领导应该对 ERP 项目的实施应用负最终的责任。

6. 管理好销售与运营规划

销售与运营规划的制定和管理是企业高层领导者的责任。每月召开的销售与运营规划的会议要由高层领导者主持，会议要讨论市场、生产、财务和工程等各方面的问题，讨论各种可能的方案，解决企业运营中的问题。

销售与运营规划要切实可行。主生产计划和更进一步的明细计划都要从它导出。如果在销售与运营规划中容忍不现实的内容，那么这种不现实性必定会在主生产计划及进一步的细节计划中蔓延开来，其后果将是灾难性的。因此，管理好销售与运营规划也就控制了企业运营的各个环节。从这个意义上讲，销售与运营规划为企业的高层领导提供了管理和控制企业的手柄。

17.2 ERP 实施的关键因素和时间框架

17.2.1 实施 ERP 系统的关键因素

实施应用 ERP 系统的关键因素有 3 个，即技术、数据和人。

1. 技术

ERP 系统不能以手工方式实现，所以对计算机系统的技术要求是不言而喻的。

2. 数据

有了计算机系统还必须要有准确的数据，才能使 ERP 系统更好地工作。

3. 人

企业的各级人员必须对 ERP 有充分的理解，这是实施 ERP 系统获得成功的关键所在。高层管理人员的参与程度、中级管理人员的积极性，以及企业广大员工的态度，已被公认是实施 ERP 系统获得成功的最重要的因素。

在实施 ERP 的过程中，就重要程度来说，以上 3 项关键因素的排列次序应为人、数据和技术。

17.2.2 ERP 实施的时间框架

当一个企业准备实施 ERP 系统的时候，必然要考虑一个问题：从开始实施到获得成功需要多长时间。这个问题取决于以下因素：企业的规模和产品复杂程度，企业用来实施 ERP 的资源，企业高层领导的重视和参与程度，实施队伍的知识、技能和工作态度，以及企业为 ERP 系统所选择的运行环境。一般 ERP 实施的时间框架是 18~24 个月，但在实践中有很大差别。应当强调的是如下两点。

1. 不能操之过急

企业在实施 ERP 系统过程中，不能操之过急，原因在于企业需要做的准备工作太多，如广泛深入的教育和培训，数据准备，制定企业运营的策略和工作规程等。

2. 不能拖得太久

实施 ERP 的准备时间也不能拖得太久，否则成功的机会将会锐减。这可以从以下几方面进行分析。

(1) 工作强度和热情。ERP 将由用户来实现，实现 ERP 的责任要求他们在企业的运营之外再付出更多的时间和精力，去做更多的工作。时间拖久了将会使人感到气馁和失望。积极推进 ERP 的建设和运行工作，使人员相信事情会得到快速、实质性的改善。

(2) 工作的优先级。ERP 的实施必须有一个非常高的优先级，仅次于企业的正常运营。然而，这样高的优先级是不能过久地保持下去的。企业也和人一样，其集中注意力的时间是有限的，当实施 ERP 的优先级下降了，那么成功的概率也随之下降。

(3) 情况的变化。无论人员的变化还是环境的变化，都是对 ERP 项目实施的一种威胁。人员的变化会对 ERP 的实施产生影响。例如，一个部门领导非常了解 ERP，并积极领导本部门实施 ERP，但由于职位变动，新来的领导由于某种原因反对实施 ERP，使前面的努力付之东流。环境的变化可以有多种因素。生意剧增可能导致企业顾不上 ERP 的实施；生意锐减可能导致企业难以负担项目实施的费用；竞争的压力、新的政府法规等，都可能影响 ERP 的实施。

(4) 效益。项目实施的时间拖得太久也就推迟了效益的获得。

综上所述，确定一个合理的、适合企业的 ERP 实施时间框架是十分必要的。

17.3 ERP 实施的可靠路线

17.3.1 ERP 实施的三个阶段

对于大多数企业来说，在实施 ERP 系统的过程中需要做的工作太多了。为了保证 ERP 的顺利实施，可以将整个过程划分为 3 个阶段，以使实施过程更容易控制。

第一阶段：实现基本 ERP

这一阶段的任务包括销售和运营计划、需求管理、主生产计划、MRP、能力计划、车间作业和采购作业计划，以及来自车间和采购部门的反馈机制的实现，还包括提高库存记录的准确度、校正物料清单和工艺路线的准确性。这一阶段大致需要 12 个月。

第二阶段：实现财务管理功能和供应链的集成

这一阶段的工作包括实现财务管理功能及供应链的集成，把 ERP 的功能拓展到整个供应链，包括工厂内部、供应商、分销中心及客户。其中，向后集成至供应商，其手段是通过供应商计划和基于网络的企业间的电子商务；向前集成至分销中心和客户，其方式分别是通过分销需求计划和供应商管理的库存(VMI)。这一阶段大致需要 6 个月。

第三阶段：持续不断改进和提高

持续不断的改进和提高是一个没有终点的过程，也就是 ERP 系统运行管理的过程。我们将在 17.6 节详细讨论。

17.3.2 ERP 实施的路线

在过去的几十年中，已有大量的企业实施了 MRP、MRPⅡ和 ERP。通过这些实践，企业积累了丰富的经验，搞清了应该做什么，不应该做什么，从而为 ERP 的实施铺设一条可靠的路线。图 17.1 以甘特图的形式在 18 个月的时间框架内表示了这条可靠路线。

ERP 实施的可靠路线和 ERP 本身一样，不是来自空想的理论，也不是出于灵感的迸发，而是产生于艰苦的实践，是大量经验和教训的总结。这条可靠的路线由以下 17 个基本步骤组成：①初始评估；②先行教育；③企业愿景；④成本效益分析；⑤做出实施 ERP 的决定并制定项目公约；⑥项目组织；⑦业绩目标；⑧初期的教育和培训；⑨软件选型、安装和运行；⑩销售与运营规划；⑪数据的准确完整性；⑫需求管理、计划和执行流程的定义与实施；⑬财务和会计流程的定义和实施；⑭第一阶段末的评估；⑮继续教育和培训；⑯第二阶段末的评估；⑰ERP 系统的运行管理。

如图 17.1 所示，在 ERP 实施的第一阶段，上述步骤①～⑭都将开始且大部分完成。而步骤⑫则跨两个实施阶段，此步骤可以分为 3 项活动，即定义、试点切换 1 和试点切换 2。前两项活动在第一阶段完成，第三项活动即实现供应链的集成，在第二阶段完成。至于步骤⑬，可以在第一阶段完成，也可以在第二阶段完成。在实践中，可以有一定的灵活性。下面，我们对这些步骤进行详细的讨论。

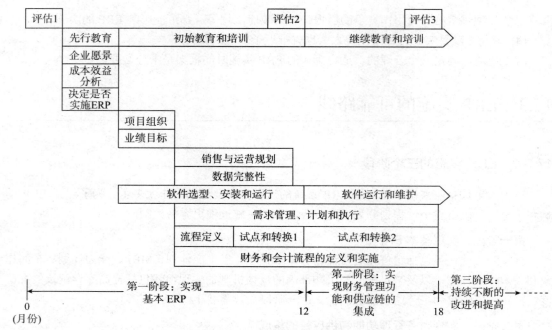

图 17.1　ERP 实施的可靠路线

1. 初始评估(评估 1)

对企业所处的竞争形势、存在的问题和机遇，以及如何更好地满足客户需求、提高生产能力、提高财务管理的水平、优化企业流程等提高企业竞争力的重要问题进行深入的分析和评估，从而做出在公司范围内实施 ERP 的决策。这个过程的参加者包括总经理、各职能部门经理，还应当包括一位外聘的有经验的 ERP 专家。这项活动不应当超过一个月。

2. 先行教育

企业高层领导对 ERP 的理解程度，以及在实施过程中的参与程度直接影响到实施的成败。因此，必须在 ERP 系统实施之前开展先行教育，使企业的高层领导首先了解什么是 ERP、它是如何工作的、能够为企业带来什么好处、如何实施、成本如何，只有企业的高层领导认识到 ERP 是制造业解决众多的生产经营障碍的最佳方法，是制造业科学管理的必由之路，才能对 ERP 寄予希望，才能做出正确的成本效益分析，保证资金的投入，确保 ERP 的实施获得仅次于企业正常运营的第二位的优先级，并在实施过程中积极参与，监督实施计划的进行，协调各部门的矛盾，排除障碍，确保 ERP 项目的顺利进展。

有些企业在对 ERP 不甚了解的情况下就进行成本效益分析，这可能使它们低估实施 ERP 的成本，认为大多数成本只和计算机有关，其结果将造成项目的资金不足。同时，这些企业也总是低估将产生的效益，认为 ERP 只是用来管理库存。这样一来，就很难取得并保持 ERP 项目实施的优先级。

先行教育按对象的不同，课程内容分为两种：一种是面向企业高层领导的，参加对象是企业的总经理和主管生产、财务、工程和市场销售工作的副总经理；另一种是面向企业操作级管理人员的，参加对象是生产、计划、采购、销售、工程和数据处理部门的负责人。

尚未决定实施 ERP 系统的企业也可以开展先行教育，以使企业的领导了解这种企业生产经营的更优方式，从而有助于及时做出使用或计划使用 ERP 的决定。

3. 企业愿景

企业愿景，是明确说明随着 ERP 的实施希望拥有的经营环境的书面文件。它要回答的问题是：在实施 ERP 之后，希望企业是什么样子的？

经过初始评估和 ERP 的先行教育，企业的高层领导和各级管理人员已经对公司的现状，以及实施应用 ERP 之后的发展有了概括的认识。这一步骤就是写出一份书面的报告，把概括的认识勾画成明晰的蓝图。这份报告既要简明又要易于检验，既为企业的发展做出规划，又为 ERP 项目实施过程中的决策提供依据。例如，对"可靠的路线"中后续步骤，诸如成本效益分析，业绩目标的建立，需求管理、计划和执行过程的实现等，都有直接的指导意义。

企业愿景的描述应包括企业现状和存在的问题，企业的战略方针，企业的竞争力分析，以及初始评估的结论。

4. 成本效益分析

实施 ERP 系统和任何一项投资事业一样，都要先进行成本效益分析，然后才能实施。表 17.1 所示是一家制造业公司的成本效益分析数据，可以为我们提供参考。

表 17.1 成本效益分析数据

单位：万元

年销售额	5 000
生产成本	2 500
库存	1 250
采购成本	1 250
直接人工成本	400

1) ERP 的效益

表 17.1 的数据表明，在这个公司里采购成本约占生产成本的 1/2，直接人工成本约是采购成本的 1/3。

经验表明，使用 ERP 可以使库存减少 1/3。在本例中，库存将降为 420 万元。假定库存保管费用占价值的 10%，这是一个非常保守的百分比，那么库存投资的节约将是 42 万元。

每一个成功的 ERP 用户都会在客户服务水平上有所提高，使得企业能在恰当的时间生产出适销对路的产品并发向客户。假定由于客户服务水平的提高使销售额增长 5%，在本例中，将增长 250 万元的年销售额。采用一个相当保守的百分比即 10%，来计算由于销售额增长带来的收益，将得到 25 万元。

使用 ERP 之后，在典型的装配车间，生产率一般能提高 30%；在典型的加工车间，生产率一般能提高 5%~10%。在本例中，对直接人工成本采用保守的百分比，即 8%，来计算由于生产率提高的获益，于是得到 32 万元。

ERP 的用户经验表明，当采购人员卸去了催货的负担时，可以节约相当大的成本。即使采购成本减少 5%，这也是很大的节约，即 62.5 万元。

以上的分析可以概括如表 17.2 所示。

表 17.2 获益分析

单位：万元

获益原因	获益数额
库存减少	042.0
客户服务水平提高	025.0
生产率提高	032.0
采购成本减少	062.5
共计	161.5

使用了 ERP，可以使原材料供应及时，向客户发货及时，从而可以节省大量的运输费用；由于更好地管理工程改变，可以减少物料过时报废；由于好的计划可以形成稳定的生产环境，从而减少废品率；还有加班费的减少(这些都可以计算出来，不过在本例中忽略了，而在某些企业中这些可能是很重要的，都应加以计算)等。

2) ERP 的成本

实施 ERP 系统的成本可以分为如下 3 个方面。

(1) 技术成本，包括计算机硬件、软件、系统安装、调试、二次开发、接口、文档和维护，这方面的成本会由于企业计算机设备和技术力量的不同而不同。

(2) 改进和维护数据完整性的成本，包括校正物料清单、确定工艺路线、校正库存记录。校正物料清单主要是非直接劳力的工资和奖金。另外，在开始时，也可能需要某些咨询，以确定如何构造物料清单，这部分费用可以计入"专家咨询"部分。确定工艺路线的工作和确定物料清单的工作非常类似。一旦物料清单和工艺路线校正完毕，那么在开始阶段，这方面不再有相关的费用。大多数企业必须校正库存记录，有些企业还需要考虑改造库房以实现受限访问的问题。

(3) 人员成本，包括教育和培训、专家咨询。教育和培训经费的预算应包括一次性费用和日常费用两部分。关于专家咨询的问题，需要指出，对一个有经验的实施顾问，每月访问一次是比较好的方式。

表 17.3 所列的是在上述同一家制造业公司中实施 ERP 的成本。

表 17.3 实施 ERP 的成本

单位：万元

成本来源	一次性成本	维护成本
计算机软件	25.0	5.0
系统开发工作等	10.0	3.0
物料清单，2人年	3×2=6.0	
工艺路线，2人年	3×2=6.0	
库房改造	10.0	
教育	15.5	5.5
咨询	2.0	1.0
总计	74.5	14.5

其中，校正物料清单和工艺路线的工作都假定了 2 人年，各为 6 万元。库房改造的设计成

本估算为 10 万元,作为一次重新设计的成本。就已知的情况来说,很少有公司为了建立和运行 ERP 而增加库存管理人员。

确定工作中心和生产计划的成本通常可以忽略不计。一个有经验的人在 1～2 周内即可确定工作中心。主生产计划必须适当地设计,而且人们必须经过培训才能使用,这无疑是使用 ERP 的关键因素之一,但所花费用并不多。

教育和培训费用的估算为一次性费用 15.5 万元和 1 年的日常教育费用 5.5 万元。教育和培训应作为一项持续的工作进行预算,经验表明,在实施 ERP 的过程中,大约总人数的 7%应当接受面授教育。如在一个 1 000 人的公司中,应当有 70 人到企业外部接受面授,一个人的费用按 0.2 万元计,则总费用为 14 万元。另外,教学用的图书设备 1 年约为 1.5 万元,以后每年还应有 20 人继续接受面授(可能是公司新来的人),需 4 万元。

按照估算,安装 ERP 的一次性费用是 74.5 万元,每年的维护费用是 14.5 万元,而每年的获利将为 161.5 万元。这是一个相当保守的估计,这意味着,对于一个成功的 ERP 用户来说,ERP 投入运行半年即可收回成本。如果 ERP 的实施时间按 18 个月考虑,那么在开始的一年半是纯投资阶段,见不到收益,但此后这项投资的收益将远远胜过其他任何投资。例如,一项机械项目在一般企业中需要 3 年投资,两年收回成本。按这样的标准计算,当项目可以收回投资时,从 ERP 系统获得的收益已是投资的 7 倍。

按以上的分析可以看出,即使 ERP 的成本加倍而收益减半,那么投资实施 ERP 仍然是值得做的事情。

5. 做出实施 ERP 的决定并制定项目公约

至此,公司领导和主要管理人员已经通过了初始评估和先行教育,并已完成企业愿景的描述和成本效益分析。他们已经了解了什么是 ERP,它能给企业带来哪些好处,成本是多少,需要多长时间来实施等重要问题,因此可以对公司是否实施应用 ERP 做出决定。

如果决定在公司内实施应用 ERP,则应检查以下问题:

(1) 是否做好了资金准备?
(2) 是否为项目小组组长确定了合适的人选?
(3) 是否可以在未来 1～2 年内把 ERP 项目的实施作为具有第 2 位优先级的任务?
(4) 企业领导和主要管理人员是否对 ERP 项目充满信心和期待?

如果对这些问题都能做出肯定的回答,则应当形成一个书面的文件,即项目公约。否则,应当停下来检查存在的问题,而不应当盲目向前推进。

项目公约以成本效益分析和企业愿景陈述为基础,以书面的形式表述公司领导和各级管理人员对在整个公司范围内实施应用 ERP 的共同决定和一致的态度,并指出所期望的业绩目标。从高层领导到部门经理,有关人员都要在项目公约上签字,表明要对在认可的成本范围和时间框架内为成功地实施 ERP,从而实现所认可的效益共同负责,也可以此作为今后工作的指导原则和解决问题的依据。

通过项目公约向整个企业明确地申明,ERP 项目是整个企业的项目,必须由企业的高层领导、部门经理和广大员工共同来完成。

6. 项目组织

1) 成立项目小组

一旦完成了实施 ERP 的成本效益分析并决定实施 ERP,下一步就应成立项目小组。项目小组负责在操作级上推进项目的进展,其工作内容为:制订 ERP 项目计划,报告计划的执行情况,发现实施过程中的问题和障碍，适时做出关于任务优先级、资源重新分配等问题的决定，向企业高层领导做出报告和提出建议，以及做好为保证 ERP 成功实施而需要的任何操作级上的工作。

这里，特别强调制订 ERP 项目计划的问题。ERP 的项目计划是一项基本的控制工具，用来控制项目的进展，使得在计划的时间内达到成功的结果。项目计划应当满足以下要求：积极进取且切实可行，以天或周来表示计划事项(至少对于近期目标应当如此)，要完全覆盖闭环 MRP 及财务和模拟功能的实现，要足够详细、体现可操作性。此外，要明确职责，每项工作都应指明承担人的姓名，而不能只说明工作的内容和负责的部门。

项目计划要经过项目指导委员会批准。项目小组的组成原则如下：项目小组只需有少数专职人员，其中包括项目负责人、副手，以及数据处理人员。其他大部分成员可以由部门领导来兼任。

下面是一个项目小组组成的情况：专职成员包括项目负责人、项目负责人助理、系统分析员、程序员；兼职成员，包括成本会计负责人、总账会计负责人、数据处理负责人、制造工程负责人、人事部门负责人、车间负责人、产品工程负责人、生产控制负责人、采购负责人、质量控制负责人、销售管理负责人。这个项目小组共 16 人，其中，除程序员 2 人之外，其他各为 1 人。

项目小组每周应举行 1 或 2 次会议，商讨项目实施中的问题。

2) 确定专职的项目负责人

项目负责人是一个关键人物，他要领导项目小组在实施 ERP 的操作级上努力工作。一个好的项目负责人应该具备以下条件：专职，来自企业内部，具有企业运营某个基本方面的经验，是企业内有影响的而不是无足轻重的人物，在企业内工作了相当长时间而不是新手，受尊敬的管理人员。

在任何一个企业里，以下人员都可以作为项目负责人的候选人：生产部门经理、采购部门经理、销售部门经理、生产和库存部门经理、客户服务部门经理、工程技术部门经理、物料部门经理等。

3) 成立项目指导委员会

ERP 的实施涉及多种因素，是一个复杂的过程。在此过程中，需要解决和协调的问题很多。其中有些问题单靠项目小组及其负责人是解决不了的，还应成立项目指导委员会，对项目计划的执行情况进行定期审查，及时地解决问题，协调矛盾，确保项目的实施顺利进行。为此，指导委员会应至少每月召开一次会议。

指导委员会成员包括总经理、副总经理和专职的项目负责人，并正式指定总经理或某位副总经理作为指导委员会的主席。

指导委员会主席对 ERP 的实施负有决策级上的责任。他要直接听取项目负责人的报告，代表指导委员会处理决策问题，如果有必要的话，还要取得其他高层领导的支持。

项目负责人在指导委员会和项目小组之间起到桥梁的作用，他在指导委员会中的职责是报告项目计划的执行情况，特别是关键路径上的任务执行情况；在项目的实施落后于计划的情况下，还应提出使项目的实施重上计划轨道的打算和措施，如追加资源的要求等。

指导委员会要对项目负责人报告的情况进行审查并对一些难题的解决做出决策，并对项目实施计划的执行情况定期审查，发现问题、解决问题，确保 ERP 的顺利实施，并对 ERP 实施获得成功负有最终的责任。

4) 专家的指导

经验表明，几乎没有一家企业能够在没有专家指导的情况下实施 ERP 并获得成功。因为实施 ERP 对于任何一家企业的绝大多数人来说都是没有经验的，所以向专家咨询是十分必要的。在寻找咨询专家时，最重要的条件是该专家要有成功实施 ERP 系统的经验。

7. 业绩目标

这一步骤紧随着评估、企业愿景描述、成本效益分析等工作，但是表述得更为详细。它详细地说明企业要实现的业绩目标，而且在不久的将来将作为衡量因实施应用 ERP 所取得的业绩的依据。这些目标的表述通常使用生产经营的数据，而不是使用财务数据，并且应当直接和成本效益分析中所指出的财务收益联系起来。例如：

(1) 对于面向库存生产的生产线，我们将实现在接到客户订单后 24 小时之内，对 99%的客户订单完成发货。取得的效益是销售量增加。

(2) 对于面向订单生产的产品，将实现 98%的客户订单按所承诺的日期准时发货。取得的效益是销售量增加。

(3) 对于所有的产品，采购和制造的提前期都将缩短一半。取得的效益是销售量增加。

(4) 我们将消除 90%的物料短缺。取得的效益是提高直接劳力的生产率。

(5) 我们将减少 75%无计划的加班(即提前通知不到 1 周的加班)。取得的效益是提高直接劳力的生产率。

(6) 我们将在 18 个月内对 80%以上的采购量建立供应商伙伴关系、长期的供货合同和供应商计划。取得的效益是采购成本降低。

从以上的例子可以看出，成本效益分析中的每一项财务效益目标都对应于一项或多项生产经营业绩的度量指标。类似的例子有很多。要强调的是，一系列量化的业绩指标可以用来指导实际的行动，在实际结果发生后可以把它与预期的目标相比较，从而发现企业是否因实施应用 ERP 而获益。如果没有，原因是什么？企业可从发现问题、解决问题的过程中受益。

业绩目标的确定同样要在企业高层领导的主持下，由各职能领域的负责人共同参加和完成。

8. 初期的教育和培训

要保证 ERP 的成功实施，应该对许多方面做出改变，包括各级员工的思维方式和行为方式。员工们必须了解，实施 ERP 会引起哪些变化？是什么原因引起这些变化？这些变化会如何影响他们的工作方式？会因此得到什么效益？必须强调，忽略教育和培训这一步或者其中的某一部分，后面的麻烦是很多的。作为实施过程的一部分，理想的情况是，公司的员工应当 100%，或者至少 80%接受关于 ERP 的教育。

ERP 的教育和培训有两个重要的目标：一是增加人们的知识；二是改变人们的思维方式和行为方式。当人们学习了什么是 ERP 和 ERP 能为企业带来什么好处及如何实施 ERP 之后，就增加了关于这种科学管理新方法的知识。但这还远远不够，使企业中成百上千的人改变他们的思维方式和工作方式，学会以新的方式经营企业才是根本的目标。这是一项艰巨的任务和真正的挑战，而这也正是成功地实现 ERP 的核心。

ERP 的教育和培训有两种形式，即外部课程和内部课程。企业业务部门的负责人、操作级的管理人员，特别是项目组成员在 ERP 的实施过程中起着非常重要的作用，而且负有教育培训企业广大员工的责任，他们应当成为实施 ERP 的专家。因此，让这些人到企业外部参加专门的 ERP 课程的学习，是非常必要的。在 ERP 的实施过程中，企业的广大员工都应接受关于 ERP 的教育和培训。但是，派企业中的所有人都去参加外部课程的学习显然是不可能的。因此，企业内部的教育和培训也是必要的。

内部教育和培训的作用有两方面：一是继续造就专家队伍，强化这些人对 ERP 的理解和认识，进一步明确自身在 ERP 实施过程中的职责；二是教育企业的"广大员工"。应当强调，这里的广大员工也包括企业的高层领导。虽然他们已经接受了外部课程的先行教育，但由于 ERP

的实施要改变人们的思维方式和行为方式,其中也包括高层领导的思维方式和行为方式,所以短期的外部课程还是远远不够的。高层领导人员和其他人一样,也需要继续学习,他们需要了解销售与运营规划、主生产计划和能力计划的制定,还需要了解将如何在企业中运用这些工具进行工作。

教育注重原理、概念及它们的应用,目的在于从理念上提高认识,从而提高管理水平。培训的工作注重软件的细节,目的是如何操作具体的 ERP 系统。二者在不同的层次上起作用,但都是必要的。

9. 软件选型、安装和运行

上一章已对此问题做了专门的讨论。

10. 销售与运营规划

销售与运营规划是 ERP 的重要而基本的组成部分,是企业高层领导对企业经营运作的操纵杆。这是一个很重要的计划层次,ERP 的进一步的明细计划都要受到它的控制。没有它,ERP 的运行是没有意义的。在 ERP 实施早期即制定此规划,可以早获益。

销售与运营规划的实施步骤如下。

(1) 创建产品族,从而使得预测变得相对简单。

(2) 确定预测策略和方法,并对预测过程进行评估,以统一的预测数据支持销售与运营规划。

(3) 确定销售与运营规划策略。销售与运营规划的策略要清晰地体现企业销售与运营规划过程的目标、步骤和每个步骤应当采取的行动。指出谁出席销售与运营规划会议,谁负责准备数据、会议的内容,修改销售与运营规划的原则及产品族的划分,等等。销售与运营规划的策略要得到企业高层领导和相关人员的批准。

(4) 选择 1~2 个产品族作为实施销售与运营规划的试点。所选择的产品族应当具有代表性,复杂程度适中,因为复杂的产品族可能会引起比较多的障碍,使得试点的时间过长,而销售额只占 1%的产品族又缺乏足够的影响力,难以鼓舞员工的士气。这个过程不应当超过 3 个月。

(5) 制订资源需求计划。资源需求计划的内容和作用在第 7 章中已有叙述。

(6) 在试点完成后,每月将 3~4 个新产品组纳入销售与运营规划,直至所有的产品族都纳入销售与运营规划。

(7) 将供应计划、财务计划、新产品推广计划等都纳入销售与运营规划之中,使销售与运营规划过程在全公司范围内起到协调作用,从而成为企业高层领导控制和管理企业的操纵杆。

11. 数据的准确完整性

要取得 ERP 的成功,数据的准确性非常重要。ERP 中使用的库存记录、物料清单、配方、工艺路线,以及其他数据必须高度准确、完整并有好的结构。

12. 需求管理、计划和执行流程的定义与实施

在此之前,我们已经对销售与运营规划进行了讨论。销售与运营规划在总量上平衡供应和需求,但需求管理、具体的产品组合的计划和排产,以及执行等问题尚未解决。这一步骤的目的有两个:一是设计和定义需求管理、详细的计划和排产及供应链管理等流程,这些流程是对企业愿景陈述的细化和体现,从而确保项目的实施和企业的愿景陈述保持一致;二是通过试点和切换的方法实现这些新的流程。

这些流程的定义是项目小组应当尽早开始的一项任务。在初始评估、企业愿景陈述和教育与培训的基础上来做企业流程的设计和定义是自然而流畅的事情。企业流程的定义要通过工作方针和规程来实现。方针指明做事情应当遵循的准则,规程指出做事情的步骤。

1) 实现基本 ERP 阶段

实现基本 ERP，包括实现销售与运营规划、需求管理、主生产计划、粗能力计划、MRP 等功能，对于流程制造业来说，还包括了车间排产功能。这一步骤跨越两个实施阶段，通过试点和切换来实现。

(1) 试点的方法是大多数成功的 ERP 用户在实施过程中使用的方法。这种方法是通过一系列步骤来验证 ERP 软件系统能正常工作，而用户人员也真正理解了 ERP 的基本逻辑之后，再切换到 ERP 系统。试点分为 3 个层次，即计算机试点、会议室试点和现场试点。①计算机试点，计算机试点的目的是确保软件能在计算机上正常运行，并且也通过这种试点对软件做更多的了解。计算机试点一般使用虚拟的物料项目和虚拟的数据。如果购买商品软件，这应当是软件包的一部分。计算机试点的关键人员是系统人员和数据处理人员。②会议室试点，这种试点通常是通过在会议室内建立一个模拟的环境来进行，亦称为模拟试点。其目的是对用户进行教育和培训，让用户更多地了解软件，学习如何使用它来管理企业业务。在这一阶段，工作的重点从计算机转到了人。通过运行模拟的业务实例，使用户真正地了解系统。一般来说，会议室试点的实施时间不超过一个月。③现场试点，现场试点也就是主生产计划和物料需求计划首次投入实际运行的时刻。其目标是证明主生产计划和物料需求计划能够正常运行。

为了搞好现场试点，应遵循以下原则。

- 要确定适当的试点规模。为了很好地测试整个系统的运行情况，应选取足够多的物料项目进行试点。但项目又不能太多以致难以驾驭，一般使用 200~600 个物料项目进行估计。
- 要选取适当的试点产品。对于简单产品，如服装或化妆品，试点应当反映整个产品族中所有物料项目的情况。对于具有一定复杂度的产品，如自行车或打字机，现场试点则应针对一项产品。对于高复杂度的产品，如飞机或机械工具，现场试点则应针对一个零部件。
- 试点过程要包含尽可能多的物料类型。应当选择包括最终产品或最终项目、组件、自制件、外购件和原材料在内的一个很好的物料项目的组合来进行现场试点。
- 参加试点的物料项目要有相对的独立性。现场试点中包含的公用件越少越好，既用在试点产品中又用在其他产品中的物料项目不能很好地用来测试 MRP。因为在这种情况下，MRP 不能反映对这些物料的全部需求。如果无法避免这种情况，则应慎重进行选择。
- 要选用最好的计划员。现场试点的过程需要人深入细致、精力集中地工作。因此，如果企业中已经有了物料计划员，而且对某些产品及其相关物料做了计划工作，则应选择最好的计划员所处理的产品来进行现场试点。

3 种试点概括如表 17.4 所示。

表 17.4　3 种试点

试点类型	关键人员	物料项目/数据	目　的
计算机试点	数据处理人员 项目小组部分成员	虚拟的/虚拟的	① 在计算机上运行并调试软件； ② 学习和了解软件
会议室试点	主生产计划员 物料计划员 项目小组部分成员	真实的/虚拟的	① 使用户彻底地了解软件； ② 验证软件适合企业业务
现场试点	主生产计划员 物料计划员	真实的/真实的	① 证实系统运行正常； ② 取得用户的确认

现场试点要得到指导委员会的正式批准。在现场试点中要通过考察以下问题得到用户对系统的确认：是否能预见缺料的发生；是否能产生正确的订单下达建议；关于试点产品的主生产计划是否切实可行；能否自信地承诺完成客户订单。如果对这些问题都能给出肯定的回答，那么现场试点就达到了目的，否则表明系统没有正常地工作，或用户对系统没有真正地理解，或二者兼而有之。在任何一种情况下，都不要贸然进行系统的切换，即不要把其余的物料项目投入新系统中。首先应当做的事情是检修系统使其正常工作，或弥补教育和培训的不足——因为正是这种不足造成了用户对系统的不理解，或者以上两方面的工作都要做。

现场试点占用的时间以一个月左右为宜，如果制造周期长，也可以稍长一点。必须用几周时间来观察人/机系统的性能，以证明系统确实能正常地工作。时间太短是不行的，当然也不能安排太长时间。例如，用一个季度作为现场试点的计划时间，对于大多数企业来说都过长了。企业中的每个人，包括指导委员会、项目小组成员及最终用户都应当明白，在证明系统工作正常且得到用户确认之前，项目的实施不能越过现场试点的阶段。

在现场试点期间不要忽视培训工作。在不妨碍试点操作人员工作的情况下，要让其他计划人员密切关注试点的运行。因为一旦其余部分都切换到 MRP 系统，这些人也将成为系统的一部分。

(2) 切换是实施过程第一阶段的任务。一旦现场试点获得成功，即系统运行得很好，用户掌握得很好，则可以着手把其他的物料项目切换到 MRP 系统的控制之下。这种切换有两种不同的方法：一种方法是把所有其他物料项目一同切换到新系统；另一种方法是把其他物料项目分成几组，每次切换一组。这种"分而治之"的方法往往是更可取的，因为它风险比较小，整个过程便于控制，而且做起来也比较容易。

具体来说，在目前阶段，企业要开始运行一个正规的优先计划系统(主生产计划和物料需求计划)，以决定在什么时间需要什么物料。但是，还没有相应的优先执行系统(车间作业管理和采购作业管理)，即没有和车间及采购部门就改变作业优先级的问题进行交互的工具，而且也还没有能力需求计划。因此，也就不能预知车间中每个工作中心上的作业安排究竟是超负荷还是负荷不足，也不能预见采购物料的可用性。解决这一困难的办法是要形成某种手工形式的"闭环"，即使在实施的第一阶段，也必须要有反馈信息。如果没有来自车间和采购部门的反馈信息，计划人员就不能得知作业能否按计划完成，也就不能保证订货日期的有效性。为了得到来自车间的反馈信息，就要建立一个临时的车间计划系统，使得切换工作得以进行下去，直到有了完整的车间作业管理系统为止。

另外，选派一个或几个车间工作人员专职地参加这一阶段的切换工作是非常必要的。他们的责任是帮助人们做好工作，与临时的车间计划系统、物料计划员及工长保持密切的联系；他们从计划员那里接受排产计划，确保工长总能得到最新的派工指令，产生面向计划员的拖期预报，协助打破瓶颈等。

采购员也要完成类似的任务，与供应商保持密切的联系，知道对哪些订货供应商不能按时发运，并向计划员发出拖期预报。

在此阶段，人际交流尤为重要，指导委员会和项目小组的会议至少要和过去一样频繁，相互交换意见，不能放松。

切换是一个非常紧张的阶段，要准备增加工作时间和其他所需的资源。项目小组负责人和成员及关键的系统人员要随时准备帮助用户解决可能出现的各种问题，而不要让问题压倒了计划员。要取得所有的输出报告，采取所有必要的行动，使系统得以运行，并开始衡量系统运行的性能。

2) 供应链集成阶段

供应链集成是项目进入第二阶段的实施过程。要把 ERP 的功能拓展到整个供应链，包括在工厂内部实现生产管理的闭环、向后延伸至供应商、向前延伸至分销中心和客户。

(1) 供应链集成——在工厂内实现生产管理的闭环。关于实现生产管理的闭环的先后顺序，建议首先实现车间作业管理，然后实现能力需求计划，最后实现投入/产出控制。

由于作业优先级变化的反馈信息是非常紧迫的，所以要首先实现车间作业管理。能力需求计划是一个进一步完善的过程，因为当粗能力计划作为基本 ERP 的一部分实现以后，企业对未来的关键能力需求已经心中有数了。在实现能力需求计划之后再实现投入/产出控制，该功能是对能力计划的执行情况进行跟踪，所以在运行投入/产出控制之前必须先有能力计划。应当注意的是，如果企业已经有了车间作业管理系统，切莫迷信数据一定是准确的，还应检查工艺路线和工作中心数据的准确性。

还有些企业并不需要全部的车间控制功能。如果生产过程是流程式或重复式的，那么车间作业管理和能力需求计划的某些功能就不一定是必需的，因为生产线调度可以直接从主生产计划得出，而粗能力计划已可以提供对未来能力需求的全部信息。投入/产出控制也可以简化为跟踪产出，再将实际执行情况与来自粗能力计划的计划需求进行比较。

关于车间作业管理活动的试点通常要进行 2～3 周。在此过程中，要验证各种工作规程、事务处理、软件及人员的教育培训是否符合要求。对车间作业管理进行试点的方法是选择适当的作业，而不是选择工作中心。当这些经过选择的作业通过各个工作中心时，很容易检查出工作中心的基础数据是否可靠。但是，通过试点不能测试派工单。只有当实现切换以后，即所有的作业都投入系统时才能做到这一点。

经过试点已经证实工作方针和工作规程、事务处理、软件，以及人员的教育和培训达到了要求，则应进行系统的切换。切换的步骤如下：①将车间状态数据输入计算机；②开始运行车间作业管理系统并使用派工单解决遇到的各种问题，在需要时，要对工作规程和软件进行调整；③开始运行能力需求计划；④开始生成投入/产出报告，确定偏差允许范围及采取校正措施的基本原则；⑤开始从作业优先级和生产能力两方面衡量车间作业管理功能；⑥反馈信息。

(2) 供应链集成——向后延伸至供应商，实现采购中的闭环。我们现在有了互联网技术，可以通过电子商务的手段进行交易。但是，网络服务真正的价值在于供应链的集成，而不仅仅是通过网络招揽生意，根据价格选择供应商。对于一个现代制造企业来说，物料的价格和物料的质量与风险比起来，肯定是一个次要的因素。一个现代制造企业所需要的原材料和零部件的供应应当是持续稳定、质量可靠的，应当选择能够长期稳定合作的供应商。对这些供应商，应当采取供应商计划法。

实现供应商计划法，首先要和供应商建立长期合作关系，并成立一个采购计划员小组，这些人在本企业的 MRP 系统和供应商之间起到桥梁作用；其次是向供应商提供一份采购计划，而不再使用一份一份的采购订单，这可以把采购人员从天天接单、发单、催货的烦琐工作中解脱出来，让他们有时间去做更有价值的工作，如寻找货源、谈判、签订合同、降低采购成本、进行价值分析等。

实现供应商计划法，首先要开展对供应商的教育和培训，使供应商了解 ERP，了解在 ERP 环境中采购物料的需求日期是可靠的，不必也不应再等待进一步的催货通知。按照"沉默即赞成"的原则，如不能按时交货，则应给出拖期预报，还要让供应商理解，供应商计划法是双方长期合作、均能从中受益的方法。其次，选择一个供应较多物料的供应商进行供应商计划法的试点。通过试点，既能验证系统的运行情况，又能验证买卖双方人员的理解程度，为进一步调整系统和进行教育培训提供依据。

在进行试点之后,可对主要供应商进行切换。每个企业都有一些主要的供应商。一般来说,这些供应商大约占全部供应商的20%,但他们所提供的物料占全部采购物料的80%。应首先对这些主要的供应商实行供应商计划法。

在对主要的供应商实行供应商计划法之后,应开始就交货情况进行检测并记录供应商的绩效。这也许是企业第一次能够有效地掌握供应商的交货情况,也可能是其第一次能够向供应商提供有效的需求日期。另外,也开始记录采购员和采购计划员的活动。在此过程中,要和所涉及的买卖双方每个人进行交流,不断完善,不断提高。在此之后,便可以着手对其余的供应商进行切换,目标是对所有的供应商都实行供应商计划法,这大约需要3个月以上的时间。

(3) 供应链集成——向前延伸至分销中心。在拥有分销网络系统的企业中,需要通过分销需求计划或分销资源计划把供应链的集成向前延伸至分销中心。

分销需求计划和分销资源计划的实施也要采用试点和切换的方法。对一个分销中心选择10种左右的产品进行试点,目的是证明分销需求计划可以运行,即可以为分销中心提出合理的补货建议。一般来说,这项试点在几周之内即可完成。然后,则可以将分销中心的全部产品纳入分销需求计划。对分销资源计划的实施是类似的。适当地选择几个分销中心,对其运输计划及仓储空间和劳力计划进行试点,一旦认为可以正常运行,则可以将其他分销中心纳入分销资源计划。

这样做之后可以发现,企业的主生产计划将会更加准确有效,这是因为分销资源计划提供了更加准确的需求数据,而在过去,这只能完全靠预测。把分销中心的补货需求迅速传递到工厂的主生产计划,这正是分销资源计划的价值所在。

(4) 供应链集成——向前延伸至客户。这项任务涉及供应商管理的库存和协同预测。

供应商管理的库存是指供应商不但向客户提供它的产品,还直接管理其产品在客户所在地的库存的做法。这被许多企业视为双赢的手段而采用,这样客户可以从供应商那里获得高质量的服务,并降低采购和库存补给方面的支出,从而受益。而供应商可以了解客户的库存状况、使用状况,甚至于了解客户的生产计划,从而使自己的供货和生产计划稳定而合理,也进一步稳固和扩大同客户的业务合作,从而获益。

协同预测是指在供应商和客户之间分享预测的需求数据,目标是得到双方共同认可的需求预测数据,用来驱动补货计划系统。协同预测要求有高水平的销售人员在客户的场所和客户密切合作。

13. 财务和会计流程的定义和实施——实现财务管理和生产管理的集成

财务、会计方面的知识和基本准则已经发展了相当长的时间,因而更全面、成熟,组织也更完善,更重要的是,人们已经对其理解和接受了。财务和会计功能的实施基本上是以计算机代替人的手工劳动或者从上一代的软件系统转移到新的软件系统,其目的主要在于提高效率而不是改变流程。因此,财务和会计过程的实施,对于大多数公司来说,难度要低一些,做起来要顺利一些。

应当强调的是,对财务人员的教育和培训要尽早进行,而不要等到进入第二阶段才开始着手。在其他部门实施ERP的过程中,应不失时机地对财务人员进行教育和培训。

财务和会计的实施多采取并行的方式,即在运行原有系统的同时,开始运行ERP的财务和会计程序,并将运行结果与原有系统的运行结果进行比较,确保新系统输出的数据正确可靠。多数企业经过几个月的并行运转,就可以放心地停止原有系统转而只运行新系统了。

14. 第一阶段末的评估

这一步骤是对第一阶段实施现状的分析和评估,也是决定其是否可以进入第二阶段的依据,过程如下。

(1) 检查迄今为止项目的进展情况。

(2) 确信业绩目标可以实现且正在实现。

(3) 根据项目的进展和企业实现的业绩状况，回顾和检查企业愿景的陈述对项目进一步实施的指导作用是否仍然有效，如有需要则修改企业的远景陈述。

(4) 检查并确定第一阶段的活动是否有一些需要修改或重做。

(5) 检查实施第二阶段的准备情况，做出是否进入第二阶段的决定。

15. 继续教育和培训

随着 ERP 实施的深入发展，需要有新的知识和技能。经过初始教育和培训获得的理念、知识和技能也需要进一步强调和复习。对于一些刚刚加入企业的新员工，还需要进行教育和培训。继续教育和培训使 ERP 实施继续得到良好的支持。在 ERP 实施的全过程中，继续教育和培训都是非常必要的。

16. 第二阶段末的评估

经过近两年的努力，ERP 终于可以投入运行了，此时要进行第二阶段末的评估。这次评估是企业应用 ERP 作为运营企业的工具，从而提升企业竞争力的开始，是不应当被忽略的。

评估关注的重点是新阶段 ERP 应当做什么，以下问题都是应当考虑的。

(1) ERP 模拟功能的应用。

(2) ERP 功能在整个(也许是全球性的)企业组织内的应用和延伸，包括人力资源管理。

(3) 把 ERP 应用于产品的设计和开发。

(4) 设备的预防性维修计划。

(5) 有效的客户关系管理。

(6) 电子商务。

(7) 有效的采购分析。

这一阶段评估的参加者仍然是企业的高层领导、部门经理，以及有经验的外聘专家。所花费的时间，根据企业的规模和产品复杂程度的不同，可以是几天或几周不等，但也不应当花费太多的时间。

17. ERP 系统的运行和管理

ERP 项目的第三阶段是运行管理阶段，这是一个没有终点的过程。正如一位 ERP 的先驱者所说："ERP 不是目的地，而是一个长途征程。"在这个过程中，要把实施 ERP 获得成功作为一个新起点，持续改进，不断提高，去争取更大的成功，使企业的运营情况越来越好。我们将在 17.6 节中对这个阶段进行详细的讨论。

以上，我们介绍了一条实施 ERP 的可靠的路线，这条路线逻辑清晰、通俗易懂，虽然需要做的工作很多，但实际上没有风险。以这条可靠的路线为依据，根据企业的实际情况做适当的剪裁和调整，就可能成功实施 ERP。

17.4 工作方针和工作规程

企业流程的定义通过工作方针和规程来实现。方针指明做事情应当遵循的准则，而规程指出做事情的步骤。企业的工作方针和规程既定义了企业的业务流程，也用来规范人的行为方式。

17.4.1 工作方针和工作规程的意义

企业的管理是在一个通信的过程中实现的。准确的通信是有效管理的基础，ERP 系统就是一个以计算机为工具的计划和通信系统。在通过 ERP 系统实现企业管理的过程中，人做一些工作，而后交由计算机继续做一些工作，再由人继续做工作等。在这个过程中，要求信息必须准确，信息的处理和传递也必须准确。但这并不是一件很容易的事情，因为在这个通信过程中涉及计算机和人两类对象。其中，计算机的行为是规范的，只要向它输入准确的信息，它就能进行准确的处理并产生准确的信息。但是，对同一件事情，人的理解和行为方式却可以千差万别。因此，如何规范人的行为方式就是至关重要的了，这就是工作方针和工作规程的作用。

提到工作方针和工作规程，人们往往想到一大堆的文件，里面充斥着费解的概念和枯燥的条文，而人们在实际工作中却从来不去使用它们，往往认为建立工作方针和工作规程不过是浪费时间。如果企业要实施 ERP 系统，那么情况就完全不同了。ERP 系统从整体上为企业提供了实现规范化管理的工具。通过 ERP 系统的计划和通信功能，企业的所有员工在各自的岗位上按部就班地工作，然而却是在执行着一个统一的计划，这就要求有统一的工作方针和工作规程去规范人们的行为方式。在 ERP 系统运行的各个环节上，如数据定义、准备和录入，主生产计划，物料需求计划，能力需求计划，生产控制，采购，循环盘点，工程改变，成本会计等，都应有相应的工作方针和工作规程，有关人员必须遵守，而不能按个人的理解来处理问题。

企业如果忽略建立工作方针和工作规程这项工作，或以非常草率的方式进行，那么实施工作好像进行得很快，但是在系统开始运行之后，就会出现很多问题。由于没有工作方针和工作规程，系统的每个用户只能按各自的理解和处理方式来处理问题。于是出现越来越多的错误信息，信息传递不能正常进行，系统通信难以协调，整个系统的可靠性越来越差，最终的结果是整个系统瘫痪，损失将是难以估量的。

由此可见，工作方针和工作规程是 ERP 系统得以正常运行的关键，是企业管理过程中人和人之间、人和计算机之间进行精确通信的保证。但具体说来，这又是两个不同的概念。工作方针是关于企业运作的指导原则，它并不告诉人们如何去做某件事情，但要指明每项工作的目标、责任和衡量标准。例如，对于接收采购原材料的业务活动，工作方针并不指明每一步应当如何去做，但是它应指明在多长时间内完成检验、做出接收或拒收的决定，在多长时间内将有关数据录入系统等。工作规程是指完成一项特定的任务所应采取的步骤，它要指明从任务的第一步到最后一步之间的所有步骤，且应足够详细。工作规程应遵循工作方针的指导原则，而且对于工作方针所涉及的每项任务，均应有相应的工作规程。

17.4.2 建立工作方针和工作规程的方法

建立工作方针和工作规程并无实质性的困难。事实上，这些关键的文件应当是一个企业在确定如何使用 ERP 系统的过程中自然形成的结果。建立工作方针和工作规程可以采取如下步骤。

1. 确定企业运营过程中所有基本的业务活动

这可以通过自顶向下、逐步求精的方法绘制数据流程图来实现。这些基本业务活动可以分成两类：一类是通过计算机来实现；另一类则完全是人的行为过程，不使用计算机。

2. 编制测试实例进行测试

测试实例要指明处理步骤，并在计算机试点过程中进行测试。在测试过程中要记录测试结果，在测试结束后，根据测试结果编制工作方针和工作规程的草稿。对于不使用计算机的基本业务活动，则直接写出工作方针和工作规程的草稿。

3. 收集、整理、完善

将上面步骤形成的工作方针和工作规程草稿收集起来,由项目小组会同各职能部门共同进行整理和完善,形成工作方针和工作规程的草案,要指明工作方针和工作规程的编号、主题、编写负责人等。

4. 进一步测试工作方针和工作规程

在会议室试点过程中,要对工作方针和工作规程进行全面测试和修订,定稿后再经指导委员会批准,形成企业的正式文件,指明生效日期,发至整个企业执行,并定期总结修订。

下面给出工作方针和工作规程的示例。

【例 17.1】 ABC 公司工作方针。

编号: 0010。

生效日期: 01/01/2010。

主题: 物料接收和入库管理。

版次: 1。

编写人: ×××。

内容:

(1) 除非有经核准的供应商质检部门的质检合格证明,全部物料必须经过严格检验,才能投入生产过程;

(2) 在卸货过程中,要查看包装是否有损坏,如发现任何缺损,应立即报告质检部门和采购部门;

(3) 在物料接收后的 2 小时以内,必须把有关记录输入系统中;

(4) 已接收待验的物料,必须在 8 小时之内处理完毕,做出合格或不合格的结论;

(5) 对经检验不合格而拒绝接受的物料必须在 16 小时之内做出处理;

(6) 物料接收主管人员按照全部与物料接收有关的工作规程对接货的全部过程负责,他还负责向物料接收人员提供适当的培训,并考核其工作绩效,考核结果与物料接收人员的工资和奖金挂钩。

【例 17.2】 ABC 公司工作规程。

编号: 0070。

生效日期: 01/01/2010。

主题: 接收采购物料。

版次: 1。

编写人: ×××。

ABC 公司工作规程如表 17.5 所示。

表 17.5 ABC 公司工作规程

人员	行动步骤
物料接收人员	① 卸货并且取得包装标签 ② 计数并检查是否有损坏。如没有损坏,在货物清单上签字,然后把物料送到检验库位,转步骤③。如有损坏,则在货物清单上记下日期、时间、损坏物料的数量,或损坏包装的数量及损坏类型。填写损坏物品报告并将文件副本送给采购部门归档。转按工作规程0071进行处理 ③ 通过ERP软件系统记录物料接收过程 ④ 打印接收单并送检验员

(续表)

人员	行动步骤
检验员	⑤ 取得检验标准 ⑥ 按要求检验物料 ⑦ 如果全部通过检验，在接货单上填写合格证明并通知物料管理人员转移存货库位。如果检验不合格，转按工作规程0072进行处理
物料管理人员	⑧ 确定存货库位并在接货单上注明 ⑨ 将物料放在指定的位置，并通过ERP软件系统输入数据 ⑩ 将填好的接货单送给应付款部门
应付账款	⑪ 检查是否有相匹配的发票，如果有，则附上收货单并执行匹配和付款流程(工作规程号0102) ⑫ 如果没有发票，则将接货单归档

17.5 ERP 实施过程中的检测

一个正在实施 ERP 的企业，在项目实施的每个阶段都应当对实施的效果进行检测。通常企业会设置 ERP 实施检测表，当检测表中的每个问题都能得出肯定的回答时，才能确保 ERP 的实施沿着可靠的路线进行，直至获得成功。

本节给出的 ERP 实施检测表，详细列举了在 ERP 实施过程的不同阶段必须完成的主要任务。每项任务作为一个问题可以回答"是"或"否"。

ERP 实施检测表 1：初始检查、先行教育、愿景表述、成本效益分析和项目公约

(1) 企业高层领导、操作级管理人员和从企业外部聘请的有经验的 ERP 顾问共同完成了初始检查和评估。

(2) 总经理和关键人员参加了先行教育。

(3) 所有操作级管理人员参加了先行教育。

(4) 以书面形式对企业愿景做出了陈述并得到了企业高层领导和涉及的所有操作级管理人员的一致同意。

(5) 成本、效益和风险分析由企业高层领导和涉及的所有操作级管理人员联合进行。

(6) 成本效益分析得到了总经理和所有必要人员的批准。

(7) 明确指出要把 ERP 的实施作为企业第二位优先级的重要工作。

(8) 制定了关于 ERP 实施的项目公约，以书面形式表述，并由参加成本效益论证的所有高层领导人员和操作级管理人员签字，以取得共识。

ERP 实施检测表 2：项目组织、责任和绩效目标

(1) 从企业的操作级部门领导人中选择了一位关键人员作为专职的项目负责人。

(2) 成立了主要由所有有关部门的操作级管理人员组成的项目小组。

(3) 成立了由总经理、副总经理和项目负责人组成的指导委员会。

(4) 确定了指导委员会的主席。

(5) 项目小组至少每周召开一次会议。

(6) 指导委员会至少每月召开一次会议。

(7) 聘请了有经验的顾问，定期或根据需要到现场进行指导。

(8) 确定了直接和成本效益分析相联系的详细的绩效目标。

ERP 实施检测表 3：初始教育
(1) 指导委员会所有成员(包括总经理)，都参加了企业外部的 ERP 课程学习。
(2) 项目小组全体成员都参加了企业外部的 ERP 课程学习。
(3) 有一系列的内部教育，面向操作管理人员，造就企业的"内部专家队伍"。
(4) 有一系列的内部教育，由"内部专家队伍"主持，面向企业广大员工，其中包括总经理和他的助理。
(5) 在整个企业中形成一种充满热情、团队精神和主人翁认同感的氛围。

ERP 实施检测表 4：销售与运营规划
(1) 对销售预测的过程和结果进行控制、检查和做必要的修改。
(2) 明确划分了产品族。
(3) 明确了关于销售与运营规划的规程和报告的格式。
(4) 选择了进行试点的产品族。
(5) 成功地完成了试点。
(6) 启动了供应(能力)计划。
(7) 把销售与运营规划过程扩展到包括所有的产品族、资源、新产品，并和财务集成。

ERP 实施检测表 5：需求管理、计划和执行过程定义，财务和成本核算过程定义和实施
(1) 对于应用 ERP 的所有销售过程完成了过程定义的陈述。
(2) 对于应用 ERP 的所有分销过程完成了过程定义的陈述。
(3) 对于应用 ERP 的所有采购过程完成了过程定义的陈述。
(4) 对于应用 ERP 的所有生产制造过程完成了过程定义的陈述。
(5) 确定了实施应用 ERP 的财务和成本核算功能的时间，并反映在项目计划中。
(6) 项目小组制订了在不超过两年的时间框架内实现 ERP 的详细计划，按天或周表示，明确任务职责并指明责任人的姓名。
(7) 项目小组要在至少每周一次的会议上根据指导委员会的意见修订项目实施详细计划。
(8) 明确是否需要对财务和成本核算过程的功能进行修改。
(9) 做出了何时实施新的财务和成本核算过程的决定。
(10) 制定了关于主生产计划的工作方针与工作规程书面文件，已经得到批准并且已经用于运行企业的业务。
(11) 制定了关于物料需求计划的工作方针与工作规程书面文件，已经得到批准并且已经用于运行企业的业务。
(12) 制定了关于工程改变的工作方针与工作规程书面文件，已经得到批准并且已经用于运行企业的业务。
(13) 采用并行的方法实施财务和成本核算的功能。

ERP 实施检测表 6：数据完整性
(1) 库存记录准确度，包括计划接受量和已分配量，达到 95%，或更高。
(2) 物料清单准确度达到 98%，或更高。
(3) 整个企业所用的物料清单格式统一，结构良好，完全适用于 MRP 的要求。
(4) 工艺路线(工序和工作中心)的准确度达到 98%，或更高。

(5) 未完成的生产订单信息的准确度达到 98%，或更高。
(6) 未完成的采购订单信息的准确度达到 98%，或更高。
(7) 检查了预测过程的及时性、完整性和易于使用性。
(8) 物料项目数据完整、合理。
(9) 工作中心数据完整、合理。

ERP 实施检测表 7：实现基本 ERP(第一阶段)
(1) MPS/MRP 试点已经选定。
(2) 计算机试点已经完成。
(3) 会议室试点已经完成。
(4) 所有物料，而不仅限于试点物料，都已达到如下必要的数据准确度：库存记录准确度达到 95%以上，物料清单准确度达到 98%以上。
(5) 在整个企业范围内，80%以上的员工接受了初始教育和培训。
(6) 指导委员会批准进行现场试点。
(7) 现场试点获得成功，用户签字确认。
(8) 关于生产和采购的反馈联系(拖期预报)已经建立。
(9) 对于流程车间的车间排产或对于作业加工车间的临时车间作业管理系统已经完成并投入运行。
(10) 指导委员会批准了系统切换。
(11) MPS/MRP 的切换已经完成。
(12) 已开始在主生产计划、MRP 和车间作业 3 个级别上进行业绩度量。

ERP 实施检测表 8：供应链的集成(第二阶段)
1) 车间排产
(1) 对于流程车间，实现了车间排产过程。
(2) 所有工艺路线的准确度均达到了 98%以上(对于作业加工工厂)。
(3) 车间作业管理的试点已经完成(对于作业加工工厂)。
(4) 车间作业管理全面完成(对于作业加工工厂)。
(5) 派工单可以产生正确有效的优先级(对于作业加工工厂)。
(6) 能力需求计划已经实现(对于作业加工工厂)。
(7) 投入/产出控制已经实现(对于作业加工工厂)。
(8) 无论是哪种车间类型，都已经建立了信息反馈机制并已经在工作着。
(9) 无论是哪种车间类型，都已对车间绩效度量准备就绪。

2) 供应商计划
(1) 供应商教育程序已经完成。
(2) 供应商计划试点已经完成。
(3) 已对主要供应商实行供应商计划。
(4) 供应商度量已准备就绪。
(5) 所有供应商均切换到供应商计划。

3) 分销需求计划(DRP)
(1) 分销中心的库存准确度达到了 95%以上。
(2) 分销清单的准确度达到了 98%以上。

(3) DRP 试点已经成功。
(4) 所有的产品和分销中心均已切换到 DRP。

4) 供应商管理的库存和协同预测

对客户实现了供应商管理的库存或协同预测(如果可行并希望的话)。

这些检测项目可以在实施 ERP 的过程中随时起到指导和校正的作用。因此，对于 ERP 实施过程中的关键人员，如总经理、项目负责人，以及项目实施指导委员会其他成员和项目小组成员，都是非常重要的。

17.6　ERP 的运行管理

ERP 的实施需要付出艰苦的努力，一个企业成功地完成了 ERP 的实施任务，实在是一件值得庆贺的事情。那么，下一步应该怎么办呢？常见的状况是，企业认为 ERP 终于获得了成功，再也不必为它操心了。这种想法无疑是错误的。实际上，在成功实施 ERP 系统之后，仍然需要对系统做持续认真的维护工作。

ERP 系统的运行和管理要达到的目标，是让 ERP 系统运行得越来越好。真正优秀的 ERP 用户不会满足于已有的成绩，他们有更高的目标，会继续努力、不断提高。那么，一个企业应该如何管理自己的 ERP 系统呢？下面对这个问题做出回答。

1. 清醒的认识

清醒意味着不能骄傲，不能盲目乐观。骄傲或盲目乐观就会招致失败。一个企业必须清醒地认识到，ERP 系统实施成功，仅仅是一个好的开端；而且，今天的成功并不能保证明天的成功，所以必须坚持不懈地完善系统实施方案。

一个企业要在激烈的市场竞争中保持优势，就必须确保真正地强于竞争对手，而成功地运行 ERP 系统就是取得竞争胜利的极好保证。ERP 系统是一个工具，它是不能自行维护的，稍有松懈应用水平就会降低。要把 ERP 系统运用得越来越好，人是关键的因素。

2. 有效的组织

在 ERP 系统的实施获得成功以后，不要解散 ERP 项目小组和指导委员会，虽然其工作方式与 ERP 实施过程中将有所不同，但作用却是同样重要的。ERP 的实施任务完成以后，ERP 项目小组应有如下变化。

(1) 不再有专职的工作人员，小组规模可以小一些。

(2) ERP 已成为一个正在运行的系统，而不再是一个在建项目，因此应将项目小组更名为"ERP 运行管理小组"或者其他类似的名称。

(3) 小组会议由每周 1 次改为每月 1 次。

(4) 每年更换组长 1 次或 2 次。组长在小组成员中产生，市场部门经理、生产部门经理、财会部门经理、工程技术部门经理和采购部门经理均可以成为组长。这样做可以增强 ERP 运行管理小组成员的集体荣誉感，同时强调了 ERP 是一个全企业范围的系统。

(5) 这个小组的工作主要在于关注 ERP 系统的运行情况，向企业高层领导汇报结果并不断进行改进。

(6) 在 ERP 系统实施以后，项目指导委员会的组织也应当保留。和项目小组的情况类似，它的名称或许应当改为"项目运行管理指导委员会"，每半年开一次会，从管理小组获得 ERP 系统运行情况的最新纪录。其任务和实施期间一样，即分析和掌握事态的发展，提供指导，必要时做出重新分配资源的决定。

3. 认真的检测

检测 ERP 的效果需要用到运营和财务两方面的指标。

1) 运营指标

运营指标检测用来不断地检查 ERP 系统的运行情况，它可以起到早期报警的作用。当某些事务开始出错，它就会给出提示，从而帮助人们不断地改进系统的性能。下面列出的指标可为企业提供一个建立健全自身指标体系的基础。

(1) 对于销售与运营规划，关键指标包括销售与预测比、实际生产与计划生产比、实际库存或实际未完成订单与计划库存或计划未完成订单比。一般来说，这些指标都是月指标，它们构成销售与运营规划编制的基础。

以主生产计划为例，其包括的关键指标如下。①准时交货情况。对于面向订单生产的企业来说，就是按照承诺的日期发运货物；对于面向库存生产的企业来说，则是指供货率，即准时从库房发运的订货量除以总订货量。对 A 级用户来说，这些指标应接近 100%。②主生产计划的完成情况应达到 95%。③在紧急情况下主生产计划的变化量应该非常小。④当重排主生产计划时，提前的订货量和推迟的订货量应接近相等。⑤对面向库存生产的企业，应考察产成品的库存周转率。一般情况下，库存周转率应每月统计一次，其他指标应每周统计一次。

(2) 对于物料需求计划，应做如下检查。①是否有物料短缺，对制造项目和采购项目都要检查。②库存周转率，对于制造项目和采购项目同样都要检查。③异常信息量，这是指每周由 MRP 系统产生的行为建议的数量。对于以加工和装配为主的制造商而言，异常信息量会少一些。对于流程式和重复式生产的企业，由于对每项物料要进行多道处理，所以异常信息量可能会多一些。④订单下达的延误情况，即统计"当订单下达时距离需求日期的天数已不足计划提前期的天数"的订单。预期的目标是这类订单不应超过所下达订单总数的 5%。⑤当重排生产订单时，提前订货量和推迟订货量应接近相等。当重排采购订单时也有同样的要求。一般情况下，库存周转率每月统计一次，其他指标每周统计一次，由计划员和采购员负责。

(3) 对于能力需求计划，要追踪误期工作量。目标是不超过半周的计划工作量。

(4) 对于车间作业管理，需要注意以下几个重要指标。①按订单需求日期准时完成车间订单，比例应达到 95%。②按下道工序的需求日期完成车间订单。这里，一个好的检测方法是对每个工作中心记录晚到的作业数和晚离开的作业数并进行比较，从而使工长不会因晚到的作业而受到处罚。有些企业进一步扩展为对每个工作中心分别记录到达和离开的迟滞时间，而不仅仅记录作业数，这有助于辨明造成迟滞的责任。因为在有些情况下，虽然有些工长的作业完成得晚一些，但他们可能已经弥补了一些迟滞的时间。③完成计划的能力。在一定时间内，将实际产出的标准工时与计划产出的标准工时做比较，目标是保持误差在 ±5% 之间。以上指标的统计频率为每周一次，由工长负责。应当强调，这些仅仅是与 ERP 相关的指标，不能代替效率、生产率和其他一些指标。

(5) 关于采购，应当就所采购的物料来度量缺货量和库存周转率，据此考核供应商、采购员和采购计划员的工作。供应商按时交货率应达到 95% 以上，其他重要指标，如质量、价格等，也不能忽视。建议每周给出关于库存记录、物料清单和工艺路线几方面数据准确性的报告，目标是接近 100%。

2) 财务指标

除了运营指标的检测之外，ERP 运行管理小组每年还应就财务方面的运行情况对 ERP 系统至少进行一次检测，把检测的结果以货币单位表示，并和成本论证中预计的效益进行比较。

和运营检测一样，这里也可以用一个实际且简单易行的方法，即考察企业是否得到了所期望得到的最低效益。如果不是，那么找出问题所在，进行纠正以期得到补偿，并将结果报告给指导委员会。

4. 继续教育和培训

前面我们讨论过继续教育和培训的问题，即 ERP 实施第二阶段的活动。应当强调，教育和培训是伴随 ERP 实施和应用的一项无休止的活动，如果没有关于继续教育和培训的有效计划，那么对长期成功地运行管理 ERP 系统将是一个很大的威胁。继续教育是必须进行的，其原因如下。

(1) 有新员工加入企业，还有些现有员工在企业里更换了不同的工作，有了不同的或者可能是更多的职责。对这些新的任职者，如果教育不及时，就意味着企业正在失去具有 ERP 知识的人员，于是将不能像以前那样有效地运行 ERP 系统。

(2) 再教育和再培训可加强员工的记忆。人是会遗忘的，对于所学的知识，可能过了几个月只能记得 1/2，过了一年就可能只记得 1/4。因此，针对遗忘的问题，应定期组织员工培训。

(3) 经营条件会变更。对于任何一个企业来说，经营环境可能随时在变化，如发展了新的生产线，进入了新的市场，变革了生产工艺，执行了新的政府法规，增加了新的子公司，市场状况由卖方市场转变为买方市场，诸如此类。经营条件的变化可能会对 ERP 系统的应用提出不同的要求，因此需要企业实施继续教育和培训。

(4) 使用 ERP 意味着运用成套工具来经营企业。ERP 的各种工具不易变化，但是经营环境却在变化，可能和几年前 ERP 投入使用时有很大不同。这就要求企业定期维护这些工具，以适应外部环境和自身目标。

(5) 对于企业的高层领导，也存在继续教育的问题。高层管理人员的变更，无论是总经理或其副手的变更，都是对 ERP 的一个威胁。如果新的领导人员没有接受过适当的教育，那么他很可能不了解 ERP 并且可能会因某种疏漏使之功能减弱。新的高层领导比其他任何人都更需要接受 ERP 教育，如果企业希望长期成功地运行 ERP，就不能违背这方面的要求。

ERP 的继续教育和培训是一个伴随企业经营的长期过程。ERP 的继续教育和培训应当紧密地和企业的运行机制相结合，应当对企业中的每个岗位建立最基本的 ERP 教育和培训标准，并纳入岗位工作规范。

5. 做好软件维护工作

ERP 软件是一套对于企业运营极为重要的工具。对于如此重要的资源，主要依靠外部能力来维护显然不是明智之举。对于已经成功地实施了 ERP 系统的企业来说，应当做好由自己来维护 ERP 软件系统的准备。对软件的维护，如果一开始就依赖软件供应商，那么企业应尽快学会维护 ERP 软件系统的方式，且越早越好。

6. 持续努力，把企业经营得越来越好

企业在成功地实施 ERP 系统之后，应当去追求那些进一步提高管理水平和提高生产效率的理念、方法和工具，追求更好的竞争策略、更好的工作方式和运营环境。

在 ERP 的基础上，企业应当而且可以把许多事情做得更好。ERP 系统所带来的经济效益，也可以为这些进一步的计划提供资金。一些极好的工具和方法，如准时生产或精益生产方式、全面质量管理、供应链管理、客户关系管理、制造执行系统，以及近年来出现的很多新概念，如互联网、"互联网+"、云计算、大数据、工业互联网、工业物联网、智能制造等，均应在 ERP 的基础上加以应用。

ERP 用户应当把 ERP 系统的成功实施看作一个新的起点，在此基础上，不停地努力，争取更大的成功。

17.7 实施应用 ERP 的十大忠告

经过几十年的实践，笔者对于如何实施和应用 ERP 系统积累了丰富的经验。以下十大忠告便是这方面经验的高度概括和总结，对于实施和应用 ERP 系统的企业有很好的借鉴意义。

1. 领导全面支持，始终如一

ERP 用来运行一个制造企业，它统筹安排企业的物料、资金和人力等各种资源，与生产和经营息息相关。它不仅涉及库存控制、物料清单或工艺路线的维护，还涉及企业的每一个人。因此，企业领导必须理解 ERP，全面支持，并期待使用 ERP 系统获得效益。

2. 高度重视数据的准确性，建立必要的责任制度

无论是手工系统，还是计算机系统，都不能在谎言的环境下生存。不准确的数据对于无辜的计算机来说其实就是谎言。它们只能被计算机用来高速地产生错误的答案。因此，必须建立明确的责任制度，数据操作的各个环节上的准确性都要有专人负责，否则数据的准确性没有保障。

3. 确立系统的目标并对照衡量系统的性能

没有目标就不知走向何方，不对照目标衡量现状就不知居于何处，即使世界级的制造企业也必有可改进之处。建立 ERP 系统必须确定明确的目标，并据以衡量系统的性能，不断改进，否则就要招致失败。

4. 不要将没有经验的人放到关键的岗位上

在大多数企业里，能干的、经验丰富的人总是忙得不可开交。若非特意安排，他们不会有"空闲"来参加 ERP 项目的工作，但是这些重要的员工才是成功地规划和实施 ERP 系统的基本保证。因此，一定要千方百计地发挥这些骨干力量的聪明才智。切不可让有时间无经验的"南郭先生"参与 ERP 项目的关键工作。

5. 不要压缩人员培训的费用

要让各级人员学会使用新工具完成自己的工作。因此，不要压缩培训费用。事实上，培训费用要比忽视培训付出的代价小得多。

6. 寻求专家的帮助

事实上，一切自己干将比聘请有经验的专家花费更大。凡是可能出错的地方必定出错，这是一条统计规律。因此，做出错误决定的机会实在太多了，其代价将数倍或数十倍于聘用专家的费用。

7. 不要把手工系统的工作方式照搬到计算机系统中

如果对现行的工作方式及其结果颇为满意而不愿意寻求改变，那么搞 ERP 就是浪费资金。一个制造企业肯定可以从 ERP 系统中获益，但是应当准备按 ERP 的标准改变现行的工作方式。切不可修改 ERP 系统模仿和适应现行的不适当的手工工作方式。

8. 既要从容，又要有紧迫感

实现 ERP 系统可以分解为一系列具体的工作任务。一方面，有些任务枯燥烦琐，却必不可

少。对此，要从容计划，不要急于求成，否则欲速则不达。另一方面，为避免实施过程无限期地拖长，紧迫感也是十分必要的。

9. 树立全员参与意识

ERP 系统的运行需要计算机，但这绝不意味着 ERP 只是 IT 部门的事情。ERP 属于使用它进行有效工作的每一个员工。只有全员参与并建立起用户的主人翁精神，才能充分发挥 ERP 的效益。

10. ERP 不能医治百病

ERP 可为企业带来多方面的效益，但它不能包医百病。当然，训练有素的 ERP 用户可以迅速查出问题并予以解决。

人们常说："如果我们比前人看得远，那是因为我们站在他们的肩上。""如果不能从过去吸取教训，那么仍会重复同样的错误。"

有了实施和应用 ERP 的决心和共识，还必须有科学的态度和方法才能把事情办好。实施应用 ERP 的企业应当能够从这些宝贵的经验中获益。

思考题

1. 为什么说企业高层领导在 ERP 实施和应用过程中的作用是十分重要的？
2. 谁应当对 ERP 项目的实施负最终责任？
3. ERP 实施过程中关键的因素是什么？
4. ERP 的实施分为哪些阶段？需要多长时间？
5. 如何制订实施计划？
6. 什么是实施 ERP 系统的可靠路线？它包括哪些基本的步骤？
7. 如何进行 ERP 的成本效益分析？
8. 为什么要制定 ERP 的项目公约？
9. ERP 项目小组的职责是什么？
10. ERP 项目小组负责人的职责是什么？ERP 项目小组的负责人应当具备什么条件？
11. ERP 项目小组的负责人应当注意避免哪些错误倾向？
12. ERP 项目指导委员会的职责是什么？如何组成 ERP 项目指导委员会？
13. 在 ERP 实施和应用过程中为什么应当得到专家的帮助？
14. 在 ERP 的实施过程中为什么要特别重视教育和培训工作？如何做好教育和培训工作？
15. 为什么 ERP 的实施要用试点的方法？有哪几种试点方法？
16. 什么是 ERP 应用和管理的工作方针和工作规程？它们有什么不同？
17. 为什么要建立 ERP 应用和管理的工作方针和工作规程？如何建立这些工作方针和规程？
18. 在 ERP 的实施过程中如何使用"ERP 实施检测表"？这些检测表可以起到什么作用？
19. 在 ERP 项目切换后，企业应当如何管理 ERP 系统？
20. 如何检测销售与运营规划的运行情况？
21. 如何检测主生产计划的运行情况？
22. 如何检测物料需求计划的运行情况？
23. 如何检测能力需求计划的运行情况？
24. 如何检测车间作业管理的运行情况？

25. 如何检测采购作业管理的运行情况？
26. 如何对 ERP 系统的运行情况进行综合的检测？
27. 在 ERP 系统的运行管理过程中，为什么要继续做好教育和培训的工作？
28. 在 ERP 系统的运行管理过程中，如何做好继续教育和培训的工作？
29. 如何做好 ERP 软件系统的维护工作？
30. 企业在应用 ERP 系统达到标准后应当如何做？
31. 什么是实施应用 ERP 的十大忠告？企业可以从这十大忠告中得到什么启发？

练习题

1. 在 ERP 实施和应用过程中企业高层领导的作用是至关重要的。在下述的原因中哪一项是最确切的？（　　）
   A. 只有企业高层领导最了解 ERP 为企业带来的效益
   B. 在日趋激烈的市场竞争中，ERP 是很好的工具
   C. 对 ERP 项目负最终的责任，其决心和行动影响着员工思维方式和行为方式的改变
   D. 确定企业的愿景和市场目标及成本和利润目标
2. ERP 项目的实施在企业的各项工作中应当具有怎样的优先级？（　　）
   A. 第 1 位　　　　B. 第 2 位　　　　C. 第 3 位　　　　D. 第 4 位
3. ERP 实施的关键因素有哪些？（　　）
   A. 企业领导的决策和实施顾问的指导
   B. 人、数据和计算机技术
   C. 计算机软件、硬件和网络设备
   D. 资金、厂房和机器设备
4. ERP 实施可以划分为 3 个阶段，它们是（　　）。
   A. 计算机试点、会议室试点和现场试点
   B. 实现基本 ERP、实现财务管理和供应链集成、持续不断改进和提高
   C. 成本效益分析、确定业绩目标、定期的检测评估
   D. 先行教育、项目进行过程中的教育和培训、持续不断的教育和培训
5. 下面哪些不属于 ERP 实施可靠路线中的步骤？（　　）
   A. 初始评估、先行教育、企业愿景、成本效益分析
   B. 降低成本、提高质量、确定安全库存、评估供应商业绩
   C. 制定项目公约、项目组织、软件选型、实现数据完整性
   D. 需求管理、计划和执行流程的定义
6. 如何选择 ERP 实施的项目负责人？（　　）
   A. 选用计算机技术人员
   B. 从企业外部招聘一位懂 ERP 的专门人才
   C. 让企业内工作量不饱满的人员来担任
   D. 从企业内部选择一位有经验、有威信的管理人员
7. 在 ERP 实施过程中，为什么需要专家的指导？（　　）
   A. 为了节约时间　　　　　　　　B. 为了降低成本
   C. 为了避免错误　　　　　　　　D. 以上所有原因

8. 在 ERP 实施过程中，有 3 种试点，即( )。
   A. MRP 试点、MRP II 试点和 ERP 试点
   B. 计算机试点、会议室试点和现场试点
   C. 计划试点、采购试点和生产试点
   D. 单仓库试点、多仓库试点和供应链试点

9. 在 ERP 应用过程中，工作方针和工作规程的作用是什么？( )
   A. 定义业务流程，规范行为方式
   B. 为进一步提高企业管理水平奠定基础
   C. 指导机器设备的操作
   D. 降低产品成本，提高产品质量

10. 一个企业在实施 ERP 获得成功之后，应当如何做？( )
    A. 保持清醒的认识和有效的组织
    B. 坚持认真的检测，继续进行教育和培训，并做好软件维护工作
    C. 坚持改善，不满足于已有的成绩
    D. 以上全部

第18章 ERP 实施应用案例

ABC 公司是一家典型的国有企业,在计划经济的环境下运作多年,所在的地区经济并不算发达,员工队伍的文化水平也普遍偏低。ERP 能够在 ABC 公司取得成功,关键在于企业人员理念的更新和他们的做法。

18.1 企业概况

ABC 公司是国内很有实力的农业装备制造商,拥有员工 5 000 余人,建有实力雄厚的技术研发中心,获得了 ISO 9001 国际质量体系认证,享有进出口经营权,其加工、冲压、焊接、涂装、装配等工艺体系居业内先进水平。

ABC 公司在"八五""九五"期间,相继被授予"中国农机百强企业""全国五一劳动奖状获得者"等称号。"十五"期间,公司被列入省政府重点扶持的百家企业集团。

面对新的形势和挑战,为了实现企业的愿景目标,企业领导认识到企业信息化是必由之路,一个以计算机为工具的计划与控制系统是不可或缺的。在这样的背景下,ABC 公司开始了实施应用 ERP 系统的历程。

18.2 ERP 软件系统的选型

ABC 公司对 ERP 软件系统及实施合作伙伴的选择非常慎重,企业的高层和中层领导都参与了软件选型工作。整个选型过程分为如下 3 个阶段。

第一阶段:需求分析和软件演示

企业根据当前现状和未来发展规划提出了企业的信息化需求,然后将有意参与 ABC 公司信息化建设项目的软件供应商进行登记,将本企业的信息需求发给这些公司,并根据软件供应商提出的要求安排适当的企业调研。然后根据登记情况安排软件演示日程,根据企业实际情况和信息化需求,由软件公司实施顾问演示软件功能并讲述实施方案。在信息化监理顾问的协助下,公司选定了 5 家综合评价比较高的软件供应商。

第二阶段：考察软件供应商

本阶段的主要任务是对第一阶段选定的 5 家软件供应商做进一步的考察，了解其公司实力和典型用户。在考察中主要关注的内容为：公司规模和氛围；公司发展态势；公司整体形象；对 ABC 公司 ERP 项目的重视程度；与典型用户的关系密切程度；典型用户对系统各项功能的应用情况及整体应用水平和效果；典型用户的员工对 ERP 项目的态度、投入精神和感情。

对于最后一项考察内容，ABC 公司有自己的理解。他们认为，虽然这一项的表现不完全取决于软件供应商，但也确实能够反映软件供应商实施指导 ERP 项目的能力和态度。如果典型用户的反映比较好，至少说明供应商实施顾问的工作做得不会太差。通过第二阶段的考察，公司选择了 3 家比较满意的软件供应商。

第三阶段：商务谈判

能进入第三阶段的软件供应商都是综合表现比较好的，而且其在前两个阶段争取项目的过程中也都投入了一定的人力和费用，都希望做成这笔生意，因此态度都是认真的。在这个阶段，ABC 公司一边和软件供应商谈价格，一边进一步确认各软件供应商的实施能力和水平，并根据企业当前的功能需求和将来发展的需要进一步考察软件功能系统的完善程度，最终选择一家软件供应商签订了合同。

18.3 ERP 在 ABC 公司的实施

18.3.1 实施概述

ABC 公司实施应用 ERP 系统从 2002 年 6 月 3 日开始，至 2003 年 8 月 9 日全面切换、投入运行。整个实施过程历时一年零两个月，共划分为 7 个阶段。各阶段的工作和成果如表 18.1 所示。

ABC 公司实施应用 ERP 项目的总投资约为 300 万元，其中软件、实施与培训投资 140 万元，硬件及网络投资 150 万元，其他费用 10 万元。

表 18.1 ABC 公司实施应用 ERP 的过程

实施阶段	主要工作	阶段成果
第一阶段： 项目组织	1. 企业调研 2. 各级人员管理理念培训 3. 项目研讨 4. 成立项目组织机构 5. 制订项目计划 6. 制定项目公约 7. 准备项目设施 8. 启动大会	1. ERP与BPR需求分析报告 2. 项目组织机构 3. 项目计划 4. 项目公约
第二阶段： 流程识别与分析	1. 现行业务流程描述 2. 问题分析 3. BPR初步方案形成	1. 企业现行业务流程图 2. BPR初步方案
第三阶段： ERP软件培训与 业务原型测试	1. 软件应用培训 2. 业务原型测试 3. 客户化与接口设计方案	1. 业务原型测试数据准备方案 2. 业务原型测试报告 3. 商品软件客户化与接口方案

(续表)

实施阶段	主要工作	阶段成果
第四阶段： 管理规范化	1. 制定企业管理方针与规程，用以描述目标流程 2. 初步确定新的管理模式/工作职责 3. 整体模式设计	1. 规范化管理方针与规程文件初稿 2. 管理模式初稿 3. 整体模拟方案
第五阶段： 正式运行准备与 目标流程确认	1. 联合测试与整体模式文本设计 2. 构造模拟数据库 3. 进行联合测试与整体模拟 4. 调整、确定管理模式与目标流程 5. 调整、确认管理方针与规程 6. 确定系统切换策略与计划	1. 模拟跟踪报告 2. 管理模式定稿 3. 企业管理方针与规程定稿 4. 系统切换策略与计划
第六阶段： 系统与规范化管 理正式运行	1. 最终用户培训 2. 企业实际数据库初始化 3. 录入动态数据 4. 执行系统切换计划 5. 正式启动规范化管理系统	1. 企业正式使用ERP系统 2. 启动规范化管理模式、管理流程
第七阶段： 系统运行管理	1. 系统微调 2. 用户培训 3. 审查数据准确性 4. 解决管理问题 5. 进行企业业绩管理	运行管理考核方案

18.3.2 实施组织

为了做好 ERP 系统的实施工作，ABC 公司专门成立了两级组织，即实施指导委员会和实施小组。公司的董事长和总经理分别担任实施指导委员会的主席和执行主席。指导委员会的委员由 4 位副总经理和项目经理(实施小组组长)组成。实施小组由 25 位部门经理和各部门的 20 位业务骨干组成。项目经理由总经理助理、农业装备研究院副院长担任，项目副经理由信息办副主任担任。

在实施过程中，公司负责人和其他高层领导起着关键性作用。他们认识到，ERP 体现了一种先进的管理思想和方法，可以帮助企业优化资源利用、提高效率、降低成本，帮助企业领导系统地思考企业管理中的问题，由过去面向部门管理转变为面向流程管理。

正是由于企业领导的支持，项目在实施过程中克服了一个又一个的困难，少走了很多弯路，缩短了实施周期，每项工作的实施质量也都比较好。在实施 ERP 项目的过程中，在资金紧张的情况下，企业领导能及时给予资金支持，保证了 ERP 项目的顺利进行，再加上企业和软件供应商双方实施人员的共同努力，项目才能在一年多的时间内顺利上线运行。

18.3.3 实施计划

实施 ERP 必须有一份切实可行的计划。虽然 ERP 在中国的发展已经几十年了，但是对于大多数企业来说，实施应用 ERP 毕竟还是新事物，在对 ERP 不是很了解的情况下，企业自己很难制订切实可行的实施计划。所以，ABC 公司的实施计划是在软件供应商实施顾问的帮助下制订的。实施计划时应注重可操作性，考虑企业的人员情况、日常工作的管理、企业运营的实际情况。

由于在实施过程中，情况可能会发生变化，有些事情是始料未及的，所以近期的实施计划具体、细致，远期的计划则比较粗略。ABC 公司对于执行实施计划的总体原则是既严肃又灵活，坚持排除阻力，尽量按照计划进度实施，如果发现计划中确实有不合理的地方，也会及时调整。

18.3.4 教育和培训

在 ERP 的实施过程中，ABC 公司对于教育和培训非常重视，深入、细致、郑重地进行了一系列教育和培训工作。培训课程内容如表 18.2 所示。

表 18.2 ABC 公司实施 ERP 系统过程中所进行的培训

课程序号	课程内容	培训教师
1	ERP理念	软件供应商实施顾问
2	业务流程描述方法	软件供应商实施顾问
3	ERP软件系统应用培训	软件供应商实施顾问与ABC公司ERP业务骨干
4	如何进行原型测试	软件供应商实施顾问
5	如何制定业务管理方针与规程	软件供应商实施顾问
6	如何构造数据库	软件供应商实施顾问
7	管理方针与规程的应用	ABC公司ERP业务骨干

每次培训之前都下发培训通知，说明培训内容，指定参加培训的人员及要求，并按照要求对参加培训的人员进行考核，一般采取书面考试的形式。将考试的结果与其在工作岗位上应用所学知识和技能的情况相结合，做出考核评价，并送人事部门存档，作为业绩评估的一部分。ABC 公司要求广大员工深入地理解和掌握 ERP 的理念、相关业务流程、工作方针与工作规程等。

在 ERP 项目实施过程中，ABC 公司有一份持续的教育和培训计划，计划中近期的活动比较具体，远期的活动比较粗略，随着时间的推移，计划逐步细化。

18.3.5 项目公约

公司在 ERP 启动前建立了项目公约，主要内容包括总体目标、项目范围、项目组织机构、项目实施方法、项目计划、项目产出、风险分析与对策、项目人员承诺。通过订立项目公约，使得企业领导和各级管理人员对于实施应用 ERP 的意义、方法、可能遇到的困难，以及各自的职责达成共识，为以后实施过程中解决所出现的各种问题奠定了基础。

经过 ERP 理念的培训，项目公约的所有签约人员对 ERP 已经有了初步的了解。在制定项目公约的过程中，大家把对 ERP 的初步了解和项目公约的具体内容相结合，进一步展开了深入的讨论。所以，制定项目公约的过程也是企业领导和各级管理人员共同学习和体会 ERP 的过程。

18.3.6 业务流程分析和优化

ERP 的实施，不可避免地要遇到企业流程再造的问题，而这也往往是实施中的困难所在。与其遇到困难时就事论事地解决问题，不如事先把问题讲清楚，让企业的各级员工以更高的境界来面对实施过程。出于这种考虑，在关于 ERP 的培训过程中，实施顾问有意识地增加了流程再造的内容。ABC 公司从其实践体会出发，不但接受实施顾问的观点，而且有强烈的共鸣。过去，虽然企业的每个员工都在某一职能部门从事某项具体工作，这些工作都是某特定流程的一部分，但由于没有以流程的观点考虑问题，所以客观存在的流程没有得到应有的关注。他们说："过去，消耗了精力，降低了效率，就是因为我们只关注部门功能，而不关注业务流程。"这种强烈的共鸣确实出乎实施顾问的意料，看来这是一个长期困扰 ABC 公司员工的问题，如今他们感到豁然开朗。

ABC 公司认真地进行了企业的流程分析和优化过程。要树立企业运作的流程观，就应把各种流程识别出来。其用绘制流程图的方法来识别流程，流程是由活动组成的，活动之间有着特定的流向，有明显的起始活动和终止活动。通过流程图可以直观地反映各个流程中各项活动的关系及各个流程之间的关系。

通过流程分析，其将整个企业的运作归结为销售、计划、生产、采购、库存、财务、技术七大业务流程，并确定了流程负责人。ERP 实施过程中后来的原型测试和会议室试点活动都是按照七大流程来进行的。

18.3.7　工作方针和工作规程

ABC 公司的工作方针和工作规程是在项目实施小组成员接受了 ERP 的先进理念、熟悉了 ERP 软件系统功能和操作方法、分析了现行业务流程中的关键环节的基础上制定的，工作方针就是业务处理所遵循的原则，工作规程就是业务操作的步骤。工作方针与工作规程都有书面表述。在会议室试点过程中，对工作方针和工作规程做了全面测试和修订，定稿后经 ERP 项目指导委员会批准，形成企业的正式文件，发至整个企业执行。后来又根据需要对文件进行了多次修改，内容日趋成熟。

在这些工作方针与工作规程中，不仅蕴含着先进的企业管理理念和方法，而且还融入了企业管理制度，使企业的管理从原来面向部门转变为面向流程，从而规范了业务模式，提高了企业管理水平。

18.3.8　原型测试和会议室试点

原型测试的业务主要包括销售、计划、生产、采购、库存、财务、技术七大业务流程，按照流程分组进行。在原型测试的过程中，处于各个流程上的处理节点分别设计自己的测试实例。这些实例所涉及的物料都是实际的，而所涉及的数据则是虚拟的。为了便于事后分析，在测试的过程中，对于所涉及的实例及测试过程都做了认真的记录，凡是未能成功的都经过认真分析、重新修改、重新测试，直到成功。原型测试历时 4 周。

会议室试点是企业应用 ERP 系统进行业务运作的一次全面的模拟。ABC 公司设计了完整的实例，测试的活动涉及各个流程，历时 5 周。

18.3.9　系统切换

ABC 公司在会议室试点获得成功之后，开始进行系统切换。一般来说，系统切换有两种不同的方法，一种方法是把所有物料项目一同切换到新系统；另一种方法是把所有物料项目分成几组，每次切换一组。这种"分而治之"的方法往往是更可取的，因为它风险比较小，整个过程便于控制，而且做起来也比较容易。ABC 公司采取的是第二种方法，具体步骤如下。

(1) 系统切换涉及的产品。系统切换涉及的产品开始以三轮农用车为主，成功后逐渐扩大到其他的产品。

(2) 系统切换涉及的业务范围。系统切换涉及的业务范围由系统切换涉及的产品确定，开始时是和三轮农用车有关的所有业务。

(3) 完成关于系统切换活动的详细规程，确定完成切换活动的人员职责。

(4) 准备数据。①静态数据。静态数据包括物料主文件、供应商主文件、客户主文件、物料清单、工艺路线、工作中心数据、提前期数据、库位信息、产品成本数据、销售价格信息、车间日历等。②动态数据。动态数据包括库存余额、未完成的生产、采购和销售订单、应收应付余额，以及各个会计科目的账户余额等。

1. 系统切换方法

(1) 确定系统切换的日期，即各项手工业务活动的截止日期。

(2) 录入静态数据。

(3) 盘点手工业务的结存数量和金额并录入新系统。数据主要包括库存数量，库存金额，未完成的生产、采购和销售订单，应收应付余额及各个会计科目的账户余额。以系统切换日期的手工账余额作为系统的期初数据，将数据录入系统当中，完成系统的初始化。录入过程中发生的业务手工记录，要在完成系统的初始化后将其补充到系统中去。盘点手工业务结存数据并录入系统的方法，如表 18.3 所示。

表 18.3　盘点手工业务结存数据并录入系统的方法

结存数据	录入方法
库存数量	盘点实际结存数量后，用库存调整的方法录入系统中，保证系统中每个物料的在库量和实际相符
库存金额	统计实际生产中每种库存物料的单位成本，并通过系统的物料维护和成本维护功能录入系统中，保证系统中每种物料的价值和实际一致
应收应付	将未完成的客户发票和供应商发票录入系统
未完成的订单	未完成的生产、采购和客户订单暂时不录入系统，待整个订单完成后再将结果录入系统中
账户余额	将手工账各个科目的账户余额以凭证的方式录入系统中

(4) 开始按照预定的工作方针和工作规程运行 ERP 系统。按照预定的工作方针和工作规程运行 ERP 系统，以手工方式录入未完成的生产、采购和客户订单的结果，以及录入过程中发生的出入库业务的结果。

2. 切换过程中的注意事项

(1) 保证数据录入准确。

(2) 严格按照操作规程和流程进行业务处理。

(3) 业务处理后，通过系统屏幕或者报表及时分析和检查数据的准确性。

(4) ERP 项目实施小组成员和 IT 人员到各个岗位检查，并指导具体操作人员的工作。

18.3.10　实施体会

ABC 公司 ERP 项目的实施队伍对于 ERP 的实施有着深刻而实际的体会。

1. 领导的支持和广大员工的积极参与

ABC 公司 ERP 项目小组的成员们说："领导对于项目的实施太重要了。"

ABC 公司的领导说："没有大家的积极参与，这项目肯定干不成。"

实施 ERP 是一项大工程，领导必须具有致力于使企业达到优秀的追求、责任感和坚韧不拔的意志，只有这样，ERP 项目才不会半途而废。这就要求企业的领导具有开放的心态，愿意学习，领导企业走向正确的方向。

ABC 公司的领导在 ERP 项目的实施过程中，不但加以关注和支持，而且亲身参与，特别是参与培训后，他们理解了 ERP，然后利用他们的影响力，把 ERP 的理念推向全公司。

ABC 公司在注重领导作用的同时，也非常注重广大员工的参与。他们认为，实施 ERP，涉及许许多多的人和事，头绪多、问题多，只有领导的积极性是远远不够的，必须把领导的决心和项目组成员、关键用户和广大员工的积极性结合起来才能把事情办好。ABC 公司在调动广大员工积极性的问题上，在宣传教育的同时，也采取了许多措施。就拿项目组来说，为了调动大家的积极性，采取了多方面的措施，既有鼓励和奖励，又有严格要求，使得 30 多人组成的项目组始终保持高度的热情和旺盛的斗志。例如，ABC 公司为 ERP 项目实施小组设立了专门的办公室，宽敞明亮，设备齐全。办公室的墙上贴着"成功的 ERP 从这里起步！""让我们用智慧与汗水为 ABC 公司 ERP 加油！"等各种标语，创造了良好的具有激励气氛的工作环境。定期召开项目组全体成员的会议，充分交流，分工清晰，职责明确。严格人员考勤制度，每天点名，项目经理随时都了解每个人在做什么。对工作业绩进行评估，根据评估结果进行奖励，既有精神奖励，又有物质奖励。

2. 正确认识计算机技术、数据和人的关系

ABC 公司的员工通过他们的实践认识到，计算机是工具，计算机技术是重要的，但是和数据与人比较起来却不是最重要的。

他们说："实施 ERP 是一项非常繁杂的工作，要做大量的数据准备工作，这些工作都是非常细致的，工作量也很大，但是这些工作是值得的。因为数据是 ERP 系统运行的基础，数据中能挖出金子。"

ABC 公司的员工认为，计算机技术、数据和人三者中，人是最重要的，只有大家对 ERP 有了正确的理解和领悟，对项目实施工作高度负责，并认真按照系统的要求和标准准备数据，ERP 系统才能正常运行，并真正发挥实效。

他们说："实施过程中遇到的困难很多，但回想起来都可以归结为人的问题。"事实也的确如此。例如，在 ERP 项目实施刚开始时，各部门业务骨干不理解 ERP 系统，对项目实施工作有抵触情绪，但由于企业领导决心大，又经过一系列的教育和培训，以及项目经理和项目小组成员的共同努力，大家越来越领悟到 ERP 理念的先进性，越来越认同 ERP 系统功能的强大和细腻，实施工作也进展得顺利了。

3. 选好项目经理

ABC 公司 ERP 项目小组的经理说："真的很累……但是值得！"

ABC 公司的领导说："这个经理选对了。"

ABC 公司 ERP 项目经理是总经理助理兼 ABC 公司农业装备研究院副院长，对企业、员工和产品都很熟悉，他在公司的职务和多年的工作经验使他适合承担 ERP 项目经理的工作。从个人性格来说，这位经理处事温和，但是有见地、有决心、有韧性，在公司里很有"人缘"。所以，不论从职务，还是从个性来说，这位经理都是适合的。在整个实施过程中，这位经理进行方方面面的协调，推进项目向前发展，身心都承受了很大压力。在系统投入运行后，谈起实施的过程，他说："真的很累，一言难尽，几次想打退堂鼓，只是没有说出来。现在总算挺过来了。可是说来也奇怪，每次回忆那些日子，还总是很留恋。付出不少，但是值得！"

项目小组的副经理是 ABC 公司信息办公室的副主任，这是一位技术好、办事认真负责、勤奋好学的年轻人。在 ERP 项目实施过程中，他协助项目经理做了许多实实在在的工作。

4. 重视项目公约

制定项目公约是 ERP 项目实施开始阶段要做的事情。项目公约的作用是把 ERP 项目有关人员对于项目的共识和承诺以书面的形式明确地表述出来，以减少以后实施过程中的分歧和矛盾。在开始的时候，ABC 公司项目小组的成员对于项目公约的重要性体会不深，只是根据实施顾问的意见做了。但是，后来当大家对项目的时间、范围、职责发生分歧的时候，援引项目公约，问题都得到了解决。于是，项目公约的重要性体现出来了。他们说："项目公约还真有用。看来，不是可有可无的。"

5. 详细的工作方针和工作规程

建立工作方针和工作规程无疑是非常重要的工作，但经验表明，它的重要性往往容易被忽视。在 ABC 公司情况也是如此，在刚开始实施 ERP 时，由于工作方针和工作规程不细致，其在会议室试点过程中就出现了问题，参加试点的用户在很多情况下只能按各自的理解和处理方式来处理问题，于是出现了许多错误信息，系统的可靠性表现得很差。项目小组对这些情况进行了分析，发现出现错误信息的原因在于人的处理方式不规范，或者说工作方针和工作规程没有充分地发挥规范人的行为方式的作用，于是重新修订了工作方针和工作规程。项目小组的成员对这件事情深有体会，他们说："幸亏是试点，如果是实际运行，损失就大了。工作方针和工作规程还是详细点好。"后来，在系统的实际运行过程中，按照严格、细致、可操作性好的原则，又对工作方针和规程进行了多次修订，使之成为 ERP 系统正常运行的保证，成为企业运营管理过程中人和人之间、人和计算机之间进行精确通信的保证。

6. 实施应用 ERP 的过程，就是优化业务流程的过程

如前所述，通过流程分析，ABC 公司将整个企业的运作归结为销售、计划、生产、采购、库存、财务、技术七大业务流程。

ABC 公司从其实践中体会到，在 ERP 实施阶段，必须以分析和优化业务流程为主导，这是绝对必要和绝对有好处的。其认为，实施应用 ERP 的过程，就是优化业务流程的过程。企业的所有目标，都是通过一个个业务流程来实现的，没有业务流程的优化，不可能从根本上做好 ERP 的实施和应用。

7. 与实施顾问合作

ABC 公司认为，实施顾问对于 ERP 的理念有深刻的理解，也有丰富的实施经验，所以他们很尊重实施顾问的意见。另一方面，其也认识到，实施顾问毕竟是企业的外部人员，不可能一直指导实施工作，ERP 系统最终还是要通过企业自己的人员来实现。所以，其在与实施顾问的合作问题上，态度是相互尊重，充分交流，既不固执，也不盲从。

其在向其他公司介绍实施 ERP 系统的体会时谈到了这一点："在实施过程中，实施顾问并不是代替 ABC 公司的人员去做具体的工作，而是将做事的方法教给我们的业务骨干，由业务骨干自己去做，然后实施顾问再检查大家的工作质量，并根据情况指出问题，帮助大家进一步优化和提高。回顾实施过程，总体来说，是按照实施顾问的建议来做的，但是也有些地方根据 ABC 公司 ERP 项目实施小组的意见进行了调整。"

ABC 公司项目实施小组认为双方的合作是愉快的，虽然中间也出现了一些分歧，但通过沟通都得到了解决。项目能取得成功，和双方人员的共同努力、精诚合作是分不开的。

18.4 ERP 在 ABC 公司的应用和效果

18.4.1 ERP 在 ABC 公司的应用情况

1. ERP 的应用"渐入佳境"

ERP 系统最重要的部分是它的计划功能,如果不能发挥这项功能,那么整个 ERP 系统的作用将是很有限的。有些企业在 ERP 项目实施开始的时候,往往惧怕实施计划功能的困难而绕过去,先使用 ERP 来录入客户订单、下达生产订单和采购订单、管理库存等,还有些企业使用了 ERP 系统的财务管理功能,但是所有这些功能所依据的计划数据却是手工产生的。这样,基本上是以计算机代替人的手工劳动。在我国实施应用 ERP 的企业中,停留在这一阶段的企业实在是为数不少。处于这种状态的企业往往要经过再一次的实施努力,才能将 ERP 系统的使用提高到一个更高的境界。

ABC 公司实施应用 ERP 系统从一开始就没有惧怕困难,而是遵循了一条正确的实施路线。如今,上述录入客户订单、下达生产订单和采购订单、管理库存,以及财务管理功能,ABC 公司都使用了,而更重要的是这些功能所依据的计划数据也是来自 ERP 系统。可以说,ABC 公司对 ERP 的应用是"渐入佳境"。

下面具体介绍 ABC 公司的计划过程。

每年年末召开由企业高层参加的年度计划会议,制定下一年的《年度产销大纲》(相当于销售与运营规划)。一年开始后,每月 22 日由计划调度中心召集分管销售和生产的副总经理,策划处、市场办、各产品研究所、质检等相关部门,召开月度产销计划会议,制订下月产销计划。在此基础上,主生产计划员根据月度产销计划制订主生产计划。

由于企业的产成品有很多选项,不同的客户可以有不同的选择,于是造成产成品的类型极多。这样,如果把产成品作为主生产计划的对象,那么预测和计划都很困难。根据实施顾问的建议,ABC 公司将主生产计划的对象定位于物料清单第一层的大部件,借助于模块化物料清单制订这些大部件的主生产计划。使用了模块化物料清单,减少了主生产计划对象的数量,而零部件和原材料的计划更准确了。计划员有了更多的时间搞好基础数据的分析,所制订的主生产计划能够更好地满足客户订单的需求。每当接到客户订单的时候,再根据客户的选择制订一份最终装配计划。这样,就克服了由于产成品类型极多而难以预测、难以计划的问题。和过去相比,有一种"事半功倍"的感觉。

MRP 模块的运行每天一次(零点到 5 点之间)。一般采用净改变的方式,每月月初采用重生成方式运行一次。

2. 企业的高层领导直接使用 ERP 系统

企业的高层领导直接使用 ERP 系统,如董事长、总经理、副总经理,每天都通过 ERP 系统中的经营日报表查看生产情况、产品出入库和销售发运情况、月经营情况等;通过销售回款报表查看销售回款情况;通过资金报表查看应收、应付和资金流向等。每天都能通过销售日报表、销售回款日报表、采购明细接受报表、资金日报表查看企业当前的销售、回款、采购、应收、应付情况,还可以根据成本分析报表决定一个时期内的产品经营战略。

3. ERP 系统为公司中层领导(部门领导)的工作带来的帮助

ERP 先进的管理思想和方法已在潜移默化中渗入中层领导的思维和工作中,使他们在不经意间用 ERP 知识和方法主动地发现问题、思考问题和解决问题。

ERP 对企业中层干部的影响的确很大，对他们的工作帮助也很大。例如，装配车间主要承担 ABC 公司各种农用三轮车的装配任务。由于农用车产品型号很多，给生产组织和调度带来很大的困难。自从实施应用 ERP 系统之后，很快就理顺了公司的订单流程。由于把主生产计划对象确定为物料清单第一层上的大部件，并借助于模块化物料清单制订了这些大部件的主生产计划，所以在接到客户订单之前，已经根据预测完成了大部件的生产。这样，接到客户订单就可以直接将其对照转换成装配作业单，然后就可以从 ERP 系统中打印出领料单领料，并根据装配作业单安排每条装配线的生产任务、完工入库、装车发运。车间管理人员已经不需要像过去那样忙着计算要领什么料、领多少料，跑来跑去地查看装配进度和库存情况，三轮农用车只要调试完并入库，车间管理人员就可以在系统中看到有关信息，可以随时查看每个未发货的客户订单的需求满足情况等，以便及时组织和协调。而这些都是通过高度集成的 ERP 系统实现的。所以，车间管理人员说，现在每天是通过小小键盘在"弹指间"调配了资源、指挥了生产。

4. ERP 系统为公司广大员工的工作带来的帮助

在 ERP 系统运行之前，企业没有一套科学的物料需求计划和管理系统，车间生产随意、采购供货不及时，经常出现既有物料短缺又有库存积压的现象。对于产品总装车间来说，缺一个零件，农用车也装配不起来，常出现停工待料的情况，而有时为了保证产量又要加班到很晚，员工日常生活规律被打乱，疲惫不堪，怨声载道。自从应用 ERP 系统以后，对物料需求有了系统全面的考虑，停工待料的情况逐渐消失，广大员工，特别是装配车间的员工开始了按部就班、井井有条的正常工作状态。同时，产品的装配质量明显提高，客户满意度也得到进一步提升。

5. ERP 的应用已经成为企业运营管理不可或缺的部分

目前，ABC 公司的 ERP 系统在销售、计划、采购、生产、库存、技术、财务七大业务流程领域都已得到了应用，广大员工已经接受了 ERP 的先进理念，并将其应用到自己的日常管理工作中。现在，ERP 的应用已经成为企业运营管理不可或缺的部分了。实施顾问曾经以"离开了 ERP 系统，将会如何"为题对 ABC 公司的员工进行调研，他们的回答如下。

(1) 市场预测将失去数据支撑。

(2) 无法即时查看客户应付款。

(3) 无法准确做出客户承诺。

(4) 又将回到传统的手工计划模式，物料采购、生产安排计划粗放，造成既有物料短缺又有库存积压的情况。

(5) 库存量大，库存周转率低，资金占用多。

(6) 成本分析和控制无法细化。

(7) 企业的日常运营将会陷入瘫痪状态。

……

18.4.2 ERP 系统的实施应用为 ABC 公司带来的变化

通过 ERP 系统的实施和应用，ABC 公司企业管理模式及方法发生了根本性的变化，企业管理水平有了极大提高，具体表现在以下几个方面。

1. 企业领导和广大员工转变了观念

通过 ERP 理念的系统培训，企业高层、中层和基层管理人员，以及广大员工都普遍接受了 ERP 的管理理念、模式和方法，初步确立了基于时间的绩效管理思想、以全面预算管理为基础的标准成本管理和以管理会计为核心的财务管理理念，使公司上下树立起了向管理要效益的意识；企业各层管理人员在管理思想上实现了 3 个跨越式转变，即由人治管理向法治管理转变，由部门职能管理向流程管理转变，由只注重结果的事后管理向事前计划、事中控制和事后分析管理转变。大家已经在不经意间用 ERP 的先进理念、方法思考和处理问题。

2. 培育了企业信息化中坚力量

通过 ERP 项目的实施和培训，ABC 公司培养了一批懂技术、通管理、精业务的 ERP 业务骨干，使得整个企业在价值观及管理思维方式上都有了质的飞跃，为企业进一步发展信息化、提升企业管理水平、提升企业的综合竞争力和长远发展，奠定了坚实的基础。

3. 提高了企业经营运作数据的准确性

通过实施应用 ERP 系统，极大地提高了企业经营运作数据的准确性，企业的库存记录、物料清单、工艺路线、工作中心等基本数据的准确性有了极大的提高。规范和统一了信息语言，解决了"一物多码、多物一码"的物料编码混乱问题，通过对上万条产品数据和业务管理数据的整理，使企业信息语言走向标准、统一，增强了信息的可共享性，彻底破除信息孤岛的壁垒，大大提高了部门间的沟通效率。为了保证数据的准确性，ABC 公司采取了以下措施。

(1) 各部门的业务必须按照所制定的工作方针和工作规程进行。
(2) 保证物流、信息流、资金流的高度统一。
(3) 加强对各部门数据准确性的责任管理和考核。
(4) 对各部门人员加强 ERP 理念、业务流程、工作方针与工作规程的培训。

4. 企业的信息传递更顺畅了

通过实施应用 ERP 系统，实现了集成化管理，企业的市场销售、计划、生产、采购、库存、财务、技术等各种运营信息得到有效的规范和及时的传递，以网络和 ERP 系统为载体，实现了产、供、销、人、财、物的集成，统一协调客户与供应商，快速整合生产、采购和配套资源；使企业物流、资金流和信息流高度统一，逐步走向敏捷和互动的高级生产经营形态。例如，销售部门接到客户订单，通过 ERP 系统的订单录入功能将客户订单录入 ERP 系统，计划部门就能即时看到，并根据物料的库存情况，给总装车间下达装配作业单；总装车间根据计划部门下达的作业单组织生产；发运部门根据成品库存和客户订单需求安排装车发运；整个订单流程非常顺畅，销售、计划、车间、发运等部门都在统一的信息平台上共享数据，实时交流，大大提高了信息传递的速度和质量，工作效率也有了很大的提升。

5. 库存量有了显著的降低

应用 ERP 系统之后提高了物流管理水平，各种物料的库存明显降低。通过 ERP 系统的库存管理和车间控制模块，使原材料、在制品、产成品等各级物料得到精确的动态管理，企业各级管理人员能及时、准确地掌握库存和在制品情况；通过物料需求计划模块(MRP)，加强物料管理的计划性，把物料的供应计划和生产计划紧密衔接起来，使采购部门和制造部门对应该做什么、什么时间做、做多少都非常清楚，从而减少了物料的盲目采购和生产。对物料的投放时间，按采购提前期和制造提前期进行严格的控制，从而减少了物料的存储和等待的呆滞时间。通过 MRP 计划，使企业从传统的按台套管理转变为按零件提前期管理，大大减少了车间在制品的积压。

ABC 公司实行两种生产方式，即产品按订单装配，零部件按库存生产。在实施 ERP 系统之前，由于没有一个系统的物料需求计划平台，很难做到零部件的准确配套，生产和采购没有严格、明细的计划，既有库存积压，又有物料短缺，存在严重的"木桶效应"。为了及时满足客户的需求，每天仓库里都堆放着满满的物料，库存量很大。而实施应用 ERP 系统之后，通过 ERP 系统将销售分析、市场预测、物料需求计划有效地结合起来，提高了订单需求和零部件库存之间的匹配度，避免了采购和生产的计划粗放，企业已不需要再使用存储大量零部件来等待客户订单的这种"大炮轰蚊子"的方式了，从而使库存量大幅度降低成为水到渠成的事情。库存量降低，库存资金占用大幅度下降，从原来的每月 7 000 万元至 1 亿元降为 2 000 万元至 4 000 万元。由于库存量降低，库存管理费用也明显降低。

6. 生产成本有了明显的降低

应用 ERP 系统之后，ABC 公司在成本管理方面取得了明显的效果，主要表现在以下几个方面。

(1) 强化了成本管理与控制。通过监控各部门资金占用情况和生产过程中各阶段发生的实际费用，严格地控制了企业各项费用的额度。根据 BOM 制定产品结构中各项物料的标准成本，根据零部件工艺路线制定每道工序的工时定额，通过实际成本和标准成本的差异分析，监控各成本要素的变动，控制有关部门的生产活动效益，及时发现问题、解决问题，使企业制造成本平均下降 3%。

(2) 加快了物流、资金流的周转速度。通过加强库存管理，推行准时制配料方式，使配套供应商与企业间、企业库房与车间工位间实现了准时配货，库房零部件储备总量大幅度下降，库存面积减小，每月的库存资金占用量由原来的 7 000 万元至 1 亿元下降为 4 000 万元，储备资金占用天数由原来的 60 天降至 20 天，流动资金的周转天数由过去的平均 200 天降为 55 天。

(3) 降低采购成本。通过加强采购与供应商管理，ABC 公司贯彻"与一流的企业合作，与一流的人合作"的思想，有效地整合了企业配套资源，在保证零部件质量的前提下，企业采购成本平均下降 5%。对于一个年采购额七八亿元的企业来说，这是一个值得高兴的数字。

7. 生产组织，有的放矢，各部门协调一致

生产计划的有效使用，使车间的生产更能"有的放矢"，提高了工人的劳动效率，避免了一些不必要的加班，节省了气、电、水等能源的不必要消耗。

ERP 是一个系统管理平台，各部门、各流程能够协调一致，公司上下一盘棋，避免了一些"亡羊补牢"事件带来的高额费用。在日常的产销运营中，各项工作能够有条不紊地进行，再也不像以前那样，事情到了"火烧眉毛"的程度才去处理。

8. 提高了客户服务水平

应用 ERP 系统后，客户服务水平明显提高。突出的表现是缩短了客户订单交货期并提高了产品质量。由于 ERP 系统能提前、准确地反映各项物料在某时区的需求，对物料的长、短线情况预先监督和控制，从而使企业彻底摆脱了过去那种既有物料短缺，又有库存积压的状况，减少了产品装配车间的停工待料现象，提高了装配效率，装配车间的劳动生产率提高了 20%，订单交货期从以前的 7 天降为 1.5～3 天，同时提高了产品质量，增强了客户服务能力，客户满意度大大提高。

9. 对供应商的管理发生了显著的变化

通过 ERP 系统的应用，企业认识到要做好供应商的管理，提高供应商的业绩，首先企业本身必须有好的物料需求计划，必须有准确的需求信息。

过去，由于物料需求信息不准确，使得企业的采购计划常常不能按时完成，直至影响客户订单的交货计划。应用 ERP 系统之后，企业有了好的物料需求计划，不但生产排程更合理了，而且供货计划也更合理了。根据物料需求计划向供应商发出采购订单，其中的需求数量和需求日期都是准确的。因此，能够更有效地监督考核采购订单的执行情况，并据以考察供应商的业绩，包括供货及时性、数量的准确性和产品质量等。

同时，可以更好地进行供应商管理，选择有实力、信誉好的供应商作为合作伙伴，为整合企业配套资源提供强有力的支持。

10. 为新产品开发提供便利，加快了新产品开发的步伐

应用 ERP 系统之后，企业可以通过对各种产品在不同地区的销售情况等销售数据的分析，得出什么地区需要什么性能的产品的信息，便于技术人员更有针对性地开发适销对路的新产品。

新产品往往是老产品的改进，使用了 ERP 系统之后，产品的物料清单、工艺路线的管理规范了，使用起来更为方便，为新产品的开发提供了有力的支持。

把新产品开发的物料需求和能力需求纳入 ERP 的管理中，技术开发人员在进行新产品开发时能及时了解库存物料的情况及能力情况，可以保证新产品开发的进度。

通过 ERP 系统，新产品开发人员可以很方便地全面了解企业各种产品的结构和物料综合使用情况，可以在设计开发新产品的过程中，轻松考虑如何在满足技术要求和经济性原则的基础上，提高物料的通用性和标准化程度。

11. 财务管理实现了事先计划、事中控制、事后分析的工作方式

实施应用 ERP 之后，对财务部门的工作产生了很大的影响，特别是在成本核算和分析方面，实现了质的飞跃。以前靠人工核算周期很长，企业领导需要的数据不能及时提供。使用 ERP 系统之后，工作效率显著提高，财务核算过程加快了，而且更精细了，能将成本核算到工序，计算也更加准确了。尽管产品的型号达到五六千种，但是要核算和分析产品的成本都很容易。通过 ERP 系统的 BOM、作业单、费率等数据，能轻松地计算出每个产品的成本及当前的利润值，为及时调整市场策略提供了支持，使财务管理真正实现了事先计划、事中控制、事后分析的工作方式。

在实施应用 ERP 成功率较低的今天，ABC 公司应用 ERP 系统获得成功的经验，为诸多正在实施和准备实施 ERP 系统的企业提供了一个范例。许多到 ABC 公司去考察和了解他们实施应用 ERP 系统情况的人，都从他们细致生动的介绍中感受到了他们由于经过艰苦细致的工作获得项目成功而发自内心的自豪，并从中得到了鼓舞。ABC 公司的领导、管理人员和广大员工，对于他们自己的成功是充满喜悦并感到骄傲的，这种骄傲是基于艰苦的劳动和丰厚的收获，是感人至深的。

思考题

1. ABC 公司的领导如何在 ERP 实施过程中发挥作用？
2. ABC 公司的员工如何认识在 ERP 实施过程中计算机技术、数据和人的关系？
3. ABC 公司如何选择 ERP 项目的实施经理？
4. ABC 公司在实施 ERP 的过程中如何进行教育和培训的工作？
5. 在 ABC 公司实施应用 ERP 的过程中，项目公约发挥了什么作用？
6. 在 ABC 公司实施应用 ERP 的过程中，工作方针和工作规程发挥了什么作用？

7. ABC 公司如何认识"实施应用 ERP 的过程,就是优化业务流程的过程"?
8. 在实施 ERP 的过程中,ABC 公司如何处理他们和实施顾问的关系?
9. ERP 系统的应用为 ABC 公司的工作带来哪些帮助?
10. ERP 系统的实施应用为 ABC 公司带来哪些变化?
11. ABC 公司的员工如何回答"离开了 ERP 系统,将会如何"的问题?
12. 从 ABC 公司关于实施 ERP 的理念和他们的做法中可得到哪些启发?

第19章 企业信息化、数字化和数智化

企业信息化是自20世纪80年代末以来我们就关注和实施的课题。企业信息化的发展离不开信息技术的发展。

近年来，出现了一系列新概念，如互联网、云计算、大数据、"互联网+"、工业互联网、物联网、工业物联网、数字经济、智能制造等。本书第4版把这些新概念称为"制造业伴随概念群"，因为这些新概念及其所代表的新技术，对制造企业的外部运营环境，以及内部经营运作和生产管理的方法都产生了巨大的影响。

伴随这些新概念的出现，企业的数字化和数智化转型已成为企业不可避免的挑战，是企业面临的新课题。

本章首先讨论什么是信息化、数字化和数智化，以及它们之间的区别和联系；然后介绍它们各自的基础技术，并在此基础上讨论企业的信息化建设和数字化、数智化转型等问题；最后讨论在新形势下ERP的地位及制造企业应当如何做。

19.1 什么是信息化、数字化和数智化

19.1.1 信息化

概括来说，信息化是一种利用信息技术实现信息资源互通、协同、转化和增值的经济、社会和文化活动。它是以信息技术的发展为依托，用信息技术管理人类社会生活的一种发展方式。

信息化的基础技术包括计算机技术、通信技术、互联网技术、人工智能、大数据、云计算等，其核心是通过信息技术的手段将不同来源的信息整合和管理起来，实现信息的快速传递和共享。

信息化的目的是使信息传递和共享更快速、高效和方便，促进经济、社会和文化的协同发展，提升社会运行效率，提高信息的利用效率和生产力。

信息化的应用范围广泛，覆盖了社会经济的各个领域，包括农业、制造业、金融、医疗、教育、文化、交通、旅游等。其应用可以提升社会运行效率，提高服务质量和客户满意度。

19.1.2 数字化

数字化是一种信息处理技术，它把复杂多变的信息(例如图像和声音)转换为数字信号，以二进制代码的形式在计算机中进行处理和存储。与非数字信号相比，数字信号传输快、不失真，而且占用存储空间小，处理和存储都更方便、更高效、更安全。

数字化的基础技术包括数字信号处理、硬件数字化技术、数码摄影、数字媒体技术、数字通信、数字电视等。

数字化的目的是将各种形式的信息，包括实体的物理信息，转换为数字化的形式，从而能更方便、更高效、更安全地进行信息处理、分析、存储和传递。

数字化的应用范围，主要集中在制造、物流、供应链、金融、物联网等领域。可以帮助企业实现生产、流通、销售、服务等环节的数字化和智能化，从而提高企业的管理效率和生产效率、降低成本、提高生产力和创新能力、提高客户满意度和企业的市场竞争力。

19.1.3 数智化

1. 数智化的含义

我们可以将数智化简单地理解为数字化与智能化的结合。数智化有以下3层含义：

一是"数字智慧化"，把大数据和人工智能相结合，使数据增值，提高大数据的效用；

二是"智慧数字化"，即运用数字技术，表现和实施人的智慧，把人从繁杂的劳动中解脱出来；

三是把这二者结合起来，构成人机的深度结合，使机器学会人的某些逻辑，实现深度学习，甚至能启智于人，实现智能化优化决策。

数智化的基础技术除了数字技术之外，还包括互联网、大数据、云计算和(特别是)人工智能等技术。

数智化的目的是以智能化的方式收集、处理、分析和利用作为信息和知识表达形式的数据，并据此进行决策，从而优化企业运作流程、提高运营效率，并预测未来。

数智化可应用于企业的各个领域，例如市场营销、销售管理、供应链管理、客户服务、风险管理等。

2. 数智化的体现

数智化的建设和发展体现在3个不同的层面。

(1) 产品数值化。从数码相机、数字电视开始，数字技术与产品结合，使产品更"聪明"，这是数智化的最初层面。

(2) 将数智化技术用于企业管理，提升企业的决策效率与质量，使企业更"聪明"，这是数智化的第二层面。

(3) 将整个社会不同来源的数据整合，使得人与社会环境的关系更和谐，使城市更"聪明"，这是数智化的第三层面。

概括来说，信息化侧重于信息资源的共享和管理，数字化侧重于利用数字技术对信息进行处理和分析，而数智化则是数字化和人工智能的结合。从广义上说，信息化涵盖了数字化和数智化，而数字化和数智化则是信息化内涵的提升和外延的扩展。

19.2 信息化、数字化和数智化的基础技术

19.2.1 互联网"家族"

1. 互联网

互联网,指的是网络与网络之间按通用的协议互联而成的、逻辑上单一的巨大国际网络。在这个网络中有交换机、路由器等网络设备,各种连接链路,种类繁多的服务器和数不尽的计算机、终端。

计算机网络是由许多计算机组成的。数据在计算机之间进行传输是容易丢失或出现错误的。为了在计算机之间正确地传输数据,就必须做两件事:一是明确数据传输的目的地;二是保证数据可靠传输的措施。这就要通过网络协议来实现,互联网所使用的网络协议分为两部分,即传输控制协议(transmission control protocol,TCP)和网间协议(Internet Protocol,IP)。

从概念上说,凡是由能彼此通信的设备组成的网络就叫作互联网。而国际标准的互联网,即因特网则是互联网的一种。因特网使用 TCP/IP 协议,但使用 TCP/IP 协议的网络并不一定是因特网,例如,一个局域网也可以使用 TCP/IP 协议。

随着因特网的商业化,其在通信、信息检索、客户服务等方面的巨大潜力被挖掘出来,使因特网有了质的飞跃,并最终走向全球。

2. 移动互联网

移动互联网是移动通信和互联网融合的产物,是互联网技术、平台、商业模式和应用与移动通信技术结合的结果,是以宽带IP为技术核心,可同时提供语音、传真、数据、图像、多媒体等高品质电信服务的新一代开放的电信基础网络。

通过移动互联网,人们可以使用手机、平板电脑等移动终端设备获取网页浏览、在线搜索、在线聊天、在线阅读、在线游戏、文件下载、网络社区、音乐和视频浏览和下载等服务。

目前,移动互联网正逐渐渗透到人们生活、工作的各个领域,微信、支付宝、位置服务等丰富多彩的移动互联网应用迅猛发展,正在深刻改变信息时代的社会生活。近几年,移动互联技术实现了 3G 经 4G 到5G 的跨越式发展,成为极具创新活力和市场潜力的新领域。

3. "互联网+"

"互联网+",通俗来说就是"互联网+各个传统行业"。"互联网+"代表着一种新的经济形态,是互联网思维进一步实践的成果,是两化(信息化和工业化)融合的升级,其目的在于将互联网与工业、商业、金融业等传统产业深入融合,充分发挥互联网的优势,优化生产要素、更新业务体系、重构商业模式,完成经济转型和升级,从而推动经济形态的演变,为改革、创新、发展提供广阔的网络平台,创造更广泛的以互联网为基础设施和实现工具的经济发展新形态。

"互联网+"的概念最早出现在 2012 年 11 月易观国际第五届移动互联网博览会上。2015 年 3 月 5 日,第十二届全国人民代表大会第三次会议首次提出"互联网+"行动计划。2015 年 7 月 4 日,国务院印发《关于积极推进"互联网+"行动的指导意见》。

"互联网+"的主要特征如下。第一,跨界融合。跨界使创新的基础更坚实;融合则实现群体智慧,使得从研发到产业化的路径更畅通。第二,创新驱动。通过互联网思维促进求变,化解制约创新的环节,更好地发挥创新的力量。第

我国有关"互联网+"的政策

三,重塑结构。互联网的发展使得原有的社会结构、经济结构、地缘结构、文化结构及议事规则和话语权都发生了变化,改善了社会生态环境,使创业者有更多实现价值的机会。第四,连接一切。连接一切是"互联网+"的目标,连接产生新的思维,创造新的价值。

未来,"互联网+"将拥有更加广阔的发展前景。首先,可促进产业升级。"互联网+"不仅正全面应用到第三产业,形成了诸如互联网金融、互联网交通、互联网医疗、互联网教育等新业态,而且正在向第一和第二产业渗透。"互联网+"行动计划促进产业升级,促进实体经济持续发展,促进现代制造业更加柔性化,更加精益求精,更能满足市场需求。互联网与商务相结合,在满足个性化需求的同时提高规模经济效益。其次,形成经济发展新模式。"互联网+"催生新的经济形态,并为大众创业和创新提供更好的环境。随着"互联网+"的发展,社会形态正在发生深刻的变革,形成广泛的以互联网为基础设施和实现工具的经济发展新模式、新业态。最后,"互联网+"正在改变人们的生产、工作和生活方式,它把计算、数据和知识连接起来,造就了无所不在的创新,改变了人们的生产、工作和生活方式,形成创新驱动发展的新常态。

4. 工业互联网

工业互联网是全球化的开放网络。工业互联网把设备、生产线、工厂、供应商、产品和客户紧密地连接融合起来,帮助制造业拉长产业链,形成跨设备、跨系统、跨厂区、跨地区的互联互通,从而提高效率,推动整个制造服务体系,使工业经济各种要素资源能够得到高效共享。互联是通信的基础,智能化生产、网络化协同、个性化定制、服务化延伸都是在互联的基础上,通过数据流动和分析形成的新模式和新业态。

国家顶级节点是工业互联网标识解析体系的核心环节,是支撑工业万物互联互通的神经枢纽。我国工业互联网标识解析国家顶级节点将部署在北京、上海、广州、武汉、重庆五大城市。

工业互联网的主要目的是升级那些关键的工业领域,以构筑支撑工业全要素、全产业链、全价值链互联互通的网络基础设施为目标,着力打造工业互联网标杆网络、创新网络应用,规范发展秩序,加快培育新技术、新产品、新模式、新业态,并形成相对完善的工业互联网网络顶层设计。

工业互联网的核心是通过数字化的转型,提高制造业的水平。工业互联网将整合两大革命性转变的优势:其一是工业革命,伴随着工业革命,出现了无数台机器、设备、机组和工作站;其二则是更为强大的网络革命,在其影响之下,计算、信息与通信系统应运而生不断发展。伴随着这样的发展,以下3种元素逐渐融合,充分体现出工业互联网之精髓。第一,智能机器。以崭新的方法将现实世界中的机器、设备、团队和网络通过先进的传感器、控制器和软件应用程序连接起来。第二,高级分析。使用基于物理的分析法、预测算法、自动化和材料科学,电气工程及其他关键学科的专业知识来分析和理解机器与大型系统的运作方式。第三,工作人员。实时连接各种工作场所的人员,以支持智能的设计、操作、维护,以及高质量的服务与安全保障。

我国有关工业互联网的政策

5. 物联网

物联网即"万物相连的互联网",是在互联网基础上的延伸和扩展的网络。它通过各种信息传感器、射频识别技术、全球定位系统、红外感应器、激光扫描器等装置与技术,对任何需要监控、连接、互动的物体或过程,实时采集其声、光、热、电、力学、化学、生物、位置等各种需要的信息,按约定的协议与互联网相连接,从而实现物与物、物与人的连接,实现在任何时间、任何地点对所有能够独立寻址的物品及其相关过程的智能化感知、识别和管理。物联网被称为继计算机、互联网之后世界信息产业的第三次浪潮。

物联网的基本特征可概括为整体感知、可靠传输和智能处理。整体感知，是利用射频识别、二维码、智能传感器等感知设备感知获取物体的各类信息；可靠传输，是通过互联网实时、准确地把获取的物体信息进行网络传输；智能处理，是使用各种智能技术，对感知和传送的数据信息进行分析处理，包括反馈调节，实现监测与控制的智能化。

物联网的关键技术主要包含如下几种。

(1) 射频识别技术。物联网发展中备受关注的射频识别技术是由阅读器和标签组成的无线系统。标签含有唯一的电子编码，附着在目标物体上作为标识，阅读器读取标签上的信息，实现对物体的识别。这就赋予了物联网以跟踪的能力，使得人们可以随时掌握物品的准确位置及其环境状况。

(2) 传感网。传感网以微机电系统为基础。微机电系统是由微传感器、微执行器、信号处理和控制电路、通信接口和电源等部件组成的一体化的微型器件系统。其目标是把信息的获取、处理和执行集成在一起，组成具有多功能的微型系统，集成于大尺寸系统中，从而大幅度地提高系统的自动化、智能化和可靠性水平。通过系统赋予普通物体以新的生命，使它们有了属于自己的数据传输通路、存储功能、操作系统和专门的应用程序，形成传感网。

(3) M2M 系统框架。M2M 是 machine-to-machine/man 的简称，是一种以机器终端智能交互为核心的网络应用与服务。基于云计算平台和智能网络，可以依据传感网获取的数据进行决策，实现对目标的智能化控制。例如，智能化的住宅在主人上班时，可以通过这样的系统自动关闭水、电、气和门窗，定时向主人的手机发送消息，汇报安全情况。

(4) 云计算。云计算旨在通过网络把多个成本相对较低的计算实体整合成一个具有强大计算能力的系统，并借助先进的商业模式让终端用户得到这些具有强大计算能力的服务。这意味着计算能力也可以作为一种商品进行流通，就像水、电一样，取用方便、费用低廉，以至于用户无须自己配备。物联网感知层获取大量数据信息，在经过网络层传输以后，放到云计算平台上，通过云计算对其进行处理，最终转换成对终端用户有用的信息。

物联网的应用领域涉及方方面面：在工业、农业、环境、交通、物流、安保等基础设施领域的应用，有效地推动了这些方面的智能化发展，使得有限的资源被更加合理地使用分配，从而提高了行业效率和效益；在家居、医疗健康、教育、金融与服务业、旅游业等与生活息息相关的领域的应用，从服务范围、服务方式到服务的质量等方面都有了极大改进，大大地提高了人们的生活质量；在国防军事领域，物联网也有重要的应用，大到卫星、飞机等装备系统，小到单兵作战装备，物联网技术的嵌入有效提升了军事智能化、信息化、精准化，极大提升了军事战斗力，是未来军事变革的关键。

6. 工业物联网

工业物联网是工业领域的物联网，它通过射频识别、红外感应器、全球定位系统、激光扫描器等信息传感设备，按约定的协议，将任何物品与互联网相连接，进行信息交换和通信，以实现物品的智能化识别、定位、追踪、监控和管理。工业物联网将生产过程的每一个环节、设备变成数据终端，全方位采集底层基础数据，并进行更深层面的数据分析与挖掘，从而大幅提高制造效率，改善产品质量，降低产品成本和资源消耗，最终实现将传统工业提升到智能化的新阶段。

工业物联网是物联网中较大的和较重要的组成部分，虽然目前消费者应用是物联网最大的应用领域，但工业物联网在整个物联网的应用前景中无疑是最重要的。工业物联网应用领域广泛，物流和交通运输业、能源和公用电力事业、医疗保健(远程健康监测，设备维护等)、航空航天、机器人、石油和天然气、采矿、冶金等领域都是工业物联网的应用场景，但制造业才是工业物联网最大的应用领域。

传感器是物联网的核心，是物联网世界的眼睛、耳朵、鼻子和触觉，可用作温度计、陀螺仪、加速度计、压力传感器、光传感器、磁力计等。它们可以结合起来，推动非凡创新。互联网、云计算、大数据和人工智能的发展和应用，以及企业产业结构升级的需求，极大地推动了工业物联网的发展。

工业物联网发展的最终目标之一是实现工业生产的智能化，所以智能化也是工业物联网一个重要的发展趋势。随着工业物联网的发展，它的应用场景越来越丰富，从而促进新产业链模式的诞生。它不仅是一个新的创新热点，也是一个新的创业热点。传统企业不仅可以应用工业物联网，也可以在工业物联网领域投资创业。

19.2.2 计算和数据处理新技术

1. 云计算

云计算是分布式计算的一种，指的是通过网络将巨大的数据计算处理程序分解成无数个小程序，然后通过由多部服务器组成的系统处理和分析这些小程序，再把得到的结果返回给用户。通过这项技术，可以在很短的时间内完成大量的数据计算和处理，从而实现强大的网络服务。云计算是与信息技术、软件、互联网相关的一种服务，这种计算资源共享池叫作"云"，实质上就是网络。

云计算并不是一种全新的网络技术，而是一种全新的网络应用概念。其核心概念就是以互联网为中心，将很多的计算机资源协调在一起，向用户提供快速且安全的计算和数据存储服务，让每一个使用互联网的人都可以获得庞大的计算和数据存储资源。现阶段的云服务已经不单单是一种分布式计算，而是分布式计算、效用计算、负载均衡、并行计算、网格计算、网络存储、热备份冗余和虚拟化等计算机技术混合演进的结果。云计算为用户提供一种全新的体验，使用户可以通过网络不受时空限制地获取"无限"的计算资源。

现代企业的经营运作离不开数据的计算和处理。对于一家企业来说，一台计算机的运算能力是远远不能满足数据运算需求的，需要购置运算能力更强的计算机，也就是服务器。对于规模比较大的企业，一台服务器可能还是不够的，需要购置多台服务器，甚至演变成为一个具有多台服务器的数据中心。但是，服务器的数量会直接影响这个数据中心的业务处理能力，而且费用极高。除了高额的初期建设成本之外，计算机和网络的维护费用及电费是中小型企业难以承担的，于是云计算的概念应运而生。

云计算与传统的网络应用模式相比，具有如下特点。

(1) 规模巨大。云计算规模巨大，一些知名的云计算服务商的"云"可以由几十万台，甚至上百万台服务器组成。

(2) 虚拟化技术。云计算支持用户在任意位置、使用各种终端获得应用服务。所请求的资源来自"云"。应用在"云"的某处运行，无须了解，也不用担心应用运行的具体位置。

(3) 动态可扩展。云计算具有高效的运算能力，在原有服务器基础上增加云计算功能能够使计算速度迅速提高，并可动态扩展所需资源，满足用户应用规模增长的需求。

(4) 通用性。云计算不针对特定的应用，在"云"的支撑下，可以构造出千变万化的应用，同一个"云"可以同时支撑不同的应用运行。

(5) 按需服务。用户运行不同的应用需要不同的资源，云计算平台能够根据用户的需求快速配备计算能力及所需资源。用户无须同服务商交互就可以自动地获得所需的计算资源，如服务器时间、网络存储等，具有很高的灵活性。

(6) 可靠性高。云计算使用数据多副本容错、计算节点同构可互换等措施，来保障服务的高可靠性，使用云计算比使用本地计算机更可靠。

(7) 性价比高。云计算对资源的集中管理方式优化了物理资源的利用，使得用户无须负担建立、管理和维护数据中心的高昂费用。

云计算的服务类型如下。第一，软件即服务(software as a service，SaaS)。向用户提供软件应用程序的服务，用户无须购买软件，而是向云计算提供商租用基于互联网的软件来管理企业本身的运营活动。第二，平台即服务(platform as a service，PaaS)。将软件开发平台作为一种服务，向开发人员提供开发、测试和管理软件应用程序所需的开发环境。第三，基础设施即服务(Infrastructure as a Service，IaaS)。将基础设施，如虚拟机、存储设备、网络和操作系统等作为服务向用户提供。

云计算的部署模式包括公有云、私有云、混合云和社区云。其中，公有云由云服务提供商运营，为用户提供包括应用程序、软件运行环境、物理基础设施等各种IT资源。云服务提供商要保证所提供资源的安全性和可靠性。私有云是用户自建自用的云计算中心，数据与程序皆在用户组织内管理。混合云是把公有云和私有云结合起来的方式，用户将非关键信息在公有云上处理，同时自行掌控关键服务和相关数据。社区云由众多利益相仿的组织控制和使用，社区成员共同使用云数据和应用程序。

2. 大数据

大数据的概念和思潮由计算领域发端，之后逐渐延伸到科学和商业领域。经过多年的研究和实践，人们对大数据形成了基本共识：大数据现象源于互联网及其延伸所带来的无处不在的信息技术应用，以及信息技术的不断低成本化。大数据泛指无法在可容忍的时间内用传统信息技术和软硬件工具对其进行获取、处理和分析的巨量数据集合，需要可伸缩的计算体系结构来支持其获取、存储、处理和分析。

适用于大数据的技术，包括大规模并行处理数据库、数据挖掘、分布式文件系统、分布式数据库、云计算平台、互联网和可扩展的存储系统。大数据为人类认识复杂系统提供了新思维和新手段，但是大数据技术的战略意义不在于掌握庞大的数据信息，而在于对这些有意义的数据进行专业化处理，从而实现数据的增值。

大数据与云计算的关系就像一枚硬币的正反面一样密不可分。伴随以云计算为代表的技术创新，这些原本看起来很难收集的数据开始容易收集和利用了，而且能为人类创造更多的价值。

在日常生活当中，我们所做的许多事情都会留下数字痕迹。每一次刷卡购物，每一次网络搜索，手机上的每一次点击，乃至社交网络上的每一个点赞，都会被记录下来。这样形成的数据，当然是大量的，也"无法在可容忍的时间内用传统信息技术和软硬件工具对其进行获取、处理和分析"，这就是大数据了。大数据价值巨大，因为一切活动的背后，都是我们的情感、需求、爱好、习惯和心理倾向在起作用。

大数据包括结构化、半结构化和非结构化数据，但非结构化数据越来越成为数据的主要部分。有调查报告显示，企业中80%的数据都是非结构化数据，这些数据每年都按指数增长60%。大数据具有"5V"的特点。第一，大量(volume)。数据量大，包括采集、存储和计算的量都非常大。第二，多样(variety)。数据的种类和来源多样化，包括结构化、半结构化和非结构化数据，具体可表现为网络日志、音频、视频、图片、地理位置信息等，多类型的数据对数据的处理能力提出了更高的要求。第三，快速(velocity)。数据增长速度快，处理速度也快，时效性要求高；比如搜索引擎要求几分钟前的新闻能够被用户查询到，个性化推荐算法尽可能要求实时完成推荐。这是大数据区别于传统数据挖掘的显著特征。第四，价值密度低(value)。大数据价值密度相对较低，需要强大的计算能力才能挖掘数据价值，这也是大数据区别于传统数据挖掘的显著特征。第五，真实性(veracity)。大数据蕴含了真实、可靠的信息。

数据度量的最小量单位是 bit(比特)，然后是 Byte(字节)，1 Byte =8 bits。按从小到大的顺序给出一些后续的一些单位是：

KB(Kilobytes)
MB(Megabytes)
GB(Gigabytes)
TB(Terabytes)
PB(Petabytes)
EB (Exabytes)
ZB(Zettabytes)
YB(Yottabytes)
BB(Brontobytes)
NB(Nonabytes)
DB(Doggabytes)

其中，1KB=1 024Bytes，后续的进率也都是 1 024(2 的十次方)。

大数据是制造业提高核心竞争力、整合产业链和实现从要素驱动向创新驱动转型的有力手段。从企业战略的视角来看，大数据的价值至少在以下几个方面可以得到体现：第一，优化企业决策过程，提高决策水平；第二，优化企业生产和运作流程，提高企业运行效率；第三，促进实现智能制造；第四，改善供应链管理；第五，形成新的商业模式，实现以客户为中心的服务型制造。

未来，大数据的发展呈现以下几种趋势。

(1) 数据资源化。大数据将成为企业和社会的重要资源，这一点现在已引起人们广泛的关注，并得到普遍认同。

(2) 与互联网和云计算深度结合。大数据离不开云计算，云计算离不开互联网。所以，大数据必与互联网和云计算深度融合。

(3) 科学理论的突破。随着大数据的广泛应用和快速发展，在数据挖掘、机器学习和人工智能等相关领域有望实现理论突破。

我国有关大数据的政策

(4) 数据科学将成为一个专门的学科，也将催生一批相关的就业岗位。

(5) 数据管理将成为企业的核心竞争力。在具有大数据思维的企业中，数据资产将成为企业的核心资产，数据管理将受到高度重视，并将成为企业的核心竞争力。

3. 工业大数据

工业大数据是指在工业领域中，围绕典型智能制造模式，从客户需求到销售、订单、计划、研发、设计、工艺、制造、采购、供应、库存、发货和交付、售后服务、运维、报废或回收再制造等整个产品生命周期各个环节所产生的各类数据及相关技术和应用的总称。工业大数据应用是对特定的工业大数据集合，集成应用工业大数据系列技术与方法，获得有价值信息的过程。

工业大数据以产品数据为核心，研究目标是从复杂的数据集中挖掘有价值的信息，促进制造企业的产品创新、提升经营水平和生产运作效率并拓展新型商业模式，极大延展了传统工业数据范围。其主要来源有生产经营相关业务数据、设备物联数据和外部环境数据。工业大数据技术包括数据规划、采集、预处理、存储、分析挖掘、可视化和智能控制等。

工业大数据作为大数据的一个应用行业，既有广阔应用前景，又对数据管理与数据分析技术提出了新的挑战。

工业大数据既有一般大数据的特征，也有自身特有的特征。第一，工业大数据体量大。第二，数据类型多样且来源广泛，包括机器设备、工业产品、管理系统、互联网等各个领域和环节的数据，且结构复杂。第三，迅速获得和处理数据。工业数据处理速度需求多样，生产现场要求分析时限达到毫秒级，管理与决策应用需要支持交互式或批量数据分析。第四，价值密度低。工业大数据同样价值密度相对较低，需要强大的计算能力来挖掘数据价值，才能实现提升企业创新能力和生产经营效率及促进个性化定制、服务化转型等智能制造新模式的转变。第五，真实性。工业大数据蕴含了整个产品全生命周期各个环节上产生的真实、可靠的信息。第六，时序性。工业大数据具有很强的时序性，如客户订单、生产计划、采购计划数据等，都有很强的时序性要求。第七，强关联性。一方面，在产品生产过程中的相关数据，如产品结构、工艺路线、设备能力、加工状态、计划时间、物料库存等，具有强关联性；另一方面，产品生命周期的研发设计、生产、销售、服务等不同环节的数据之间也有很强的关联性。第八，准确性。工业大数据应保证真实性、完整性和可靠性，以及处理、分析技术的可靠性。第九，闭环性。既包括产品全生命周期过程中横向数据链的闭环和关联，也包括智能制造过程中的状态感知、数据采集和分析、反馈、控制诸环节所构成的纵向数据链的闭环和关联。

工业大数据的生命周期对应整个产品生命周期，包括研发与设计、生产、物流、销售、运维与服务 5 个阶段。

19.2.3　数字经济

数字经济是继农业经济、工业经济之后的一种新的经济社会发展形态。数字经济是以使用数字化的知识和信息作为关键生产要素、以现代信息网络作为重要载体、以信息通信技术的有效使用作为效率提升和经济结构优化的重要推动力的一系列经济活动。

人们对数字经济的认识是一个不断深化的过程，随着数字经济的深入发展，其内涵和外延不断演化。数字经济是互联网及其相关服务等架构于数字化之上的行业，计算机制造、通信设备制造、电子设备制造、电信、广播电视和卫星传输服务、软件和信息技术服务等产业也属于数字经济的范畴。

1. 数字经济的本质特征

数字经济出现和发展的基础是社会生活的信息化。在信息化过程中，通过不断升级的网络基础设施与智能信息技术，即互联网、云计算、物联网等信息技术的应用，人类处理大数据的能力不断增强，数字技术被广泛使用，由此带来了整个经济环境和经济活动的根本变化。这样的变化在极大地降低社会交易成本，提高资源优化配置效率，提高产品、企业、产业附加值，推动社会生产力快速发展的同时，也催生了数字经济并促进了它的发展。

数字经济也称智能经济，是工业 4.0 或后工业经济的本质特征。正是得益于数字经济提供的历史机遇，我国在许多领域得到实现超越性发展的机会。数字经济的特征如下。

(1) 虚拟性。数字经济中的电子商务、数字交付服务等提供的服务产品均以数字化的形态存在，与实物产品不同，数字经济可以不考虑产品的批发、零售及运输渠道问题。

(2) 高附加值。数字产品的主要投入为知识和技术。数字经济具有很高的附加值，并且越是高科技产品，其附加值越高，成本回收期则越短。

(3) 高渗透性。从 20 世纪 90 年代中后期开始，信息与通信技术迅速向第二产业与第三产业渗透，数字经济已经深刻地影响到这些产业的经营与发展模式，也使得产业之间的界限逐渐模糊，这在发达国家表现尤为突出。

(4) 价值增值迅速。随着数字经济的发展，互联网的规模越来越大，网络的价值也随着与其连接节点(计算机)数目的增加而快速增值。

(5) 边际成本递减。数字产品具有边际成本递减的特点，即每生产一单位的产品，其生产所费成本逐步减少。例如，软件行业在研发阶段一次性投入研发成本，此后每生产一份软件产品，只不过是研发结果的简单复制。数字产品的虚拟性及可复制的特性决定了数字经济边际成本的递减规律。

(6) 经济外部性。经济外部性是指一个经济主体的行为直接影响到另一个经济主体(可以是正面的或负面的)。数字经济的外部性主要体现在两个方面：一是部分数字产品在使用时直接存在经济外部性特点。例如，为了吸引用户访问，互联网提供商在提供收费服务的同时，还提供额外的免费服务；二是部分数字产品的使用者越多，则每个用户从该产品使用中得到的效用就越大。例如，对于电子商务网站而言，使用者(商家与顾客)越多，则每个使用者的选择余地就越大，为交易双方带来好处。

(7) 可持续性。数字经济在很大程度上能有效杜绝传统工业生产对有形资源的过度消耗，也不会造成环境污染、生态恶化等危害，实现了社会经济的可持续发展。

2. 数字经济的影响

(1) 数字经济成为经济增长的动力源泉。数字经济对经济增长有明显的促进作用。研究显示，提高数字化密度可以明显地促进经济增长，世界各主要经济体的数字经济增速明显高于 GDP 的增速。我国数字经济起步较晚，但发展迅速。

(2) 数字经济提高经济发展质量。数字经济是融合性经济，不仅自身发展迅速，还有助于推动传统产业优化资源配置、调整产业结构、实现转型升级。制造业是国民经济的主体。新一代信息技术正加速与传统制造业全方位深度融合，促进传统制造业的数字化转型，从而提高经济发展质量。

(3) 数字经济推动供给侧结构性改革。首先，数字经济有助于提升供给能力，这是供给侧结构性改革的重点。互联网与制造、物流、农业等传统产业深度融合，促进产业结构、商业模式和供应链管理的创新，大幅提高供给能力。其次，数字经济有助于扩大需求，这是供给侧结构性改革的重要组成部分。通过互联网可以提供便利的服务、优质的产品、更丰富的业态，扩大消费空间并培育新型消费，从而扩大需求。最后，数字经济推动供需平衡向高水平提升。数字经济的快速发展，加强了供给结构对需求变化的适应性，推动供需平衡向高水平提升。

(4) 数字经济增加就业岗位。数字经济促进生产力的发展，改善产业结构，对增加就业岗位有明显的带动作用。

19.2.4 人工智能和智能制造

人工智能(artificial intelligence)是研究人类智能活动的规律、构造具有智能的人工系统，用以模拟、延伸和扩展人类智能的理论、方法和技术。

人工智能的研究涉及计算机科学、心理学、哲学和语言学等学科，甚至可以说涉及自然科学和社会科学的所有学科。

20世纪70年代，人工智能被称为世界三大尖端技术(空间技术、能源技术和人工智能)之一。其也被认为是21世纪三大尖端技术(基因工程、纳米技术和人工智能)之一。

我国有关智能制造的政策

近几十年来，人工智能获得了迅速的发展，取得了丰硕的成果，也在很多领域获得了广泛的应用。在某些领域，如影像识别、语言分析、棋类游戏等领域，其所表现的能力甚至超越了人类的水平。

智能制造是人工智能在制造业中的应用，是可贯穿设计、生产、管理、服务等制造活动的各个环节，具有自感知、自学习、自决策、自执行、自适应等功能的新型生产方式。

智能制造正在世界范围内兴起，各国政府高度重视，均有自己的发展计划。中国政府亦不例外。

下面，我们将从5个方面介绍智能制造。

1. 智能制造技术

(1) 新型传感技术：高灵敏度、精度、可靠性和环境适应性的传感技术，采用新原理、新材料、新工艺的传感技术(如量子测量、纳米聚合物传感、光纤传感等)，微弱传感信号提取与处理技术。

(2) 模块化、嵌入式控制系统设计技术：不同结构的模块化硬件设计技术，微内核操作系统和开放式系统软件技术，组态语言和人机界面技术，以及实现统一数据格式、统一编程环境的工程软件平台技术。

(3) 先进控制与优化技术：工业过程多层次性能评估技术，基于大量数据的建模技术，大规模高性能多目标优化技术，大型复杂装备系统仿真技术，高阶导数连续运动规划、电子传动等精密运动控制技术。

(4) 系统协同技术：大型制造工程项目复杂自动化系统整体方案设计技术及安装调试技术，统一操作界面和工程工具的设计技术，统一事件序列和报警处理技术，一体化资产管理技术。

(5) 故障诊断与健康维护技术：在线或远程状态监测与故障诊断技术，自愈合调控与损伤智能识别及健康维护技术，重大装备的寿命测试和剩余寿命预测技术，可靠性与寿命评估技术。

(6) 高可靠实时通信网络技术：嵌入式互联网技术，高可靠无线通信网络构建技术，工业通信网络信息安全技术，异构通信网络间信息无缝交换技术。

(7) 功能安全技术：智能装备硬件和软件的功能安全分析、设计、验证技术，功能安全验证的测试平台技术，自动化控制系统整体功能安全评估技术。

(8) 特种工艺与精密制造技术：多维精密加工工艺，焊接、烧结等特殊连接工艺，微机电系统技术，精确可控热处理技术，精密锻造技术等。

(9) 识别技术：低成本、低功耗射频识别芯片设计制造技术，超高频和微波天线设计技术，低温热压封装技术，超高频射频识别核心模块设计制造技术，基于深度三维图像识别技术，物体缺陷识别技术。

2. 智能制造系统

智能制造系统是一种由智能机器和人类专家共同组成的人机一体化系统，它突出了在制造诸环节中，以一种高度柔性与集成的方式，借助计算机模拟的人类专家的智能活动，进行分析、判断、推理、构思和决策，取代或延伸制造环境中人的脑力劳动部分，同时收集、存储、完善、共享、继承和发展人类专家的制造智能。由于这种制造模式突出了知识在制造活动中的价值地位，而知识经济又是继工业经济后的主体经济形式，所以智能制造就成为影响制造业未来发展的重要生产模式。智能制造系统是智能技术集成应用的环境，也是智能制造模式展现的载体。

智能制造系统具有自学习功能，在运行过程中能够不断地充实知识库，同时具有自行诊断和排除故障、自行维护的能力。这种特征使智能制造系统能够自我优化并适应各种复杂的环境。

智能制造系统可按功能分为设计、计划、生产和系统活动 4 个子系统，具体功能如下。

(1) 设计子系统。设计子系统突出了消费者需求在产品概念设计过程中的影响，功能设计关注产品的可制造性、可装配性和可维护性。

(2) 计划子系统。在计划子系统中，数据库构造将从简单信息型发展为知识密集型。在制造资源计划和排产管理中，集成应用了模糊推理等多种专家系统。

(3) 生产子系统。生产子系统通过设备柔性和计算机人工智能控制，自动地完成生产加工、装配和控制，并监测生产过程和设备状态，进行故障诊断。

(4) 系统活动子系统。在系统活动子系统中，应用了神经网络技术实现系统控制，应用分布技术和多元代理技术，采用开放式系统结构，使系统活动并行，实现系统集成。

3. 智能制造装备

(1) 石油石化智能成套设备：具有在线检测、优化控制、功能安全等功能的百万吨级大型乙烯和千万吨级大型炼油装置、多联产煤化工装备、合成橡胶及塑料生产装置。

(2) 冶金智能成套设备：具有特种参数在线检测、自适应控制、高精度运动控制等功能的金属冶炼、短流程连铸连轧、精整等成套装备。

(3) 智能化成型和加工成套设备：基于机器人的自动化成型、加工、装配生产线，以及具有加工工艺参数自动检测、控制、优化功能的大型复合材料构件成型加工生产线。

(4) 自动化物流成套设备：基于计算智能与生产物流分层设计，具有网络智能监控、动态优化、高效敏捷等特性的智能制造物流设备。

(5) 建材制造成套设备：具有物料自动配送、设备状态远程跟踪和能耗优化控制功能的水泥成套设备、高端特种玻璃成套设备。

(6) 智能化食品制造生产线：具有在线成分检测、质量溯源、机电光液一体化控制等功能的食品加工成套装备。

(7) 智能化纺织成套装备：具有卷绕张力控制、半成品的单位重量、染化料的浓度、色差等物理、化学参数的检测仪器与控制设备，可实现物料自动配送和过程控制的化纤、纺纱、织造、染整、制成品等加工成套装备。

(8) 智能化印刷装备：具有墨色预置遥控、自动套准、在线检测、闭环自动跟踪调节等功能的数字化高速多色单张和卷筒料平版、凹版、柔版印刷装备，数字喷墨印刷设备，计算机直接制版设备(CTP)，以及高速、多功能、智能化印后加工装备。

4. 智能测控装置

(1) 新型传感器及其系统：新原理、新效应传感器，新材料传感器，微型化、智能化、低功耗传感器，集成化传感器和无线传感器网络。

(2) 智能控制系统：现场总线控制系统、大规模联合网络控制系统、高端可编程控制系统、面向装备的嵌入式控制系统、功能安全监控系统。

(3) 智能仪表：智能化温度、压力、流量、物位、热量、工业在线分析仪表，智能变频电动执行机构，智能阀门定位器和高可靠执行器。

（4）精密仪器：在线质谱/激光气体/紫外光谱/紫外荧光/近红外光谱分析系统、板材加工智能板形仪、高速自动化超声无损探伤检测仪、特种环境下蠕变疲劳性能检测设备等产品。

（5）工业机器人与专用机器人：焊接、涂装、搬运、装配等工业机器人，安防、危险作业、救援等专用机器人。

（6）精密传动装置：高速精密重载轴承、高速精密齿轮传动装置、高速精密链传动装置、高精度高可靠性制动装置谐波减速器、大型电液动力换挡变速器、高速、高刚度、大功率电主轴、直线电机、丝杠、导轨装置。

（7）伺服控制机构：高性能变频调速装置、数位伺服控制系统、网络分布式伺服系统等产品。

（8）液气密元件及系统：高压大流量液压元件和液压系统、高转速大功率液力偶合器调速装置、智能润滑系统、智能化阀岛、智能定位气动执行系统、高性能密封装置。

5. 智能机器

智能机器也就是智能机器人，它是一种独特的自我控制的系统。智能机器人具备形形色色的内部信息传感器和外部信息传感器，如视觉、听觉、触觉、嗅觉等。除具有感受器外，它还有效应器，作为作用于周围环境的手段，就是自整步电动机，它们使"手""脚""鼻子""触角"等动起来。

智能机器人至少要具备 3 个要素：感觉要素、运动要素和思考要素。

智能机器人是一个多种新技术的集成体，它融合了机械、电子、传感器、计算机硬件、软件、人工智能等许多学科的知识，涉及当今许多前沿领域的技术。机器人已进入智能时代，不少发达国家都将智能机器人作为未来技术发展的制高点。近年来，中国大力研发智能机器人，并取得了可喜的成果。

19.3 企业信息化建设的数智化转型

19.3.1 "互联网+"与制造业

"互联网+制造业"涉及制造业的各个环节和产品生产周期全过程，形成互联网与制造业融合的新模式，促进制造业转型升级，为我国制造业转型发展带来新机遇。互联网与制造业深度融合体现在如下几个方面。

1. "互联网+"促进制造业创新驱动发展

（1）"互联网+"促进产品和装备创新。"互联网+制造业"的发展过程就是互联网与传统制造业产品和装备融合的过程，在这个过程中，形成新的生产力，如将传感技术、计算机技术、软件技术嵌入产品和装备中，实现产品与装备的性能和智能的提升。依靠互联网与大数据技术，制造业产品从机械产品向智能产品转变，企业从提供产品向提供基于产品的服务转变。

（2）"互联网+"有助于实现智能制造。"互联网+"是企业实施智能制造的重要支撑。在机器设备层面，利用传感器和网络连接机器，提高机器设备的智能性能。在车间层面，机器设备之间可以互相通信和协作，提高生产线的协同水平，提高产出，降低能耗。在工厂层面，根据供应链状况和市场需求，面向具体的生产任务，实现多车间、多生产线之间生产资源的统筹优化和调度。在人与机器层面，所有制造系统、设备都与人互联，实现人与智能制造系统交互，推动生产制造向数字化、网络化、智能化方向发展，建立企业的智能化制造体系。

(3)"互联网+"促进协同创新。通过互联网整合各方优势资源，形成网络化的跨领域协同创新平台，实现关键核心技术攻关。通过互联网平台，实现信息、知识和创新资源的共享、集成和利用，提高产学研协同创新的质量和效益。

2. "互联网+"促进制造业走以质量取胜的发展道路

"互联网+"推动云计算、大数据、人工智能等新一代信息技术在质量管理中的应用，支持建立质量信息数据库，建立以数字化、网络化、智能化为基础的全过程质量管理体系。

(1) 加强可靠性设计、试验与验证技术的开发与应用，采用先进的加工方法、智能化生产和物流系统，提高工艺控制能力，从设计源头、生产及物流过程提升产品质量。

(2) 将互联网与人工智能相结合，利用传感和识别技术，在产品生产周期的各个阶段，现场实时采集产品相关数据，用来分析其对产品的影响，实现在线质量监测、分析与控制，以及提高产品全生命周期质量追溯能力，从而全面提高产品质量。

(3) 分析客户对产品的使用体验数据，有助于按照客户需求改进产品质量。

3. "互联网+"促进制造业实现绿色制造

(1) "互联网+"推动能源管理智能化。企业通过互联网、物联网、大数据、云计算等技术应用，对产品全生命周期中的能源消耗情况实施动态监测、控制和优化管理，提高企业能源分析、预测和平衡调度能力，实现企业能源管理数字化和精细化。在互联网支持下建立的质量信息数据库，为绿色设计、绿色工艺规划、绿色材料选择和回收处理方案设计提供数据支撑和知识支撑，有助于形成绿色制造集成系统。

(2) "互联网+"既促进生产方式绿色转型，也推动用户形成绿色消费习惯。

(3) "互联网+"支持资源回收利用方式的改变。利用电子标签、二维码等物联网技术和大数据分析，进行信息采集、数据分析、流向监测，跟踪废弃物品流向。鼓励互联网企业向资源回收领域拓展，推动现有骨干再生资源交易市场向线上线下结合转型升级，逐步形成行业性、区域性、全国性的产业废弃物和再生资源在线交易系统。

4. "互联网+"促进制造业结构优化

(1) "互联网+"促进制造业向以客户为中心的服务型制造转型。互联网和移动互联网的发展，使得消费者由被动消费到主导消费，并广泛、实时地参与生产和价值创造的全过程，充分激发社会创新潜力并有效满足消费者个性化需求。以用户和消费者为中心，改变传统的产业链思维，使越来越多的制造业企业不再仅仅关注实物产品的生产，而是关注实物产品的整个生命周期，包括市场调查、产品开发和改进、生产制造、销售、售后服务、产品报废或回收等环节，实现向"服务型制造"的转变。

(2) "互联网+"促进实现大批量定制生产。"互联网+"降低了制造企业与用户交互的成本，制造企业可以快速响应用户的需求。制造企业可以针对消费者个性化需求，实现大批量定制生产。

(3) 互联网成为金融配置的重要渠道。金融机构服务于实体经济的基本功能是融通资金，但传统配置渠道交易成本大、效率低下。互联网的应用可以整合企业经营的数据信息，使金融机构快速地了解贷款企业的经营状况，有效降低借贷双方信息不对称程度，迅速识别风险，提升贷款效率；在放贷后，金融机构还可对贷款企业的资金流、商品流、信息流实施监控，有效降低贷款风险和运营成本。相比传统金融，互联网金融服务的透明度更强、安全性更好、中间成本更低、操作更便捷。

5. "互联网+"使人才效用社会化

普通大众的微小创意可能引发新的智能产品的出现，甚至影响产业发展方向。制造企业通过互联网平台，发布研发创意需求，广泛收集广大消费者的想法与智慧，大大扩展了研发创意的来源，又将用户需求与全球研发资源相对接，征集产品创意和技术解决方案，使人才效用社会化。

6. "互联网+"给我国制造业发展带来新机遇

"互联网+"促使制造业深入发展，以制造业数字化、网络化、智能化为核心，信息技术、生物技术、新材料技术、新能源技术广泛渗透，带动几乎所有领域发生以绿色、智能、泛在为特征的巨大变革，给我国制造业创新驱动、转型升级发展带来难得的机遇。

19.3.2 工业互联网与制造业

我国制造业正处于数字化、智能化转型升级、高质量发展的重要时期，工业互联网应用是大势所趋。工业互联网将制造业知识、软件与硬件三者相互融合，将位于各处的成千上万的设备和硬件接入网络中，实现泛在互联，成为制造企业数字化转型的关键支撑和必需的网络环境基础设施。智能制造与工业互联网密不可分，智能制造依托工业互联网而实现，工业互联网帮助制造业走向智能化。

1. 工业互联网平台建设

(1) 自建平台。一些大型企业和行业骨干企业，资金和技术实力强，在两化融合的过程中，可以建立企业自己的工业互联网专网，并应用工业互联网技术建起私有云。其中有些企业甚至建立公有云，成为工业互联网平台，为行业内外提供平台服务。

(2) 公共服务平台。大量的中小企业则需要行业的公共服务平台为他们提供相应的云服务。目前，已有不少这样的工业互联网平台。

2. 工业互联网的应用

在制造业数字化转型的过程中，工业互联网可以在以下各个方面得到应用。

(1) 远程运维。制造企业的大型关键设备，一旦发生故障，整个工厂将停产甚至发生重大事故。通过工业互联网，可将设备全面联网，建立大数据监测分析的服务平台，实现对设备的远程智能监控、故障诊断、预防性维护和全生命周期管理，既可以提高故障预警准确率和生产效率，又可以降低成本。

(2) 质量管控。工业互联网与人工智能相结合，利用传感和识别技术，检验产品质量，可极大地提高检验效果和效率，并降低检验的劳动强度。通过生产线现场实时采集数据和大数据分析，完成生产线各个工序间的质量检测和最终的成品检验，再反馈到生产线调节工艺参数，从而提高产品质量并降低物料损耗。

(3) 协同设计。为快速响应市场需求，不同部门、不同地域的协同设计成为企业赢得竞争的重要手段。协同设计的开展，需要图像或三维图形的快速传递，工业互联网为协同设计提供了环境和工具，使得协同设计过程如同在一个会议室里进行交流一样。通过跨部门、跨地区的协同设计，可以缩短产品研发周期并提高产品设计质量。

(4) 共享制造。企业的制造资源通常包括产品研发设计、制造、物料库存、订单发货、售后服务等，它们常常不能完全集中在一个场所。通过工业互联网可以整合制造资源，完成从接收客户订单到交货及售后服务的所有环节，这将缩短产品研发和制造周期，更快地把新产品推向市场。

(5) 定制生产。随着工业互联网的应用、智能制造的发展和个性化需求的普及，出现了大批量定制的制造模式，可以帮助企业在同一生产线上以大批量生产的单件成本生产出个性化的产品，满足不同消费群体的个性化需求。

(6) 智能物流。智能物流是智能制造的重要环节。物流活动已超出一个制造企业的范围，逐渐成为一项专门的业务活动。应用工业互联网，制造企业的物流活动可以交由专门的物流企业承担。借助工业互联网对物流数据进行分析和处理，将物料适时、适量地配送到企业生产线的各个工序上，帮助企业实现精益生产和智能制造。

(7) 工艺革新。制造工艺是制造业的核心技术。工业互联网可以赋能工艺革新，促进工艺改善，既可以在工艺过程中实时监控，改善工艺质量，又可以在工艺参数优化、工艺仿真、数值模拟和方案比较等方面发挥重要作用，从而缩短工艺研究和优化周期，促进新工艺的生成和应用。

(8) 精益生产。通过工业互联网，实现制造企业生产经营运作全过程的监测和管控，为制造企业实现精益生产管理提供了新的机会和手段，也为精益生产与智能制造的结合创造条件。

(9) 营销服务。随着企业的转型升级，服务对于制造企业越来越重要。工业互联网给制造业营销服务带来便捷、实时和高效，并将营销数据反馈给制造过程，使制造更敏捷、更贴近用户。

(10) 数字化转型。工业互联网帮助制造业实现数字化转型，使得生产效率更高、成本更低、产品质量更好、市场响应更快、资源消耗更少、持续发展更强、员工生活更幸福。

19.3.3 物联网、工业物联网与制造业

1. 物联网与工业物联网的关系

物联网是互联网的延伸和扩展，它将各种信息传感设备与互联网结合起来，形成一个巨大的网络，实现人、机、物的互联互通。工业物联网是物联网在工业领域的应用和发展，也是物联网最大的组成部分。通过工业物联网不仅可以监控制造过程中的复杂流程，还可以帮助实现这些流程的自动化，为企业管理者提供更准确、有效的管理手段。

2. 物联网和工业物联网的应用

物联网和工业物联网在制造业中可以得到以下应用。

(1) 数字工厂。工业物联网支持数字工厂的建设。数字工厂将制造业中的对象通过数字模型来表示，数字模型集成了制造企业从产品研发、生产、销售、物流到售后服务的整个价值链中所有的信息。

(2) 设备管理。使用物联网传感器可对制造装备实现基于状态的维护警报。有些关键机器设备需要在特定温度和振动范围内运行，物联网传感器可以监控这样的机器设备并在其偏离规定参数时发出警报，确保设备工作环境稳定，消除设备停机时间，提高设备运行效率。

(3) 生产流程监控。通过物联网可以对制造企业实现整个生产流程的实时全面监控，及时发现生产流程中存在的问题，并提出准确的调整建议，确保正常生产，减少在制品，降低废品率，降低运营成本。

(4) 质量控制。在产品生产周期的各个阶段，物联网通过传感器收集汇总产品数据和其他有关数据，包括原材料、加工设备、环境温度、运输方式和工具等数据，用来分析对最终产品的影响。物联网还可以提供有关客户对产品的使用体验数据，分析这些数据，可以按照客户需求改进产品质量。

(5) 物流和供应链管理优化。通过物联网跟踪物料和产品在供应链中的移动过程，支持对供应链实时信息的访问，可以对物料库存实现全面监控，发现差异及时报警。这提高了物料库存的跨渠道可见性。将有关数据输入 ERP 系统，使生产计划做得更好，更好地满足市场需求，且减少库存和流动资金。与供应链相关的所有各方也都可以从对供应链实时信息的访问中获得收益。

(6) 包装优化。将物联网传感器应用于产品和包装中，企业可以了解客户对产品的使用方式和处理方式，还可以跟踪在运输过程中产品的状况，以及天气、道路和其他环境变量对产品的影响。这将提供可用于重新设计产品和包装的信息，以便改善客户体验，降低包装成本。

(7) 企业健康、安全和环境保障。物联网结合大数据分析可以监控企业的健康、安全和环境保障的关键绩效指标，例如工伤和疾病发生率、偶发和长期缺勤、设备和车辆事故、企业环境状况，以及日常运营中的财产损坏或丢失等，可以极大地减少企业的健康、安全和环境问题，如有问题，也能及时发现、及时解决。

19.3.4 云计算与制造业

我们从 3 个方面来讨论云计算在制造业中的应用。

1. 通过大数据发挥作用

大数据和云计算关系密切，没有云计算技术，就没有大数据的分析和应用。正是由于云计算技术的出现，才使得大数据分析和应用成为现实。从这个意义上说，任何大数据的应用背后都有云计算在起作用。通过大数据而发挥作用，这是云计算在制造业中应用得最多的场景。

2. 云计算服务于制造业的方式

(1) 软件即服务(SaaS)。SaaS 服务提供商向用户提供软件应用程序的服务，用户根据需求通过互联网向服务提供商购买应用软件服务，服务提供商根据用户所订购软件的数量、时间等因素收费。这种服务模式的优势是，用户只需拥有能够接入互联网的终端，即可随时使用软件，而不必在软件、硬件及维护人员方面花费资金。这种模式是小型企业使用云计算的最好途径。

(2) 平台即服务(PaaS)。把开发环境作为一种服务提供给用户，用户在其上开发自己的应用程序，节约对开发环境的投资。

(3) 基础设施即服务(IaaS)。服务提供商把由多台服务器组成的"云端"基础设施作为计量服务提供给用户，用户按需付费使用服务商的硬件设备、计算能力和存储能力，极大地降低了用户的硬件投资。

3. 云制造

云计算的 3 种服务方式引发人们自然的推想，如果把制造资源和制造能力放到云端作为一种服务将会如何。于是，云制造的理念应运而生。

云制造把制造资源和制造能力放在云端作为服务提供给所需要的用户，从而丰富、拓展了云计算资源共享的内容、服务模式和技术。和云计算服务不同的是，云制造服务的提供者不是云制造服务的运营者，而是制造企业实体。这些制造企业实体将自己拥有的制造资源和制造能力作为服务发布在云端，供云端用户选择使用。而云制造服务的运营者则提供服务平台进行管理。

云制造为制造业的信息化、智能化、绿色化、服务化、资源共享、协同制造提供了新思路和新模式。

19.3.5 大数据与制造业

1. 大数据是制造企业赢得竞争的关键

目前,大数据的应用已融入我们生活的各个方面,商业、金融业、服务业等都有成功的大数据应用案例。但是,制造业才是大数据应用的主战场。大数据的思维和技术在加速向传统制造业渗透,驱动生产方式和管理模式的变革,推动制造业向网络化、数字化和智能化的方向发展。

2. 大数据的应用

大数据在制造业中的具体应用方法如下。

(1) 优化决策过程,提高决策水平。通过对产品生命周期中市场、设计、制造、服务、再利用等各个环节的大数据分析,制造业企业可在更大范围、更深层次上实现知己知彼,更加精准和个性化地分析掌控供需状况,了解客户需求,从而优化决策过程,提高决策水平,更合理地配置资源,从决策源头上提高企业竞争力。

(2) 优化企业生产运作流程,提高企业运行效率。通过大数据分析,可以使企业进行精准的需求预测和营销工作,使企业的研发设计更好地满足客户需求,使生产制造敏捷化、生产管理透明准确,提高生产精度,提高产品质量和售后服务水平,全面优化企业生产运作整体流程,提高企业运行效率。

(3) 有助于实现智能制造。随着大数据、物联网等技术的应用和智能工厂的建设,生产线上将安装众多的传感器,来监测温度、压力、震动、噪声等各种参数。通过调整这些参数,可以优化生产流程,改进工艺过程,有助于实现智能制造。

(4) 优化供应链管理。通过大数据分析,可以准确地掌控供应商的供货能力及选择新供应商的成本效益;提高供应链上物流的可追溯性,准确地了解各种物料在供应链上的地点、时间、数量等信息,更好地掌握供应链上的物料及产品配送情况,从而提高客户需求响应速度、优化库存、降低成本,使企业在最优的生产条件下进行生产。

(5) 形成新的商业模式,实现以客户为中心的服务型制造。传统的生产模式以产品为核心,产品一旦销售出去,其价值链就结束了。而服务型制造则以客户需求为核心,产品销售出去则意味着服务的开始。大数据技术的应用,使得产品售后服务更加智能和高效,消费者的需求深刻影响产品的设计、研发、生产,以及供应链和营销等多个环节,"产品+服务"成为企业竞争力的关键,有利于实现以客户为中心的服务型制造。

(6) 预防性维修。预防性维修是制造业大数据分析的最早成果之一。制造企业通过大数据分析,可以清晰地了解设备状况,预见设备可能出现的问题并提前解决问题。预防性维修可减少设备停机时间、延长设备寿命、提高生产效率并为企业节约维修费用。

(7) 降低成本,增加利润。当一个制造企业的决策、运营、生产、销售的全过程都得到优化,并实现了智能制造的时候,降低成本、提高利润,不过是随之而来的事情。

(8) 数据管理将成为企业的核心竞争力。对于具有大数据思维的企业而言,"数据资产是企业核心资产"的概念将深入人心,企业的数据将会更精准,数据管理将成为企业的核心竞争力。战略性地规划与运用数据资产,将直接影响企业的盈利水平和长期发展。

19.3.6 智能制造与制造业

制造企业向数字化转型是应对重大变革的唯一正确选择。数字化转型的主要内容包括要素、过程和产出的数字化。

(1) 要素数字化。要素数字化体现在推动数字技术创新，推进生产设备的数字化改造，以及培育综合型数字化人才。

(2) 过程数字化。过程数字化主要涉及研发、设计、采购、生产、销售等业务流程的数字化升级。

(3) 产出数字化。产出数字化体现在产品的智能升级和服务模式的数字化创新。

制造业数字化转型是数字经济发展的重点和难点。工业互联网将数字化技术和制造业连接起来，促进制造业数字化转型，使物物相连成为可能。这也是智能制造所要做的事情。

19.3.7 制造业的数智化转型

制造企业数智化转型的核心是实现智能制造。这包括了 3 个方面的目标，即智能产品、智能装备和过程智能化。

(1) 智能产品。智能制造的第一个目标是生产出智能产品。产品是企业面向社会的表现，如果企业不能生产出智能产品，智能制造就失去了社会意义。产品的智能化，是通过产品中包含的复杂程度不同的计算机系统来实现的。主要功能体现在三个方面：第一个是传感，产品要能够感受外部的变化，也能够整合产品内部的数据；第二个是计算，产品的操作系统和应用系统可进行数据计算和分析，即具有了人工智能；第三个是联网，适应全球物联网的发展趋势。

(2) 智能装备。智能制造的第二个目标是装备，即研发和生产过程的每一个关键环节上的装备要智能化。装备智能化是智能制造的难点。这个难点很大程度上是在以工业软件为代表的软装备上，包括 CAD/CAE 这样的软件工具。没有软装备，就不可能有制造智能化。没有软件，信息化的一切成果都不复存在。工业软件首先是一个工业产品，而且往往是高端工业产品。

(3) 过程智能化。智能制造的第三个目标是生产过程的智能化。装备智能化解决生产过程中"点"的智能化问题，而生产全过程的智能化解决企业全局的智能化问题。只有实现企业全局的智能化，才能实现智能制造效益的最大化。实现过程智能化，企业的信息系统就要走向一体化，包括纵向一体化和横向一体化。纵向一体化就是企业的内部网，而横向一体化就是企业的外部网。要把内部网和外部网完全整合在一起，将数据完全打通，打造成一个信息物理系统。

19.4 新形势下 ERP 的地位及制造企业应当如何做

19.4.1 新形势下 ERP 的地位

近年来，ERP 逐渐不再是热门话题了，人们谈论更多的是互联网、云计算、大数据、"互联网+"、工业互联网、物联网、工业物联网、数字经济、智能制造，以及企业的数字化和数智化转型等问题。那么，ERP 过时了吗？没有！ERP 没有过时，而是成了制造业不言而喻、不可或缺的基本管理工具。

ERP 不再是人们热议的话题有两方面的原因。一是经过三十多年的实践，ERP 已经被人们普遍接受。人们不再讨论它，正如今天的企业不再讨论用水、用电的问题一样。二是由于前面所介绍的这些新概念和新技术的出现给人们的认识带来了极大的冲击，人们转向去认识这些新概念、新技术，并讨论它们对于企业经营运作管理的影响和在企业运作管理中的应用，这是十分自然和必要的。

将这些新概念和新技术与 ERP 相结合，可以把企业运营得更好。

一方面，ERP 作为计划与控制信息系统，要进行大量的信息处理。任何一个制造企业都有大量的运营、生产与技术数据。数据必须经过加工、处理，才能产生有用的信息，供决策者使用。这些原始数据准确、及时、快速、可靠地送入计算机系统是至关重要的。人们常用"进去的是垃圾，出来的也是垃圾"来形容由于原始数据不准确而产生错误信息的现象。经验证明，数据不准确是许多企业实施应用 ERP 失败的重要原因。而这些新概念和新技术的应用可以为企业提供更有效的数据搜集、处理和分析的工具，从而使企业数据的获取、处理和传递变得更容易、更高效、更安全，也使得 ERP 可以应用得更好。

举例来说，ERP 的出现结束了企业各个部门的数据分别输入、分割管理的状况。有了统一的数据库，数据可以一次输入、多方共享。但是，由于仍存在人工输入数据的情况，所以在实施应用 ERP 的过程中，要通过严格的规章制度来保证各项数据的完整性和准确性。然而，"凡是可能出错的地方必定出错"，这是一条统计规律。无论多么严格的规章制度，也不能完全杜绝人工处理的出错。条形码的扫描提高了获取数据的准确性，但还需要人工去操作；而 RFID 的出现则使得数据的识别和获取无须人工干预。

随着新技术的出现和应用，ERP 软件系统的交付方式和应用方式也在发生着变化。最初，一家企业买了 ERP 软件公司的 ERP 软件产品，ERP 软件公司交付给这家企业的是一大摞软盘，再后来是一张光盘。企业要把这一大摞软盘或一张光盘安装在企业自己的计算机系统上才能使用。如今，ERP 软件产品的交付和使用通过"云端"就可以实现了。

另一方面，ERP 不是万能的。ERP 的强项在于它的计划功能，对产品研发过程和生产制造过程的控制是 ERP 的薄弱环节，而供应链的管理和控制则超出了 ERP 的功能范围。

从本章前面的讨论和分析可知，这些新概念和新技术可以在 ERP 的薄弱环节，以及超出 ERP 功能范围的领域发挥重要的作用。

但是，应当明确指出的是，尽管上述这些新概念、新技术对制造企业的外部运营环境，以及内部的经营运作和生产管理都产生了并将继续产生巨大的影响，但是，它们都不是否定或取代 ERP 的，也都不可能取代 ERP。它们所改变或改善的是 ERP 的应用方式，而不是 ERP 的基本逻辑。ERP 仍然是制造企业运营管理的核心理念。这是因为 ERP 是解决制造业基本方程的，而制造业基本方程所反映的是制造业的基本逻辑。在第一章我们就曾指出，制造业基本方程就像地心引力，我们只能面对它，而不能改变它。制造业的运营永远都是在解决制造业基本方程，因此，也永远离不开 ERP 的基本逻辑。

当初，在 ERP 的概念出现前后，也曾出现过一批制造业相关概念，如准时制生产方式、全面质量管理、客户关系管理、业务流程重组、供应链管理、产品生命周期管理、生产过程管理、电子商务等。我们注意到，这些概念之间，以及它们与 ERP 之间都没有矛盾，有的只是覆盖的范围不同，强调的管理领域、适应的管理发展阶段不同，可操作性不同。它们有的是哲理或思想，有的是方法或工具。而 ERP 的理念与制造业基本方程相契合，而且已经通过计算机软件得到体现，具有最好的可操作性，是制造业最基本的运营管理工具。当时我们给出的建议是，先从 ERP 做起，在 ERP 的基础上，尽可以应用其他理念、方法或技术。

在当今形势下，我们对本章所介绍的新概念、新技术的态度仍然是这样，在 ERP 的基础上，尽可以把这些新概念、新技术用上。

19.4.2 制造业应当如何做

制造企业生产制造水平和经营运作管理水平的提高是无止境的。在这个过程中,各种新的理念、方法和技术的集成融合是一种趋势。面对这一趋势,制造企业可以做好如下几项工作。

1. 认真做好 ERP

如果一个制造企业花了很多钱买了 ERP 系统,却没有使用计划功能,或者没有用好计划功能,那么可以说,其对 ERP 系统所做的投资大多是无效的。在实践中,这类企业并不少见。为了做好 ERP,特别是用好 ERP 的计划功能,需要做扎扎实实的工作,具体如下。

(1) 从本企业的实际情况出发,选择适当的 ERP 商品软件。

(2) 以正确的实施方法实施 ERP,以正确的运行管理方法运行管理 ERP。

(3) 认真用好 ERP 的计划功能。计划功能是 ERP 系统中最重要的功能,制造企业应当用好这一功能。

2. 努力应用新概念、新技术

企业的经营环境处于永不停止的变化之中。因此,企业经营运作的理念和方式也不能一成不变。新概念、新技术给人们的认识带来了极大的冲击,对制造企业的外部运营环境及内部经营运作和生产管理的方法都产生了并继续产生着巨大的影响,所以认识这些新的概念及它们对于企业经营运作管理的影响是十分自然和必要的,应当引起制造企业的高度重视。

制造企业应当有数智化转型的思维,数智化转型的思维也就是创新思维。结合本企业的具体情况,决定如何把这些新概念和新技术应用于企业创新,也把创新思维和传统产业长期孕育的工匠精神结合起来,融合发展,实现数智化转型,从而提升和改造传统产业,打造中国经济发展的新引擎。

制造企业应当了解制造业全球竞争的趋势,了解国家对制造业的发展战略,从而确定本企业的责任和发展方向,为实现中国制造由大变强的战略目标贡献力量。

思考题

1. 简述以下概念:互联网、云计算、大数据、"互联网+"、工业互联网、物联网、工业物联网、数字经济、智能制造、数字化、数智化。
2. 上述新概念如何影响制造业?
3. 上述新概念和 ERP 之间的关系是怎样的?
4. 在新形势下 ERP 的地位是怎样的?
5. 在新形势下制造企业应当如何做?

参 考 文 献

1. 刘伯莹,周玉清,刘伯钧. MRP Ⅱ/ERP 原理与实施[M]. 2 版. 天津:天津大学出版社,2001.
2. 陈启申. ERP——从内部集成起步[M]. 2 版. 北京:电子工业出版社,2010.
3. [英] R. R. 阿罗. 公司再造——企业流程的改造与实践[M]. 北京:企业管理出版社,1999.
4. 吕廷杰,尹涛,王琦. 客户关系管理与主题分析[M]. 北京:人民邮电出版社,2002.
5. 马士华,林勇,陈志祥. 供应链管理[M]. 北京:机械工业出版社,2000.
6. 孟凡强,王玉荣. CRM 行动手册[M]. 北京:机械工业出版社,2002.
7. 张良友,王鹏. 数智化转型——企业升级之路. 北京:人民邮电出版社,2023.
8. Arnold J R T, Chapman S N. Clive L M. Introduction to Materials Management[M]. Sixth Edition. Pearson Prentice Hall, 2008.
9. Hamilton S. Maximizing Your ERP System, A Practical Guide for Managers[M]. McGraw-Hill Companies, 2003.
10. Oliver Wight International. The Oliver Wight Class A Checklist for Business Excellence[M]. Sixth Edition. John Wiley & Sons, Inc., 2005.
11. The Association for Operations Management(APICS). APICS Dictionary[S]. Thirteenth Edition, 2010.

附 录

附录 1　ERP 的相关论题

附录 2　ERP 实施应用评估方法
　　　　——Oliver Wight 优秀企业业绩 A 级检测表

附录 3　常用名词解释